Second Edition

Consumption and the Market

소비와 시장

서여주 저

(주)백산출판사

제2판 머리말

소비가 모든 것이 된 시대다. 우리가 이를 인정하든 안 하든 현대인들의 모든 행위는 소비로 시작해서 소비로 귀결된다. 이미 '코로나 바이러스 이전(Before Coronavirus · BC)'과 '코로나 바이러스 이후(After Coronavirus · AC)'라는 표현이 상용화된 지금의 상황에서 우리 삶과 가장 밀접한 영역인 소비에 커다란 변화를 몰고 왔다. 일례로, 오프라인 공간에서 직접 쇼핑을 하기보다는 좀 더 안전한 온라인 쇼핑이 선호되고, 록다운(lockdown)과 재택근무 등의 일상화로 모든 것이 비대면으로 옮겨가고 있다. 이른바 언택트 라이프스타일이 우리의 새로운 일상으로 자리 잡았다.

사실 이런 변화가 새로운 건 아니다. 이미 쇼핑 채널의 무게중심은 온라인과 모바일, 그리고 소셜미디어로 빠르게 이동해 왔다. 정작 중요한 건 변화 그 자체가 아니라, 최첨단 기술이 소비자를 변화시키면서 '시간'에 대한 관점을 바꾼 점이다. 사람들은 이제 굳이 운전하고 주차하느라 고생해야 하는 오프라인 쇼핑이나 극장 방문, 혹은 외식시간을 아깝게 여기기 시작했다. 대신 집에서 편안하게 넷플릭스를 보면서 치맥을 하고, 마켓컬리와 쿠팡에서 상품을 받아보는 삶, 즉 '편의성'에 대한 선호가 증가했다. 우리는 더 빨리, 더 많이, 그리고 더 편리함을 요구하는 소비자가 된 것이다. 이처럼 여러 면에서 변화하고 있던 차에 신종 코로나바이러스 감염증(코로나19)이 기폭제가 되어 언택트와 편의성으로 집약되는 소비문화의 이동이 급격히 빨라진 셈이다.

본 책은 소비라는 프리즘을 통해 코로나19를 계기로 가속화되는 소비시장에서 작동하는 여러 이슈들을 살펴보고자 하는 목적으로 쓰였다. 또한 변화하는 시장환경에서 현명한 소비자로서의 역할과 기능을 다할 수 있도록 각 장의 주제들을 다루었다.

본 책의 초판을 작업할 때는 신종 코로나바이러스 감염증(코로나19)으로 인한 팬데믹을 겪었던 시기로, 코로나19가 미래 소비시장에 미칠 광범위한 영향을 다루었는데, 빠른 시간 안에 제2판으로 독자 여러분을 찾아가게 되어 감사한 마음이다. 제2판은 '뉴노멀' 시대를 살아갈 소비자에게 보다 구체적인 가이드라인을 제시하였다. 저자는 이 책을 접한 독자 여러분이 소비와 시장에 대한 폭넓은 이해는 물론 지침이 될 수 있기를 바란다.

끝으로 빠듯한 일정에도 개정판을 위해 아낌없는 지원을 해주신 ㈜백산출판사 진욱상 대표님과 편집부 및 마케팅부 관계자 여러분께 깊은 감사를 드린다.

2021년 2월

정확성(precision)과 경제성(economy), 그리고 우아함(grace)을 가지고

더욱 발전하길 바라며…

서여주

머리말

초유의 전염병 사태가 불러온 소비문화가 연일 화제다. 시장은 비대면 비즈니스의 전환을 부추기고, 소비자는 새로운 일상과 기준에 맞는 소비행동으로 이전과는 다른 소비문화를 만들고 있다. 또한 홈트족, 홈카페족, 파이어(FIRE)족, 홀로(HOLO)족 등등 새로운 소비종족의 등장은 미래 소비트렌드를 예측하기도 한다. 이렇듯 생산과 노동에서 소비와 문화로 무게중심이 옮겨진 이 시대에 소비자를 둘러싸고 있는 시장환경의 변화를 이해해야 한다.

자세하게는 소비자와 기업의 상호작용뿐만 아니라, 시장 실패에 따른 정부의 중재역할을 다룸으로써 시장경제의 세 경제주체 각각의 입장과 관점을 본 책을 통해 이해할 수 있다. 또한 현명한 소비자로서의 역할과 기능에 필요한 지식을 전달함으로써 소비부문의 효율성 재고에도 도움을 줄 수 있을 것이다.

더욱이 소비문화의 주체이면서, 창조자이고, 관리자인 소비자에 대해 학문적 기초를 체계화하여, 소비의 개념과 컨슈머리즘의 올바른 이해, 그리고 소비사회와 소비문화에 대한 지식을 제공하고자 한다.

책은 총 5부 12장으로 구성되어 있다.

제1부는 소비자와 시장에 대한 이해로 소비자의 이해, 소비자와 소비환경의 변화를 다루었다.

제2부는 소비환경과 컨슈머리즘으로 컨슈머리즘의 이해, 소비자단체, 기업, 정부의 컨슈머리즘을 다루었다.

제3부는 소비자 보호로 환경문제와 소비자보호, 유통과 소비자보호, 소비자금융과 소비자보호를 다루었다.

제4부는 소비문화와 소비사회로 소비와 소비문화, 소비사회의 발달, 소비문화이론을 다루었다.

제5부는 소비트렌드의 이해와 분석으로 소비트렌드, 소비트렌드 분석방법을 다루었다.

본 책의 가치는 독자들의 지속적인 사랑으로부터 창출된다는 것을 항상 인식하고 있다. 본 책이 독자들에게 유익한 학습의 도구가 되고 나아가 소비자주권을 넓히고 밝히는 데 기여할 수 있기를 바랄 뿐이다. 아직은 시행착오가 많은 초판이지만 앞으로 독자의 조언과 충고를 깊이 받아들여 향후 더 나은 내용으로 거듭날 것을 다짐해 본다. 또한 언택트(untact) 시대에 새로운 전환기를 맞이한 소비자와 기업 및 시장과의 관계의 흐름을 읽는 데 이 책이 작은 도움이 될 수 있기를 기대한다.

끝으로 이 책이 나오기까지 특별한 관심으로 도움을 아끼지 않으신 ㈜백산출판사의 진욱상 대표님과 임직원 여러분께 진심으로 감사의 말씀을 전한다.

2020년 8월

코로나 이후의 세계에서 소비자의 더 나은 진화를 기대하며…

서여주

차 례

제 01 부 소비자와 시장

제 02 부 소비환경과 컨슈머리즘

제 03 부 소비자 보호

제 04 부 소비문화와 소비사회

제 05 부 소비트렌드의 이해와 분석

제 I 부

소비자와 시장

제1장 소비자의 이해

1 소비자 개념과 유형

1) 소비자의 개념

숨 쉬지 않고 살아갈 수 있는 사람이 없는 것처럼 오늘날 우리 모두는 소비하지 않고 살아갈 수 없기 때문에 호흡하는 것만큼 당연하게 소비한다. 이렇게 우리의 생활에 깊숙이 파고든 소비생활은 인간의 다양한 역할 가운데서도 소비자로서의 역할을 크게 부각시켰다. 소비자의 개념이 수많은 논쟁의 주제로 떠오르고, 생산자와 노동자의 입장에만 관심을 쏟아왔던 학문세계에서도 소비와 소비자를 연구대상으로 삼기 시작했다.

현대 사회에서 소비자의 수요와 지출이 차지하는 비중은 압도적이어서 소비자의 올바른 경제행위 없이 시장경제가 제대로 작용하기 어렵게 되었다.

소비자의 선택은 시장경제의 핵을 이루고 소비자의 소비패턴의 변화는 경제에서 매우 중요한 변수로 작용하게 되었다.

따라서 소비자의 개념과 경제에서의 지위와 역할을 중심으로 그 권리와 책임 및 소비자 주권에 대해 살펴봄으로써 소비자에 대한 올바른 이해를 해보자.

우리 모두는 소비자이다. 누구나 포함되는 소비자는 흔히 잊기 쉽고 끊임없이 변화하는 집단이다. 모든 사람은 소비자이지만, 순간적으로 소비자의 역할에서 빠져 나와 정반대의 관심과 문제를 갖고 소득과 임금을 벌기 위해 노동자의 역할에 놓이곤 한다. 그러나 소비자의 개념을 규정하는 것은 일하는 사람으로서 갖게 되는 관심과는 차별되는 독특한 공통관심을 추구하고 실현하고자 한다는 점에 있다.

일반적으로 소비자는 소비생활을 위하여 상품이나 서비스를 구입 · 소비하는 사람들을 가리킨다. 소비자(comsumer)란, '장래 시장의 구성원' '상품이나 서비스를 사적인 용도로 제공받는 사람' 그리고 '타인이 공급하는 물품이나 서비스를 소비생활을 위해 구입 · 이용하는 자' 등으로 정의한다. 그러나 우리나라 소비자기본법에서는 "소비자라 함은 사업자가 제공하는 물품 및 용역(시설물 포함)을 소비생활을 위하여 사용하는 자 또는 생산 활동을 위하여 사용하는 자로서 대통령령이 정하는 자"라고 규정되어 있다.

자신의 생산물을 사용 또는 소비하는 경우나 사업자로부터 구입하더라도 자신의 소비 생활을 위한 것이 아닐 경우에는 소비자가 아니라 하겠다. 이와 같이, 소비자는 사업자가 제공하는 제품(物品)이나 서비스(用役)를 자신의 생활을 위해 구입, 사용하는 자로, 거래 과정의 말단에 위치하는, 그리고 최종소비자로서 생활을 영위하는 생활자를 뜻한다. 보통 소비자라 하면 이러한 최종소비자만을 가리킨다.

넓은 의미의 소비자에는 개인은 물론, 가계 · 학교 · 교회와 같은 조직도 포함된다. 이는 소비자를 개인소비자와 조직소비자 또는 최종소비자와 산업 사용자로 대별하는 데서 알 수 있다. 그러나 일반적으로 소비자라 하면 '최종소비자'를 가리키고, 사업상 재화(生産財)를 구입하는 소비자, 즉 중간소비자 내지 산업사용자는 포함시키지 않는다.

한편, 소비자와 상반되는 개념인 사업자(事業者)는 물품을 제조, 수입, 판매하거나 용역을 제공하는 자를 말하고, 생산자, 도매업자 및 소매업자 등이 그 예다. 사업자란, '제품 및 서비스의 공급자로, 이윤 추구 목적으로 사업을 영위하는 사람'이라고 할 수 있다.

(1) 소비자 개념의 형성

원시경제사회는 물론 농업사회까지도 개인이 생산과 소비를 함께 하였으므로 생산자와 소비자가 구분되지 않았다. 그 후 농업기술의 발달로 생산량이 증가되고 생산물의 교환활동이 이루어짐으로써 생산자와 소비자의 분리현상이 나타났다. 여기에다가 가치평가 및 교환의 수단인 화폐가 등장, 사용됨으로써 교환활동이 더욱 원활해졌으며, 생산자와 소비자의 분리현상도 심화되었다. 그리고 생산이 가내공업이나 수공업에서 기계에 의한 공장공업으로 전환된 산업혁명 이후부터는 소비자와 생산자 간의 구분이 더욱 명확해졌다.

대체로 일대일로 이루어지는 주문생산 단계의 거래에서는 생산자와 주문자(소비자) 간에 대화가 있어 소비자 문제가 발생되지 않았으나, 상업이 발달되고, 주문생산에서 예측 생산으로 바뀐 이후부터 소비자 문제가 발생되었다.

경제학자 아담 스미스(A. Smith)는 "소비는 생산의 유일한 목표이고 목적이며, 생산자 이익은 소비자 이익을 보장할 수 있는 범위 내에서 고려되어야 하는 것인데, 도리어 그것으로 인해 소비자 이익이 침해되어 왔다."라고 한 바 있다. 이는 소비가 무시된 채 생산이 마치 모든 산업 및 상업의 궁극적 목적인 것처럼 여겨온 사실을 문제시한 것이라 하겠다. 산업혁명으로부터 시작된 생산자의 일방적 생산 활동이 생산 중시 경제 혹은 생산자 중심 사회를 만들었고, 더 나아가 지금의 소비자 무시 현상마저 낳았다.

슘페터(J. Schumpeter)는 혁신의 제4파동이 가져온 대량생산이 식민지가 아닌 새로운 시장을 요구하게 되었으며, 또 소비자마저 등장시켰다고 말한 바 있다. 즉, 대량생산시대의 새로운 시장으로 대두된 것이 바로 소비자라는 것이다. 물론, 이때에도 대량생산이 이루어지기 위해서는 대량소비가 필요하였고, 대량소비가 가능하기 위해서는 소비자의 요구 조건이 충족되어야 했다.

한편, 자본주의 경제체제의 출현으로 인해 생산자가 개인에서 기업이라는 조직체로 바뀌었으며, 기업 간의 시장경쟁이 심화되었고, 소비자 피해마저 크게 증가하였다. 또한 기술혁신의 진전과 더불어 대량생산이 가능해짐으로써 공급 초과, 시장 확대의 한계 등으로 인하여 그간 소홀이 여겨왔던 소비자를 크게 중요시하기에 이르렀다.

(2) 소비자의 유형

일반적으로 소비자는 구매동기나 구매 상품의 성격에 따라 최종소비자(ultimate consumer)와 산업사용자(industrial user)로 구별된다. 우선 최종소비자란, 우리가 일반적으로 지칭하는 소비자로, 소비용품(이나 가정용품)을 소매상, 소규모의 도매상 혹은 제조업자로부터 구매하여 사용하는 사람을 의미한다. 이에 반해, 산업사용자는 상품 생산을 위해 다른 상인이나 제조업자로부터 원료, 재료 반제품, 기계설비품 등을 구입하는 사람이나 조직을 가리킨다. 대체로 최종소비자는 욕구 충족을 위해 상품을 구입하는 개인이나 가계인 반면, 산업사용자는 영리 추구, 즉 산업적 사용이나 판매를 위해 상품을 구입하는 개인이나 조직이다. 여기서 소비자행동 특성을 기준으로 분류한 스톤(G. Stone)과 우드(W. Woods)의 소비자 유형에 대해 알아보고자 한다.

① 스톤(G. Stone)의 분류

스톤(G. Stone)은 소비자를 네 가지 유형, 즉 경제적 소비자, 개인적 접촉을 중시하는 소비자, 윤리적 소비자, 그리고 무관심한 소비자로 구분하고 있다. 첫째, 경제적 소비자는 가격, 품질 및 상품의 종류에 극히 민감하고, 구매행동을 합리적으로 하는 가치 지향적 소비자를 의미한다. 이러한 경제적 소비자는 대체로 연령이 낮은 층으로, 욕구 수준이 높고 성공 지향적이다. 둘째, 개인적 접촉을 중시하는 소비자는 상점 주인이나 판매원의 접객 행위 · 태도에 극히 민감하고, 그들과의 친근감을 중요시하는 소비자이다. 이러한 소비자는 지역사회의 생활양식에 적응하기 위해 상점 주인이나 판매원과 가깝게 지내려는 경향이 있다. 셋째, 윤리적 소비자는 의무 · 인정 · 정의감을 중시하며, 상류층에 속하고 해당 지역에 비교적 오래 거주한 소비자이다. 이들은 재래 소매상점이 대자본에 의해 밀려나거나 해당 지역사회가 쇠퇴해지는 것을 싫어하는 경향이 있다. 넷째, 무관심한 소비자는 재화의 구입에 별로 노력을 기울이지 않는 소비자를 가리킨다. 이러한 소비자는 주로 노인과 사회적 지위 획득에 실패한 비교적 무기력한 사람들이다.

② 우드(W. Woods)의 분류

우드(W. Woods)는 소비자를 구매상의 결정 기준이나 반응 양식에 따라 다음과 같이 6가지로 분류한다. 즉, 상표충성도(brand loyalty)가 높은 습관적 소비자, 주로 합리적 동기에 의하여 상품을 구매하는 인지적 소비자, 가격 내지 경제성을 중요시하는 가격 인지적 소비자, 상품 외형에 민감하면서 상표에 비교적 무관심한 충동적 소비자, 상품 이미지나 상품 상징에 극히 민감한 정서적 소비자, 기타 소비자로 구분하고 있다. 이러한 우드의 소비자 분류는 소비자의 구매 행동적 특성을 유형별로 제시하고 있다는 점이 그 특징이다.

(3) 다양한 관점의 소비자 유형

① 선택자로서의 소비자(The consumer as chooser)

선택은 소비자생활의 중심 가치로 자리 잡고 있다. 선택이 소비자에게 주는 이점을 살펴보자.

첫째, 모든 선택은 좋은 것이고 바람직한 것으로서 소비자에게 더 많은 선택이 주어질수록 좋은 것이다.

둘째, 선택은 경제 전반에도 유익한 것으로서 효율성, 성장, 다양성 등을 움직이는 힘으로 작용한다.

셋째, 선택이 존재하는 사회체계는 그렇지 않은 체계에 비해 월등히 낫고,

선택이 궁극 가치로 작용한다.

넷째, 소비자본주의란 모든 사람에게 더 많은 선택이 주어진다는 것을 의미한다.

이와 같이 선택이 소비자에게 중요한 의미를 가지지만 선택에는 몇 가지 제한점이 있다.

첫째, 정보가 주어지지 않은 상태에서의 선택이란 진정한 선택이 아니기 때문에 어떤 종류의 정보가 얼마만큼, 그리고 누가 제공하는 것이 소비자에게 적합한 문제인지가 제기된다.

둘째, 비슷비슷한 대안들 사이의 선택이란 진정한 의미의 선택이기보다는 제한된 범위 안에서의 선택일 뿐이다.

셋째, 자원을 가진 자에게만 선택이 국한된다면 모든 사람에 대한 선택의 이점은 감소한다. 왜냐하면 부자라는 것은 도움이 되겠지만, 여유가 있어야 한다는 것이 선택을 통해 행복을 얻는 전제조건은 아니기 때문이다.

넷째, 선택범위가 지나치게 많으면 최상의 대안을 선택하는 일이 골칫거리가 되기 때문에 너무 많은 선택은 오히려 보상을 감소시킨다.

다섯째, 구매한 중고차가 자주 고장이 난다거나 수술의 결과가 만족스럽지 않을 때 불평의 한계가 있듯이 때로는 선택이 책임회피나 속임수의 연막으로 이용될 수도 있다.

선택은 옳고 그름, 좋고 나쁨과 같이 도덕적 차원과 필연적으로 연결되어 있다. 모든 소비자가 선택에 익숙하기 때문에 선택은 민감한 문제이다. 사람들은 선택을 당장 하지 못하더라도 선택할 권리는 가지고 있다고 믿고 싶어 한다. 모든 것을 다 잃는다 해도 가장 마지막까지 움켜쥐고자 하는 것은 아마도 선택의 권리일 것이다.

선택에 관한 또 다른 관점은 소비자를 문제해결자로 간주하고 문제를 어떻게 하고 선택의 결과를 어떻게 인지하느냐에 따라 선택이 달라진다는 설명이 있다. 또한 소비자는 목표를 가지고 정보를 탐색 · 평가하여 최상의 대안을 가려내는 정보탐색자나 정보처리자로 설명되기도 한다. 소비자 선택을 사회적 접촉을 위한 하나의 매개체로 간주하기도 하여 소비자들이 사교를 위해 쇼핑을 한다는 설명도 있다. 또 다른 학자들은 원하는 목적을 상품이 달성하는지 아닌지를 의식적으로 가려내는 행위로 선택을 파악함으로써 소비자들이 실용주의자라는 주장을 펴기도 한다.

이상에서와 같이 소비자 선택에 대한 다양한 설명이 존재하는 것은 소비자 선택이 매우 복잡한 현상을 포함하고 있음을 의미한다. 그러나 소비자 선택에 대한 여러 가지 설명의 밑바탕에는 소비자 선택이 합리적으로 이루어진다는 가정이 깔려 있다.

② 의사소통자로서의 소비자(The consumer as communicator)

소비자를 의사소통자로 보는 관점은 소비제품과 같은 물질적인 사물에 대해 소비자가 부여하는 의미나 느낌에 따라 그 사물의 사회적 가치가 다르고 사물은 소유자의 사회적 위치를 나타내는 표시물 혹은 의미전달물이 될 수 있으며, 이러한 표시물들을 이용하여 의사소통이 이루어진다는 것이다. 물론 우리는 언어를 통해 의사소통하지만 몸동작이나 예절을 통해 그리고 매일매일 사용하고 전시하고 버리는 셀 수 없이 많은 소비제품들을 통해 의사소통한다는 것이다.

소비자를 의사소통자로 보는 것은 상품의 문화적 가치와 그들을 구성하고 있는 의미에 대해 연구하기 시작한 문화인류학자와 사회학자의 관점으로서, 사물의 경제가치나 교환가치가 생물학적 혹은 사회적 요구보다는 궁극적으로 문화적 가치로부터 나온다고 간주한다. 그러므로 소비자가 상품을 구입하는 것은 그 상품이 소비자에게 무엇을 해줄 수 있기 때문이기보다는 그 상품이 소비자에게 어떤 의미가 있고 소비자 자신들에 대해 무엇을 말해 줄 수 있기 때문이라는 것이다. 사물은 어떤 일이 있었는지를 나타내 주거나 혹은 애매모호함을 없애 주거나 또 경우에 따라서는 의미를 확고히 하는 증거물이 된다는 것이다.

③ 탐험가로서의 소비자(The consumer as explorer)

채워지지 않는 호기심을 가지고 끊임없이 색다름을 추구하며, 활 없는 탐험가로서의 소비자에 대한 이미지는 일찍이 Baudrillard를 비롯해 1980년대 Bourdieu, Bauman, Featherstone 그리고 McCracken과 같은 문화이론가들의 생각을 뒷받침했다. 쇼핑행위는 질 좋은 상품을 값싸게 사는 관리능력으로부터 좀 색다르고 규격에서 벗어나고 각자의 이름이나 얼굴이 새겨진 전용상품을 찾는 다분히 창조적인 능력을 요구하는 행위로 바뀌고 있다. 이와 같이 호기심 어린 탐험가로 소비자를 바라보는 관점은 독특한 차이 또는 이색적인 것을 찾는 인간의 욕구에서 비롯된다.

소비자의 탐험가적 기질은 마케터의 끊임없는 공격대상이 되고, 이색적인 진열, 독특한 향기, 색다른 볼거리, 현란한 판매행사 등의 유혹을 받아보지 않은 소비자가 없을 정도이다. 현대 소비자에게 쇼핑과 탐험은 하나가 되어 신제품, 새로운 유행, 새로운 형태의 즐거움 등을 찾아다니는 쇼핑행위에서 소비자들은 호기심을 발산한다. 집에서 편안히 잡지를 보거나 이웃과 만날 때도 탐험은 계속되고, 좀 더 적극적으로 여행하면서 진기한 풍경을 카메라에 담거나 기념품을 모으기도 한다. 또는 거리의 진열창을 지나며 최신 유행을 탐험하기도 하고, 전자상거래(E-Commerce)와 소셜미디어를 이용한 쇼핑형태에서도 탐험은 이어진다. 결국 탐험 없는 소비행위를 상상할 수 없게 되었고 소비행위 없는 탐험을 상상할 수 없게 되었다.

또한 상표충성과 같이 소비자들이 익숙한 것, 안전한 것을 찾는 수많은 경우에 대해 설명하지 못했다. 현대소비의 뚜렷한 모순의 하나는 친숙한 것과 낯선 것을 동시에 갈망하는 것이며, 소비자들은 습관적인 것으로부터 편안함을 얻는 동시에 모험적인 것을 추구한다. 바로 이것이 현대 소비현상에서 일관성과 보편성이 상실되고 부조화와 분열이 공존하는 현대소비의 특성을 나타내는 하나의 단면이다.

④ 정체성 추구자로서의 소비자(The consumer as identity-seeker)

인간은 끊임없이 정체성을 추구해 왔고, 이것은 개인 및 가족의 역사, 직업, 업적, 성격과 기질 등에 의해 형성되어 왔다. 그러나 고도의 소비사회로 진입하면서부터 우리의 정체성은 소비행위와 밀접한 관련을 맺기 시작했다. 일과 직업 및 업적 위주의 정체성은 감소하고 그 틈을 소비현상이 메우기 시작했다. 기업이 새로운 심벌이나 로고로 새로운 기업 이미지를 창출할 수 있는 것과 똑같은 이치로 소비자도 다양한 소비재를 선택하여 자신의 정체성을 형성해 나갈 수 있게 되었다.

정체성 추구자로서의 소비자에 대한 관점은 포스트모더니즘 이론가의 관점으로서 그들은 쇼핑이 단순히 상품을 구매하는 행위가 아니라 정체성을 구매하는 행위이며, 소비자의 정체성은 그가 구매하는 상표뿐만 아니라 그것을 생산한 기업의 정체성과 연관된다고 보았다. 상품의 이미지와 질은 개개의 상품 혹은 여러 개의 상품이 묶여서 소비자에게 이전되고, 소비자의 정체성은 상품 이미지의 끊임없는 전위와 응집의 결과에서 오는 자아 이미지가 된다. 물질은 소비자와 물리적 · 감정적으로 매우 밀접하게 연관되기 때문에 소비자의 정체성을 쉽게 형성하는 역할을 하게 된다.

물질의 유용성은 실제와 이상 사이를 연결시키는 가교역할에 있다. 예를 들어 어떤 사람이 '저 차를 살 수만 있다면 나는 참 멋지게 보일 텐데…'라고 생각한다면 그 차는 실제와 이상을 연결시키는 환상이 된다. 이와 같이 꿈꾸고, 갖고 싶어 하는 차는 자아도취적 공상의 의미를 담게 되고 그 차를 손에 넣게 되면 일시적으로 자아도취는 증폭된다. 그러나 그것은 일시적일 뿐 실제와 이상의 거리가 깨져 사물이 형성하는 정체성의 이상적 가치는 급격히 감소되고, 또 다른 환상이 또 다른 사물로 옮겨져 끊임없이 물질을 추구하게 만들며, 바로 이러한 과정을 통해 소비자본주의가 번영하는 것이라고 해석한다.

⑤ 쾌락주의자로서의 소비자(The consumer as hedonist)

현대인에게 인생을 즐긴다는 것은 기쁨을 얻기 위해 소비하는 것을 의미할 정도로 소비와 쾌락추구는 밀접하게 관련된다. 오늘날 행복은 성취나 성공보다도 즐거움과 더 밀접하게 관련되고, 상품은 생산되어 진열되고 유통 · 소비되는 과정에서 기쁨을 주는 도구의 역할을 한다.

소비선택은 행복추구에 있고, 소비자들은 즐거움을 주는 것에 그들의 돈과 시간을 쏟아붓는다. 행복은 생활의 질에 반영된 쾌락주의적 또는 심미주의적 의미로 정의되고, 소비는 쾌락과 미적 욕구를 충족시키는 수단으로써 소비자에게 행복을 가져다준다. 그러나 행복은 노력이나 어떤 미덕의 보상이나 운의 결과로 얻어지는 것이 아니라 쾌락과 즐거움을 다루는 문제이기 때문에 결국은 소비자 자신의 책임과 능력에 달린 문제이다. 소비자들의 환상은 현실과 유리된 것일 수 있으나 그들이 느끼는 쾌감은 현실적인 것이다.

그러나 쾌락추구는 결국 헛된 것일 수 있고 쾌락을 쫓는 소비자는 자신을 만족시킬 것이라고 믿는 것을 얻기 위해 다른 사람에게 고통을 안겨줄 수 있다. 그러므로 쾌락 추구자로서의 소비자는 궁극적으로 쾌락의 중독자가 될 수 있는 위험이 있다. 쾌락주의는 막다른 골목에 다다르며 매우 불만족스러운 결과를 가져올 수도 있다.

소비자들이 쾌락을 추구하며 물질에 의존하고 좌절을 경험하며 서로 증오하는 격렬한 사이클을 계속 따라갈 것인지, 아니면 제한적이기는 하나 자신이 실제로 경험할 수 있는 만족수준을 더 깊이 느끼며 생기발랄하게 살아갈 것인지는 의문으로 남는다.

⑥ 피해자로서의 소비자(The consumer as victim)

1950년대 Vance Packard의 책 「The Hidden Persuaders」에서 심리학의 새로운 기법과 광고가 소비자들을 조종한다는 사실이 폭로된 이래 피해자로서의 소비자에 대한 이미지는 소비사회에 깊이 자리 잡게 되었다. 소비자는 부도덕한 상술의 희생자로 보여졌을 뿐만 아니라 심리학의 발전과 함께 고도의 기법을 적용해 보는 소재로 여겨졌다.

문화이론가의 관점과는 달리 소비자옹호자와 소비자운동가들은 시장개방의 물결로 하나가 되어가는 세계 자본주의 시장에서 소비자의 약점은 더욱 증가하고 있다고 강조했다. 그들은 상거래가 존재하는 한 소비자를 속이고 위해할 가능성은 항상 존재하고, 소비자와 기업 간에는 힘의 불균형이 존재하여 소비자보호가 필연적이라는 주장을 편다. 선진국에서의 소비자보호는 시장행위에 대한 법규와 경쟁의 결합으로 이루어지는 추세에 있고 소비자와 정부 그리고 기업의 세 경제주체 간의 힘의 균형에 관심을 쏟는다.

⑦ 저항자로서의 소비자(The consumer as rebel)

소비자를 저항자로 간주하는 관점은 조작된 상품을 수동적으로 구입하는 피해자로서의 소비자의 이미지를 거부하면서 1980년대에 출현하였다. 저항자로서의 소비자의 이미지는 피해자로서의 분노가 증폭된 이미지일 뿐만 아니라 지난 2세기에 걸쳐 자기 혼란적 소비자 옹호자의 지칠 줄 모르는 활동이 강화된 이미지이다.

그러나 저항자로서의 소비자의 이미지는 소비사회를 전면 거부하기보다는 또 다른 형태의 소비에 가담함으로써 자동적으로 다시 상품화되는 경향이 있다. 그러므로 소비자들은 저항자로서 "전면거부함"이라고 반항함으로써 소비자사회에 도전할 뿐만 아니라, 현재로는 가능하지 않은 선택범위를 열어감으로써 또다시 소비사회를 더욱 조장하는 측면이 있다.

⑧ 운동가로서의 소비자(The consumer as activist)

운동가로서의 소비자에 대한 이미지는 도덕적인 맥락에서 모든 소비자의 몫을 향상시키기 위해 집합적인 조직체의 필요성을 강조하는 관점이다. 행동주의적 소비자운동은 지금까지 네 가지의 물결로 발전되어 왔다.

첫 번째의 소비자운동의 물결은 상품의 과도한 가격과 나쁜 품질에 대한 노동자 계층의 협동조합적 반응으로부터 시작되었다. 현대적 형태의 협동조합운동은 1844년 산업화과정이 극도에 달할 무렵 영국의 북서부지방 Rochdale에서 조합원들이 매점을 직접 운영하는 데서 시작되었다. 그 당시의 열악한 상황에도 불구하고 소비자에 대한 이념이 탄생하게 되었고 발전하였을 뿐만 아니라 소비자들이 생산에 대항하는 힘을 행사할 수 있음이 실질적으로 입증되었다.

두 번째의 소비자운동은 19세기 후반과 20세기 초반에 미국에서 시작되어 1930년대에 현대적 형태를 갖춘 것으로써 독점자본에 의해 소비자에게 부과되는 위험을 인식하고 상품테스트와 소비자교육 및 정보에 관심을 쏟는 것이었다. 소비자가 시장환경에 좀 더 효과적으로 행동할 수 있도록 교육하고 정보화시킴으로써 지불한 돈에 상응하는 가치(value－for－money)를 얻는 데 관심을 두었다.

세 번째 소비자운동의 물결은 두 번째 물결과 같이 미국에서 시작되었는데 그 중시물은 Ralph Nader이다. Nader는 개별 소비자와 거대한 기업 간의 힘의 불균형에 대해 역설하였고, 소비자정책의 새로운 혁명을 불러일으켰다. 그는 소비자운동의 역할을 시장에서 소비자가 최상의 거래를 하는 것으로부터 점차 확장하여 시장 자체에 맞서는 것으로 간주하였다. 두 번째의 물결에서처럼 정보의 중요성이 강조되고 정보가 자유롭게 흐를 수 있어야 하고 공명정대해야 한다고 주장하였다. Nader주의는 1990년대 세계적인 규제철폐와 경제블록의 대두와 함께 새로운 국면을 맞아 소비자집단뿐만 아니라 환경단체, 동물보호단체, 무역연맹 등의 단체와 연합하는 범세계적 소비자운동으로 발전하여 Consumers

International과 같은 국제기구의 출현배경이 되었다.

네 번째 소비자운동의 물결은 1970년대에 서서히 등장하여 1980년대에 가속화된 대안적 소비(alternative consumption)에 관심을 쏟는 것이다. 이 물결은 녹색(green), 도덕적(ethical), 제3세계연대(Third World solidarity), 공정무역기구(fair trade organization)와 같은 다양한 요소를 포함하는데, 이 가운데서 가장 영향력 있는 것은 환경보호적 소비자운동으로서 환경친화적 제품의 사용부터 소비 자체를 절제하는 데 이르는 다양한 방법으로 환경을 보호하는 데 소비자가 주도적인 역할을 담당해야 한다는 주장을 한다.

⑨ 시민으로서의 소비자(The consumer as citizen)

우리가 소비자로서 생각하는 것은 전혀 어색한 일이 아니지만 시민으로서 자신을 바라보는 것은 좀 어색하다. 시민이라는 개념은 분명하지도 않고 특별히 매력적이지도 않은 권리와 의무 사이의 균형뿐만 아니라 상호의존과 견제를 포함한다. 반면 소비자는 사회 구성원일 필요도 없고 사회를 위해 행동해야 할 의무도 없으며, 시장에서 죄책감이나 사회적 의무감 없이 자유로이 선택할 수 있다. 이렇게 상이한 두 개념이 1980년대에 들어와 합쳐지게 되었다.

소비사회의 물질주의의 한계와 환경오염의 문제에 직면하면서부터 책임 있는 소비자, 사회적 식견이 있는 소비자, 앞서 생각하고 사회적 자각에 비추어 자신의 열망을 조화시키는 소비자, 도덕적 행동을 하고 공동복지를 위해 개인적 쾌락을 희생시킬 준비를 할 줄 아는 소비자의 개념이 필요해졌고 이러한 배경에서 소비자의 개념은 시민의 개념 쪽으로 방향을 확대해 나갔다. 소비자는 새로운 사회규칙을 수립하기 위해 결속해야 하고, 그 새로운 사회규칙이란 지역사회 단위의 협소한 범위가 아니라 세계적 규모로 사회통합을 회복시키는 것이다. 앞으로의 소비자는 인류공동의 부의 견지에서 시민으로서 행동하고 살아나가야 한다. 이와 같이 시민의 개념이 소비의 논점에 들어오게 되면서 시민으로서의 소비자는 직접적인 행동이나 참여뿐만 아니라 간접적으로 국가를 통해 시장을 있는 그대로 받아들이는 것이 아니라 조정하고 통제하고 변화시켜 나갈 수 있다.

2) 소비자의 성격과 특성 변화

(1) 소비자의 성격

소비자는 기본적으로 제품 및 서비스를 소비하는 소비자인 동시에 그 제품의 생산자이며 구매자이다. 더 나아가 소비자는 거래의 주체이면서 가격 결정자이고, 또 자본주의경제의 통제자이기도 하다. 여기서 소비자들이 갖는 성격에 대하여 구체적으로 살펴보고자 한다.

① 소비 상담자로서의 소비자

일반적으로 소비자라 하면 개인적 소비, 즉 개인의 욕구 충족을 목적으로 상품의 사용가치를 최종적으로 소모하는 최종소비자를 말한다. 이러한 최종소비자는 산업사용자처럼 상품 생산을 위해 원재료나 노동력을 구매, 사용하지 않으며, 또 유통업자처럼 재판매를 목적으로 상품을 구입하지 않는다. 그리고 최종소비자의 소비는 그 형태와는 관계없이 소비자 자신이 갖고 있는 내적 욕망의 발현이라 할 수 있다. 즉, 소비자 개개인의 욕망이 사회적 욕망으로 집적되어, 생산력 향상과 기술 진보를 유발시키고, 신제품을 시장에 출현되도록 한다는 것이다. 이와 같이 인간의 욕망이 신제품을 요구하게 되고, 신제품은 또 다른 욕망이나 필요를 창조하게 된다. 따라서 소비자 개개인의 욕망은 역사적 · 사회적 · 문화적 소산으로, 새로운 발명 · 발견이나 신제품을 낳게 한다고 할 수 있겠다.

② 생산자로서의 소비자

소비자는 생산된 상품을 소비하는 동시에 생산요소를 제공하는 사람이다. 즉, 생산자로서의 노동자는 노동력의 대가인 임금으로 받은 화폐로 소비용품을 구입, 소비하기도 하지만, 노동자나 그 가족으로서의 소비자는 소비생활을 영위하면서 노동력을 재생산해 생산요소를 제공하기도 한다.

모든 욕망, 분배, 교환, 그리고 소비가 현실적으로 생산과 직접적인 관계를 맺고 있으며, 또 생산은 소비, 분배, 그리고 교환과의 상호관계를 규정하고 있다. 즉, 모든 소비자들이 어떠한 형태로든 사회적, 물질적 생산 활동에 직 · 간접적으로 관련되어 있으므로 소비자를 '소비만을 위해 소비하는 사람'이라고 단정할 수는 없다고 본다. 또한 소비자가 소비의 대상인 상품을 생산하는 생산사회의 일원이라는 점에서 생산을 매개로 한 사회적 관계와 소비를 매개로 한 사회적 관계를 함께 갖고 있는데, 이러한 양자 간의 관계는 생산의 고도화와 분업의 발달로 더욱 밀접해지고 있다.

③ 구매행동자로서의 소비자

소비자들은 욕구 충족을 위해 자신의 구매력 범위 내에서 상품을 선택, 구매하게 되며, 또 이 과정에서 나름대로의 구매의사결정과정을 거친다. 소비자의 의사결정은 경제학에서 제시한 한계효용 극대화(maximization of marginal utility)를 위해 항상 합리적 · 이성적 판단으로만 이루어지는 것은 아니다. 소비자의 구매의사결정에는 합리적 지향과 비합리적 지향이 함께 반영되고, 구매자 특성, 제품 특성, 판매자 특성, 상황적 특성, 그리고 문화적 특성 등의 영향을 받는다.

그리고 '소비자들이 어떻게 특정 제품을 특정 상점에서 구매하는가'에 대한 규명은 소비자행동 연구의 핵심 과제이며, 소비자의 구매행동, 특히 구매의사결정은 소비자행동 이론의 중심 영역이다. 또한, 소비자 및 소비자 구매행동에 대한 조사 · 연구는 합리적인 기업 경영과 마케팅 관리에 매우 중요한 일이다. 소비자의 욕구 및 구매의사결정에 대한 정확하고 올바른 파악이 기업경영의 성패를 좌우하기 때문이다.

④ 거래 주체로서의 소비자

시대의 변천, 특히 경제 및 생산기술의 발전에 따라 소비자의 구매 상품과 생활양식도 변화되어 왔다. 인간으로서의 생활을 영위하기 위하여 소비자는 상품을 구매 · 소비하지 않을 수 없으며, 또 판매자와 함께 거래의 주체가 될 수밖에 없다.

이와 같이 소비자를 거래의 주체로 보면, 그 주체가 인간이라는 점과 거래 목적이 생활이라는 점이야말로 소비자가 갖는 기본적인 성격이라고 할 수 있다. 그리고 오늘날 상품이 인간생활 전반에 걸쳐 영향을 미치는 것은 어쩌면 당연한 일이나; 점차 늘어나는 결함 및 불량 상품들이 소비자의 생활에 적지 않은 피해를 준다는 점에서 문제시된다.

⑤ 가격 결정자로서의 소비자

자유경제체제하에서 가격은 주요한 마케팅 믹스(marketing mix) 요소인 동시에 마케팅 수단이다. 뿐만 아니라, 소비자행동 및 경제 운영의 중심이 될 정도로 매우 중요하다. 상품 가격은 원활한 시장경쟁 과정을 통해 결정되어야 하고, 또 그 결정과정에 소비자들이 참여해야 하는데, 현실적으로 그러하지 못한 실정이다. 뿐만 아니라, 오늘날 대부분의 소비자들이 상품의 품질, 성능 등을 명확히 인식하지 못한 상태에서 구매행위를 하고 있다.

⑥ 자본주의경제 통제자로서의 소비자

경제 통제자로서의 소비자란, 제반 경제활동에 대해 감독기능을 수행하는 소비자를 뜻한다. 즉, 소비자가 상품 가격 등에 대하여 유 · 무형의 영향을 미치며, 기업 등의 경제활동을 관찰, 감독한다는 것이다. 그리고 이러한 소비자의 감시 · 감독 기능이 생산자의 의사결정에 영향을 미치고, 더 나아가 현대 자본주의경제를 다소나마 통제하는 역할도 한다.

⑦ 기업 및 정부 정책 영향자로서의 소비자

기업 이익은 가격, 비용, 판매량, 소비자 및 생산자의 의사결정 등에 의해 결정되는데, 이들 중 소비자야말로 기업의 매출과 이익에 가장 크게 영향을 주는 요소라고 할 수 있다. 왜냐하면, 소비자는 자신의 상표 선택을 통해 기업활동, 특히 매출이나 이익에 크게 영향을 미치며, 또 정치적 투표를 통해 정부의 경제정책 수립에도 영향력을 발휘하기 때문이다. 따라서 소비자들이 갖는 경제적 힘은 다른 어느 이해자 집단보다 크다고 하겠다.

⑧ 생산자원 배분자로서의 소비자

'소비자는 이중적 · 양면적인 존재'라고 할 수 있다. 이는 소비자의 한 얼굴은 생산요소의 공급자이고, 다른 한 얼굴은 생산된 제품의 수요자임을 의미한다. 그리고 소비자는 재화 생산의 최종 감독 단계에서 기업 및 산업에 대한 생산자원의 배분에도 영향을 미친다. 이때 생산활동에 대한 소비자들의 영향력은 그들이 생산활동에 대해 수행하는 역할에 따라 다르다. 이는 텔레비전의 수요가 그의 생산에 소요되는 토지, 노동 및 자본에 대하여 파생수요(derived demand)를 유발한다는 사실에서 알 수 있다.

기업 및 산업의 생산시설 규모와 그 가동률은 그들이 생산하는 제품에 대한 소비자 수요에 달려 있다. 이러한 소비자 수요가 산업의 완전가동을 실현시킬 수 있을 때 비로소 시설의 최적이용에 의한 전체 평균비용이 감소하게 되며, 보다 많은 이윤의 확보도 가능할 수 있다. 이와 반대로 소비자 수요가 일정 수준 이하로 감소될 경우에는 규모의 경제가 실현되지 못해 결과적으로 총 평균 비용이 상승함은 물론, 기계설비의 이용률마저 떨어져 기업은 파탄에 이르게 된다.

(2) 소비자 특성의 변화

소비자를 둘러싸고 있는 환경요소들이 변함에 따라 소비자 또한 다음과 같이 변할 것으로 보인다.

첫째, 소비자들은 교육수준이 높아지고, 결과적으로 볼 때 훨씬 비판적, 사회 지향적으로 될 것이다. 즉, 소비자들의 교육수준이 전반적으로 향상됨으로써 의식수준의 향상을 통해 더욱 합리적, 비판적이 될 것이다.

둘째, 소비자는 환경적 · 사회적 문제해결에 기업이 보다 많은 역할을 할 것으로 기대하고, 여성들이 마케팅 활동을 더욱 많이 수행할 것으로 본다. 왜냐하면, 기업이 사회에 미치는 영향력이 증대되고, 여성의 사회활동 또한 점차 활발해지고 있기 때문이다.

셋째, 가족이 더욱 소규모화되며, 지금보다는 대여에 의해 소비 · 사용하는 제품들이 많아질 것이다. 특히 대가족사회에서 생활의 수단이었던 토지, 주택 등의 전통적 소유물들이 그러할 것이다.

넷째, 소비자들의 지위, 경쟁, 그리고 물질적 성공에 대한 관심이 감소하는 반면, 인간적 성취도 등에 대한 관심은 증가할 것이다. 즉, 소비자들은 자신의 기본적 욕구가 충족됨으로 인해 좀 더 고차원적인 욕구를 실현하기 위해 노력할 것으로 보인다.

다섯째, 소비자들이 여가시간의 증대와 더불어 나름대로의 라이프스타일(life style)을 구성, 유지시켜 나갈 것이다. 이는 미래 소비자는 자신의 생활설계 및 프로그램에 따라 능동적으로 생활을 구성, 연출한다는 의미이다.

여섯째, 앞으로 소비자행동은 소득이나 구매력의 영향도 받겠지만 사회 전체의 욕구 구조, 가치관, 생활의식 · 관습 등의 영향을 많이 받을 것으로 본다.

이는 커뮤니케이션 매체의 확산이 개인소비자의 감정적 · 심리적 요소에 미치는 영향이 커지고, 또 개인이 갖는 타인과의 관련성이 높아지기 때문이다.

일곱째, 소비자는 소비자운동, 공해 방지 운동, 환경보호운동 등과 같은 사회운동에 보다 능동적, 자주적, 적극적으로 참여할 것이다.

여덟째, 소비자는 생산 및 소비의 논리나 능률의 논리에 따르는 단순한 '소비의 반복자'로부터 탈피하게 될 것이다. 다시 말해, 소비자가 생활의 논리, 정신적 욕망 충족의 논리, 여가 및 복지의 논리에 따르는 독자적인 인간으로서 생활의 질을 향상, 혁신시키는 소위 '생활의 재생산자'로 변할 것으로 보인다.

2 소비자의 권리와 책임

1) 소비자 권리의 개념

소비자 권리는 제품 및 서비스의 구입, 사용과 관련된 소비자의 권리를 뜻하며, 이러한 권리의 보장은 컨슈머리즘을 실현하는 데 전제가 된다. 생산자나 판매자가 자신이 생산 · 판매할 상품을 자유로이 결정할 수 있듯이, 소비자 또한 원하는 상품을 자유롭게 선택할 권리가 있는 것이다. 그러나 현실적으로는 여전히 많은 산업분야에서 소비자들은 사업자가 일방적으로 결정한 가격 및 거래조건으로만 구매하는 등의 문제를 가지고 있기 때문에, 소비자의 권리확보와 실천이 요구되고 있다.

그렇다면 소비자 권리는 어떻게 나타나게 되었을까?

소비자 권리는 미국의 케네디 대통령이 1962년 3월 15일 미국 하원에 보낸 '소비자 이익 보호를 위한 특별교서'에서 선언한 소비자의 4대 권리, 당시 소비자 권리의 내용은 안전할 권리(The right to safety), 알권리(The right to be informed), 선택할 권리(The right to choose), 의견을 반영시킬 권리(The right to be heard)를 그 시작으로 한다. 최초로 소비자 권리를 주장한 케네디 대통령은 소비자들이 이들 권리를 원만히 실천할 수 있도록 정부가 각종 조치를 취해야 한다고 주장했다. 케네디 대통령이 최초로 주장한 4가지 소비자 권리에 1969년에는 닉슨 대통령이 구제받을 권리를, 1975년 포드 대통령이 교육받을 권리를, 그리고 1994년 클린턴 대통령이 서비스받을 권리를 추가하였다. 이외에도 국제협동조합동맹(1964), 유럽공동체(European Community: EC, 1975), 국제소비자기구(Consumers International: CI, 1980), 일본의 제5회 인권교류 집회(1986) 등에서도 소비자 권리를 선언하고 명문화하였다.

소비자 권리에 대한 노력은 미국 외의 다른 선진국에서도 살펴볼 수 있다. 유럽공동체는 건강과 안전을 보호받을 권리, 경제적 이익을 보호할 권리, 피해보상을 받을 권리, 정보와 교육을 받을 권리, 대표의 권리로 구성되는 5대 소비자 권리를, 또 국제소비자기구는 안전할 권리, 선택할 권리, 정보를 제공받을 권리, 의사를 반영할 권리, 보상받을 권리, 교육받을 권리, 쾌적한 환경을 누릴 권리 등의 7가지를 주창하였다. 일본의 동경시 또한 1995년 10월 사업행위의 적정화 및 소비자 피해 구제에 관한 조례를 통해 생명 및 건강이 침해당하지 않을 권리, 적정한 표시를 행하게 할 권리, 부당한 거래 조건을 강요당하지 않을 권리, 부당하게 입은 피해를 공정하고 신속하게 구제받을 권리, 정보를 신속하게 제공받을 권리 등 소비자 권리를 명시한 바 있다.

2) 소비자 권리의 이해

우리나라 헌법은 1980년 8차 개헌에서 최초로 소비자 보호운동에 관한 규정을 두었고, 현행 헌법에서 이를 계승하고 있다. 소비자보호에 대해 현행 헌법은 "국가는 건전한 소비행위를 계도하고 생산품의 품질향상을 촉구하기 위한 소비자 보호운동을 법률이 정하는 바에 의하여 보장한다"고 규정하여 소비자 권리를 인정하고 있다.

반면 1980년 제정된 소비자보호법에서는 소비자 권리를 명시적으로 규정하지 않았으나, 1986년 제1차 전부개정 시 소비자를 법적 권리주체로 인정하여 안전할 권리, 알권리, 선택할 권리, 의견을 반영시킬 권리, 피해를 보상받을 권리, 소비자 교육을 받을 권리, 그리고 단체를 조직 · 활동할 권리 등 7가지 소비자 기본권리를 규정하였다. 그리고 그 후 2001년 제6차 일부개정 시 환경에 대한 소비자 권리인, 안전하고 쾌적한 환경에서 소비할 권리를 추가하였다. 이는 1999년 UN 소비자보호가이드라인 개정 시에 포함된 '지속가능한 소비행태'를 반영하여 추가한 것으로, 이는 현세대의 소비욕구를 효율적으로 충족시키면서 미래세대의 소비욕구를 저해하지 않도록 하는 지속가능한 소비를 선언적으로 규정한 것이다.

우리나라 소비자기본법상의 소비자 권리에 대해 알아보면, 다음과 같다.

(1) 안전할 권리

건강과 생명에 위해한 상품으로부터 소비자가 보호받을 권리를 의미한다. 상품이나 서비스로 인한 생명, 신체 및 재산상의 위해로부터 보호받을 권리는 물론, 관련 기관에 대해 안전에 필요한 건의 및 시정 요구의 권리도 포함된다.

(2) 정보를 제공받을 권리

소비자들이 상품 및 서비스의 선택에 필요한 정보나 지식을 제공받을 권리를 가리키는데, 정보 제공의 권리 또는 알권리라고도 한다. 이는 선택할 권리를 실천하는 데 전제가 되는 권리이다. 이러한 정보를 제공받을 권리는 소비자가 상품이나 서비스를 선택할 때 그 품질과 성능, 내용, 성분, 가격, 거래 조건 등에 대하여 정보를 제공받을 권리와 허위 · 기만 정보로부터 보호받을 권리로 구분된다. 따라서 이 권리는 소비자가 허위적 · 기만적인 상품 정보나 과대광고 등으로부터 보호받고, 또 이러한 정보로 인해 야기된 피해를 보상받을 권리라고 할 수 있다.

(3) 선택할 권리

소비자가 상품이나 서비스의 구매 시에 상표, 거래 상대방(소매점), 거래 조건 등을 자유롭게 선택할 수 있는 권리를 의미한다. 이 권리의 실천을 위해서는 다양한 상품과 서비스들이 제시되어야 함은 물론이고, 소비자들이 풍부한 정보를 가지고 있어야 한다. 요컨대, 선택할 권리는 많은 사업자들이 다양한 상품을 경쟁적으로 제공하고, 소비자가 가장 좋은 품질이나 가격, 거래 조건의 상품을 선택할 수 있을 때 비로소 보장되는 권리이다.

(4) 의견을 반영시킬 권리

소비자에게는 소비생활에 영향을 주는 국가 및 지방자치단체의 정책 수립과 기업의 경영 의사 결정에 자신의 의견을 반영시킬 권리가 있다. 의견을 반영할 권리는 정부나 기업이 각각의 소비자정책 수립 시에 소비자 의견을 반영시키고, 소비자 문제를 신속하게 해결함으로써 실현될 수 있는 권리이다.

(5) 피해를 보상받을 권리

소비자는 구매 상품 및 서비스로 인한 피해를 공정한 절차에 의하여 보상받을 권리를 가진다. 이 권리로 인해 소비자들은 기업의 소비자기구, 소비자단체, 한국소비자보호원, 정부 내의 관련 기관 등에 자신이 입은 피해에 대하여 보상이나 구제를 요구할 수 있다.

(6) 소비자 교육을 받을 권리

소비자들이 합리적인 소비생활을 영위할 수 있도록 하는 데 필요한 교육을 받을 권리이다. 소비자들은 전문지식을 갖춘 생산자 및 판매자에 비해 상품·서비스에 대한 지식을 충분히 갖지 못하며, 또 생산기술의 급속한 발달로 복잡

다양해진 신상품의 품질, 성능 등에 대해서도 제대로 숙지할 수 없는 경우가 많다. 이에 학교뿐 아니라 정부 및 행정기관, 지방자치단체, 소비자단체, 소비자원 등에서는 교육수용자에 맞춘 다양한 유형의 소비자교육을 실시하고 있다.

(7) 단체를 조직하고 활동할 권리

소비자들은 자신들의 권익 보호를 위해 단체를 조직하고, 단체행동을 할 권리를 갖는다. 이러한 권리에 기반하여 현재 우리나라에는 소비자보호단체협의회와 그 회원단체인 한국소비자연맹, 소시모 등 10개 민간소비자단체가 있다.

(8) 안전하고 쾌적한 환경에서 소비할 권리

소비자는 쾌적한 환경에서 살 수 있는 권리를 가진다. 그간 급속한 경제성장에 따른 폐해로 환경이 오염되었고, 이는 소비자의 건강과 복지를 침해하고 있다. 오늘날의 소비자들은 스스로 쾌적한 환경에서 살 권리 및 책임뿐 아니라, 후손에게 쾌적한 환경을 물려줄 책임과 권리 또한 가지고 있다. 즉 이 권리는 소비자의 생활의 질을 향상시키기 위한 물리적 환경에 대한 권리로, 환경이 소비자의 생명이나 건강을 해치지 않고 쾌적하게 유지되도록 요구할 권리인 것이다. 그리고 여기에는 개별 소비자가 통제할 수 없는 환경문제에 대한 보호는 물론이고, 현 세대와 미래세대를 위해 환경을 보호하고 향상시키기 위한 요구까지 포함된다.

3) 소비자의 책임

일반적으로 권리에는 이에 상응하는 책임을 포함해야 하는데 소비자는 소홀히 취급하는 경향이 있다. 한국소비자원에 보고된 소비자 문제를 집계해 볼 때, 소비자의 책임 있는 행동의 결여 때문에 발생하는 경우가 많은 비중을 차지하고 있으며, 소비자들이 정보를 원하면서도 제공된 정보를 잘 이용해야 하는 책임은 수행하지 않는 경우가 많다. 소비자 권리는 소비자 자신이 이를 자각하고 권리의 주체로서 적극적으로 행동할 때 비로소 실현된다. 소비자는 스스로의 권익을 향상시키기 위해 필요한 지식을 습득하고 자주적이고 적극적인 행동을 취함으로써 그 책임을 다해야 한다. 소비자책임에 관한 내용을 살펴보면 다음과 같다.

(1) Gordon과 Lee(1977)

첫째, 현대 경제사회에서 소비자가 담당하는 역할과 기능을 잘 인식해야 한다. 예를 들어 소비자는 자기가 소유하고 있는 화폐를 마음대로 사용할 수 있으나, 책임 있는 소비자라면 화폐를 사용할 때 자신이 다른 소비자와 더불어 생산에 영향을 미치는 행동을 하고 있다는 것을 인식해야 한다.

둘째, 효율적으로 행동해야 한다. 소비자가 인식하고 있는 사실을 실천에 옮길 수 있어야 한다. 그러기 위해서는 소비자로서의 판단과 행동을 잘 해야 한다. 예를 들면 정부와 기업에 대해 가치 있는 제언과 불만표시를 해야 하며, 지시책자, 사용설명서 등에 있는 정보를 정확하게 이용해야 한다.

셋째, 자원을 낭비하지 말아야 한다. 소비자는 개인 소유물을 아껴 쓰는 것뿐만 아니라 자유재인 대기, 물, 토양을 오염시키지 않아야 할 중대한 책임이 있다. 소비자 권리 중에서 쾌적한 환경에서 살 권리와 관련 있는 것으로 환경보호를 해야 한다는 내용이 포함된다.

넷째, 노동시장에서 착취당하지 않거나 착취하지 않을 책임이 있다. 노동자는 의견을 모으고 단결하여 행동해야 하며, 소비자는 노동자의 임금을 착취하는 기업에서 싸게 공급하는 상품과 서비스를 선호하지 않아야 한다.

다섯째, 모든 거래에서 정직해야 한다. 판매자와 구매자는 정확한 양, 표시된 대로의 품질을 갖는 상품을 쌍방이 동의한 가격으로 주고받을 책임이 있다. 그리고 소비자는 자신에게 불리한 착오는 물론이고 자신에게 유리한 착오도 시정하려 노력해야 한다. 예를 들면 판매자가 거스름돈을 잘못 계산하여 더 많은 돈을 소비자가 받았다든지, 거래한 상품 외에 다른 물건을 더 받았을 경우 이를 정직하게 반환해야 한다.

여섯째, 부정한 일에 대하여 항의해야 한다. 개인 소비자는 구매를 거부함으로써 항의할 수 있다. 사회적 규제가 필요한 경우에는 제안된 법률을 지지하거나 반대함으로써 항의기능을 수행할 수 있다. 이러한 항의는 소비자 개인적으로도 할 수 있고 단결해서 집단의 힘으로 할 수도 있다.

(2) R. W. Stampfl(1979)

첫째, 소비자는 개인이나 가계의 기능적인 혹은 사회 · 심리적인 효용을 극대화시키는 시장선택을 하도록 노력해야 한다.

둘째, 소비자는 시장선택을 하기에 앞서 유용한 모든 정보를 수집해서 진가를 파악하도록 해야 한다. 개인이나 가계가 사회나 환경에 부정적인 영향을 미칠 수도 있는 가능성을 고려하여 합리적으로 정보를 이용함으로써 균형 있는 의사결정을 해야 한다.

셋째, 소비자는 상품 사용에 따른 물리적인 위험을 이해해야 하며, 판매자가 제시한 사용지시서대로 사용하여 잘못 사용하는 일이 없도록 하고 다른 소비자의 물리적 · 심리적 · 환경적 안전을 침해하지 않도록 상품을 사용해야 한다.

넷째, 소비자는 시장현황과 시장참여자에 관한 중요한 사실, 욕구, 만족, 불만족을 관련 기업과 정부조정자에게 정직하고 공정한 방법으로 전달하도록 해야 한다. 이러한 문제를 해결하는 데 있어서 필요에 따라 개인적인 노력으로 될 수도 있고 집단적인 노력으로 될 수도 있다.

(3) R. Davis(1979)

첫째, 소비자는 필요시에 기업이나 정부에 현명하고 가치 있는 제언을 하고, 불만을 표시할 책임을 갖는다.

둘째, 소비자는 표시책자, 사용설명서 등에 있는 정보를 사용할 책임을 갖는다.

셋째, 소비자는 청구서에 대해 지불해야 하며, 계약서에 도장을 찍기 전에 그 내용을 읽고 이해해야 할 책임이 있다.

(4) 국제소비자기구(Consumers International)

첫째, 비판의식(critical awareness) : 소비자는 시민으로서 모든 재화와 서비스의 유용성, 가격 및 품질에 대한 질문을 던질 수 있어야 한다.

둘째, 적극적 참여(action and involvement) : 소비자는 시민으로서 지식과 의식을 터득한 후에는 그들의 요구가 받아들여질 수 있도록 확실하게 행동해야 한다.

셋째, 생태학적 책임(ecological responsibility) : 소비자는 무분별한 자원과 에너지의 사용이 자연환경에 미치는 심각한 영향을 인식해야 한다.

넷째, 사회적 책임(social responsibility) : 소비자는 경제적인 이익의 우선 때문에 그들의 선택이 문화적 · 사회적으로 어떤 결과를 가져오는지 무관심하지만 사회적인 책임을 인식해야 한다.

다섯째, 단결(solidarity) : 소비자는 공공의 관심과 지지를 확보하기 위해 소비자조직을 통하여 활동해야 한다. 지금까지 살펴본 바와 같이 소비자의 책임은 단순히 소비생활과 관련한 분야 이외에 보다 포괄적인 분야에 걸쳐 규정하고 있음을 알 수 있다. 소비자 책임은 합리적이고 책임있는 소비생활뿐만 아니라 쾌적한 환경과 더불어 사는 사회 속에서 시민으로서의 포괄적인 역할에 근거하고 있다.

3 소비자 주권

Hutt는 1936년에 '소비자 주권(consumer sovereignty)'이라는 용어를 최초로 사용했는데 그는 민주사회에서 국민들이 정치적인 주권을 가지고 있듯이, 시장에서 소비자들의 소비자 주권은 소비자 선택의 자유 혹은 소비자 권리와 구별되는 개념이다.

소비자 주권은 사회 전체의 자원배분이 소비자의 자유로운 선택에 의해 결정되는 상태를 의미하는 반면, 소비자 선택의 자유는 소비자가 구매 여부를 결정할 수 있는 선택 대안이 존재하는 시장조건을 의미한다. 그러므로 소비자 주권이란 모든 경제과정이 궁극적으로 최종 소비자의 욕구를 충족시키는 방향으로 움직일 수 있도록 하는 조건 및 상태 또는 소비자 선호에 순응하는 생산활동으로 정의할 수 있다.

소비자가 제한된 자원을 가지고 하나의 경제가 무엇을 얼마만큼 생산할 것인가를 최종적으로 결정한다면, 즉 소비자가 자신의 선호에 따라 욕구충족을 할 때 시장에서의 화폐투표로서 가격기구를 통하여 생산자 측에 그들의 뜻을 전달하여 생산내용과 생산량을 조정한다면 소비자 주권은 실현된다. 이와 같이 소비자 주권이 실현된다면 소비자의 사후적 후생은 자동적으로 최대가 될 수 있다. 그러나 이를 실현하기 위해서는 그 전제조건이 충족되어야 하는데, 객관적 조건인 경쟁질서의 확보와 주체적 조건인 소비자 선택의 합리성이 충족되어야 한다. 오늘날의 소비자 문제의 핵심은 소비자 주권이 실현될 수 있는 객관적 조건과 주체적 조건이 충족되지 못했다는 점이다.

소비자 주권을 실현하기 위한 방안으로는 다음의 여섯 가지를 제안할 수 있다.

첫째, 경쟁정책이 시장경제를 유지하기 위한 질서정책의 기본이 될 수 있도록 경제정책의 기조가 개편되어야 할 것이다.

둘째, 소비자 정보가 충분하고 적합하게 공급될 수 있어야 한다.

셋째, 소비자교육을 확대 · 실시해야 한다.

넷째, 민간 소비자단체가 소비자의식을 제고시키고 소비자보호행정을 강력하게 추진시킬 수 있는 압력단체가 될 수 있도록 소비자운동이 강력한 시민운동으로 정착되어야 한다.

다섯째, 소비자 피해구제가 신속하고 간편하게 그리고 저렴한 비용으로 이루어질 수 있어야 한다. 소비자 피해구제는 사후적인 소비자보호방법이긴 하지만 소비자 피해 구제제도가 잘 정비되어 있다면 기업의 횡포를 사전에 방지할 수 있다는 점에서 중요하다.

여섯째, 유효경쟁을 유지하기 위한 경쟁정책은 물론이고, 소비자 정보를 제공하고, 소비자 교육을 확대하고, 소비자운동을 지원 · 육성하고 소비자 피해 구제제도를 정비하는 일에 정부의 활동을 강화해야 한다. 소비자보호행정에 소비자가 적극적으로 참여할 수 있는 방안이 마련되어야 할 것이다.

읽을거리 소비자 권리의 최근 동향

21세기에 들어서 세계화, 디지털화, 사회책임 등 정치 · 경제 · 사회적 변화에 대응하기 위해 각국은 소비자정책 및 법의 개선을 추진하고 있다. 특히 디지털 시대에 걸맞은 소비자 권리를 정립하기 위한 논의가 진행되고 있다. 이미 유럽연합, 미국 등 선진국에서는 소비자디지털권리장전을 마련하거나 소비자디지털권리를 선언하여 디지털환경에서의 소비자능력 향상과 소비자권익 증진을 위한 디지털소비자정책을 마련하고 있다.

유럽소비자단체협의회(BEUC)는 2005년 디지털환경에서의 소비자 권리인 6대 소비자디지털권리(Consumers Digital Rights)를 선언하고 유럽회원국을 중심으로 디지털소비자운동을 전개하고 있다. 유럽소비자단체협의회를 중심으로 전개된 소비자디지털권리 캠페인에서 선언된 소비자디지털권리는 다음과 같다.

- 소비자는 선택, 지식 및 문화적 다양성에 관한 권리를 가진다(Right to choice, knowledge and cultural diversity).
- 소비자는 디지털환경에서 소비자 권리를 방어하고 유지하기 위해 기술적 중립성의 원칙에 관한 권리를 가진다(Right to the principle of technical neutrality–defend and maintain consumer rights in the digital environment).
- 소비자는 배타적인 제약 없이 기술적 발명으로부터 이득을 얻을 권리를 가진다(Right to benefit from technological innovations without abusive restrictions).
- 소비자는 콘텐츠 및 기기의 상호운용성에 관한 권리를 가진다(Right to

interoperability of contents and device).

- 소비자는 프라이버시를 보호받을 권리를 가진다(Right to the protection of privacy).
- 소비자는 범죄인이 되지 않아야 할 권리를 가진다(Right not to be criminalised).

이런 맥락에서 CI는 디지털시대에 걸맞은 소비자 권리로서 지식접근권(access to knowledge)을 UN소비자보호가이드라인의 여덟 번째 소비자 권리로서 규정할 것을 건의하였다. 지식접근권이야말로 소비자의 문화 · 시민 · 교육활동에의 충분한 참여를 위한 전제조건이기 때문이다.

한편, 2010년 발간된 조직의 사회적 책임에 관한 국제표준인 ISO 26000의 핵심주제 중 하나인 소비자이슈의 원칙에는 UN 소비자보호가이드라인의 8가지 소비자 권리는 물론 프라이버시 존중, 사전주의 접근방식, 성평등과 여성에 대한 권한 부여의 촉진, 보편적 디자인의 존중 등이 추가되었다. 특히 지속가능한 소비와 필수서비스에 대한 접근 등이 주요 쟁점으로 강조되었다.

이에 우리나라에서도 디지털화 및 사회책임화에 따른 실효성 있는 소비자법 및 정책을 시행하기 위해, 소비자기본법상 소비자 권리규정에 지식접근, 필수서비스에 대한 접근 등에 관한 새로운 소비자 권리의 내용을 신설할 필요가 제기되고 있다.

출처 : 소비자원 소비자정책동향(2012), 소비자 권리: 과거, 현재 그리고 미래

제2장 소비자와 소비환경의 변화

1 소비자의 변화

1) 노인인구의 증가

UN은 65세 이상을 고령인구로 정의하고, 전체 인구의 7% 이상이 고령인구이면 고령화 사회(aging society), 14% 이상이면 고령사회(aged society)로 분류하고 있다. 우리나라는 2000년 7월에 이미 '고령화 사회'로 진입하였으며, 2015년 12.8%, 2016년 13.2%, 2017년 13.8%, 2018년 14.3%, 2019년 14.9% 등으로 집계되었다. 앞으로도 고령인구 비율은 증가하여 2040년에는 33.9%, 2067년에는 46.5%로 높아질 것으로 예측했다. 이는 곧 한국인 10명 중 절반이 고령인구라는 것으로 설명된다.

노인 소비자가 급격히 증가한다는 것은 중요한 점을 시사한다. 이른바 실버시장(silver market)이라 불리는 고령 소비계층은 현재는 구매력 측면에서 생활보호 대상이지만 머지않은 장래에는 구매 잠재력이 충분한 소비시장으로 변할 것으로 전망되고 있다. 미래의 노년층은 왕성한 소비의욕을 갖고 활발한 활동을 전개하면서 사회참여나 자아실현 같은 문제들에 적극적으로 대처할 것으로 보고 있다. 따라서 최근 노인 소비자의 라이프스타일과 소비패턴을 비롯하여 실버마켓에 대한 관심이 매우 높아지고 있으며, 특히 여성 노인 고령화의 심각성으로 인해 파생되는 상품과 서비스에 대한 수요도 증가하는 추세이다. 이는 노인계층을 대상으로 한 새로운 제품과 서비스의 개발이 필요하다는 것을 의미한다. 즉, 그들은 건강 및 의료 서비스, 여행, 여가활동, 주택관리, 노인을 위한 가정 서비스 등에 대해 특별한 요구를 가지고 있다. 특히 경제력이 있는 노년층을 중심으로 문화생활을 향유하고자 하는 경향이 확산되고 있어 예비 노인층은 길어진 노후를 보다 안락하게 보내기 위하여 경제적 준비에 보다 많은 관심을 가지게 될 것이다.

미국에서는 우피(Woopies : Well-off older people)족이라 하여 부유한 노인층을 대상으로 하는 마케팅전략을 개발하고 있다. 우리나라도 2018년 고령사회로 접어들면서 중산층 이상의 고령자를 중심으로 한 실버세대가 이미 새로운 소비집단으로 부상하였다. 저축과 보험, 국민연금 등으로 노후소득을 확보한 고령자들이 급증했기 때문이다. 또한 개인주의적 가치관이 사회 전반에 퍼지면서 '이제 자식보다는 내 인생이 먼저'라는 생각을 가진 노인들의 적극적인 소비행태가 증가하는 추세이다.

2) 가족구조의 변화

남편과 부인 그리고 미혼의 자녀로 구성된 핵가족은 개인 소비자의 의사에 영향을 미치는 중요한 사회집단 중 하나이다. 일반적으로 가족이라는 집단은 개인이 가장 먼저, 그리고 가장 오래 소속되는 집단이다. 그러나 점차 이러한 전형적인 가족이 변하고 있다. 그 한 예로 이혼율 증가를 들 수 있는데 이혼은 가족구성의 붕괴, 새로운 가정의 형성뿐 아니라 소득원의 상실, 소득수준의 감소 등으로 소비자의사결정에도 영향을 미친다.

이외에도 초혼의 연령이 높아지고 있으며, 딩크(DINK : Double Income No Kids)족들의 비율이 점차 증가하고 있다. 이들은 기존의 전형적인 가족과 비교해서 가족 수가 적기 때문에 소량구매를 할 것이며, 인스턴트식품이나 패스트푸드(fast food)의 구매율이 높고, 편의점 · 통신판매 · 전자상거래 이용률이 높으며,

홈오토메이션과 관련된 가구를 많이 이용할 것이다.

또한 전일제, 파트타임으로 직업을 가지는 여성이 증가하고 있으며, 따라서 맞벌이 부부의 비율도 계속 증가하고 있다. 대체로 맞벌이 가계는 그렇지 않은 가계에 비해 교통비, 가사용품비, 피복비 등에 많은 지출을 한다. 그러나 맞벌이 부부 가계는 한부모가계와 마찬가지로 소비자의사결정을 하는 데 많은 시간을 할애할 수가 없다. 특히 직업을 가진 여성은 전업주부와 달리 시간의 기회비용이 크기 때문에 편리함과 효율성을 위한 재화나 서비스를 구매하여 이용하는 경향이 높다. 시간절약형 가전제품, 가사대행 서비스, 육아대행 서비스, 즉석요리 및 인스턴트식품에 대한 수요가 전업주부 가계에 비해서 높게 나타나고 있다. 여성이 가계구매의 대부분을 담당해야 하는 한, 여성의 취업률이 높아짐에 따라 이들은 가사노동 절약상품에 대한 더 많은 정보가 필요하게 될 것이다. 그러나 어떤 특정 분야, 예를 들면 자주 구매하지 않는 제품이나 서비스에 대해서 소비자들은 최선의 선택을 위해 충분히 생각해 볼 수 있는 시간적 여유가 과거에 비해 점점 없어지고 있다고 느끼고 있다.

이외에도 결혼과 혼인에 기반을 둔 가족의 범위를 벗어난 새로운 가족형태, 즉 동거가족, 동성애 가족, 공동체 가족도 나타나고 있다. 이러한 새로운 가족형태는 전통적인 가족형태와 비교하여 소비자행동 및 소비패턴이 차이가 있을 것으로 예상된다.

추가적으로 1인 가구의 증가도 가족구조의 한 변화라고 할 수 있다. 통계청의 '2019년 한국의 사회지표'에 따르면, 2018년 가구당 평균 가구원 수는 2.44명으로 3명도 안 된다. 2000년 대비 1인 가구 및 2인 가구의 비중은 점점 커지고 있는 반면, 3인 이상의 가구 비중은 계속 줄고 있다.

2019년 우리나라 1인 가구 숫자가 600만 가구를 돌파했다. 1년 동안 25만 가구가 늘었는데, 50~60대 비중이 80%를 넘었다. 전체 1인 가구를 성별로 보면 남자가 57%, 여자가 43%로 나타났다. 2019년 늘어난 1인 가구 가운데 84%는 50대 이상이었다. 20년 이상 산 부부가 이혼하는 이른바 '황혼이혼'의 증가와 고령화 영향 등으로 풀이된다. 1인 가구가 전체 가구(2,018만 3,000가구)에서 차지하는 비중은 29.9%로 1년 전보다 0.7%포인트 상승했다. 이제 10명 중 3명은 혼자 산다는 얘기다.

3) 자녀 수의 감소

현대사회에서 여성의 출산율은 지속적인 감소세를 보이고 있다. 1984년에는 2.1명에 이르던 우리나라 여성 1명당 출산율은 1990년대 들어 급격한 감소를 보였고, 2019년 '출생 · 사망통계'를 보면, 평균 출생아 수인 '합계출산율'은 2018년 0.98명에서 2019년 0.92명으로 떨어져 또다시 역대 최저치를 기록하여 2년 연속 0명대에 머물렀다. 이는 1970년 관련 통계를 작성하기 시작한 뒤 가장 낮은 수준으로 떨어진 것이다.

이에 2020년부터 우리나라의 인구 자연감소가 시작될 것으로 예상했는데 이즈음 이것이 현실적 수치로 나타났다는 뉴스가 나왔다. 한국의 합계출산율은 경제협력개발기구(OECD) 나라들 가운데 꼴찌다. 한국에 이어 합계출산율이 낮은 나라는 그리스, 이탈리아, 스페인 등이지만 이들 나라의 합계출산율은 1.3명대로 1명 이상이다.

2018년부터 출생아가 사망자보다 적어지는 '데드크로스'가 일어났는데 2019년의 이런 상황은 더 심화됐다. 2018년 4분기에 분기 기준으로는 사상 처음으로 인구가 자연감소(사망－출생)한 것으로 집계됐다. 저출산 · 고령화가 예상보다 급속히 진행되면서 경제에 미치는 영향도 가시화할 전망이다.

또한 결혼을 하거나 동거를 하더라도 무자녀 생활방식을 의도적으로 선택하는 사람들이 증가하고 있다. 이러한 소자녀화 현상에 따라 출산연기 및 기피로 한 자녀를 둔 가정이 증가하고 있다. 한 자녀가 보편화되면서 아동 소비시장의 규모는 급속히 줄어들 것으로 예상되지만, 한편으로 소자녀화는 가정에서 자녀의 위상을 높이고 아동 소비시장의 다양화와 고급화를 촉진하게 될 것으로 전망된다. 자녀는 하나만 낳되 최상의 환경을 제공하겠다는 풍조가 확산되면서 가정마다 자녀 귀족화 현상이 일어나고 있고, 이러한 경향으로 아동 1인당 지출 비용은 늘어날 것이기 때문이다.

적은 수의 자녀에게 아낌없는 지출을 하게 되면서 고소득층을 중심으로 유아용 고가상품과 초고가상품에 대한 수요는 활발히 증가하고 있다. 자녀들에게 고급 옷을 입히고 미술, 건축, 음악 등의 진품을 접하게 해줌으로써 애정을 표현하는 젊은 층의 주부가 늘어나는 추세이다. 또한 자녀 수의 감소로 자기계발에 투자를 아끼지 않는 젊은 주부층이 늘어나고 있다. 남편이나 자녀를 통해 사회적 성공이나 정체성을 얻기보다는 주체적으로 독립된 지위를 확보하고자 하는 경향이 확산되고 있다. 한편 제임스 맥닐(James McNeal)은 아동 소비시장의 중요성을 다음과 정리하고 있다.

① 아동이 직접적인 구매자 역할을 하는 1차 시장(primary market)

맞벌이 부부가 많아지면서 1차 시장의 규모는 계속 증가하고 있다.

② 구매 주체인 부모에게 영향력을 행사하는 영향력 시장(influence market)

아동이 부모의 구매 행위에 직접적 혹은 간접적으로 영향력을 행사하는 시장을 말한다. 직접적인 영향은 외식장소를 추천하거나 특정 브랜드의 상품을 사달라고 하는 경우이고, 간접적인 영향은 부모가 물건을 구매할 때 자녀의 취향, 의견을 고려하여 구입하는 경우이다.

③ 아동이 성장해서 만들어질 미래시장(future market)

아동은 미래의 소비자로서 잠재력이 크기 때문에 기업들은 아동 소비자에 많은 관심을 가지고 장기적인 투자를 하고 있다.

4) Z세대의 부상

소비시장에 'Z세대'가 부상하고 있다. 디지털 원주민, 모바일 제너레이션이라고도 불리는 Z세대는 디지털 시대에 태어나 아날로그 문화를 접해본 적 없고 어느 세대보다 개성이 강한 것으로 평가받고 있다. 알파벳의 마지막 글자 'Z' 20세기에 태어난 마지막 세대라는 의미에서 Z세대라 불리는 이들은 1995년~2005년에 태어난 세대로 14세부터 24세의 연령층을 지칭한다. 이들은 태어날 때부터 인터넷과 같은 디지털 환경에 노출돼 자라온 세대라 '디지털 원주민(Digital Native)'이라고도 불린다.

어린 시절부터 다양한 IT기기를 자연스럽게 접해왔기 때문에 새로운 기기에 금방 적응하고 그것을 멀티 태스킹하는 능력도 뛰어나다. 특히 모바일 기기를 활용하는 비중이 높고 스마트폰 없이는 살 수 없다고 하여 '포노 사피엔스(Phono Sapiens)'라고도 한다.

Z세대는 페이스북, 인스타그램 등의 소셜네트워크 서비스(SNS)를 활발하게 사용하며 또 이를 통해 관계를 맺는 데 익숙하다. 이에 SNS상에서 유행하는 내용에 민감하고 그 정보를 실시간으로 접하지 않아 발생하는 소외문제를 두려워하는 경향이 있다.

아울러 적극적으로 유용한 정보를 공유하거나 확산하는 데는 일조하지만 자신의 개인정보가 유출되는 것은 꺼리는 특징이 있다. 어렸을 때부터 사이버 테러 등의 심각성을 인지하고 또 많이 접해온 세대이기 때문이다. 이러한 성향이 디지털 기기와 만나 지금의 새로운 문화를 만들어내고 있다.

특히 Z세대들은 본격적인 사회생활 시작에 따른 미래 소비자로서 30~40대 이상의 영향력을 발휘하고 있어 최근 소비시장에서 이들에 대한 관심이 고조되고 있다. 한국경제연구원은 우리나라 인구 구성비 중 Z세대는 약 12.5%를 차지하고 이 중 2020년 성인이 되는 50%가 차세대 소비의 주축으로 떠오를 것이라고 예측했다. 더군다나 온라인 시장의 성장이 계속되고 모바일 기기가 주요 매체로 부상하고 있는 현 시점에 이들은 디지털 경제의 주도층이 될 것으로 전망되고 있다.

5) 소득수준의 향상

가계소득의 크기는 개인의 소비생활에 중요한 역할을 하게 된다. 소득의 증가는 가족규모의 감소와 함께 가계를 자유롭게 사용할 수 있는 가처분소득의 증가를 가져오게 되었다. 소득수준이 향상되면서 자동차, TV, 냉장고 등 대형 내구재 및 가전제품에 대한 소비가 지속적으로 증가하고 있다. 또한 수입소비재에 대한 수요가 큰 폭으로 증가하는 등 소비의 대형화 · 고급화가 나타나고 있다.

소득의 증가는 가정의 기본적 욕구충족을 위한 소비지출에만 국한되지 않고 문화적 욕구를 추구하는 동기가 되었으며, 그 결과 가계의 소비지출 구조에도 큰 변화가 나타나게 되었다. 즉, 식료품, 주거, 광열 · 수도, 보건 · 의료 등의 필수재를 위한 지출비율이 점차 줄어들고 있는 반면, 외식비, 교육, 교양 · 오락, 교통 · 통신, 비소비지출 등 선택적 지출의 비율은 크게 증가하고 있다. 특히 정보통신기술의 발달과 인터넷, 휴대폰의 사용이 일상화되면서 통신비의 지출이 급증하고 있다. 앞으로 여가시간이 증가하고 소득수준이 더 높아진다면 교육 · 교양 · 오락, 교통 · 통신비의 비율은 계속 증가할 것이다.

뚜렷한 또 하나의 소비패턴 경향은 우리의 소비생활에서 서비스 부문의 비중이 커지고 있다는 것이다. 이는 스포츠, 레저, 여행, 교육, 문화활동 등 심리적 · 정서적 만족과 관련된 소비자욕구가 소득의 증가와 함께 커지고 있음을 의미하며, 이러한 추세는 계속 증가할 전망이다.

6) 소비자 가치관의 변화

소비자 가치관을 고려해야 하는 이유는 두 가지이다. 첫째, 우리는 무엇이 가장 중요한가, 즉 우리의 가치관을 이해하지 못하고는 체계적인 의사결정을 할 수가 없기 때문이다. 둘째, 우리는 다른 소비자들의 가치관을 더 잘 이해할 필요가 있기 때문이다. 우리는 서로 다른 사람이 서로 다른 가치관을 가지고 있는 다문화(multi-culture) 사회에 살고 있다. 내가 보기에 이상하고 비경제적이라고 느끼는 행동도 다른 사람의 가치관에서 판단해 보면 아주 합리적일 수도 있다. 그래서 '다른 사람을 판단하는 것은 천천히, 그러나 자신의 가치관은 규칙적으로 재검토하라'라는 좋은 격언이 있다.

최근 소비자들은 개인의 건강과 복지에 대해 더 많은 가치를 부여하고 있으며 이에 따라 제품의 질을 더 많이 인식하게 되었다. 구매의사결정에서도 소비자는 제품의 원료뿐 아니라 생산과정, 포장, 사용, 애프터서비스, 사용 후 처분까지도 고려하게 되었다. 간단히 말해서 소비자는 제품을 구매할 때 수명주기비용(life-cycle cost)에 대해 관심을 갖게 되었다. 이러한 새로운 가치관은 과거의 소비패턴과는 확연하게 대조가 된다.

미래에는 소비자가 구매를 하는 데 있어서 개인의 건강뿐 아니라 환경이나 사회에 미치는 영향력도 고려하여야 할 것이다. 이를 위해서 소비자는 제품 사용 후 자연보존에 어떠한 영향을 미치는가, 에너지 및 자원을 절약하기 위해 재활용될 수 있는가 하는 점과 생산과정에서 발생하는 유독가스, 먼지, 소음 등을 최대한으로 감소시킬 수 있는 작업환경에서 생산된 제품인가를 고려하여 의사결정을 하여야 할 것이다.

2 소비환경의 변화

1) 4차 산업혁명의 도래

기원전 3500년 전 고대 사람들이 무거운 물건을 쉽게 옮기기 위해 나무 조각 3개를 엮은 '바퀴'[1]를 만들지 않았다면, 지금의 자동차는 존재하지 않았을지도 모른다. 벨(Alexander Graham Bell)이 최초의 실용적인 전화기를 발명하지 않았다면 오늘날의 스마트폰은 존재하지 않고 여전히 파발마나 횃불을 통해 장거리 의사소통을 했을지도 모른다. 이렇게 인류 역사 변화의 중심에는 새로운 기술의 등장과 기술적 혁신이 자리하고 있었고, 새로운 기술의 등장은 단순히 기술적 변화에 그치지 않고 전 세계의 사회 및 경제구조에 큰 변화를 일으켰다. 기술적 혁신과 이로 인해 일어난 사회·경제적 큰 변화가 나타난 시기를 우리는 '산업혁명'[2]이라 부르고 있다.

먼저, 산업혁명의 역사적 전개는 [그림 1]에 정리된 것과 같다.

[그림 1] 기술적 혁신과 산업혁명의 시계열

1차	2차	3차	4차
증기기관의 발명으로, 기계적인 장치에서 제품을 생산	전기기관의 발명으로 대량생산이 가능해지고 노동력을 절약	정보통신기술의 발달로 생산라인이 자동화되고, 사람은 생산라인의 점검 및 컨트롤을 수행	AI, 빅데이터, 로봇 등을 통한 기술의 융합으로 사람·사물·공간이 초연결화 및 초지능화

1780년대	1870년대	1970년대	2010년대

출처 : 미래창조과학부, 한국과학기술기획평가원, 「이슈분석 : 4차 산업혁명과 일자리의 미래」, 2016.3.28, p.1

1) 통나무를 원판모양으로 잘라 만든 것이 최초의 바퀴라고 할 수 있으나, 메소포타미아 문명의 수메르인들은 기원전 3500년경에 나무판자 세 조각을 구리못으로 연결하여 만든 바퀴가 현재 바퀴형태의 시초(잭 첼로너, 2010).

2) '산업혁명' 단어는 '아널드 토인비'가 「Lectures on the Industrial Revolution of the Eighteenth Century in England」에서 처음 사용하였고, 그는 기술적 혁신은 한순간에 나타난 격변적인 현상이 아니라 그 이전부터 진행되어온 점진적이고 연속적인 기술혁신의 과정으로 보고 있다.

증기기관이 발명되며 1780년대에 1차 산업혁명이 시작되었다. 이로 인해 사람의 수작업 대신 기계를 이용해 제품을 생산하는 길이 열렸다. 나아가 증기기관차는 지역과 지역을 연결하는 수단이 되었다. 발전기와 전동기가 발명되면서 1870년대에는 2차 산업혁명이 일어났다. 석탄 산지로부터 멀리 떨어진 곳에도 전기에너지를 공급받아 공장을 가동할 수 있게 되고, 분업과 기계화에 기초한 대량생산 시스템이 확산되었다. 이에 따라 사람들은 더욱 질 좋고 저렴해진 재화를 풍부하게 공급받을 수 있게 되었다. 이 시기에는 자동차, 유선전화, 텔레비전이 도입되며 국가 내의 연결성을 높일 수 있었다. 3차 산업혁명은 1970년대부터 반도체, 컴퓨터, 인터넷 등 정보통신기술(ICT)이 도입되면서 일어났다. 이를 이용하여 노동집약적 작업이 이루어지던 생산 시스템이 자동화될 수 있었다. 또한, 인터넷, 이동통신 등을 통해 세계가 하나로 연결되는 기반이 마련되었다. 2010년대 들어 여러 기기가 지능화되고, 만물이 집약적으로 연결되는 새로운 문명사적 변화가 나타나기 시작했다. 특히 사물인터넷(IoT), 빅데이터(Big Data), 클라우드 컴퓨팅(Cloud Computing), 모바일(Mobile), 인공지능(AI) 등 지능정보기술이 다른 분야와 융합하며 변화의 속도가 더욱 빨라지고 있다. 또한, 인터넷이 등장하며 형성된 가상공간이 실제공간과 결합하며, 사람－사물－공간이 고도로 연결되고 단순한 정보 축적을 넘어 지능화가 이루어지기 시작했다. 지난 2016년 1월 다보스 포럼(WEF; World Economic Forum)에서 논의된 '4차 산업혁명'이 의미하는 것이 바로 이것이다. WEF는 「The Future of Jobs」 보고서를 통해 제4차 산업혁명이 가까운 미래에 도래할 것이고, 변화의 물결이 생각보다 가까이 다가와 광범위한 측면에서 전망하고 있다. 또한 제4차 산업혁명을 '디지털 혁명(제3차 산업혁명)에 기반하여 물리적 공간, 디지털적 공간 및 생물학적 공간의 경계가 희석되는 기술융합의 시대'라고 정의하면서, 사이버물리 시스템(CPS; Cyber－Physical System)에 기반한 제4차 산업혁명은 전 세계의 산업구조 및 시장경제 모델에 커다란 영향을 미칠 것으로 예상하였다. 이는 기존에는 분리되어 있던 물리적 · 가상적 · 생물학적 영역들이 융합되면서 새로운 역사가 만들어지고 있는 것이다.

한편, 앞서 살펴본 산업혁명을 과학기술적 사건(Events)으로 보는 것은 매우 최근에 발생하였다. [그림 2]에서 볼 수 있듯이 인류의 기술발전 속도에 대하여도 접근해보자. 최초의 인류인 '호모 사피엔스'가 등장한 시기가 20만 년 전에서 7, 8만 년 전이고, 농경중심의 사회에서 현대사회로의 첫 번째 전환점이라고 할 수 있는 제1차 산업혁명이 약 200여 년 전에 발생했다는 점은 우리 사회가 매우 짧은 시간 동안 발전하고 변화하였다는 것을 보여준다. 또한 현대사회로 진입할수록 새로운 기술과 기술적 혁신이 나타나는 주기가 극단적으로 빨라졌으며, 기술의 파급속도도 급격하게 빨라지고 있다. 1876년 벨(Bell)이 발명한 유선 전화기의 보급률이 10%에서 90%로 도달하는 데 걸린 기간이 73년이었으나, 1990년대에 상용화된 인터넷이 확산되는 데 걸린 시간은 20년에 불과했고, 휴대전화가 대중화된 기간이 14년이라는 점은 기술발전의 속도와 더불어 기술의 파급력이 급진적으로 빠르다는 점을 보여주고 있다. 즉 새로운 기술이 등장하고 기술적 혁신이 나타나는 주기가 점차 짧아지며, 그 영향력은 더욱 커지고 있다는 것이다([그림 2] 참조).

현재 진행 중인 이러한 변화는 몇 가지 측면에서 이전과 다르다. 첫째, 과거의 산업혁명이 기계가 인간의 육체노동을 대체하는 과정이었다면, 앞으로는 인간의 지적 능력까지 대체할 수 있을 것이다. 둘째, 지금까지는 사람 간의 연결성이 강화되어왔다면, 앞으로는 사람-사물 간, 사물-사물 간 연결성이 총체적으로 강화될 것이다. 셋째, 지금까지 변화가 실제공간을 중심으로 일어났다면, 앞으로는 실제공간이 가상공간과 결합하여 변화가 가속될 것이다. 이러한 변화는 기술의 차원을 넘어 경제와 사회에 근본적인 지각변동을 몰고 올 것으로 예상된다.

특히 주목할 만한 점은 4차 산업혁명이 가져올 변화가 공급 측면의 생산 영역에만 그치지 않는다는 것이다. 그 여파는 수요 측면의 소비, 심지어 개인의 일상생활에까지 미쳐 '지능정보사회'로의 전환을 가속시킬 것으로 예상된다.

[그림 2] 인류의 기술 발전속도

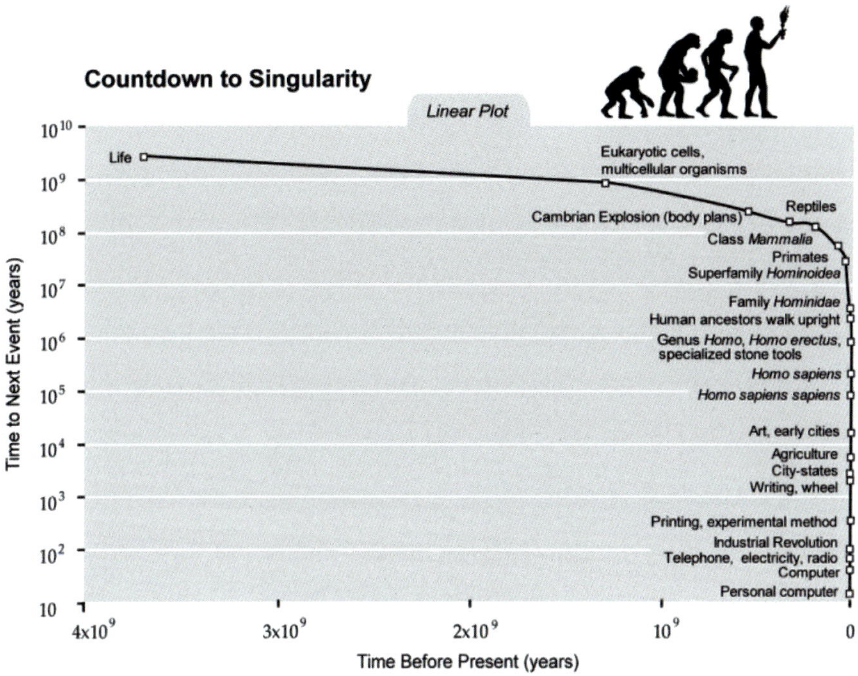

출처 : Ray Kurzweil(2006), The Singularity Is Near

2) 4차 산업혁명, 그리고 미래사회 변화

(1) 4차 산업혁명의 특징

4차 산업혁명은 '초연결성(Hyper－Connected)' '초지능화(Hyper－Intelligent)' '융합화(Convergence)'의 특성을 가지고 있고, 이를 통해 "모든 것이 상호 연결되고 보다 지능화된 사회로 변화"시킬 것이다.

우리 사회는 이미 '초연결 사회'로 진입하고 있다. 사물인터넷(IoT), 클라우드 등 정보통신기술(ICT)의 급진적 발전과 확산은 인간과 인간, 인간과 사물, 사물과 사물 간의 연결성을 기하급수적으로 확대시키고 있고, 이를 통해 '초연결성'

이 강화되고 있다. 2020년까지 인터넷 플랫폼 가입자가 30억 명에 이를 것이고 500억 개의 스마트 디바이스로 인해 상호 간 네워크킹이 강화될 것이라는 전망은 초연결사회로의 진입을 암시하고 있다(삼성증권, 2016). 또한 인터넷과 연결된 사물(Internet–connected objects)의 수가 2015년 182억 개에서 2020년 501억 개로 증가하고, M2M(Machine to Machine, 사물–사물) 시장 규모도 2015년 5조 2,000억 원에서 2020년 16조 5,000억 원 규모로 성장할 것으로 전망되고 있다. 이러한 시장 전망은 '초연결성'이 제4차 산업혁명이 도래하는 미래사회에서 가장 중요한 특성임을 보여주고 있다([그림 3] 참조).

또한 4차 산업혁명은 '초지능화'라는 특성이 존재한다. 즉 제4차 산업혁명의 주요 변화동인인 인공지능(A.I.)과 빅데이터의 연계 및 융합으로 인해 기술 및 산업구조가 '초지능화'된다는 것이다. 2016년 3월 이미 우리는 '초지능화'사회로 진입하고 있음을 경험하였다. 인간 '이세돌'과 인공지능 컴퓨터 '알파고(Alphago)'와의 바둑 대결이 그것이다. 바둑판 위의 수많은 경우의 수와 인간의 직관 등을 고려할 때 인간이 우세할 것이라는 전망과 달리 '알파고'의 승리는 사람들에게 충격으로 다가왔다. 이 대결은 '초지능화' 사회의 시작을 알리는 단초가 되었고, 많은 사람들이 인공지능과 미래사회 변화에 대해 관심을 갖기 시작했다. 사실 2011년에도 이미 인공지능과 인간과의 대결이 있었다. 미국 ABC 방송국의 인기 퀴즈쇼인 '제퍼디!(Jeopardy!)'에서 인간과 IBM의 인공지능 컴퓨터 왓슨(Watson)과의 퀴즈대결이 있었는데, 최종 라운드에서 왓슨은 인간을 압도적인 차이로 따돌리며 우승하였다. 이 대결은 인공지능 컴퓨터가 계산도구에서 벗어나 인간의 언어로 된 질문을 이해하고 해답을 도출하는 수준까지 도달했음을 보여주는 사례로 회자되고 있다.

산업시장에서도 딥 러닝(Deep Learning) 등 기계학습과 빅데이터에 기반한 인공지능과 관련된 시장이 급성장할 것으로 전망되고 있다. 트랙티카 보고서에 따르면 인공지능 시스템 시장은 2015년 2억 달러 수준에서 2024년 111억 달러 수준으로 급성장할 것으로 예측되고 있고(Tractica, 2015), 인공지능이 탑재된 스마트 머신의 시장 규모가 2024년 412억 달러 규모가 될 것으로 보고 있다(BCC Research, 2014). 이러한 기술발전 속도와 시장성장 규모는 '초지능화'가 제4차 산업혁명 시대의 또 하나의 특성이라는 점을 말해주고 있다.

[그림 3] 인터넷과 연결된 사물(Connected objects)의 수 증가

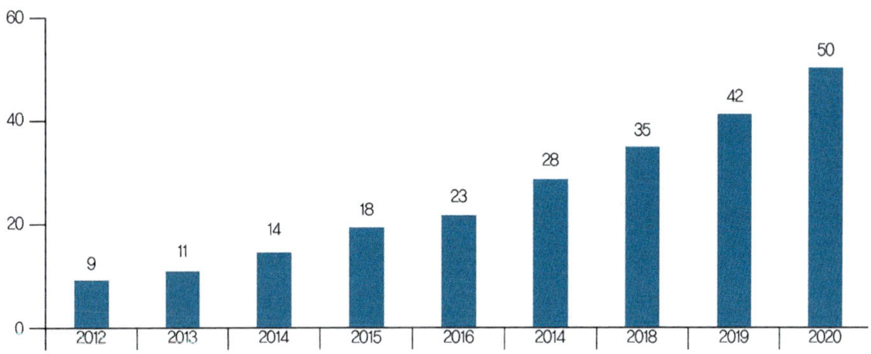

출처 : The Internet of Everything in Motion(Cisco, 2013)

마지막으로 4차 산업혁명의 특성 중 '융합화'의 경우 초연결과 초지능의 확대는 결과적으로 기존에 분리되어 있던 다양한 영역들의 융복합으로 이어지게 된다.

'오프라인' 활동/에이전트들(상점, 서비스, 사물, 생체정보)의 '온라인'화와 이를 통한 융복합화 및 증강(augment)/혼합 현실화가 전개되는 것이다. 산업 간 융합 역시 촉진될 것이다. 초연결 환경은 독자적인 발전 동인에 의하여 진보해 온 바이오 · 나노 · 에너지 · 신소재 등 산업 및 기술 간 직접적인 융 · 복합 확산의 기폭제가 될 전망이다. 특히 문화관광 영역에서는 현실-가상의 경계 소멸이 핵심적인 융복합의 영역일 것이다. 오프라인 영역으로서의 현실과, 온라인 영역으로서의 가상이라는 이분법이 전면적 디지털화에 따라 해체되며, 현실-가상을 감각(시각, 청각 등)을 통해 인지하는 방식에 있어서도 실감기술을 통해 그 경계가 사라지게 된다. 이때의 핵심기술은 증강실감기술(VR/AR)이며, 실감기술에 기초한 디지털 정보와 오프라인 현실의 연계 및 대체가 확대될 것이다.

3) 4차 산업혁명에서 '생산과 소비의 혁명'

(1) 생산과 소비의 혁명의 의미

'생산과 소비의 혁명'이 미래 사회에 미칠 영향력은 2015년 미래준비위원회가 발표한 〈10년 후 대한민국, 미래이슈 보고서〉의 '제조 혁명' 이슈로부터 살펴볼 수 있다. 〈10년 후 대한민국, 미래이슈 보고서〉에서는 전문가 설문조사, 학술 자료, 포털 사이트 뉴스 키워드 등의 입체적 분석을 통해 미래이슈가 다른 미래이슈들이나 핵심기술들과 어떻게 영향을 주고받을 것인지 분석한 바 있다.

미래이슈와 핵심기술 간 연관관계를 분석한 결과, '제조 혁명' 이슈는 [그림 4]에서 볼 수 있듯이 미래이슈들 중 핵심기술들과 가장 높은 관련성을 갖는 것으로 나타났다. '제조 혁명' 이슈는 핵심기술들 중 3D 프린터와 연관관계가 가장 높았으며, 이외에 인공지능, 사물인터넷, 가상현실 등과도 연관을 보였다.

이러한 핵심기술들에 의해 이루어지는 '제조 혁명'은 생산과 소비 전반을 변화시킬 수 있다. 지능정보기술로 세상의 연결성이 높아지고 사물이 지능화되면서, 제조를 비롯한 생산 활동이 소비와 밀접하게 결합할 것이기 때문이다. 예를 들어, 미쉐린 등의 타이어 기업은 센서를 부착한 타이어를 물류회사에 판매하고, 타이어 비용과 유류비용을 최적화하는 서비스를 제공할 수 있다. 이용과정에서 생성되는 센서 데이터는 소비자 의견과 함께 분석되어 다시 제품의 생산과 결합된다. 이렇듯 '제조 혁명'은 향후 제품과 서비스를 생산하고 소비하는 방식을 바꿔 놓을 것이다. 이러한 관점에서 '제조 혁명' 이슈는 자연스럽게 '생산과 소비의 혁명' 이슈로 확장될 수 있다.

[그림 4] '제조혁명' 이슈와 핵심기술과의 연관관계

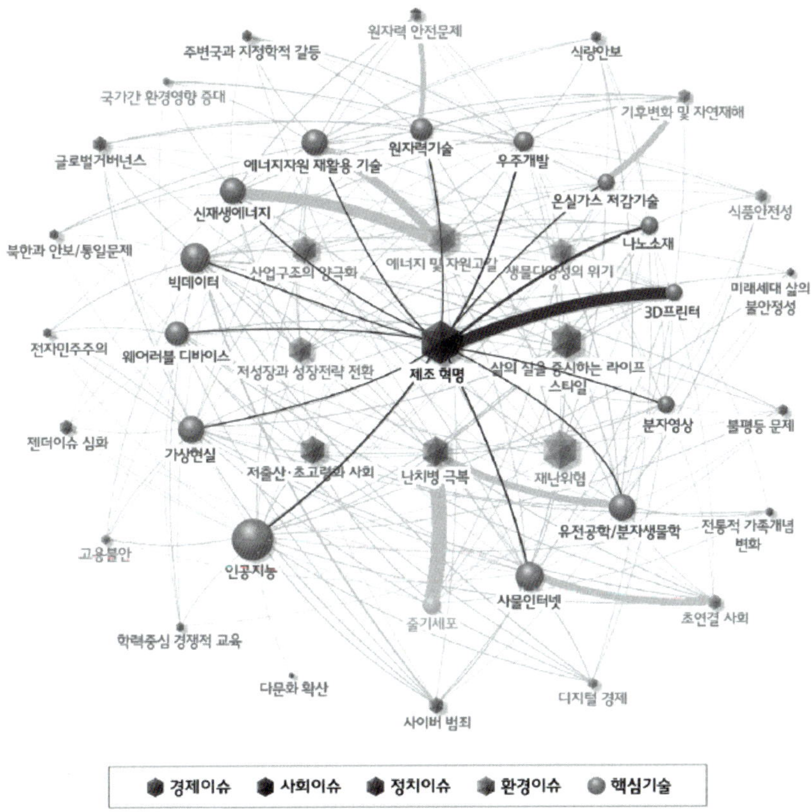

출처 : 미래준비위원회, 〈10년 후 대한민국, 미래이슈 보고서〉, 지식공감, 2015, p.64

'생산과 소비의 혁명'이란 이러한 초연결 플랫폼이 기술 · 경제 · 사회 전반에 확산되면서 생산과 소비의 전 과정이 지능화되고, 또한 서로 긴밀하게 상호작용하게 되는 혁명적 변화를 가리킨다([그림 5] 참조).

[그림 5] '생산과 소비의 혁명' 의미

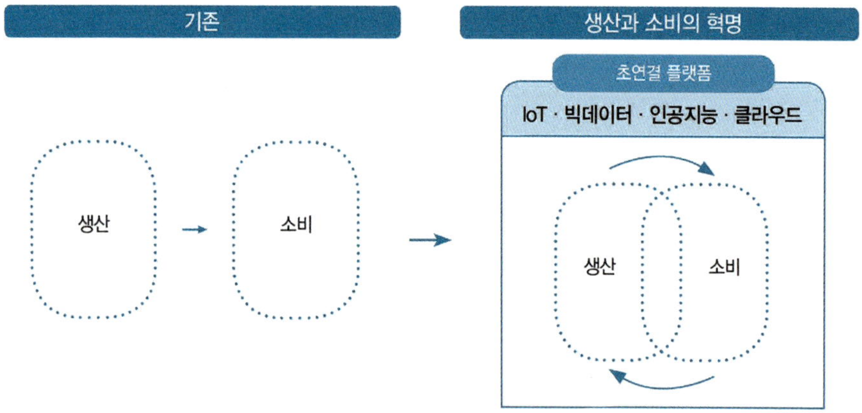

제품과 서비스를 생산하고 소비하는 경제 활동은, 생산자가 가치를 만들어 내어 소비자에게 전달하는 가치사슬(value chain)의 관점에서 살펴볼 필요가 있다. 가치사슬이란 고객에게 가치를 주는 기업 활동, 기업 활동을 가능하게 하는 생산과정, 기업 활동을 통하여 소비자의 욕구가 충족되는 과정 전체를 의미한다. 가치사슬에서 기업의 활동이 가치를 가질 수 있도록, 기업은 소비자가 원하는 가치를 반영한 제품과 서비스를 신속하게 제공하려고 노력한다. 따라서 기업은 상호 협력하는 공급자와 정보를 공유하고 지속적으로 소비자의 정보를 파악한다. 그런데 앞서 언급한 사물인터넷, 빅데이터, 인공지능이 형성하는 초연결 플랫폼을 통해 소비와 생산을 직접 연결하고, 생산과 소비의 프로세스들 간에도 거의 실시간으로 정보를 공유할 수 있게 되었다. 즉, 판매 현장에서 나타나는 소비자의 요구가 실시간으로 기획이나 디자인, 제조 단계에 반영될 수 있게 된 것이다. 다시 말해, 소비와 생산이 결합되는 것이다.

[그림 6]을 보자. 기존에는 생산 공정이 순차적으로 관리되므로 소비자의 요구가 생산에 반영되려면 상당한 시간이 필요했다. 즉, 소비자가 원하는 가치를 만족시키는 것에 제한이 있을 수밖에 없었다([그림 6] 왼쪽). 그러나 초연결 플랫폼에 의하여 소비자의 요구가 생산에 실시간으로 반영될 수 있게 됨에 따라

소비자 만족과 생산성이 획기적으로 향상될 것이다([그림 6] 오른쪽). 이러한 현상은 초연결이라는 변화가 만들어낸 생산과 소비의 혁명이라고 할 수 있다.

[그림 6] 생산과 소비 프로세스의 변화

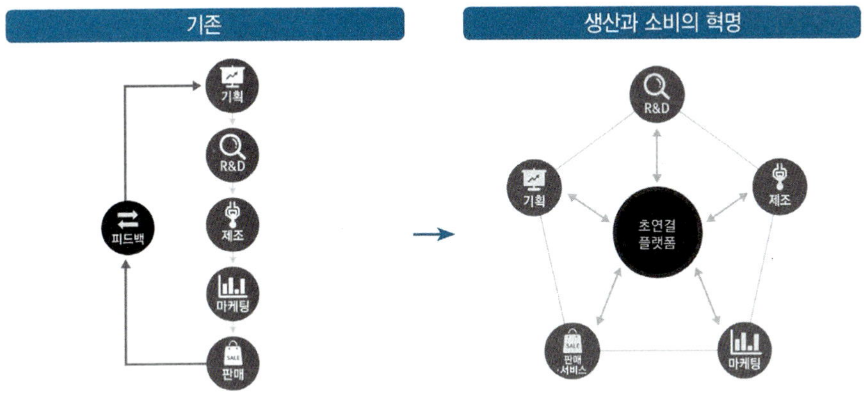

이러한 변화는 가치사슬 자체의 성격에도 변화를 가져온다. 2000년대에는 ICT의 발전과 지식경제의 확산으로, 가치사슬상 부가가치에서 제조 부분의 비중이 상대적으로 낮아지며 스마일 커브의 모양을 띠게 되었다([그림 7] 참조). 이에 따라 다국적 기업들이 제조 시설을 인건비가 저렴한 아시아 국가 등으로 이전하고 모기업은 R&D와 서비스에 집중하게 되었다. 가치사슬의 국제적 분담이 이루어진 것이다. 우리나라의 대기업들도 제조시설을 중국, 동남아시아로 이전하고, 국내에서는 핵심R&D, 판매, 서비스를 수행했다.

그러나 4차 산업혁명으로 가치사슬과 부가가치에 변화가 일어나며 스마일 커브의 형태가 바뀌고 있다. 가치사슬 프로세스 내에 지능정보기술이 적용되고 정보가 공유됨에 따라(화살표 ①), 가치사슬 전체의 부가가치가 상승하면서 제조 부분의 비중이 다시 높아지게 된다(화살표 ②). 이에 따라, 선진국들은 한동안 홀대하던 제조 부분을 재조명하게 되었다. 최근 선진국의 기업들이 제조시설을 본국으로 되돌리는 리쇼어링(reshoring) 현상도 이러한 맥락에서 이해할 수 있다.

[그림 7] 가치사슬의 변화

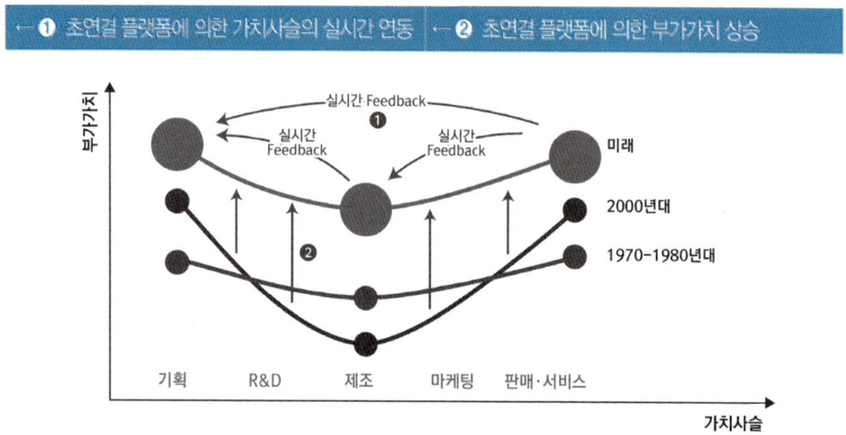

이러한 '생산과 소비의 혁명'에 대해 다음과 같이 예측하고 있다(미래창조과학부 미래준비위원회 외, 2017). 첫째, 새로운 산업혁명은 2040년경까지 계속될 것이고, 그 속성들이 상호작용하면서 21세기 말까지 광범위하게 영향을 미칠 것이다. 둘째, 맞춤형 생산의 기회가 더욱 많아질 것이며, 기업들은 대량 맞춤화(mass customization)나 대량 개인화(mass personalization)를 통해 고객들에게 더욱 넓은 선택의 폭을 제공할 것이다. 셋째, 제품 · 서비스의 생산이 글로벌 가치사슬에 걸쳐 확산되고, 고비용 국가, 저비용 국가마다 역할을 맡으며 사업 기회를 찾아갈 것이다. 넷째, 특정 그룹 고객을 대상으로 하는 틈새시장(niche market)이 세계적으로 성장할 가능성이 커지면서, 기업들은 특정 영역에서 전문화할 기회를 더 많이 얻게 될 것이다. 다섯째, 생산자는 더욱 높아진 환경 의식으로 인해 지속가능성(sustainability)을 추구할 것이며 물질의 재활용이 일반화될 것이다.

이러한 변화는 경제 · 사회 전체를 단기간에 바꾸어 놓는다는 점에서 혁명적이라고 할 수 있다. 그리고 현재 일어나는 생산과 소비의 대전환은 우리에게 위기와 기회를 함께 몰고 올 것이다.

(2) 생산과 소비의 변화전망

인류는 산업혁명의 시기마다 과학기술의 확산에 의하여 사회, 경제, 환경의 전반에서 불연속적인 변화를 경험해왔다. 하지만 미래 생산과 소비의 혁명은 지난 산업혁명과 비교하여 볼 때 더욱 큰 파고로 나타날 것이다. 지능정보기술을 비롯한 핵심기술들은 변화의 중요한 원동력으로, 생산과 소비에서 자동화를 진전시키고, 가치 있는 데이터를 공급하며, 사람과 사물을 더욱 긴밀하게 연결해 줄 것이다. 그리고 경제 · 사회 영역에서 인구구조의 변화, 기후변화와 자원부족, 경제 저성장, 세계화의 가속과 신보호무역주의의 등장은 생산과 소비에 새로운 과제를 부여하며 변화를 이끌 것이다.

'다양화'와 '융합'이 핵심을 이루는 생산과 소비의 융합적 혁명이야말로 생산과 소비의 미래상이라고 할 수 있다. 우선, 생산과 소비의 '다양화' 측면에서는, ① 개인 맞춤형 생산의 확대, ② 소비트렌드의 급격한 변화, ③ 생산 · 소비의 환경친화성 증대 트렌드가 두드러질 것이다. 그리고 '융합' 측면에서는, ④ 제조와 서비스의 결합, ⑤ 생산과 소비의 스마트화, ⑥ 프로세스의 글로벌 융합과 리쇼어링 현상이 나타나고 있다.

4) 코로나 시대 뉴노멀의 시작

미래학자 토머스 프리드먼은 뉴욕타임스에 기고한 "Our New Historical Divide: B.C. and A.C."를 통해 인류사는 이제 B.C.(Before COVID-19)와 A.C.(After COVID-19) 즉, 코로나 이전과 이후로 나뉠 거라 말했다. 역사학자 유발 하라리 또한 현재 일어나는 변화들, 비상 대책들이 우리 삶에 고착화되어 근본적이고 장기적인 변화를 가져올 것이라 말했다. 얼마 전, 중앙방역대책본부의 정례 브리핑에서도 "코로나19 발생 이전 세상은 다시 오지 않는다. 이제는 완전히 다른 세상으로, 생활 속에서 감염병 위험을 차단하고 예방하는 방역활동이 우리의 일상이다"라는 발언이 화제가 됐다.

코로나19는 계절과 시간의 변화에 따라 규칙적으로 일어나던 일들을 완전히 바꾸어 놓았다. 어떤 업종에는 돌이킬 수 없는 위기가 올 수 있고, 또 다른 업종에는 새로운 기회가 될 수도 있다. 예를 들어, 건강을 위해 운동이 필요하다는 사실은 코로나 이후에도 변하지 않는다. 그러나 코로나 사태로 외출이 어려워지면서 집에서 홀로 운동하는 '홈트족(홈트레이닝+族)'이 크게 증가한 것으로 보인다. 2018년 1월 1일부터 2020년 3월 31일까지 '홈트레이닝/홈트/홈짐' 언급량 추이를 분석한 결과, 2020년 1분기 '홈트레이닝'의 언급량이 치솟은 것으로 나타났다. 그 영향으로 애슬레저룩 시장에서는 전년 동기 대비 매출이 크게 성장하는 효과를 보고 있다고 한다.

[그림 8] 홈트레이닝/홈트/홈짐 합계 언급량 일별 추이(2018.1.1~2020.03.31)

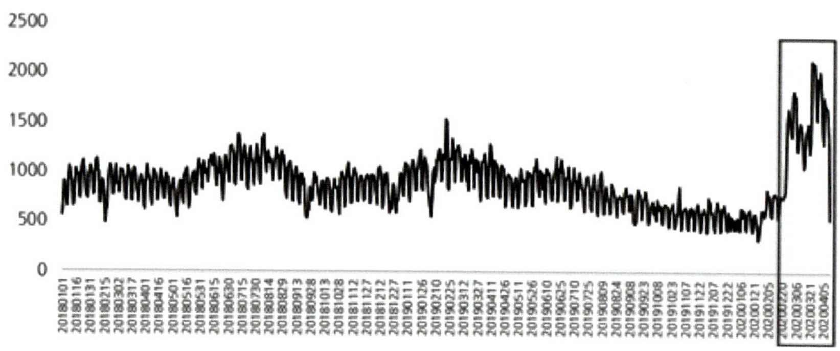

출처 : 대홍기획(2020.04)

여가생활에 대한 욕구 역시 인간의 본질적인 부분이다. 코로나 이후에도 여가를 즐길 것이고, 다만 그 종류와 방식이 바뀔 것이다. 2018~2020 3개년간 각 1분기 포털 검색량을 분석한 결과, 올해 '캠핑카' '레고' '닌텐도스위치' 검색량이 이전 동기간 대비 크게 상승한 것으로 나타났다. 캠핑카는 여행하면서 타인과의 접촉을 최소화할 수 있고, 레고와 닌텐도스위치는 집에서 보내는 시간을 즐겁게 해줄 것이다. 본질적 욕구와 트렌드의 정확한 교차지점이다.

코로나19로 인해 사람들은 온라인 쇼핑, 재택근무, 화상회의, 원격수업 등 비대면 방식의 소통과 거래를 경험하면서 새로운 습관, 인식, 태도들을 학습하고 있다. 이는 우리의 일과 소비와 여가의 방식을 근본적으로 바꿔 놓을 전망이다.

코로나 이후의 새로운 시대 즉, 포스트 코로나에 대비하기 위해 기업과 브랜드는 현재 무엇이 변하고 있는지, 또한 어떤 변화가 이후까지 고착될 것인지 탐색해 보아야 한다. 물론, 그러면서도 변치 않는 본질에 단단히 발을 붙이고 있어야 한다. 코로나 이후 도래할 뉴노멀(New Normal)은 이미 우리의 일상 속에 그 모습을 드러내고 있다. 누가 먼저 감지하고 기민하게 대응할 것인지가 관건이다.

이제 우리는 이전과 다른 새로운 일상에 직면하게 될 것이다. 코로나19가 촉발한 경제적 충격은 흔히 2008년 세계금융위기 당시와 비교되곤 한다. 우리가 최근 20년 내 겪은 가장 심각한 경제적 위기이자 세계적 위기였던 까닭이다. 그러나 코로나19로 인한 위기는 금융위기와는 근본적으로 다른 지점이 있다. 바로 생존이 달린 위기라는 점이다.

양적 완화로 극복할 수 있었던 금융위기와 달리, 코로나19는 재정적 문제는 물론 생존의 문제와 직결된다. 또한 사태가 장기화되면서 바뀌고 있는 고객의 사고방식과 행동방식은 산업과 소비생활의 근본적 변화를 예고한다. 이 변화를 보다 체계적으로 이해하기 위해 우리는 근원부터 접근할 필요가 있다. 코로나19 사태 속 고객의 생각과 행동을 바꾸는 근원 동기는 무엇일까?

우리가 이전과 같은 생활양식을 유지할 수 없는 것은 바이러스의 확산과 전파를 막기 위해 '격리, 폐쇄, 고립'이 필요하다는 점으로부터 기인한다. 우리의 일상과 비즈니스, 공동체 활동은 이동하고 모이고 접촉함으로써 이뤄지는 것이었다. 마치 숨쉬듯 자연스러운 행동들, 삶을 영위하는 데 가장 기본적인 활동들이 우리의 생명과 안전에 위협이 됐다. 이것이 모든 변화의 시작이었다. 고객의 생각과 행동의 근간에는 2개의 근원동기가 작동하기 시작했다.

(1) 근원동기 1 : 필수적인 것과 그렇지 않은 것의 구분

코로나19로 인해 현재 소비 혹은 소비 욕구가 증가한 영역과 감소한 영역에 대한 응답 결과를 보면, 소비자들이 현재 필수적이라고 생각하는 영역과 그렇지 않은 영역이 확연히 구분된다. 현재 소비 혹은 소비 욕구가 증가하는 업종은 먹는 것, 온라인으로 즐기는 것, 집안의 생활을 편리하게 해주는 것과 연관이 있다.

[그림 9] 코로나19 영향조사

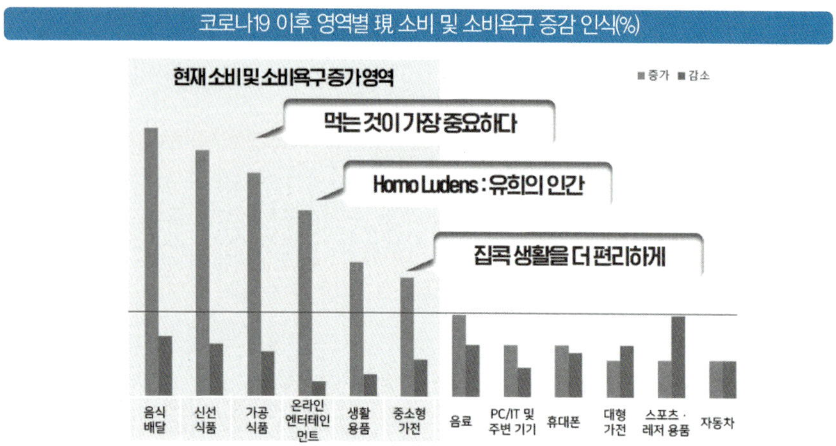

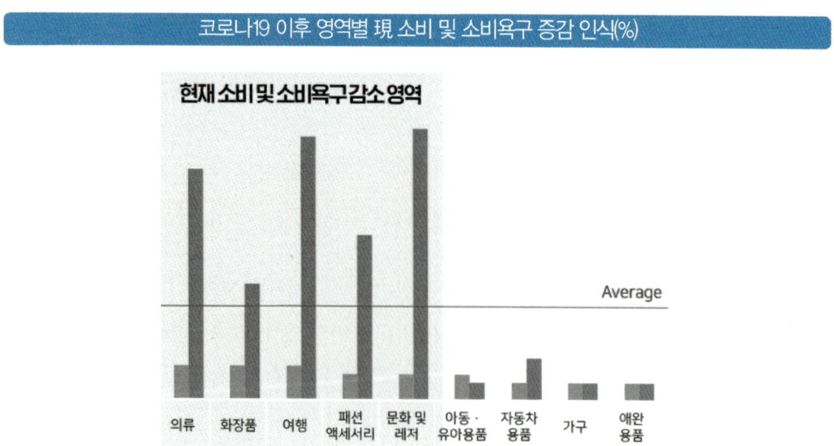

출처 : 한국리서치(2020.04)

결국 소비자는 구매에 앞서 이러한 질문을 스스로에게 던지는 것이다. 우리가 생존하는 데 반드시 필요한 것인가, 아닌가? 최소한 인간답게 살아가는 데 필요한 것인가, 아닌가? 코로나19로 인한 사회적 거리두기 및 생활방역이 오래 지속될수록 이와 같은 자문자답의 습관은 소비자의 태도뿐 아니라 인식 속에 깊이 각인될 것이다.

(2) 근원동기 2 : 비대면 동기 강화

이미 메가 트렌드가 되어가고 있던 비대면, 일명 언택트 트렌드는 코로나發 위기로 절박한 동기가 추가되며 가속화되기 시작했다. 통계청에 따르면 2020년 3월 기준 온라인쇼핑 거래액은 2019년 동월 대비 카테고리별 50~75%가량 폭발적 성장을 기록했다.

[그림 10] 온라인 쇼핑거래액 비교

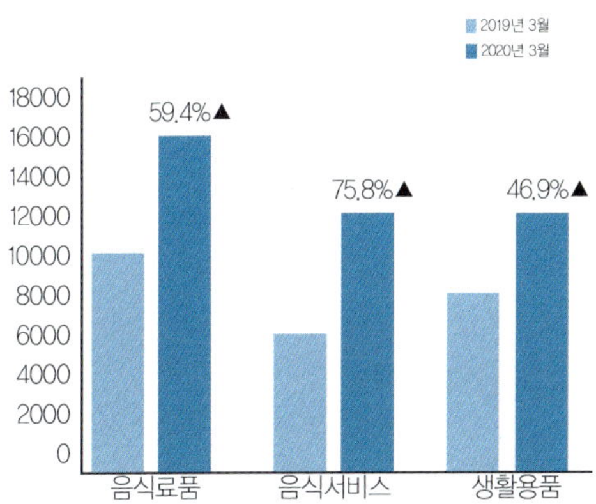

출처 : 통계청(2020.03)

고객을 온라인쇼핑으로 이끈 것은 기술의 발전이 아니라 필요와 편의였다. 코로나19는 여기에 또 하나의 이유를 추가했다. 바로 불안과 공포다. 어떤 행동을 강화하는 데 이보다 더 강력한 동기는 없다. 불안과 공포는 이미 움직이고 있던 비대면 트렌드를 단숨에 메가 트렌드로 바꿔 놓았다. 그리고 누구는 쾌재를 부르고 누구는 비명을 지르기 시작했다. 코로나19로 인한 변화의 근간에는 2개의 근원 동기가 존재함을 확인했다. 첫째, 필수적인 것과 그렇지 않은 것을 구분하는 구매 심리, 둘째, 비대면 동기의 강화다. 이를 바탕으로 주요한 변화의 양상을 조망해보고 그중 큰 흐름을 주도할 것으로 판단되는 7개의 핵심적 소비 변화를 살펴보자.

5) 포스트코로나 소비환경 변화

(1) HMR(Home Meal Replacement) for Home Dining : '간편한 식사'를 넘어 '제대로 된 식사'로 변화한다.

HMR, 밀키트의 성장은 지금부터 시작이다. 앞으로 HMR은 4인 가족을 위한 제대로 된 식사를 목표로 해야 한다. HMR의 성장이 예견된 것은 어제오늘 일은 아니다. 이미 10여 년 전부터 유망한 식품 트렌드 중 하나였다. 그러나 성장은 생각보다 점진적이었다. 기업이 생각한 타깃과 주 이용 고객이 정확히 일치하지 않았기 때문이다.

그런데 코로나19로 촉발된 재택과 집콕 속에 자의 반 타의 반 집밥이 필수가 됐고, 누구나 하루 N끼를 직접 차려 먹거나 먹여야 하는 도전에 직면하게 됐다. 그래서 앞으로 HMR의 방점은 '제대로 된' 식사에 찍혀야 한다. 즉, HMR은 더 이상 1인 가구나 영 타깃을 위한 '간편한 대용식'에 머무르지 않을 것이다. 가족을 위해 프리미엄 재료를 사용해 단순히 한끼 식사를 때우는 수준을 넘어, 훌륭한 식탁을 손쉽게 차리기 위한 수단이 될 것으로 보인다.

(2) Multi-Home : 집은 휴식과 일, 여가를 보내는 멀티기능공간으로 변화한다.

코로나19로 인해 재택근무를 경험한 직장인들은 공통적으로 느끼고 있다. 집이 '근무'에 최적화되어 있지는 않다는 것이다. 특히 사무공간을 구분해두지 않은 1인 가구나 자녀가 있는 맞벌이 가구인 경우 업무 능률 저하의 문제는 더 커진다.

2018년에 소개된 네덜란드 가구 디자이너 제프리 파스칼의 재택근무자를 위한 사무용 가구가 다시금 재조명되고 있다. 그의 가구는 재택근무자를 위해 사무환경이 어떻게 조성돼야 하는가에 대한 독특하고 신선한 관점을 제시한다. 또한 '피트니스 시장의 넷플릭스'라 불리는 펠로톤社는 홈트레이닝 기구와 운동 지도 스트리밍 콘텐츠 서비스를 묶어 월 $12.99에 판매하고 있다. 이처럼 집이 멀티기능 공간으로 진화해야 할 필요에 직면하며 집의 기능을 보완해 주는 상품과 서비스에 대한 수요가 증가할 것으로 보인다.

(3) Robots, assemble : 로봇 도입을 지연시켰던 심리적, 법률적, 기술적 규제가 풀리고 로봇경제가 본격적으로 실현된다.

로봇의 도입, 자율주행차 등은 상용화를 검토하며 지속 논의돼온 기술이었으나, 코로나19로 인한 비대면 동기 강화 국면에서 본격적으로 활용할 계기를 맞게 된 것으로 보인다. '우아한형제들'은 2019년 7월, 푸드테크 기술이 접목된 미래식당 '메리고키친'을 선보였다. 이곳에서는 QR코드로 음식을 주문하고 배달의민족 앱으로 결제하면 자율주행 로봇(PuduBot, vd company)이 음식을 서빙한다. 서빙로봇 딜리(dilly)의 렌털 서비스도 시작했다.

또한, 중국 이커머스 거대기업들이 자율주행 무인배달 차량과 로봇 보급을 확대하고 있다. 온디맨드 배송 서비스 플랫폼인 중국 메이투안디엔핑(Meituan Dianping)은 최근 베이징에 자율주행 무인배달 차량을 도입했다. JD.com은 바이러스 진원지인 우한(Wuhan)시에 자율주행 배송 차량을 투입했으며, 음식배달 서비스 기업 Ele.me는 격리된 호텔 객실로 식사를 보내기 위해 배달로봇을 배치했다고 밝혔다.

(4) Untact to Ontact : 대면하지 않고도 잘 연결되고 잘 전달하는 방법이 필요해진다.

이제 '언택트(Untact)'하는 가운데 '컨택트(Contact)'를 어떻게 실현할 것인지가 관건이라는 이야기들이 나온다. 온라인을 통한 컨택트 즉, '온택트(Ontact)' 방법에 대한 아이디어가 필요한 시점이다. 먼저, 기아자동차는 4세대 쏘렌토를 유튜브 론칭 토크쇼를 통해 소개했다. 자동차는 직접 제품을 살펴보고 체험한 뒤 구매하는 경향이 강한 고관여 제품이지만, 고객 편의와 비대면 기조에 발맞춰 신차를 온라인 토크쇼로 소개했다. 여기서 포인트는 실제 보는 것처럼 생생하게 소개하는 것이다.

국립중앙박물관은 2020년 3월 초 온라인 전시관을 열어 그동안 열린 주요 전시를 VR과 동영상으로 공개했다. 코로나19 여파로 박물관과 미술관의 휴관이 장기화되면서 온라인 전시가 대안으로 떠오르고 있다. 사회적 거리두기와 비대면 소비가 확산되면서 미술품도 온라인으로 감상하는 문화가 형성되고 있다.

(5) Mental Caring : 감염병에 대한 불안을 다스리기 위한 정신적 케어상품과 서비스가 등장한다.

코로나19가 촉발한 경제적, 사회적 변화는 알게 모르게 크고 작은 심리적 상흔을 남길 것으로 보인다. '코로나블루'라는 신조어가 생겼고, 지난 4월 중순 서울시가 시행한 설문조사에 따르면 응답자의 70%가량이 사회적 거리두기로 인한 답답함, 감염에 대한 두려움 등으로 불안, 무기력증, 우울감을 느꼈다고 응답했다. 멘탈 케어에 대한 수요 증가가 예상되는 가운데 국내외에서 온라인을 통한 비대면 심리상담 서비스가 등장하고 있다.

국내 스타트업 아토머스가 제공하는 '마인드카페'는 온라인으로 공인 자격 심리전문가를 연결해주는 익명 보장 모바일 마음치유 서비스다. 또한 미국에서는 챗봇의 고독 검진을 통해 고립과 고독을 파악하고, 사용자의 정신건강 상태를 체크해 도움을 줘야 하는 시점을 콜센터 직원에게 알려주는 서비스인 픽스 헬스(Pyx Health)가 등장했다.

(6) Local-Centric : 좀 더 믿을 수 있고 안심할 수 있는 로컬기반 비즈니스가 각광받는다.

코로나19의 전 세계적 확산의 배경은 Globalization 즉, 세계화다. 이번 사태로 우리는 각 국가 간 물자의 흐름과 사람의 이동, 이해관계 등이 우리의 경제와 사회를 지탱하고 있었음을 새삼 깨닫게 됐다. 그리고 이러한 연결과 흐름은 감염병으로 인한 생존 위협의 근본 원인으로 간주되기 시작했다. 국내 관점에서 보면 수입 제품, 특히 서구권에서 온 제품이나 서비스가 더욱 선진적으로 여겨졌던 과거를 뒤로하고, 국내 기반 제품과 서비스에 대한 신뢰가 더욱 상승하는 계기를 제공하고 있다. 또 국내에서도 불특정이 아닌 내가 사는 지역 기반으로, 내가 아는 범위 내에 있는 상품과 서비스가 더욱 안전하고 신뢰할 만하다고 믿는 경향이 나타나고 있다.

2015년 '판교장터'라는 이름으로 첫선을 보인 지역 기반 중고거래 장터 당근마켓이 대표적 사례다. '당신 근처의 마켓'의 줄임말인 당근마켓은 최근 3년간 월간 순방문자 수가 채 100만이 되지 않았다. 그러나 2018년 중반부터 가파른 J커브를 그리기 시작하더니 코로나發 위기를 타고 2020년 4월 700만 MAU를 달성했다. 고객들이 당근마켓으로부터 얻는 밸류는 중고거래장터가 아니다. 신뢰 기반 지역 커뮤니티를 제공받는 것이다.

(7) KOREA Premium : 국제무대에서 한국산 제품과 서비스가 각광받는다.

K－방역이라는 신조어를 낳을 정도로 우리나라의 방역 체계와 높은 의료 수준, 모범적인 시민의식은 전 세계적으로 본받을 만한 대상으로 호평받고 있다. 그러한 영향으로 식료품 사재기와 의료기기 품귀현상을 겪는 나라들의 한국 제품 선호가 높아 수출 상담이 이어지고 있다. KOTRA에 따르면 간편식, 화장지 등 생필품은 물론 열화상 카메라 등에 대한 수출 상담 및 실행 건수가 증가하고 있으며, 한국 제품의 품질에 대한 신뢰가 높아 계약이 신속하게 성사되고 있다는 후문이다.

또한, 「디커플링」의 저자 탈레스 S. 테이셰이라는 코로나19 대응 국면을 통해 한국 기업이 투명하고 안전하며 건강한 곳이라는 이미지를 갖게 됐으며 향후 '놀라운 기회를 잡을 수 있을 것'이라고 예견했다. 코로나 이후 도래할 뉴노멀의 세상에서 동서양 지위의 역전, 한국의 약진을 점쳐볼 수 있는 대목이다.

제2부

소비환경과 컨슈머리즘

제3장 컨슈머리즘의 이해

1 소비자 문제와 소비자 문제의 특성

1) 소비자 문제에 대한 이해

소비자 문제(consumer affairs)란, 소비자들이 상품이나 서비스를 선택 · 구입, 사용함에 있어 소비자의 안전이나 경제적 이익 등에 대한 권리를 침해당함으로써 유발되는 문제로, 시장경제체제하에서 소비자와 기업 간의 거래관계에서 발생하는 문제의 총체를 뜻한다. 다시 말하면, 사업자와 소비자 간의 상품 · 서비스의 거래에 관하여 소비자가 가졌던 기대와 현실의 부당한 불일치이며, 소비자잉여의 최적화(optimization of the consumer surplus)에 도달하지 못하는 상태 또는 소비자잉여의 최적화가 침해되고 있는 상태인 것이다. 자본주의 시장경제체제에서 발생하는 소비자 문제는 소비자가 기업에 비해 거래조건, 상품관련정보, 조직력, 선택능력 등에서 매우 열등한 지위에 처해 있어 이로부터 발생하는 소비자 문제는 소위 시장 실패(market failure)의 전형적 형태인 것이다. 이러한 소비자 문제는 소비자들에게 경제적 · 신체적 · 시간적 · 심리적 불이익을 준다는 점에서 문제시되고 있다. 그리고 소비자 문제는 첫째, 상품 자체의 품질 내지 안전성에 문제가 있기 때문에 둘째, 가격이 경쟁 원리에 의해 공정하게 결정되지 않기 때문에 셋째, 경쟁 원리가 적용되지 않는 제품의 경우, 그것을 대신하는 규제 수단이 없기 때문에, 마지막으로 그것이 있다 하더라도 기능이 제대로 발휘되지 않기 때문에 발생하는 문제라고 할 수 있다.

또한 소비자 문제는 소비자 정보의 불완전성과 소비자의 비합리성이 상호 복합적으로 작용함으로써 야기되는 소비자의 비합리성이 상호 복합적으로 작용함으로써 야기되는 구조적 문제로도 볼 수 있다. 소비자 정보는 일반적인 사적재와 달리 일단 공급만 되면 공급자와 관계없이 소비자 모두가 공동으로 이용할 수 있는 비배재성과 비경합성 및 비분할성을 갖는다. 이러한 성격으로 인해 소비자는 적극적으로 정보를 찾거나 이에 대한 시간과 비용을 부담하지 않으려 한다. 이는 결국 필요한 정보의 부족으로 연결되어 소비자 스스로 문제를 해결하기에는 역부족인 상황이 되고 이로 인해 소비자 불만 및 피해가 발생하게 된다.

그렇다면 소비자 문제와 소비자 피해는 어떻게 다른가? 소비자 피해란, 소비자가 상품(서비스)을 구입하여 사용(이용)하는 과정에서 품질상의 결함으로 인해 입는 생명 · 신체상의 위해와 부당한 가격이나 거래 조건 그리고 불공정한 거래 방법 등에 의해 입는 재산상의 손해를 말한다. 모든 소비자가 사업자로부터 물품과 용역을 구입 및 사용(이용)하지 않고 생활하는 것이 불가능하듯이, 물품과 용역의 구입과 관련하여 피해나 불만 경험 없이 소비생활을 영위하기는 어렵다. 특히, 자유시장경제체제 아래에서 보편화된 대량생산 · 대량판매 및 대량소비 시스템이 심화되면서, 소비자 피해 발생은 보편화, 광역화되는 양상을 보인다. 피해내용도 소규모의 재산 피해로부터 심각한 신체 위해까지 다양하고, 광범위하게 나타나고 있다. 최근에는 모바일, SNS, 사물인터넷 등 신종 기술을 이용한 악덕상술이 등장하고 국경을 넘는 전자상거래가 활발해지면서 해외직구 등 국제거래 관련 피해도 증가하는 추세다. 사실 실제로 발생한 손해만을 가리키는 소비자 피해를 소비자 문제와 같은 개념으로 보면, 발생 가능성이 있는 잠재적 피해는 소비자 문제에서 제외된다. 그러나 실제로 발생되지는 않았더라도 발생 가능성이 있는 잠재적 소비자 피해는 소비자 문제에 포함되어야 하므로, 소비자 문제는 잠재적 소비자 피해를 포함하는 개념으로 보아야 할 것이다.

◎ 소비자 피해구제

평생을 살아가는 과정에서 불가피하게 직면하게 되는 소비자 피해와 관련하여 사업자로부터의 적정한 보상조치를 신속하게 받을 수 없는 경우에는 헌법에 보장된 소비자 기본권에 대한 침해가 문제된다. 그동안 소비자 피해구제의 문제가 소비자 문제로서 중요한 정책적 과제로 등장한 것도 이러한 이유라고 할 수 있다. 특히, 소비자 피해의 원인 규명이 대체적으로 쉽지 않다는 점, 사업자와 소비자 개인 간의 역량이 대등하지 않은 점 등을 감안하여 헌법에서도 제124조에 소비자보호를 위한 국가의 역할규정을 두고 있다.

시민운동차원에서도 1960년대 이후 소비자보호운동이 활발히 전개되면서 소비자보호에 관한 국가의 역할을 요구하게 되었고, 이러한 소비자보호 운동에 힘입어 1980년 소비자보호법이 제정되기에 이르렀다. 결국 동법의 제정을 통해 소비자의 보상받을 권리(Right to obtain proper compensation for damages) 보장은 국가의 중요한 정책적 과제로 자리매김을 하게 되었다.

이러한 정책적 과제에 대한 국가의 의무를 보다 명확히 하기 위해 1987년 개정 소비자보호법 제3조에서는 '소비자의 보상받을 권리'를 소비자의 기본적 권리의 하나로 명시하였고, 이러한 국가의 피해구제 의무를 이행하기 위하여 한국소비자보호원(現, 한국소비자원)을 설립하여 소비자보호 제도의 하나인 피해구제 업무를 담당하게 하고 있다.

◎ 피해구제 가이드라인

소비자 피해를 야기한 사업자에게 합리적인 보상을 권고하기 위해서는 물품의 사용 또는 용역의 이용과정에서 발생한 손해액 전부를 원칙으로 하되, 손익상계와 과실상계 절차를 거쳐 최종 손해액을 정하게 된다.

또한 합리적 보상권고를 위해 당사자 간의 법적 권리와 책임을 분석하기 위해서는 「방문판매등에관한법률」 등 특수거래관련 소비자기본법령과 「의료법」 「자동차관리법」 등 각 품목관련 소비자기본법령이 우선적으로 활용되고 있다.

그 밖에 피해구제 업무를 담당하는 실무자들의 피해보상 권고 가이드라인으로는 공정거래위원장이 소비자기본법 제16조 제2항 및 시행령 제8조 내지 제9조의 규정에 의하여 고시하는 「소비자분쟁해결기준」이 주로 활용되고 있으며, 그 밖에 민법 또는 민사특별법과 판례 등에 따라 처리된다.

「소비자분쟁해결기준」은 소비자기본법 시행령 제9조의 규정에 의해 분쟁 당사자 간에 보상방법에 대한 별도의 의사표시가 없는 경우에 한하여 분쟁 해결을 위한 합의 또는 권고의 기준이 된다. 소비자 피해의 발생원인 및 책임규명은 피해와 관련된 현물의 확인, 또는 과학적 시험검사와 사실조사 결과 등 객관적 증거자료에 의해 처리되고 있다.

◎ 피해구제 제외 대상

한국소비자원은 소비자 피해를 구제함에 있어 소비자기본법 제35조 제2항 및 동법 시행령 제28조에 의거하여 다음과 같은 경우에는 피해구제 처리대상에서 제외하고 있다.

- 사업자의 부도 · 폐업 등으로 연락이 불가능하거나 소재파악이 안 되는 경우
- 신청인(소비자)의 주장을 입증(입증서류 미제출 포함)할 수 없는 경우
- 영리활동과 관련하여 발생한 분쟁, 임금 등 근로자와 고용인 사이의 분쟁, 개인 간 거래 등 소비자와 사업자 사이의 분쟁이 아닌 경우
- 국가 또는 지방자치단체가 제공한 물품 등으로 인하여 발생한 피해인 경우
- 소비자분쟁조정위원회에 준하는 분쟁조정기구에 피해구제가 신청되어 있거나 피해구제절차를 거친 경우
- 법원에 소송 진행 중인 경우 등

◎ 피해구제 절차

한국소비자원의 피해구제를 받기 위해서는 먼저 소비자상담센터(1372번)에 상담 신청이 필요하다. 상담직원은 소비자 피해에 대한 적절한 처리방법 등을 안내하고, 당사자와의 원만한 처리가 어렵다고 판단되는 건에 대해서는 한국소비자원에 피해구제를 신청하도록 안내하고 있다.

한국소비자원에 접수된 피해구제 신청 건은 피해구제 부서로 이관되어 사건처리 담당직원의 사실 조사가 시작된다. 사실조사는 우선 사업자에게 접수사실을 통보하고 지정된 양식에 의해 해명을 요구하게 된다.

이러한 사실조사와 법률조사를 통해 사업자에게 피해보상을 권고하며, 양 당사자가 이를 수용하면 종결 처리된다. 만일 당사자 일방이라도 보상안을 수용하지 않는 경우에는 소비자분쟁조정위원회에 조정을 신청하여 조정결정으로 처리하게 된다.

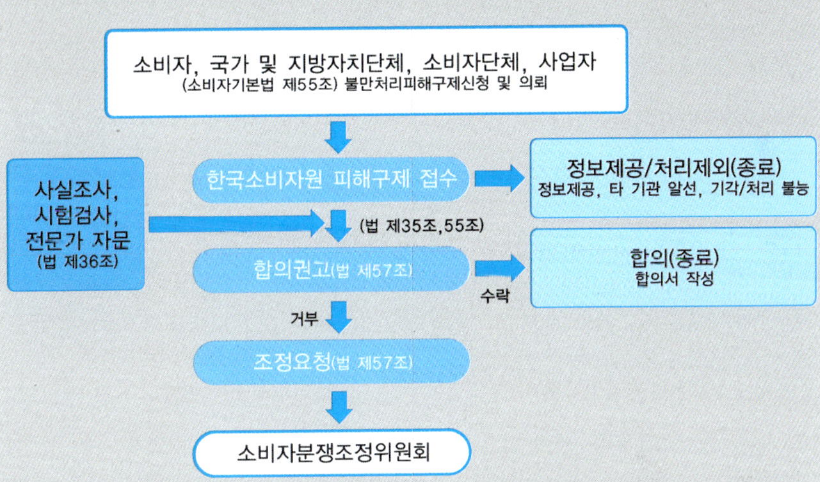

출처 : 한국소비자원(2020), 2019 소비자 피해구제 연보 및 사례집

궁극적으로 소비자 문제는 소비자 이익과 복지를 유지 · 향상시키는 과정에서 나타나는 문제이다. 경제문제가 인간행동의 결과에 대하여 화폐적인 가치를 부여하는 문제, 즉 국민총생산, 1인당 국민소득, 생산성 등에 초점을 맞춘 문제라면, 소비자 문제는 인간 행동 중에서 재화를 최종 소비하는 생활자로서의 경제적 행동에 중심을 둔 문제라 할 수 있다. 이 점에서 소비자 문제는 반경제성장적인 성격의 문제라 할 수 있다.

이는 가격기구를 통하여 시장 시스템에 반영되지 않는 측면, 즉 소비자의 안전, 사회 및 경제 정의의 실현, 소득의 재분배, 소외계층의 보호, 자원절약,

환경보호 활동 등 비시장 시스템 요인들이 소비자 문제의 원천이 되기 때문이다. 결론적으로 말해, 오늘날 소비자 문제는 개별 소비자의 능력 범위를 벗어난 대량생산 · 대량판매 · 대량소비로 이루어지는 경제사회의 구조 그 자체와 관련성이 높다. 그렇기 때문에 소비자 문제는 소비자 자신만의 문제라기보다는 사회 전체의 문제이며, 또 소비자, 정부, 기업 등이 함께 노력해야 해결될 수 있는 문제라 할 수 있다.

소비자 문제는 다음과 같이 3가지 영역으로 구분된다.

첫째, '개별 소비자'로서의 소비자 문제이다. 개인 소비자가 필요한 상품을 구입하고 사용하는 과정에서 발생하는 문제로서, 결함이 있거나 유해한 상품에 의한 피해, 과대광고나 공정하지 않은 거래 조건에 따른 피해 등이 포함된다.

둘째, '사회적 소비자'로서의 소비자 문제이다. 소비자가 사회생활을 영위하기 위해 도로, 공원 등 사회 공공시설을 이용하는 과정에서 직면하는 소비자 문제, 사회적 비용의 낭비로 인해 소비자에게 전가되는 비용 등을 예로 들 수 있다. 소비자는 공공 서비스에 대해 그 대가를 직접 지불하지는 않으나 세금을 납부하기 때문에 간접적으로나마 대금을 지불하는 것으로 볼 수 있기 때문이다.

셋째, '자연 소비자'로서의 소비자 문제이다. 대기, 하천 등 자연적 생활환경의 파괴로 인해 맞게 되는 소비자 문제로, 이는 곧 환경의 보존과 회복이라는 차원에서 본, 비교적 새로운 소비자 문제 영역이라고 할 수 있겠다.

2) 소비자 문제의 특성

현대사회의 대량생산 · 판매 · 소비 체제에서는 사업자가 소비자에 비해 우월한 지위에 있기 때문에 소비자가 입는 문제나 피해의 파급력이 클 뿐만 아니라, 심지어 생명과 신체에 위험성을 가져올 수 있는 심각성이 있음에도 복잡한 유통과정으로 인하여 소비자의 입장에서는 피해발생의 원인규명이 곤란한 경우가 많다. 또 소비자는 사업자에 비해 교섭력에 있어서 매우 열등한 위치에 있는 등의 특성 때문에 적절한 구제를 받지 못하는 경우가 많다.

(1) 보편적 발생

오늘날의 상품은 대량생산, 생산공정의 다단계, 유통과정의 복잡성 등의 특성을 갖는다. 즉, 소비자의 손에 상품이 도달하기까지에는 기업 내에서의 많은 생산공정과 시장에서의 긴 유통과정을 거치게 되는데, 이들 단계에서 소비자 피해의 발생 가능성이 높다는 것이다. 그렇기 때문에 소비자 문제는 보편적으로 발생되는 문제라 할 수 있다.

(2) 광범위한 소비자 피해의 파급

대량생산 · 판매되는 상품에 어떤 문제가 발생할 시에는 소비자 피해가 일시에 광범위하게 확산되는 경향이 있다. 특히 고도의 기술적 결합이 있는 상품일 경우에는 그 원인을 찾기가 어려울 뿐만 아니라 그것을 찾는 데 긴 시간이 요구될 수 있기 때문에 많은 소비자들에게 피해를 주게 된다.

(3) 피해원인 규명의 곤란성

오늘날 상품 · 서비스의 생산공정 및 유통 과정에는 많은 사람들이 개입된다. 따라서 소비자 피해의 원인이 생산 및 유통 과정의 어느 단계에서도 있을 수 있기 때문에 그 원인이 어디에 있으며, 또 그 책임이 누구에게 있는지를 규명하기가 매우 어렵다. 더구나 여러 가지 이유들이 결합되어 발생하는 소비자 피해일 경우에는 그 원인 및 책임 소재를 가려내기가 더욱 힘들 것이다.

(4) 피해의 심각성

소비자 문제는 소비자에게 경제적 · 시간적 · 심리적 피해를 줄 뿐만 아니라 인간의 생명과 신체에도 영향을 미친다. 특히 결함상품, 위해상품 및 약품, 잘못된 의료서비스 등은 우리의 생명마저 위해하는 실정이다.

(5) 피해 회피의 곤란성

생산자들은 시장 경쟁에서 우월한 지위를 확보하고 자본 회전을 빠르게 하기 위하여, 제품 안전성에 대한 검증을 소홀히 하는가 하면 소비자의 대체수요를 유발하기 위하여 상품 수명을 의도적으로 단축시키거나 제품 모델을 자주 변경하고 있다. 물론, 구형 제품 유지에 필요한 부품도 충분히 갖추지 않는 실정이다. 이는 사업자들이 상품의 안전성이나 품질 향상보다는 자신들의 이익 획득을 중요시한 결과이다.

(6) 소비자와 사업자 간의 지위 비대등성

현실적으로 기업은 상품에 대한 기술 · 정보가 많기 때문에, 소비자는 기업과의 거래에 있어 대등하지 못한 상태에 있다. 가격 · 거래 조건의 결정 또한 소비자와 기업의 교섭에 의해서라기보다는 기업에 의해 일방적으로 이루어진다. 더욱이 시장 지배력이 큰 소수의 대기업이 산업을 주도하는 시장의 경우에는 소비자 주권 행사가 불가능하다. 거래의 경우 대부분 부당 · 허위 표시 상품의 구입, 부당한 계약의 체결 등과 같은 소비자 피해 요인의 존재 가능성이 높으며, 소비자들이 피해 발생 그 자체를 인식하지 못할 때도 있다.

(7) 구조적 피해 발생

소비자 문제는 다음과 같은 구조적 문제로서의 성격을 갖는다. 첫째, 대기업의 독과점이나 기업 간의 카르텔에 의한 시장 독점으로 형성된 시장 지배가 소비자의 자유선택권을 제한함으로써 소비자 문제를 유발하게 된다. 둘째, 기업의 안전성 확인 불충실이나 불필요한 모델 변경 등으로 인해 발생하는 소비자 문제 또한 구조적으로 발생하는 문제로 볼 수 있다. 셋째, 허위 · 과장 광고, 부당 구매 권유, 판매 제품에 대한 책임 회피, 유통기구의 복잡화 등으로 인해 불필요한 제품에 대한 충동적 구매 등의 소비자 피해도 발생하고 있다.

일반적으로, 소비자 피해는 그 대부분이 최종소비 단계에서 발생되는 것이므로 그 피해 당사자는 바로 생활자로서의 소비자가 된다. 그리고 피해의 원인 대부분이 현대 경제의 구조적 문제와 관련되어 있기 때문에, 제조 및 유통 과정 전체를 종합적으로 검토하지 않는 이상 소비자 피해를 근본적으로 해결한다는 것은 거의 불가능한 것이 사실이다.

3) 소비자 문제의 발생배경

소비자 문제가 대두되기 시작한 것은 대량생산체제가 확립된 후, 자본주의가 고도로 발달하면서부터이다. 소비자 문제는 시장 환경의 변화와 생활의 변화로 유발된 문제라고 볼 수 있다.

먼저 첫째, 소비자 문제 발생 및 증대의 배경이 되는 경제적 구조의 변화를 살펴보면 다음과 같이 정리해 볼 수 있다.

- 독과점시장의 출현 · 확대이다. 자본주의사회에서는 상품 가격이 원칙적으로 수요와 공급에 의해 결정되어야 하지만, 현실적으로는 독과점적 시장구조로 인해 가격 및 거래 조건이 기업에 의해 일방적으로 결정되며, 이로 인해 소비자 이익이 침해되기도 한다. 결국, 이는 생산자가 무엇을, 얼마만큼, 얼마에 생산 · 판매하여야 할 것인가는 소비자들이 주권을 상실하여, 시장의 질서가 화폐투표에 의해 결정된다는 자유경쟁시장의 이념에 상충되는 것이다.
- 소비자의 구매 기회 증대이다. 생활수준의 향상과 기술의 발전에 따른 생산력

증대로 인해 소비자들은 많은 상품들을 쉽게 획득할 수 있게 되었으며, 여기에다 소비자 신용제도의 확대는 소비자 문제의 확대를 촉진시켰다. 결국 소비 자체가 증가됨에 따라 이에 따르는 소비자 문제도 함께 증가하고 있는 것이다.

- 소비자의 지식 및 역량 부족이다. 급속한 기술혁신으로 인해 복잡한 기능의 다양한 제품이 대량으로 출시되고 있는 가운데, 소비자의 지식은 이를 따라가지 못한다. 더구나 소비자 정보 중에 기업이 제공하는 정보가 가장 많고, 이 가운데에는 허위 · 과장 정보들이 많아 소비자 문제를 가속화시키고 있다. 더불어 기업은 경쟁적으로 신제품을 출시하고 있어, 제품 안정성이 검증되기도 전에 이를 출시하여 소비자의 재산과 안전에 피해를 주는 경우도 발생하고 있다.
- 지나친 광고의 증대이다. 광고가 불필요한 소비자의 구매 욕구를 지나치게 자극시켜 새로운 수요를 끊임없이 창조하고 있다. 문제는, 광고가 소비자의 선호를 왜곡시켜 소비자 불만과 문제를 증대시킬 수 있다는 점이다.
- 기업 간 경쟁의 비가격화이다. 기업 간의 판매경쟁이 심화되면 품질경쟁보다는 광고경쟁이 치열해지는 경향이 있는데, 소비자 문제를 야기할 수 있는 기업의 허위 · 과장 광고나 부당표시 등이 바로 그 예라 할 수 있다.

둘째, 앞서 살펴본 경제적 구조의 변화 외에도, 소비자의 생활양식 변화도 소비자 문제의 발생배경으로 손꼽히기도 한다. 경제가 발전하고 소비자의 생활이 풍요로워질수록, 소비자는 양적인 것보다는 질적 향상을 더욱 추구하게 되었다. 더욱이 오늘날의 소비자는 교육수준과 의식수준이 높아진 가운데, 소득과 여가시간이 증대됨에 따라 고도화된 소비생활을 요구하고 있어 더 많은 소비자 불만과 소비자 문제를 제기하고 있다.

읽을거리 코로나19(COVID-19) 관련 소비자 문제의 유형

□ 분석대상

- 코로나19 관련 소비자불만이나 소비자 피해 사실을 확인할 수 있는 빅데이터로서 ① 1372 소비자상담데이터, ② 한국언론진흥재단의 뉴스빅데이터(빅카인즈), ③ 한국소비자원 소비자빅데이터분석시스템의 데이터를 분석대상으로 함
- (1372 소비자상담데이터) 코로나19와 관련하여 전년 대비 소비자상담이 급증한 8개 품목의계약해제 · 해지 및 위약금관련 소비자불만유형을 분석
  - 분석기간 : 2020.1.20~3.31
  - ※ 국내 코로나19 확진환자 첫 발생일인 2020년 1월 20일을 기준일로 정함
  - ※ 조회 시점 : 2020년 4월 1일 오전 9시 기준
  - 키워드 : 계약해제 · 해지, 위약금
  - ※ 코로나19로 인한 대부분의 상담이 계약해제 해지 및 위약금 관련임
  - 분석대상 : 코로나19 관련 8개 품목 23,191건
  - ※ 대상 품목 : 국외여행, 숙박시설, 음식서비스, 예식서비스, 항공여객운송서비스, 헬스장 휘트니스센터, 관람 감상, 국내여행 등 8개 품목
- (뉴스빅데이터) 한국언론진흥재단의 뉴스 빅데이터 분석 시스템 빅카인즈(BIGKinds)를 이용하여 코로나19와 관련한 소비자 문제(소비자 피해) 기사 내용을 분석하여 소비자 문제의 유형과 특징을 도출
  - 분석기간 : 2020.1.20~3.31
  - 키워드 : 코로나 AND(소비자)
  - 분석대상 : 키워드를 통해 검색된 2,448건의 뉴스 중 소비자 문제 또는 소비자 피해와 관련된 기사 341건
- (한국소비자원 소비자 빅데이터 분석 시스템) 1372 소비자상담데이터 및 빅카인즈뉴스 분석을 토대로 선정한 주요 품목의 소비자 문제유형 도출
  - 분석기간 : 2020.1.20~3.31
  - 키워드 : 코로나, 우한, 폐렴, 감염, 전염, 바이러스
  - 분석대상 : 키워드를 통해 검색된 12개 주요 품목의 소비자상담 24,092건

※ 대상 품목 : 보건 위생용품(마스크), 국외여행, 항공여객운송서비스, 예식서비스, 외식(돌잔치 외), 숙박시설, 헬스장 종합체육시설, 사설강습서비스(학원), 관람 감상(공연, 영화, 스포츠 등), 국내여행, 손소독제, 공기청정기 등 12개 품목

□ 분석결과

- 이상에서의 코로나19와 관련한 소비자상담 및 뉴스 빅데이터 분석 결과를 토대로, 코로나19 관련 소비자 문제의 유형과 요인을 요약하면 아래와 같음
  - 코로나19 관련 소비자 문제의 유형은 크게 부당거래, 위약금분쟁, 정보문제, 위해/안전, 사기 · 기망의 5개 영역으로 구분할 수 있음
- (부당거래) '소비자거래' 영역에서 '거래 시'에 발생하며, 주로 마스크 · 손소독제 등 보건 · 위생용품이나 식품 · 화장지 등 생필품과 관련하여 발생함
  - 이들 품목에서 부당거래문제가 발생하는 주요 요인은 수급관리와 불법유통(매점매석) 규제 등 정책적 요인과 투기심리 및 소비자의 불안심리 등 심리적 요인으로 나누어볼 수 있음
- (위약금 분쟁) '소비자분쟁해결' 영역에서 '거래 후'에 발생하며, 주로 국외여행, 항공, 외식서비스, 예식서비스, 숙박, 체육시설 등 서비스품목에서 발생함
  - 위약금분쟁이 발생하는 주요 요인은 각국의 방역 및 출입국관리정책수준 등 정책적 요인, 소비자의 불안심리에 의한 심리적 요인, 위약금 분쟁에서의 불가항력 관련 규정의 미비 등 제도적 요인으로 구분해 볼 수 있음
- (정보 문제) '표시 · 광고' 혹은 '소비자 정보제공' 영역에서 '거래 전'에 발생하며, 주로 공기청정기, 건강식품, 보건 · 위생용품, 살균 · 소독제 등 건강이나 위생과 관련한 제품에서 발생함
  - 정보문제가 발생하는 주요 요인은 소비자의 불안심리와 이를 이용한 공포마케팅 등 심리적 요인과 정보 비대칭성 및 소통부족에 의한 정보적 요인으로 구분할 수 있음
- (위해/안전) '소비자안전' 영역에서 '거래 전'에 발생하며, 주로 공유서비스, 택배 등 다수의 접촉으로 인해 감염우려가 예상되는 경우나 액세서리, 전해

수기 등 감염예방효과를 광고하는 제품에서 발생함

- 위해/안전문제가 발생하는 주요 요인은 소비자의 불안심리에 의한 심리적 요인과 관련 제도의 부재에 의한 제도적 요인으로 구분해 볼 수 있음

• (사기 · 기망) '개인정보보호' 영역에서 '거래 시'에 발생하며, 주로 보이스피싱, 스미싱 등 금융사기와 관련하여 발생함

- 사기 · 기망행위가 발생하는 주요 요인은 소비자의 불안심리와 이를 이용한 사기범죄 등 심리적 요인이 크게 작용하는 것으로 볼 수 있음

문제 유형	정책 영역	거래 단계	주요 품목	주요 요인	
부당 거래	소비자 거래	거래 시	보건 · 위생용품(마스크, 손소독제 등), 생필품(식품, 화장지 등)	정책적	• 수급 불안정 문제 • 불법유통(매점매석, 사재기, 폭리 등)
				심리적	• 투기심리 • 소비자 불안심리
위약금 분쟁	소비자 분쟁 해결	거래 후	국외여행, 항공, 외식, 예식, 숙박, 체육시설, 국내 여행, 관람/감상, 강습시설	정책적	• 각국 방역/출입국관리 정책 수준 • 국내 방역정책
				심리적	• 소비자 불안심리
				제도적	• 불가항력 관련 규정 미비
정보 문제	표시 · 광고/소비자 정보 제공	거래 전	공기청정기, 건강식품, 보건 · 위생용품(마스크, 손소독제 등), 살균 · 소독제	심리적	• 허위 · 과장광고(공포마케팅) • 소비자 불안심리
				정보적	• 소비자 정보 부족(정보 비대칭성) • 소통부족
위해/안전	소비자 안전	거래 전	공유서비스, 택배, 액세서리, 전해수기 등	심리적	• 소비자 불안심리
				제도적	• 안전기준 부재
사기 · 기망	개인정보 보호	거래 시	금융(보이스피싱, 스미싱)	심리적	• 소비자 불안심리 • 사기 범죄

출처 : 한국소비자원(2021), 코로나19(COVID-19) 관련 소비자 문제의 유형과 시사점

2 컨슈머리즘의 개념과 등장배경

1) 컨슈머리즘의 개념

소비자 주권과 혼용되어 쓰이는 컨슈머리즘(consumerism)은 우리나라 말로 소비자주의로 해석할 수 있다. 컨슈머리즘(Consumerism)이라는 용어는 1960년대 초 소비자옹호주의에 반대하는 미국 산업계의 냉소적 견해로부터 사용되기 시작하였다. 당시의 컨슈머리즘은 페미니즘, 패시즘 등과 같은 하나의 사상으로서 ism(사상)과 Consumer Activism(소비자 옹호주의)의 결합으로 설명되었었다. 그러나 시간이 흐름에 따라 미국 산업계를 중심으로 컨슈머리즘에 대한 긍정적 견해가 수용되었고, 학자 Mayer(1989)는 Consumerism을 소비자 경제적 복지와 정치적 힘을 증진시키는 운동으로서 소비자 운동(Consumer Movement)과 상호 대체할 수 있는 개념으로 정의하였다.

컨슈머리즘이 내포한 범위가 넓은 까닭에 관점을 어디에 두느냐에 따라 달리 표현될 수 있으며, 다음과 같은 여러 견해가 있다.

첫째, 구매자의 권리로써의 컨슈머리즘 : 닉슨 대통령은 1969년 10월 '소비자 보호에 관한 대통령교서'에서 "컨슈머리즘이란 구매자의 위험부담이 판매자의 위험부담으로 대체되는 것은 아니며, 개인구매욕구의 결정을 정부가 지도하고 지배하는 것도 아니다. 1970년대의 컨슈머리즘이란 구매자의 권리라는 개념이 도입된 것을 의미한다."고 규정하였다.

둘째, 기업에 대한 불신감으로써의 컨슈머리즘 : 또 하나의 견해에 따르면 컨슈머리즘은 시민생활에서의 기본적인 권리의식으로 추상적이고 연역적으로 파악되었다기보다는 소비자 문제를 해결하는 과정에서 구체적이면서도 개별적으로 개념화되었다.

셋째, 소비자의 불만 해소로써의 컨슈머리즘 : 컨슈머리즘은 소비자와 관련하여 기업이 발견하지 못한 것을 말하는 것이며, 기업이 거부하거나 무시해왔던 것을 지적한 것이다. 컨슈머리즘은 생활수준을 유지해가는 과정에서 누적된 불만의 해소를 요구하는 것이며, 소비자의 조직적인 노력의 힘이다.

추가적으로, 1957년 Vance Packard의 저서 「낭비를 만들어내는 사람(the waste makers)」에서 사용된 컨슈머리즘은 흔히 말하는 소비주의를 의미하는 것이었고, Sterns(2001) 또한 컨슈머리즘을 근대적 소비의 양상으로 소비를 통해 정체성을 획득하는 이데올로기로 설명하였다. 이처럼 소비와 물질주의적 측면을 강조하는 이 개념은 컨슈머리즘이 아닌, '소비주의'로 구분하여 이해하는 것이 바람직하다.

소비자의 권익보호 및 복지추구의 긍정적인 개념으로서의 컨슈머리즘(Consumerism)은 미국에서 태동하였으며, 발전의 역사는 크게 3가지 국면으로 나누어 볼 수 있다. 1890년대부터 1910년대까지 이르는 1기, 1920년대부터 1930년대까지의 2기, 1960년대 전후부터 1970년대까지의 3기로 구분되며, 이 중 제3기에서 컨슈머리즘에 대한 논의와 발전이 가장 활발하였다고 평가되고 있다. 그리고 바로 이 3기에 우리가 현재 쓰고 있는 현대적 의미의 컨슈머리즘의 개념이 정립되었다고 볼 수 있다.

오늘날 우리가 이야기하는 컨슈머리즘은 1962년 존 F. 케네디 대통령이 의회에서 제출한 소비자이익의 보호에 관한 특별교서와 1965년 랄프 네이더(Ralph Nader)의 등장으로 결정적인 실체가 완성되었다. Ralph Nader는 제너럴 모터스와의 공방 끝에 자동차 안전법 등 수많은 소비자보호 관련법을 의회에 통과시켰으며, 다수의 소비자운동을 새롭게 조직함으로써 지식인과 젊은이들의 적극적 참여를 유도하여 대중의 컨슈머리즘 의식 확산에 기여하였다. 이후 컨슈머리즘은 시대적 요청에 따라 기업의 이윤극대화에 대응한 소비자단체, 소비자운동의 소비자보호에 대한 주장과 비판여론을 통해 전사회적으로 확산되어 기업에서는 피할 수 없는 사회적 힘이 되었다.

한편 여러 국내학자들은 컨슈머리즘의 개념적 토대가 성숙됨에 따라 컨슈머리즘을 사회적 환경과 소비맥락의 변화 속에서 새롭게 재정립해야 함을 강조하며, 컨슈머리즘을 새롭게 조명하였다. 컨슈머리즘과 동일시되었던 초창기의 컨슈머리즘에서 더 나아가 이념적 – 철학적 차원의 개념으로서 소비자와 관계를 가진 모든 조직(개인, 기업, 정부, 단체 등)으로부터 소비자이익을 보호하며, 교환관계가 미치는 모든 영향의 범위를 고려하는 것이 바로 오늘날의 컨슈머리즘이라는 것이다. 즉, 일상생활에서 문제의식을 느끼고 이를 해결하고자 하는 노력으로서 이념과 철학 및 실천적 차원의 운동을 포함하는 개념인 것이다. 종합해보자면, 컨슈머리즘이란 소비자를 보호하기 위한 소비자, 정부, 기업 등 제삼자의 조직적 활동으로 파악되며, 인간이 우선이라는 철학과 사상이 포함되어 있다.

종합하자면, 컨슈머리즘이란 소비자를 보호하기 위한 소비자, 정부, 기업 등 3자의 조직적인 활동으로 파악되며, 인간 우선이라는 철학과 사상이 포함되어 있다. [그림 1]에 나타난 바와 같이 3자의 조직적인 활동이 요구된다.

[그림 1] 컨슈머리즘의 관련기관

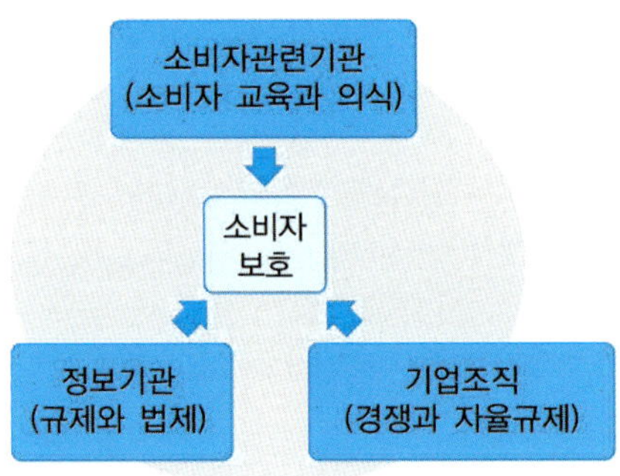

2) 컨슈머리즘의 등장 배경

구매자와 판매자 간 제품, 가격, 품질 등에 대한 대립현상이 나타남에 따라 컨슈머리즘이 발생하게 되었다. 대량생산 – 대량소비의 시기에 진입하던 때, 기업들은 문제를 발견하고 이를 해소하기 위해 노력하지 않았을 뿐 아니라, 소비자들을 문제해결의사와 그럴 능력이 없는 사람으로 간주함에 따라 시장에서 소비자 문제는 계속해서 심화되고 있었다. 기술이 거의 없는 근로자의 고용으로 인해 상품의 질은 저하되고 있었고, 기술진보는 제품의 복잡성을 증대시켰으며, 제품의 성능과 신뢰성 문제는 물론이고 서비스의 양적 증대 문제마저 나타나게 되었다. 이러한 가운데 소비자들은 계속된 물가상승으로 인해 보다 우수한 제품을 기대하였고, 때마침 나타난 소비자 지도자의 소비자 운동은 소비자들의 의식을 고조시키기에 충분하였다.

위에서 살펴본 영향 외에도, 컨슈머리즘의 주된 등장배경은 크게 기업의 생산 성격의 변화와 소비자 주권의 붕괴를 꼽을 수 있다.

(1) 기업의 생산 성격의 변화

자본주의와 산업화가 급속히 이루어짐에 따라 새롭고 다양한 상품들이 대량생산되어 대량유통－대량소비되는 사회체계가 구축되었다. 이러한 생산의 변화는 대량소비의 측면 외에도 소비자들의 생활 또한 변화시켰다. 소비자들은 더 편리해졌고, 더 풍족해지고, 끊임없이 새로운 상품을 찾게 되는 등 생활의 윤택함이라는 긍정적인 측면이 나타나게 되었다.

그러나 기업은 산업화가 확장됨에 따라 소비자욕구와 의사에 부응하는 재화를 생산하기보다는, 더 나은 이윤창출을 위해 오로지 대량유통과 대량소비를 위한 생산으로 기업의 생산 성격을 변화시켰다. 결국 대량생산에 의해 나타난 고도의 대중소비사회는 소비와 소비자를 위한 생산이 아닌, 생산을 위한 생산, 이윤을 위한 생산의 성격만을 갖게 된 것이다. 바로 여기에서 컨슈머리즘이 발생한 근원적, 구조적 문제를 찾을 수 있다.

(2) 소비자 주권의 붕괴

일부 기업들의 허위 · 과장 광고, 과잉 포장, 계획적 진부화 등은 소비자의 정상적이고도 합리적인 소비생활을 저해할 뿐 아니라 불필요한 노력마저 증가시켰다. 소비자를 이윤 획득의 수단으로 여기는 일부 기업들이 소비자들에게 불필요한 소비를 조장하거나, 계획적 진부화로 사용가치가 남아 있는 제품을 폐기토록 하는가 하면, 상품가격을 지나치게 높게 책정함으로써 소비자잉여마저 착취하기도 한다. 더욱이 고도로 발달된 기술이 오늘날까지도 일부 기업은 유해 · 결함 상품을 시장에 출현시키고 산업공해를 배출함으로써 소비자의 생명 · 안전뿐 아니라 환경까지 파괴하고 있다. 이로 인해 소비자들은 인간으로서의 행복추구권과 쾌적하고 안전한 생활에서 살아갈 권리마저 침해당하는 등 여전히 여러 가지의 소비자 문제를 겪고 있다.

3) 컨슈머리즘의 목표

일반적으로 컨슈머리즘은 소비자교육, 소비자 방어, 기업의 사회적 책임 수행의 세 가지 목표를 갖는다. 이들 목표는 서로 구분되는 지향점이 아니라, 상호 관련성을 가진다.

(1) 소비자교육

소비자 정보의 부족은 가장 기본적이고 심각한 소비자 문제이다. 소비자에게 정확하고 충분한 정보를 제공하는 것은 무엇보다도 중요하기 때문에, 합리적이고도 바람직한 소비생활에 필요한 정보를 습득하게 하는 소비자교육은 컨슈머리즘의 첫 번째 목표라 할 수 있다. 상품의 가격, 품질 · 기능, 사용방법, 제조업자 및 판매처의 신용도 등에 대한 정보는 소비자들이 상품을 선택하는 데 매우 유익하게 활용될 수 있기 때문이다.

(2) 소비자 방어

소비자 방어(self－defense)란, 소비자가 제반 불이익이나 피해로부터 스스로 방어하는 것을 말한다. 소비자 방어에는 두 가지 방법이 있다. 첫째, 소비자 개인이 스스로 또는 어떤 조직(예컨대 소비자단체 등)과 연계하여 특정 상품의 구매나 특정 상점에서의 구매를 거부하는 보이콧(boycott)의 방법 둘째, 소비자들이 자신들에게 영향을 미치는 법률의 입법과 정책을 지지하거나 반대하는 방법이다.

소비자 방어가 실현되기 위해서는 소비자교육을 통한 소비자의 의식 및 역량의 제고가 먼저 이루어져야 한다. 소비자교육은 소비자 주권 실현을 위한 가장 기본적이고도 중요한 과제인 동시에 컨슈머리즘의 실천적 목표가 되기 때문이다. 소비자가 소비생활에서 발생하는 문제를 인식하고 이를 해결하고자 하는 것은 역량 있는 소비자의 육성에서부터 시작되기 때문에, 결국 소비자 방어와 소비자교육의 상호관련성은 매우 높다.

(3) 기업의 사회적 책임

컨슈머리즘은 의존효과(dependence effect)에 대한 소비자의 저항력을 함양시킴으로써 상품 선택 시 소비자들이 스스로 판단할 수 있도록 하고, 소비자 주권을 확립하는 데 그 목적이 있다. 이를 위해, 개개 소비자 혹은 소비자 조직은 자신들의 통일된 의견을 사업자에게 전달하고, 기업 스스로 여러 가지 사회적 책임을 수행하도록 해야 할 것이다.

3 컨슈머리즘의 역사와 업적

1) 외국의 컨슈머리즘의 발전

초기 컨슈머리즘과 동일한 개념으로 혼용되던 컨슈머리즘은 소비자들이 자신의 권익을 지키기 위해 사업자의 부당행위에 조직적, 비조직적으로 대항하기 위한 운동을 의미한다. 서구에서 시작된 컨슈머리즘은 발생배경에 따라 영국에서 시작된 생활협동조합형 컨슈머리즘, 미국에서 발전된 정보제공형 컨슈머리즘 및 고발형소비자 운동으로 나눌 수 있다.

(1) 제1기 : 생활협동조합형 컨슈머리즘

영국을 중심으로 한 서유럽제국의 컨슈머리즘은 산업혁명 후의 성숙된 자본주의를 배경으로 하고 있다. 이 시기에는 산업혁명으로 야기된 노동자와 자본가의 대립 현상이 심했으며 노동조합운동도 활발하였다. 이러한 컨슈머리즘의 시초는 1844년 12월 영국에서 저임금과 실직의 어려움을 겪던 모직물 직공 28명이 결성한 '로치데일 공정개척자 조합'(Rochdale Society of Equitable Pioneers)이다. 이들은 처음 식품점을 개설하여 성공한 뒤 방직 공장을 설립하였고, 조합원이 1만 명을 넘어 성공을 거두자 도매 부문에도 진출하여 막대한 수입을 올렸다. 그 수익금은 교육 및 자선 사업에 기부하였으며, 투자 자본에 대해서는 고정이자 지불, 그리고 이익금은 구매 실적에 따라 분배하였다. 이는 오늘날까지 소비자조합의 기본 구조가 되어 왔으며, 로치데일 조합은 세계 협동조합운동의 초석이 되었다.

당시 근로자들은 노동에 대한 정당한 대가를 받지 못하고, 높은 소비자물가, 낮은 품질수준 및 유해식품 등으로 인해 고통받는다고 생각하였다. 이때의 컨슈머리즘은 부당한 노동 조건과 더불어 낮은 품질과 유해식품 등의 문제를 해결하기 위해 생필품을 직접 구입하는 데 중점을 둔 극히 제한된 컨슈머리즘이었다.

(2) 제2기 : 정보제공형 컨슈머리즘

1872년 미국 소비자보호법이 세계 최초로 제정되었으며, 컨슈머리즘이 본격적으로 시작된 것은 그보다 훨씬 뒤인 1900년경이었다. 미국의 컨슈머리즘은 소비자에 대한 정보 제공 활동을 중심으로 전개된 것이 특징이다.

미국에서 컨슈머리즘은 1929년 경제공황을 계기로 확산되었다. 경제공황으로 인한 물가상승과 실업 사태 속에서 여성단체들이 컨슈머리즘을 전개하게 된 것이다. 그리고 이 당시 체이스와 슐링크(Chase & Schlink)의 저서 「Your Moneys Worth?」 등과 같은 소비자계몽 서적은 컨슈머리즘에 크게 자극을 주었다. 이 책은 기업의 대량생산으로 인한 이익강탈 및 소비자의 구매력 낭비하는 실태를 고발한 것으로, 기만, 강압적인 판매, 계획적 진부화 전략 등을 비판하였고, 소비자 정보를 제공하기 위해 과학적인 상품 표준 및 검사가 필요함을 제시하였다. 뿐만 아니라 소비자들의 생활비 절약 방법, 정부의 제품기준 및 공정한 시험기관 설립 등을 제시함으로써 정부제공형 컨슈머리즘을 이끌었다.

체이스와 슐링크는 1978년에 최초의 상품테스트 기관인 소비자조사연구소(Consumers' Research, Inc.)를 설립하고, 소비자조사지(Consumers' Research Magazine)를 발행하여 소비자들에게 다양한 상품정보를 제공하였다. 그리고 소비자교육운동을 처음으로 전개한 1935년에는 연구소에서 분리된 미국소비자연맹(Consumers Union of U.S.)을 설립하여, 컨슈머리포트(Consumer Reports)를 발간하게 되었다.

한편, 루스벨트 대통령의 뉴딜정책에 따라 정부가 소비자보호에 적극적으로 개입하게 되었고, 연방거래위원회(FTC)는 강력한 소비자 피해 구제 권한을 부여하였다. 이처럼 미국에서 발생, 발전한 정보 제공형의 컨슈머리즘은 스웨덴, 노르웨이, 영국으로 크게 보급되었다. 그리고 이와 같은 정보 제공형 컨슈머리즘과 제2차 세계대전 이후의 대량생산 · 대량소비 시대를 배경으로 '현명한 소비자'의 육성을 목표로 한 컨슈머리즘 개념이 탄생한 것이다.

(3) 제3기 : 고발형 컨슈머리즘

케네디 대통령의 소비자 4대 권리 공포에 힘입어 미국에서의 컨슈머리즘은 활발해졌다. 정부의 노력 외에도, 사회적으로는 1960년대의 급격한 경제발전으로 인한 환경파괴, 공해의 발생, 유해 · 결함 상품의 증대, 기업에 대한 불신감 고조 등의 사회적 배경 또한 컨슈머리즘의 확산에 크게 영향을 미쳤다. 더불어 소비자 측면에서는 교육 및 소득 수준이 높아지고 물자가 풍부해짐에 따라 기대수준이 높아진 점, 대중매체들이 소비자 문제를 자주 다룸으로써 컨슈머리즘이 대중적 관심을 불러일으킨 점 등이 컨슈머리즘의 확산에 영향을 미쳤다고 볼 수 있다.

그 후, 공정포장표시법(1966), 자동차안전법(1966), 상품보증법(1972) 등의 각종 소비자 관련법이 제정되었으며, 1972년에는 소비자상품안전위원회가 설치되었다. 이러한 조치와 더불어 포드 대통령은 1975년 5번째 소비자 권리인 교육받을 권리를 제창함으로써 소비자교육이 활발하게 전개되는 계기를 마련하였다. 이러한 정부의 노력과 함께, 미국 컨슈머리즘은 랄프 네이더(Ralph Nader)에 의하여 더욱 고조되어, 1966년에는 전국적 소비자 조직인 미국소비자연합회(Consumer Federation of America)가 설립되었다.

이후 미국의 컨슈머리즘은 불량상품 배격, 상품테스트, 가격 인상 반대 등으로 대표되는 이전의 컨슈머리즘과 달리, 기업 규제와 행정 개선을 적극적으로 촉구하는 진보적인 컨슈머리즘으로 변화되기에 이르렀다. 오늘날에는 성숙한 소비자, 즉 '책임있는 시민 소비자'라는 목표를 강조함으로써 보다 성숙한 컨슈머리즘을 지향하고 있다.

2) 한국 컨슈머리즘의 발전

한국의 초창기 컨슈머리즘은 여성단체들에 의해 주도되었으며, 1970년대 이후 일본을 위시한 타국으로부터 소비자 보호의식이 확산되면서 컨슈머리즘도 활기를 띠게 되었다. 그 발전과정은 다음과 같다.

(1) 1950년대~1970년대 후반

우리나라 컨슈머리즘의 효시는 1955년부터 시작된 서울여자기독교청년회(서울 YMCA)를 꼽을 수 있다. 경제개발 5개년계획이 착수된 1960년대에 들어서게 되자, 1964년에 한국부인회가, 1965년에 대한어머니회가 각각 컨슈머리즘에 동참하였으나, 별 성과가 없었다. 1970년대에 와서 소비자의식 향상과 주부 교실중앙회(1972), 주부클럽 연합회(1972), 한국여성단체협의회(1973) 등의 여성단체들이 소비자 보호운동과 소비자절약운동을 벌여나가면서 우리나라 컨슈머리즘이 점차 활력을 찾게 되었다.

한편, 1968년에 상공부에 소비자 문제 전문단체로서 최초로 등록된 한국소비자보호협회가 조직되어 활동을 시작하였으나 이듬해에 활동을 중단하였으며, 1970년대 초반 소비자연맹이 조직되었으나 이마저도 활동을 정지했다가 1978년 협동교육연구원 활동을 재개하였다.

이처럼 초기 우리나라 컨슈머리즘은 전문 소비자단체가 아닌 기존 여성단체들에 의한 계몽활동 위주의 운동이 전개되었으나, 그 성과는 크지 않았다. 1970년대 후반까지는 소비자단체에 대한 법적 · 재정적 지원 부족, 소비자 전문가 · 지도자의 부재, 컨슈머리즘에 대한 인식 부족 등으로 인하여 소비자단체들이 그 역할을 다하지 못했기 때문이다.

(2) 1970년대 후반~1980년대 중반

1976년 여성단체협의회, 주부클럽, 주부교실, 대한 YWCA 등은 당시 경제기획원(현재 기획재정부)으로부터 재정 지원을 받아 소비자보호단체협의회를 조직하였다. 고도성장기였던 60년대와 70년대보다 적극적인 소비자 운동이 요구되어 정부가 소비자 활동을 지원했던 것이다. 이후 1979년에 소비자연맹, 1985년에 소비자 문제를 연구하는 시민의 모임이 소비자보호단체협의회에 가입하였으며, 같은 무렵 공익단체연구소, 소비자 문제연구원 등의 소비자단체들도 출범하였다.

1980년 이후에는 소비자단체들이 관련 국제회의 및 학술회 등의 국제교류에 참여하였으며, 1980년에는 소비자보호법이 제정됨으로써 소비자단체를 조직하고 소비자 보호활동을 지원할 수 있는 제도적 기틀도 마련되었다. 더불어 1987년 전액정부출연의 형태로 준사법권과 권력이 부여된 특수공익법인으로 한국소비자보호원이 출범하게 되었다. 소비자원은 공산품부터 일상식품에 이르기까지 각종 상품에 대한 유해성이나 안전성을 실험하고, 국내외 소비생활 현황에 대한 연구 및 소비자상담, 월간지 발행 등의 적극적 활동을 펼치는 등 소비자 보호를 위한 공공기구의 역할을 수행하였다.

(3) 1980년대 중반 이후~1990년대

1987년 12월에 있었던 소비자보호법 개정으로 인해 컨슈머리즘, 특히 소비자단체에 대한 제도적 지원이 강화되었고, 이로써 우리나라 컨슈머리즘이 도약하는 계기가 마련되었다고 할 수 있다. 즉, 소비자의 7대 권리가 제시되고 한국소비자보호원의 설립이 추가된 동법의 개정이 우리나라 컨슈머리즘 역사에 커다란 전환점이 되었다는 것이다. 그리고 1996년에 소비자보호법이 소비자단체의 권한과 지위를 제도적으로 강화시키는 방향으로 다시 개정됨으로써 우리나라 컨슈머리즘이 본궤도에 오르게 되었다.

(4) 2000년~2019년

2000년에는 '소비자보호단체협의회'를 '한국소비자단체협의회(소협)'로 이름을 변경하였다. 이는 당시 전반적인 컨슈머리즘 패러다임이 기존의 피해 사후구제라는 소극적인 소비자보호에서 보다 능동적인 소비자 주권확립 운동으로 변화했던 것과도 큰 연관이 있다. 이러한 조직적 변화를 바탕으로 2002년 한일월드컵에 대비하여 외국인 소비자보호센터의 개소 및 판매가격표시 정착 캠페인을 진행하는 등 소비자 권익 수준을 글로벌 수준에 맞추기 위한 노력이 이뤄졌으며, 2003년 자율분쟁조정위원회를 발족함으로써 소비자가 기업과의 분쟁에서 타당한 권익을 추구할 수 있도록 뒷받침하기 위해 노력하였다. 이후 2013년에 자율분쟁조정위원회는 10년간의 활동에 비추어본 민간조정제도의 개선점 및 발전방향, 민간조정제도의 활성화 방안 등의 토론을 개최하였다. 또한 소비자에게 지속적으로 정보를 제공하기 위한 '식품위해정보시스템'의 소비자 정보 사이트를 개발하였다.

2000년대에 들어 가장 두드러진 컨슈머리즘의 변화는 사이버 컨슈머리즘, 즉 정보화 환경을 기반으로 일어난 새로운 컨슈머리즘이 활발하게 전개되고 있다는 것이다. 특히 한국소비자단체협의회(소협)는 2000년에 디지털시대에서의 소비자보호에 대한 토론회를 열고 관련 논의 등을 진행하기도 하였다. 이러한 움직임 속에 소협과 개별단체는 단체소송제도 도입에 대한 논의 외에도 뉴미디어 및 의료, 금융서비스, 스마트기기, 이동통신서비스 등에 대해 소비자 권익보호를 위해 꾸준한 노력을 기울였으며, 2013년에는 소비자권익보호기금의 필요성을 대두시키며 활발한 토론을 이어갔다.

(5) 2020년~

소셜네트워크서비스(SNS)로 여론을 움직이는 '행동주의 소비자'가 부상하고 있다. 이들은 자신들의 의견을 강력히 밝히고 요구한다. 이런 요구를 들어주는 기업을 유능하다고 평가하고, 그렇지 않으면 무능한 것으로 여긴다. 다시 말해, 과거 소비자단체가 했던 소비 개선 운동을 개인이 직접 펼치고 있는 것이다.

최근 기업에 대한 정보와 경험이 온라인을 통해 실시간으로 구전되면서 기업들은 이러한 움직임에 적극 대응하고 있다. 단순히 친절한 서비스를 제공하는 것을 넘어 불만을 즉각적으로 개선해주고, 친환경 · 윤리적 소비를 할 수 있도록 지원해 브랜드와 기업의 충성도를 높인다.

매일유업은 요구르트 '엔요'에 이어 최근 '상하목장 멸균우유' 제품에서 빨대를 없앴다. 지난해 2월 한 고객이 "다회용 빨대를 사용하는 소비자를 위해 빨대 미제공 소용량 상품을 제공해 달라"는 편지와 함께 빨대 뭉치를 보낸 것이 변화의 시발점이었다. 이로부터 3개월 뒤 회사는 엔요의 빨대를 제거했다. 김진기 고객최고책임자(CCO)가 "빨대 없이 마시기 편한 포장재를 연구하고 있다"며 자필 답장을 보낸 것이 공개돼 화제를 모으기도 했다. 엔요는 액상발효유 시장 점유율 50%가 넘는 제품이다. 빨대를 빼 편의성이 줄면 매출이 떨어질 수 있어 회사에선 고민이 많았다고 한다. 매일유업 관계자는 "어린이들이 먹는 제품에 빨대가 없으면 불편하다는 반응이 있을까봐 고심했지만, 장기적으로 친환경 정책을 펼치는 게 옳다고 판단해 빨대를 없앴다"며 "처음엔 어색해하던 소비자들도 지금은 이해하는 분위기"라고 했다.

이 회사는 지난달 상하농원 유기농 멸균우유 제품에서도 빨대를 뺐다. 또 플로리다 주스, 매일우유(2.3리터) 등 페트(PET) 제품의 포장을 경량화하고, 컵커피 바리스타룰스의 알루미늄 라벨을 제거했다. 회사는 이를 통해 연간 온실가스 배출량 342톤을 줄일 것으로 보고 있다.

CJ제일제당이 지난해 추석 기간 일부 스팸 선물세트에서 노란 플라스틱 뚜껑을 없앤 것도 소비자들의 요구가 바탕이 됐다. 회사 관계자는 "이전에도 플라스틱을 줄이자는 내부 의견이 있었지만, 확신하지 못하던 차에 고객의 니즈를 확인하고 스팸 뚜껑을 제거했다"며 "올 추석에는 선물세트 전 제품에서 뚜껑을 없앨 방침"이라고 했다. 이 회사는 패키징 센터를 통해 포장재를 개선하고 있다. 올해만 약 340톤의 플라스틱 사용을 줄일 것으로 예상된다.

3) 컨슈머리즘의 업적

(1) 소비자 권리의 법적 보장

1962년 3월 15일 케네디 대통령이 연방의회에 소비자교서를 보낸 것은 컨슈머리즘의 전환점을 마련하였는데, 그 무엇보다도 대통령이 소비자보호 문제를 최초로 제기하였다는 점에서 그 의의가 크다. 즉, 케네디 대통령이 소비자 권리장전(Consumer Bill of Rights)을 선언하고, '소비자는 권리를 가진다'는 것을 성문화하여 소비자 권리를 보장토록 한 것은 컨슈머리즘이 낳은 대표적 업적이라 할 수 있다. 특히 소비자 권리장전은 전 세계 여러 나라의 소비자 관련 법률 제정에 기본 틀을 제공하였다는 점에서 그 의의가 매우 크다.

소비자 권리의 공포는 결과적으로 소비자 권리의 중요성을 많은 사람들에게 환기시켰으며, 그 내용들이 지역사회에 대한 기업의 기여도를 평가하는 기준 역할을 하였고, 그 후 소비자 관련 법률을 제정하는 데 기초가 되었다는 점에서 높이 평가되고 있다.

(2) 기업의 인식 변화

컨슈머리즘의 또 다른 업적은 바로 소비자 및 컨슈머리즘에 대한 기업의 인식 변화를 들 수 있다. 기업 경영자들이 컨슈머리즘으로 인해 기업의 사회적 책임을 보다 크게 인식하게 되었고, 소비자 문제해결에 관심을 기울이게 되었다.

더불어 컨슈머리즘은 기업에게 마케팅 기회를 제공하는 것으로 인식하도록 하였다. 단순히 이윤창출을 위해 생산하고 유통하고 판매하는 마케팅 개념에서 벗어나, 그 무엇보다도 소비자의 만족을 최대로 증대시킬 수 있도록 좋은 제품을 개발하고 사회와 환경을 고려하는 마케팅 개념을 도입하게 된 것이다.

(3) 사회문화적 발전

컨슈머리즘은 단순한 소비자 고발이나 부당한 기업행위에 대해 저항하는 것만을 의미하진 않는다. '인간 중심의 복지사회를 이룩한다.'는 가치관과 이념에 바탕을 둔 사회개혁운동으로, 부당 상행위 예방, 소비자와 기업 간의 불신해소 및 도덕심 회복 등 사회문화적 측면에서도 많은 발전을 가져다주었다. 예컨대 개인은 컨슈머리즘 운동에 적극적으로 참여함으로써 자유주의 신념과 공동체의식을 함께 함양할 수 있으며, 사회의 전통적 가치와 풍요로워진 물질적 여건을 조화롭게 받아들일 수 있게 된다.

제4장 소비자단체, 기업, 정부의 컨슈머리즘

1 소비자단체의 컨슈머리즘

1) 소비자단체 및 소비자단체협의회의 역할

소비자단체는 민간 소비자정책 주진 주체로서 소비자들의 현실과 법 · 제도 사이의 간격을 메워주는 역할을 한다. 이러한 소비자단체의 업무는 소비자기본법에서도 제시되고 있는데, 이는 1980년 소비자보호법에서 시작하여 현재에 이르기까지 약간의 수정을 제외하고는 그대로 유지되고 있다. 소비자기본법에서 제시하는 소비자단체의 업무는 다음과 같다.

- 국가 또는 지방자치단체에 대한 소비자보호시책에 관한 건의
- 물품 등의 규격 · 품질 · 안전성 · 환경성에 관한 시험 · 검사 및 가격 등을 포함한 거래조건이나 거래방법에 관한 조사 · 분석
- 소비자 문제에 관한 조사연구
- 소비자의 교육 및 계몽
- 소비자의 불만 및 피해를 처리하기 위한 상담 · 정보제공 및 당사자 사이의 합의의 권고

이 중 거래조건이나 거래방법에 대한 조사분석과 소비자불만 처리 및 합의의 권고 업무를 수행함에 있어, 정식으로 등록된 소비자단체의 경우 일정한 인센티브를 부여받고 있다. 거래에 관한 조사분석을 위해, 등록소비자단체는 사업자에 대한 자료 및 정보제공요청권을 인정받기 때문이다. 더불어 등록 소비자단체는 소비자단체협의회에 의한 자율적 분쟁조정제도를 이행할 수 있는 등, 시험 · 검사 및 조사 · 분석, 피해구제 및 분쟁조정 업무를 비교적 수월하게 수행할 수 있다.

한편 소비자단체협의회란, 10개의 소비자단체와 255개의 지역단체가 결합하여 소비자운동을 전개하는 조직이다. 현재 한국소비자단체협의회로 명명되는 협의회에는 다음과 같이 10개의 소비자단체가 회원단체로 활동하고 있다.

〈표 1〉 소비자단체의 목적과 활동내용

단체명	단체의 목적 및 활동내용 소개
녹색 소비자연대	소비자의 권리를 보호하며 환경을 고려하는 소비생활을 함께 실천함으로써 생태환경을 보전하고 안전하고 인간다운 사회를 건설하는 데 이바지함을 목적으로 한다.
한국여성 소비자연합	여성 · 사회 · 환경 · 소비자 · 민간단체로서 가정주부로 하여금 주부의 가치관을 정립시키고 숨겨진 자질과 능력을 향상시켜 건전하고 바람직한 가정을 유지, 발전시킬 수 있도록 하여 사회기능의 담당자로서 지역사회 발전과 국가발전에 이바지함을 목적으로 한다.
소비자 교육중앙회	주부의 사회성을 개발하고 봉사정신을 함양함으로써 가정과 지역사회의 복지향상에 기여하며, 민주시민으로서의 역할을 체득하고 실천함을 목적으로 한다.
한국소비자 교육원	생활의 모든 영역에서 소비자의 관심사를 찾아내고, 정보를 개발해 내고, 경험들을 지식으로 정리해 내는 통합 운영을 필요로 하는 산업사회의 정보화시대에, 삶의 품질을 향상시키고, 합리적 소비생활을 안내하는 것을 목적으로 한다.

단체명	단체의 목적 및 활동내용 소개
한국 YMCA 전국연맹	예수 그리스도의 복음과 삶을 따라 함께 배우고, 훈련하며 역사적 책임의식과 생명에 대한 감성을 일구어 사랑과 정의와 평화의 실현을 위하여 일하며 민중의 복지향상과 민족이 통일 그리고 새 문화 창조에 이바지함으로써 이 땅에 하느님 나라가 이루어지게 하는 것을 목적으로 한다.
한국 소비자연맹	21세기 정보시대에 새롭게 대두되는 소비자 문제를 해결하고 소비자 권리 향상을 위한 활동을 지속적으로 전개한다. 또한 소비자들에게는 소비자의 권리와 책임을 바탕으로 합리적이고 지혜로운 소비생활을 영위해 나가도록 소비자의식 제고를 위한 활동에 주력한다.
소비자공익 네트워크	급속한 사회환경의 변화에 대처할 수 있는 과학적이고 합리적인 소비자 계발과 동시에 현장체험에 바탕을 둔 건전한 소비실천 확산에 중점을 둔다. 환경보전실천운동의 일환으로 자원절약과 재활용을 생활화, 소비행태 연구 및 교육, 실천운동을 통한 환경보존과 안전한 먹거리 확보 등 생활 속의 현명한 소비자 양성에도 중점을 두며, 국내의 소비자관련 연구 및 정보제공 등을 통해 국제화 시대에 능동적으로 대응하는 성숙한 소비자 의식 계발과 시민활동을 계도한다.
소비자 시민모임	소비자 주권을 확립하고 소비자의 삶의 질을 향상시키는 데 기여하고자 1982년 11월 창립총회를 개최, 1983년 1월 20일 김동환 변호사를 초대 회장으로 하여 발족된 이래 자발적, 비영리적, 비정치적 전문 소비자단체로서 20년간 꾸준히 소비자운동을 전개해 왔다.
한국부인회	기술화 · 정보화 · 국제화의 발전에 발맞추어 여성의 자주성과 자립심을 고취시키며 잠재능력을 개발하여 정치 · 경제 · 교육 · 문화 · 가정 복지 분야에서 정의사회와 양성평등을 이룩하며 합리적인 소비생활로 복지 사회실현에 기여함을 목적으로 한다.
한국 YWCA 연합회	젊은 여성들이 하나님을 창조와 역사의 주로 믿으며 인류는 하나님 안에서 한 형제자매임을 인정하고 예수그리스도의 가르치심을 자기 삶에 실천함으로써 정의, 평화, 창조질서의 보전이 이루어지는 세상을 건설함을 목적으로 한다.

한국소비자단체협의회와 소비자단체가 현재 수행하고 있는 주요 역할에 대해 살펴보면, 다음과 같다.

(1) 소비자상담과 피해 구제(Consumer Complaints Service) 총괄

10개의 회원 소비자단체의 소비자상담실 및 전국의 소비자상담실에서는 소비자가 부정불량상품이나 부당한 거래, 서비스 등으로 인해 피해를 입었을 때 이를 보상해주고 개선을 위한 고발상담 활동을 하고 있는데, 본 협의회에서는 전국의 소비자상담을 총괄하여 실생활에서 발생하는 소비자 문제를 정리하고, 소비자에게 유용한 정보를 제공하며, 소비자를 위한 정책수립 및 시행을 위한 자료로 활용될 수 있도록 관리한다.

(2) 정보화 사업

인터넷 시대의 도래로 소비자들이 다양한 정보의 홍수 속에서 소비자에게 필요한 정보를 탐색하여 합리적이고 안전한 생활을 영위할 수 있도록 하기 위하여 전국의 소비자상담실에서 접수되는 소비자고발상담을 데이터베이스로 구축하여 자료의 활용도를 높이고 있다.

(3) 소비자운동 자원지도력, 실무지도력 강화(Education)

소비자단체협의회에서는 전국의 소비자운동 실무자들을 대상으로 실무지도력 강화를 위하여 매년 실무자교육을 실시하고 있다. 또한 소비자운동에 참여하는 자원지도력의 양성 및 강화를 위하여 자원지도자 및 자원봉사자 교육을 진행한다. 또한 각 회원단체에서는 소비자 의식을 계발하기 위해 전국의 소비자를 대상으로 교육을 실시하고 있다. 경제동향, 소비자의 권리, 환경문제, 상품광고, 소비자관련 법률, 소비자 정보수집, 상품구매요령 등 일상생활에 꼭 필요한 소비지식이다.

(4) 월간소비자 발간 및 홍보활동(Information)

1978년 9월부터 소비생활의 정보를 모아 월간 "소비자"를 발행한다. 상품테스트, 실태조사, 고발처리 등의 결과를 비롯한 각종 소비자 정보를 담은 "소비자"는 소비자에게 생활정보를 주는 한편 소비자 주권의식을 높이는 역할을 한다. 여기에 나타난 소비자의 고발, 희망, 기대 등은 기업에 전달되어 품질, 서비스개선 등 소비자의 이익을 위한 방향으로 나아가도록 한다. 월간 소비자는 일반소비자뿐만 아니라 전국의 대학교 도서관 및 초·중·고등학교에 배포되어 소비자교육을 위한 교재 및 자료로 이용된다.

(5) 정책 연구 및 제안활동(Relations with Government and Industry)

소비자관련 법률 및 제도를 만들기 위한 각종 정책연구와 정책제안활동을 한다. 소비자보호법, 제조물책임법, 약관규제법, 전자상거래보호법, 식품위생법, 주택임대차보호법, 방문판매 등에 관한 법률 등의 제정 및 개정에 소비자단체의 의견을 적극 반영하고 있으며 소비자의 의견을 최대한 수렴하여 정책 및 법률 제정에 반영하고자 세미나 및 공청회를 개최하고 있다.

(6) 물가조사 및 감시활동(Monitoring) 총괄

소비자단체협의회에서는 전국에서 활동하고 있는 372명의 물가감시원들과 함께 기초생활필수품 및 개인서비스요금에 대한 정기물가조사와 특별물가조사를 실시한다. 소비자의 가계에 미치는 영향이 큰 공공요금을 포함한 기초생필품 및 개인서비스 가격에 대해 전국에서 매월 2회의 정기적인 가격조사를 통해 지역의 가격형성과 물가변동 추이를 살펴보고 담합에 의한 가격인상 등을 견제하며, 지역주민들에게 자세한 가격정보를 공개하여 소비자의 알권리를 만족시키는 활동을 하고 있다.

또한 변화하는 소비환경에 따라 사회적·시기적으로 소비자들에게 민감한 부분에 대해 전국 36개 지역에서 특별물가조사를 실시하여 소비자들에게 유용한 가격정보를 제공하고 합리적인 소비생활을 위한 가이드라인을 제시한다.

(7) 캠페인(Campaigns)

합리적인 소비문화 캠페인을 꾸준히 벌여 소비자의 물가 불안 심리로 인한 충동구매, 사재기 등을 억제하고 낭비적인 소비생활태도의 개선을 유도해왔다. 각 회원 소비자단체별로 다양한 주제에 따라 캠페인을 전개하고 있으며 단체의 연대가 필요한 경우에는 회원 소비자단체들이 함께 캠페인을 전개하기도 한다.

(8) 국제 협력(International Relationships)

세계 각국의 소비자단체가 서로 정보를 교환하기 위해 정보를 제공하며 악질적 수출에 제재를 가하고 소비자 국제경찰기구를 설치하여 국제무역의 악성거래를 감시/감독하며 벌칙을 두고 있다.

국제소비자기구(CI, Consumer International)는 1960년 4월에 설립되어 이러한 목적으로 운영되는 민간소비자기구연합체로서 비정부(NGO)의 성격이며, 현재 100개 이상의 국가에서 200개 이상의 단체가 참여하고 있다. 우리나라에서도 한국소비자단체협의회, 한국소비자연맹, 소비자시민모임 단체가 가입되어 있으며 CI에서 개최하는 세미나, 워크숍, 회의 등에 단체들이 참여하고 있다. 또한 세계시장의 단일화에 따라 나타나는 여러 소비자 문제의 해결 및 사전예방 등을 위하여 CI뿐 아니라 다양한 분야에서 국제 연대와 협력을 위해 노력하고 있다.

(9) 소비자단체소송제도

사업자로부터 집단적으로 피해를 입은 소비자들은 기본적으로 「민사소송법」에 따라 소송을 통해 손해를 배상받을 수 있다. 이러한 소송은 소비자 개인이

할 수 있지만 동일한 피해를 입은 소비자들이 함께 소송을 제기하고 싶다면, 다수의 피해자가 원고가 되어 소송을 진행하는 '공동소송'이나, 피해를 입은 소비자들이 대표자를 선정하고 그에게 자신의 권한을 위임하여 대표자가 소송을 진행하는 '선정당사자' 제도를 활용할 수 있다.

하지만 현실적으로 대부분의 소비자들은 소액의 피해를 입으며, 상호 간 결집력이 약하기 때문에 다수가 함께 모여 이를 진행하는 것은 매우 어려운 것이 사실이다. 이러한 문제를 해소하기 위해 소비자단체소송제도가 2006년 「소비자보호법」 개정 당시 도입되어 2008년부터 시행되고 있다. 이에 소비자단체는, 소비자의 생명 · 신체 또는 재산에 대한 권익이 직접적으로 침해되고 그 침해가 계속될 경우 법원에 해당 침해행위의 금지 · 중지를 구하는 소송을 제기할 수 있게 되었다.

이처럼 소비자단체소송제도가 마련되어 있으나, 아직은 유명무실하다는 평가가 이어지고 있다. 소비자단체소송제도가 시행된 2008년 이후 2015년까지 사회적으로 물의를 일으킨 집단적 소비자 피해가 많이 있었음에도 소비자단체소송은 1건만 진행되었다. 2016년에 들어서 2개의 이동통신사를 상대로 한 소비자단체소송이 법원의 허가를 받아 진행되고 있을 뿐이다. 이처럼 집단소송제도의 활용이 부진한 이유는 소비자단체가 엄격한 요건을 충족하여 소비자단체소송을 진행해도 해당 침해행위를 중지할 수 있을 뿐 소비자 구제에 궁극적인 도움을 줄 수 없기 때문인 것으로 해석되고 있다.

읽을거리 소비자 구제책 '집단소송제'

법무부가 2020년 9월 28일 집단소송제와 징벌적 손해배상제도 확대 법안을 입법예고하기로 한 가운데, 이들 제도가 국회 문턱을 넘으면 소비자 피해구제에 획기적 전기가 마련될 것이라는 기대가 나온다. 기업의 잘못으로 막대한 피해를 보고도 까다로운 소송절차와 비용 탓에 소송과 배상 청구에 엄두를 내지 못했던 평범한 소비자들이 한꺼번에, 그리고 더 많은 배상을 받을 길이 열리기 때문이다. 하지만 재계는 '공정경제 3법'에 이은 개혁 입법 추진 움직임을 두고 "기업에 '핵폭탄'급 부담을 준다"며 강력 반발하고 있다.

집단소송제 및 징벌적 손해배상제 주요 내용

집단소송제

- 피해자 중 일부가 제기한 소송으로 모든 피해자를 함께 구제하는 제도
- 분야 제한 없이 피해자 50인 이상 모든 손해배상청구 가능
- 소송 증거를 원고–피고 양쪽 모두에 요구하는 한국형 증거개시제(디스커버리제) 도입

징벌적 손해배상제

- 반사회적인 위법행위에 대해 실손해 이상의 배상책임 인정하는 제도
- 고의나 중과실로 위법행위를 한 경우로 한정
- 손해의 5배 한도의 배상책임

이번에 법무부가 추진하는 전면적 집단소송제는 기업의 잘못으로 대규모 피해가 발생했을 경우, 피해자 50명 이상이 집단소송에서 이기면 나머지 피해자들도 소송 없이 피해를 구제받도록 했다. 예를 들어, 지난 2011년 가습기 살균제 사망사건이나 2015년 디젤차량 배기가스 조작 사건처럼 개인 피해자 50명 이상이 나서서 배상 판결을 이끌어내면 나머지 모든 피해자가 구제받을 수 있다. 집단소송제는 이미 2005년부터 주가 조작이나 허위 공시 등 증권 관련 불법행위(증권관련 집단소송법)에 부분적으로 적용돼왔으나, 이번에 추진되는 전면적 집단소송제는 업종 제한이 없다.

징벌적 손해배상제도 역시 이전부터 대리점 본사 등의 '갑질'을 막는 수단으로 하도급법이나 대리점법 등에 제한적으로 적용됐다. 법무부안은 이를 모든 기업으로 확대하고 최대 5배까지 배상금을 물릴 수 있도록 했다. 법무부는 소송 이전이라도 업체 쪽에 자료 제출과 증거조사를 할 수 있는 '소송 전 증거조사 제도'(디스커버리제도)도 법안에 담았다. 기업을 상대로 피해증거 수집에 어려움을 겪는 소비자를 돕기 위한 방안이다. 미국이나 영국, 일본 등 주요국에선 이미 자리를 잡은 제도들이다. 국회 입법조사처가 지난해 내놓은 '공정거래 분야의 집단소송제 도입방안' 보고서는 "미국 연방법원에 2009년 이후 10년간 연평균 420건의 집단소송이 제기되는 등 집단적 피해구제에 적극 활용되고 있다"고 평가했다. 영국의 경우, 공권력 남용 피해까지 상한액 없는 손해배상을 규정하고 있다. 이동우 변호사(참여연대 민생희망본부 실행위원)는 한겨레와 한 통화에서 "상당한 피해를

보고도 마땅히 대응할 방법을 찾지 못했던 개인 피해자를 구제하는 방안으로 평가할 만하다"며 "징벌적 배상책임을 5배로 제한하는 등 기업에 책임을 더 확대하지 않은 점은 아쉽다"고 말했다.

이들 제도는 국내 정치권에서도 진보와 보수를 가리지 않고 필요성을 인정해왔던 것들이다. 기업의 잘못으로 피해를 본 소비자를 보호한다는 취지인 까닭이다. 실제 이명박 정부 시절이던 2012년 공정거래위원회는 제도 도입을 위한 연구용역에 착수했고, 같은 해 박근혜 새누리당 대선 후보는 경제민주화 방안의 하나로 집단소송제 등을 대선 공약으로 내걸기도 했다. 당시 경제민주화 공약의 틀을 짠 게 김종인 국민의힘 비상대책위원장이다. 20대 국회에선 김종민 더불어민주당 의원이 법무부와 협의해 '증권관련 집단소송법'을 일반 제품이나 담합, 개인정보 침해 등으로 범위를 확대(단일집단소송법)하는 개정안을 냈지만, 제대로 된 논의조차 이뤄지지 못한 채 폐기됐다. 이어 문재인 정부는 대통령 공약이었던 두 제도 도입을 100대 국정과제의 하나로 추진해왔다. 법무부는 지난해 조국 당시 법무부 장관이 당정 회의를 통해 "전면적 집단소송과 소송 전 증거조사 제도 등을 도입하겠다"고 밝힌 뒤, 1년여 만에 법안을 공개했다.

집단소송제 및 징벌적 손해배상제 도입 추진 개요

구분	연도	내용
이명박 정부	2008년	칼날참치캔 사건 등 식품 분야 집단소송제 도입 추진
	2012년	공정거래위원회에서 집단소송제 등 연구 용역 착수
박근혜 정부	2012년	경제민주화 일환으로 대선 공약으로 제시
	2014년	세월호 참사 뒤 야당서 국가 상대 집단소송제 도입 제안
	2014년	금융위원장, 카드사 고객정보 1억 건 유출 뒤 제도 도입 시사
문재인 정부	2017년	대통령 공약사항 및 100대 국정과제에 포함
	2019년	조국 법무장관 시절 당정회의서 "전면적 집단소송제 등 도입"
	2020년 9월	법무부, 집단소송제와 징벌적 배상제 입법예고

재계는 매우 강하게 반발한다. 이유는 크게 두 가지다. 먼저 거액의 배상을 목적으로 한 소송 남발 우려를 꼽는다. 전국경제인연합회는 지난 23일 법무부가 두 제도에 대한 입법예고 방침을 밝힌 직후 성명을 내어 "기업들은 현재도 형사처벌, 행정제재, 민사소송 등에 시달리고 있다"며 "제도가 도입되면 기업들은 정상적인 경영활동이 어렵고, 무엇보다 소송 대응 여력이 없는 중소, 중견 기업들의 피해가 막대할 것"이라고 주장했다.

그러나 제도가 아직 도입되지 않은 상황에서 소송 남발이 발생할 것이라는 우려는 기우에 가깝다는 의견이 나온다. 박상인 서울대 교수(행정대학원)는 "징벌적 손해배상제도의 경우 악의적인 고의성이 입증돼야 하기 때문에 소송 자체가 쉽지 않다"며 "제도의 취지는 기업들이 배상을 해야 한다는 게 아니라 악의적인 행위를 스스로 억제하도록 하자는 것"이라고 말했다. 이창민 한양대 교수(경영학)도 "미국에서는 소송이 많이 걸리지만 다 재판으로 가지 않고 상호 합의를 통해 해결되기도 한다"며 "결국 피해를 본 소비자의 권리가 높아지는 것"이라고 설명했다.

재계는 소송이 시작될 경우 재판 결과와는 무관하게 기업의 평판이 떨어져 주가가 폭락하는 등의 부작용이 발생할 수 있다는 점도 반대 논리로 든다. 이경상 대한상공회의소 경제조사본부장은 "소송을 제기하는 순간 해당 기업은 주가가 폭락하고 거래처가 끊기는 등의 부작용이 발생한다"고 말했다. 한국경영자총협회 관계자도 "판결 결과와 무관하게 기업의 대외적인 평판이나 신인도가 저하되는 등 경쟁력에 부작용을 미칠 수 있다"고 우려했다.

하지만 무리한 소송으로 인한 주가 폭락의 사례가 드물뿐더러 자본시장의 자율적 규율 기능도 고려해야 한다는 반론도 있다. 이창민 교수는 "자본시장은 악의적인 소송과 그렇지 않은 것을 구별하는 기능이 있기 때문에 소송이 들어온다고 무조건 주가가 폭락하지는 않는다"며 "이러한 제도는 오히려 기업들이 이사회의 독립성을 강화하거나 지배구조를 개선하는 등 장기적으로는 기업 가치를 향상시키는 모멘텀으로 작용할 수 있다"고 설명했다.

출처 : 한겨레신문, 2020.09.25

http://www.hani.co.kr/arti/economy/marketing/963624.html

2 기업의 컨슈머리즘

1) 기업 컨슈머리즘 전략 유형

기업의 컨슈머리즘 전략은 크게 소비자의 요구를 감소시키는 전략, 기업조직에 의한 전략, 그리고 비영리기관과 협력하는 전략으로 구분할 수 있다.

첫째, 소비자 요구 감소 전략은 소비자의 요구사항을 감소시키려는 전략으로, 소비자 불만 요인의 제거, 품질 향상 및 고객서비스 확대, 그리고 가격인하 등을 들 수 있다. 이는 고객의 욕구를 파악하고 이를 경영의사결정의 중요 기준으로 삼는 경영철학인 마케팅 콘셉트(marketing concept)와 다소 일치하는 것이다.

둘째, 기업조직에 의한 전략은 두 가지로 구분되는데, 그 하나는 소비자 전담 기구를 설치하여 소비자 기만을 처리하고 소비자교육을 실시하는 것이다. 이는 기업의 성공 여부가 소비자에게 달려 있다고 보고 소비자만족의 극대화를 최우선 경영목표로 삼는 소비자 지향적 경영의 일환이라고 할 수 있으며, 소비자들이 소비자 전담 기구를 신뢰할 경우에 유효한 전략이다. 다른 하나는 기업이 비소비자 지향적 요인을 찾아서 이를 제거하는 방법으로서, 이 방법 또한 기업 내 소비자 관련 부서에 접수된 불만사항을 토대로 시스템을 개선하거나, 내부감사 혹은 외부전문가의 자문을 이용할 수 있다.

셋째, 비영리기관과의 협력 전략은 기업이 자사의 여러 가지 자원이나 소비자교육 프로그램을 협력 기관에 제공하는 것으로, 소비자운동가들과의 관계를 개선하고 광고비를 절약할 수 있다는 장점이 있다. 그러나 비영리기관과 기업이 각자의 이익을 위해 공모한다는 의혹을 받을 수 있으며, 또 양자 간의 견해가 다를 때에는 협력이 이루어지기 어렵다는 단점이 있다.

위 전략들 가운데, 기업이 소비자 지향적 경영 이념을 갖고 신뢰받는 소비자 전담 기구를 설치 · 운영하는 것이 가장 바람직한 컨슈머리즘 전략이라고 할 수 있다. 기업경영의 성패가 바로 소비자에게 달려 있기 때문에 기업은 소비자 전담 기구를 통한 '소비자의 목소리'에 귀 기울여야 한다. 그리고 기업은 소비자

이익에 봉사하는 것이 어떤 것이며 기업이 사회에 기여하는 것이 무엇인가를 분명히 할 필요가 있으며, 특히 소비자와 관련된 현안에 대한 기업의 성실한 자세를 나타내야 할 필요가 있다.

2) 컨슈머리즘 전략 단계

일반적으로 기업의 컨슈머리즘 전략은 정보 수집과 처리, 제조 및 판매 부문으로의 피드백, 그리고 경영정책으로의 피드백 등의 세 단계를 거치게 되는데, 이들 각 단계는 독립적이면서도 상호관련성을 갖는다. 따라서 기업 컨슈머리즘의 효율화를 위해서는 이들 세 단계에 대한 시스템적 관리가 요구된다. 단계별 내용은 다음과 같다.

제1단계 : 정보 수집 및 처리

기업 환경의 변화는 기업경영에 많은 영향을 미치므로, 환경변화에 대한 정보의 수집 및 관리는 매우 중요한 일이다. 특히, 소비자로부터 직접 획득한 정보는 그 유용성이 매우 크다고 할 수 있다. 그 이유는 다음과 같다.

첫째, 기업이 소비자 정보를 소비자로부터 직접 획득할 수 있다면, 정보 수집에 드는 비용과 노력을 절감할 수 있다.

둘째, 지금까지 자신들이 인식하지 못했던 신제품 개발이나 품질 개선에 관한 자료를 얻을 수 있다.

셋째, 소비자들의 요구에 대한 적절한 대응을 통해 소비자 피해를 사전에 방지하고, 아울러 소비자 신뢰를 증대시켜 궁극적으로는 고객 확보 및 유지에 기여한다. 따라서 기업은 소비자 정보를 효율적으로 수집 · 처리하고 이를 경영정책에 전략적으로 피드백할 수 있는 시스템을 구축해야 할 것이며, 고객의 불만이나 요청을 단순히 귀찮다거나 자원 낭비로 여기지 말아야 할 것이다.

제2단계 : 제조 및 판매 부문으로의 피드백

소비자와 관련된 정보는 정보의 손실없이 제조 및 판매 부문으로 흘러가 이들의 의사결정에 도움을 주어야 할 것이다. 즉, 고객의 목소리에 근거한 제품 개선 및 품질 제고는 고객만족을 유도하는 효과적 수단이 될 것이다. 가령, 자동차 결함의 보고, 가전제품 사용상의 불편함, 제품 관련 정보의 요청, 판매 후 서비스 개선 요청 등은 기업이 미처 알지 못했던 여러 사실들을 알게 해주는 중요한 수단으로 제조공정의 개선을 유도하여 추가비용을 절감하게 하고, 판매의 효율성을 제고시킬 수 있게 한다.

제3단계 : 경영정책으로의 피드백

소비자 지향성(consumer orientation)은 기업이 이윤 추구라는 목적을 달성하는데 반드시 이행해야 할 과제이다. 이를 위해 기업환경 정보, 특히 소비자 정보는 경영정책에 반드시 피드백되어야 한다. 제조 및 판매 부문으로의 피드백이 단기적이고 가시적인 효과를 위한 노력이라면, 경영정책으로의 피드백은 장기적이고 기업조직 전체에 해당되는 소비자 지향적 노력이라고 할 수 있다. 이러한 경영정책으로의 피드백은 마케팅 콘셉트로 설명될 수 있다.

3) 기업 소비자 프로그램

(1) 소비자 프로그램의 개발

컨슈머리즘의 중요성을 인식한 기업들이 소비자 프로그램(consumer program) 개발에 노력하고 있지만 프로그램의 실험적 성격으로 인해 많은 어려움을 겪는다. 기업에서 소비자 프로그램 개발 시에 고려해야 할 사항은 다음과 같다.

첫째, 소비자와의 대화, 품질 · 서비스 · 가치의 극대화, 선량한 기업정신의 함양 등에 관한 방침을 설정해야 한다. 소비자 프로그램의 성공 여부는 매출이나 이윤에 의해서가 아니라 장기적인 소비자 이익으로 평가되어야 하며, 또 소비자 프로그램이 소비자들에게 실질적으로 도움을 주는지, 유용한 정보를 제공하는지 등을 파악하기 위해 소비자를 대상으로 커뮤니케이션 실태 조사를 실시해야 한다. 사실 커뮤니케이션은 소비자 개개인과는 물론, 정치인, 소비자단체, 관련 협회 등에 이르기까지 다양하고 광범위하게 이루어져야 한다. 당연히 소비자로부터의 제안과 정보를 매우 중요하게 인식해야 할 것이다.

둘째, 최고경영자는 소비자 프로그램에 관심을 갖고, 프로그램 담당자들을 소비자정책 수립에 적극적으로 참여시켜야 한다. 특히 소비자들은 상품 정보 관련 시간이나 기술이 부족한데, 이 점을 소비자 프로그램 설계 · 운영자들이 유념해야 할 것이다.

셋째, 소비자 프로그램은 기만적이지 않아야 함은 물론, 단순히 우호적 공중관계(PR) 유지나 대중적 지지를 얻기 위한 것이 아니라 어떤 철학이나 본질을 가져야 한다.

한편, 효율적인 소비자 프로그램이란 쾌적한 점포, 양질의 상품, 그리고 유능한 관리만을 의미하는 것은 아니다. 오늘날의 소비자는 기업의 소비자 관련 의사결정에 참여하거나 참여할 수 있을 것으로 기대하고 있다. 따라서 기업이 자사 소비자 프로그램의 실효성을 높이기 위해서는 프로그램 개발 및 운영에 소비자를 참여시켜야 할 것이다.

어쨌든 소비자 프로그램 개발에는 여러 가지 어려움이 따르는데, 무엇보다도 의사결정 과정에서 문제를 정의하고 분석하며 탐색하는 일이 어렵다. 일반적으로 소비자 문제는 소비자불만이 표출되면서 일어난 결과이며, 문제의 근본적 정의 및 해결 없이 외면적 증상의 제거만으로는 문제가 해결되지 않는다. 이러한 사실이 고려된 소비자 프로그램이야말로 소비자 문제를 근본적으로 해결할 수 있는 프로그램이라 하겠다. 그리고 프로그램 개발상의 다른 문제점으로 문제 탐색상의 어려움을 들 수 있다. 어떠한 문제를 근본적으로 해결하기 위해서는 당연히 그 문제 자체를 탐색 · 식별하고 분석해야 하는데, 소비자 문제는 그 자체가 동적이며, 또 많은 경우 다른 문제들과 복합적으로 발생하므로, 그것을 정확히 탐색하는 일은 쉽지 않다는 점이다. 더구나 많은 기업들은 문제를 예측, 탐색하는 정보시스템이 없기 때문에 문제에 대한 정확한 탐색이 어려운 실정이다.

(2) 소비자 프로그램의 내용

기업은 소비자를 위한 다양한 프로그램을 개발 · 운영하고 있는데, 그 대표적인 것으로는 소비자 정보 제공, 소비자교육, 사후서비스, 소비자 상담, 소비자 의견 수렴 등이 있다.

① 소비자교육 및 정보 제공 프로그램

소비자 입장에서 보면, 기업에 의한 소비자 정보 제공이 소비자를 위한 순수한 정보 제공인지 아니면 판매를 위한 소비자 설득인지의 여부에 대하여 많은 논란이 있어 왔다. 기업의 소비자 정보 제공과 소비자 설득은 개념상으로는 구별될 수 있지만, 실제로는 그 구별이 쉽지 않으며, 또한 기업의 소비자 정보 제공은 직 · 간접적으로 소비자의 상품 선택에 영향을 주는 것이 사실이다. 기업이 제공하는 소비자 정보로는 첫째, 상품 자체에 대한 정보 둘째, 소비자의 상품 선택을 돕기 위한 각종 지식 셋째, 정보 제공에 대한 안내 등을 들 수 있다.

② 사후서비스 프로그램

오늘날 급속한 기술 개발은 경쟁사들이 좀 더 빠르고 쉽게 제품을 모방할 수 있도록 한다. 사실 기업의 경쟁우위는 제품에 의해서가 아니라 서비스에 의해 좌우되는 경우가 많으며, 특히 소비자만족은 판매 후 제공되는 사후서비스의 질에 따라 크게 영향을 받는다. 만족할 만한 사후서비스는 소비자 문제를 해결하는 수단이 되며, 기업의 컨슈머리즘 실현을 위한 실천적인 도구가 된다. 그리고 기업은 컨슈머리즘의 실현을 위하여 소비자가 원하는 편익과 효용이 무엇인지 파악하고 단순한 판매자가 아닌, 제품과 서비스의 구매 조언자로서의 역할까지 수행함으로써 보다 적극적으로 소비자만족의 증대를 도모하고 이를 통한 기업 수익을 추구해야 한다. 국내 기업들이 시행하고 있는 사후서비스 제도를 정리하면, 〈표 2〉와 같다.

〈표 2〉 기업의 사후서비스

구분	내 용
약속방문	사후서비스를 위해 가정을 방문할 경우, 편리한 시간을 약속하고 방문 직전에 전화로 확인하는 제도
사후서비스 후 확인	사후서비스 후 특정 시간 이내에 소비자에게 전화하여 확인하고 소비자의 불편 사항을 찾아서 수리해 주는 제도
평생고객관리	소비자의 사후서비스 접수 시점부터 사후관리까지 전산처리를 통하여 업무의 효율성을 꾀하고 소비자의 이력을 장기적으로 관리하는 제도
고객 전담 사후서비스 요원 지정	소비자에게 전담 사후서비스 요원을 지정, 서비스하도록 하는 제도

출처 : 장흥섭(2012)

③ 소비자 상담 프로그램

우리나라 기업들이 소비자 상담을 본격적으로 시작하게 된 것은 1980년대부터이다. 기업 이미지 향상, 고객만족 경영의 중요 수단과 소비자 정보 수집 등의 원천으로서 소비자 상담이 중요한 역할을 하고 있다. 이를 인식한 많은 기업들이 불평·불만 상담, 피해 구제, 의견 청취 등을 담당하는 소비자 전담 기구 내지 소비자 상담실을 운영하고 있다. 기업의 소비자 상담실 운영은 소비자 지향적 경영과 관련성이 매우 높다. 우리나라 기업들이 운영하는 소비자 상담실은 상담요원의 전문성과 친절함, 소비자의 이용 편의성, 그리고 소비자 의견 수렴의 적극성 등의 측면에서 개선할 부분이 많다. 여기서 우리나라 기업 소비자 상담실의 운영 실태와 그 개선 방안을 알아보고자 한다.

첫째, 대부분의 기업들은 소비자 상담실에 소비자 관련 법률지식, 제품지식 등이 부족한 비전문 상담요원을 배치하고 있으며, 게다가 상담요원들은 잦은 부서 이동과 업무 가중 등으로 인해 전문적인 소비자 상담을 하지 못하고 있다. 따라서 무엇보다도 시급한 일은 상담 전문요원을 배치하여 소비자에게 보다 우수한 상담 서비스를 제공하는 일이라 하겠다. 소비자 관련 기관에서의 직원 연수 또는 소비자 상담사 자격증을 가진 소비자 관련 학과 출신자의 채용 · 배치를 통한 소비자 상담요원의 전문성 확보 및 기업 소비자 상담실의 독립화를 통한 소비자 상담요원의 전임 담당제가 이루어질 때, 보다 고차원적인 소비자 서비스를 제공할 수 있을 것이다.

둘째, 소비자 상담실의 정보화 미비이다. 소비자 상담실의 효율적 운영을 위해서는 상담 접수, 소비자 정보 수집, 정보 검색 · 분류, 데이디베이스화 등을 위한 시스템이 원활히 운영되어야 한다. 또한 온라인과 오프라인을 통합할 수 있는 시스템의 구축과 소비자들이 인터넷 홈페이지를 통해 보다 쉽게 정보를 검색할 수 있도록 해야 하며, 야간과 공휴일에도 상담할 수 있도록 소비자 상담실의 전일제 운영도 필요하다.

셋째, 소비자 상담 결과에 대한 피드백 부족을 들 수 있다. 즉, 소비자불만 접수, 소비자 제안 사항 및 상담의 결과에 대해 개인적으로 사후 확인해 주고, 또 그 처리 결과를 경영 정책 수립에 적극적으로 반영하는 피드백 시스템의 운영이 필요하다. 피드백 시스템이 가져다주는 경영상의 현실적 이익으로는 소비자불만 대응체제 구축, 소비자 정보의 사내 공유 및 이슈화, 최고경영진과의 직통 의사전달경로의 확보를 통한 경영에의 반영 등을 들 수 있다.

그러므로 기업은 소비자 상담 전문가를 양성하고, 이들을 신제품에 대한 소비자의 반응을 신속하게 분석하기 위한 소비자 모니터로 활용하고, 이들에게 신제품 개발에 대한 참여권을 부여하여, 기업 경영이 해당 부서에 핵심부서로서의 위상을 정립해 줄 필요가 있다. 소비자 상담은 기업, 소비자단체, 정부에서 실시하고 있다.

4) 기업의 소비자 전담 기구

(1) 기업의 소비자 전담 기구의 기능

기업에서 소비자 전담 기구를 설치·운영하는 목적은 다양하지만 일반적으로 시장적 요인이 주된 목적이라 할 수 있다. 시장적 요인은 기업 이미지 향상, 경쟁 기업에의 대응, 판매 촉진 등을 가리키며, 이들의 상대적 중요성은 최고경영자나 소비자의 인식에 따라 다르다. 여기서 소비자 전담 기구의 일반적 기능을 살펴보면, 다음과 같다.

첫째, 문제가 되는 기업의 관행을 파악·개선한다. 기업은 자사의 여러 가지 활동 중에서 소비자 문제를 유발하는 관행을 파악하고 그 해결책을 강구하여야 한다. 소비자 문제는 품질, 가격, 포장, 광고, 보증, 그리고 서비스 등의 측면에서 많이 발생되고 있다.

둘째, 소비자 및 소비자단체와의 커뮤니케이션을 원활하게 한다. 소비자가 기업의 컨슈머리즘 인식 정도를 높게 평가할 때 의사전달의 성과와 소비자만족도는 높아진다고 할 수 있다. 따라서 기업은 자사의 기업 정책을 부정하거나 거부하는 소비자 및 소비자단체와의 커뮤니케이션을 통해 이를 적절히 관리해야 한다.

셋째, 소비자 프로그램을 수립한다. 소비자 프로그램은 기업과 소비자 간의 커뮤니케이션 정도에 따라 그 효과가 결정되므로 최고경영자나 소비자 담당자는 소비자 불평·불만의 해소 등과 같은 소비자 문제 해결책을 적극적으로 강구해야 한다. 그럼에도 불구하고 현실적으로 많은 기업들이 소비자 문제를 소홀히 다루는 경우가 적지 않다. 현재의 시장구조를 이해하고 소비자 가치에 대한 중요성을 지각한다면, 소비자 프로그램 개발의 중요성 또한 최고경영자들이 깊이 인식해야 할 부분이다.

넷째, 마케팅 기회를 탐색하도록 한다. 기업이 효율적인 소비자 프로그램을 개발하고 이를 실시할 경우, 그렇지 않은 경우보다 내 · 외적 도전에 보다 쉽게 적응할 수 있음은 물론, 이를 기반으로 새로운 마케팅 기회를 확보할 수 있다.

(2) 기업의 소비자 전담 기구의 요건

소비자 전담 기구를 기업조직의 어디에 두느냐 하는 문제는 동 기구의 운영에 많은 영향을 미친다. 기업들은 소비자 전담 기구를 홍보실이나 본사 각 부와 동일한 위치에, 아니면 판매 부문이나 서비스 부문에, 그리고 제조 · 판매 부문의 제품 관리 부서하에 두고 있다. 또 그 기구의 취지는 기업의 여건, 규모, 업종에 따라 다르나, 무엇보다도 소비자에 대한 최고경영층의 인식이 크게 좌우한다고 할 수 있다. 즉, 최고경영층이 소비자 문제를 얼마나 중요시하느냐가 그 기구의 배치, 활동 범위 및 성과를 결정한다고 하겠다.

소비자 전담 기구가 효율적으로 운영되기 위해서는 다음과 같은 요건이 충족되어야 한다. 첫째, 소비자 불평이나 문제를 해결, 관리할 수 있는 권한이 주어져야 한다. 둘째, 구매자나 사용자의 제품만족도를 파악하고 불만 요소를 탐색할 수 있는 데이터베이스 시스템을 갖추어야 한다. 셋째, 정책 수립 시 소비자를 대변 · 옹호해야 하며, 자사의 마케팅 프로그램에 대해 독자적으로 평가할 수 있어야 한다. 넷째, 고객의 눈높이에서 동 기구의 목표를 수립하고, 그 활동과 업적도 평가하여야 한다.

이 같은 요건들은 기업 컨슈머리즘 및 소비자 전담 기구의 성과를 결정짓는 주요한 요소라고 할 수 있다.

3 정부의 컨슈머리즘

1) 정부의 컨슈머리즘 의의와 배경

(1) 정부의 컨슈머리즘 의의

소비자(단체), 사업자(기업), 정부를 컨슈머리즘의 3대 주체라고 한다. 이들 중 정부는 소비자와 사업자 간의 이해관계를 조정하고 그들을 통제하는 중요한 위치에 있다. 따라서 정부는 소비자운동의 확대 현상과 소비자 문제의 심각성을 인식하고 시장에서의 소비자 지위를 향상시키는 방향으로 소비자정책을 수립, 전개하여야 한다.

물론, 진정한 소비자보호는 소비주체인 소비자, 생산주체인 기업, 그리고 이 두 집단의 조정자라 할 수 있는 정부가 함께 노력함으로써 이루어지는 것이다. 소비자는 상품 구입 및 소비의 주체이며 국민 경제에 있어서 최대의 집단이다. 따라서 정부는 소비자와 사업자의 거래관계에서 사업자의 부당한 시장 지배 현상을 개선하고 소비자의 지위를 사업자에 대한 종속적 위치에서 대등한 위치로 끌어올리는 역할을 담당해야 할 것이다.

또한, 시장의 힘이나 여건이 소비자보호를 실행하는 데 적절하지 못할 경우, 이의 개선을 위해 정부가 개입하여야 한다. 즉, 사업자와 소비자의 주장이나 이해관계가 대립될 때에는 이의 조정에 정부가 나서야 한다는 것이다. 물론, 정부는 중립적 입장에서 양자를 조정해야 하는데, 소비자의 힘이 사업자에 비해 약하기 때문에 이를 고려한 조정이 이루어져야 할 것이다. 즉, 소비자행정의 역할은 소비자 지위의 향상을 통해 사업자와 소비자의 관계를 대등하게 하고 소비자들이 만족할 만한 물질적 · 문화적 생활을 영위할 수 있도록 하는 데 있다.

(2) 정부의 컨슈머리즘 배경

소비자행정은 소비자 문제 해결을 위한 정부개입이라고 규정할 수 있는데,

이때의 정부 개입의 역할은 두 가지 관점에서 볼 수 있다. 먼저, 소비자보호적 관점에서 보면, 사업자들은 이윤 극대화 동기에 의해 합리적으로 활동하는 데 반해 소비자는 그렇지 않은데, 바로 이 점에서 소비자가 정부에 의해 당연히 보호되어야 한다고 보는 것이다. 반면, 소비자 주권론적 관점은 소비자 문제는 사업자와 소비자 사이에 존재하는 정보의 비대칭성으로 인해 발생되기 때문에, 소비자에게 충분한 정보가 주어지면 합리적 의사결정이 가능하다고 보는 입장이다. 이에 소비자 문제를 해결하기 위한 정부 역할 중의 하나는 사업자가 정보를 제공하도록 하는 일이라 하겠다.

기업의 소비자 지향적 경영목표 추구에 대응하여, 소비자는 적극적인 정보 탐색을 통한 합리적 구매의사결정을 해야 하며, 또 소비행위 과정에서 유발될 수 있는 위험에 대처하는 현명한 소비자가 되도록 노력해야 한다. 그러하지 못할 경우에는 시장에서 도태되는 기업이 있듯이 정보 탐색과 의사결정의 잘못으로 인해 소비자로서 피해를 입을 수 있다. 그리고 소비자 문제를 해결하기 위한 소비자행정이 본질적 · 실천적으로 이루어지기 위해서는 무엇보다도 소비자 개개인의 자각이 전제되어야 한다. 만약 그렇지 않을 경우에는 소비자행정이 제대로 수행되지 않을 뿐 아니라 그 효과 또한 기대할 수 없을 것이다.

요컨대, 정부의 소비자행정은 사업자에 대한 강력한 규제를 하는 소비자보호적 관점과 소비자 정보 제공을 통해 컨슈머리즘을 실천하는 소비자 주권적 관점을 조화시키는 차원에서 시행되어야 할 것으로 본다.

경제적 효용의 증가와 소비자 권리 보호를 위해, 소비자 문제에 정부가 개입하게 되는데, 이를 구체적으로 살펴보면, 다음과 같다.

첫째, 경제적 효용 면에서 살펴보면, 시장의 경제적 효용 증대는 사회자원의 효율적 이용과 사회복지 증진을 목적으로 하는데, 소비자 문제는 이러한 시장 기능이 효율적, 정상적으로 발휘되지 못함으로써 유발되는 문제이다.

따라서 소비자 문제를 유발하는 소비자 정보의 결핍과 왜곡, 비경쟁적 가격 형성, 시장접근성의 부족, 독점적 시장구조 등의 현상이 나타날 때 정부가 시장

개입에 나서는 것은 당연한 일이라 하겠다. 물론, 상품이나 서비스가 공공상품으로서의 조건을 갖추지 못할 때에도 정부의 개입이 필요하다.

둘째, 소비자 권리 형성 면에서 보면, 소비자들이 이익을 추구하려는 것과 사업자와 동등한 위치에 있도록 노력하는 것은 소비자의 중요한 권리이다. 그리고 소비자 내지 소비자단체가 정부에 대해 소비자 관련법의 제정과 관련 정책의 개발을 요구해 왔다. 그런데 소비자의 '사회적 권리'는 아직 충분하게 보장되지 못한 수준에 있으므로, 정부는 관련법 제정 및 정책 개발을 위해 지속적으로 노력해야 할 것이다.

4 소비자정책의 성격

1) 소비자정책의 의의

오늘날 소비자 문제는 사회적으로 큰 문제가 되고 있어 정부가 그의 해결에 개입하는 것은 당연하다. 즉, 소비자 문제는 모든 사람에게 보편적이고 광범위하게 확산되는 경향이 있기 때문에 정부가 나서서 해결해야 한다는 것이다. 소비자정책은 시장 경제에서 소비자 문제를 해결하기 위하여 정부가 법과 제도를 통하여 시장에 직·간접적으로 개입하는 일련의 과정이다. 또한, 소비자정책은 정부가 소비자보호를 위해 소비자 문제에 개입하고 그와 관련된 정책을 결정하는 기본방침이라고 할 수 있다.

정부 소비자정책의 근간에는 사후적 피해 구제와 사전적 피해 예방이 있다. 즉, 소비자정책의 목표는 사업자 간의 공정경쟁을 촉진시키며, 사전적으로 소비자의 합리적 행동을 유도하고 사후적으로는 소비자 피해를 효율적으로 구제하여 소비자 문제를 최소화시키는 데 있다. 이는 궁극적으로 소비생활의 만족을 통한 국민생활의 질 향상이라는 목표와 관련된다.

한편, 소비자정책은, 소비자 이익이 공공이익의 일부인 것처럼, 공공정책의 일부이고 개발정책의 하나이다. 이러한 소비자정책은 개인의 자유로운 소비생활을 보장할 뿐만 아니라 소비자보호를 통해 사회적으로 바람직한 도덕적 가치를 실현토록 한다는 특성을 갖는다. 따라서 소비자정책 입안자들은 먼저 소비자들이 만족할 수 있는 여건을 조성하고, 또 그들의 욕구를 충족시켜 줄 수 있는 수단을 마련해야 할 것이다.

소비자정책은 정부가 공정한 거래질서 유지와 소비자 안전 확보 등의 규제 정책과 소비자교육 · 정보 제공 · 피해 구제 정책 등의 지원 정책을 수행함으로써 구체화된다. 이 중 규제 정책은 기업의 본원적 경제활동을 제약할 수 있기 때문에 소비자보호를 위한 규제 정책만을 지향하는 데에는 문제가 있다. 다시 말해, 소비자정책은 사업자에 대한 규제 정책과 소비자에 대한 지원 정책을 함께 전개해야 한다는 것이다.

한편, 오늘날 정부 소비자정책 환경이 크게 변하고 있는데, 그 대표적 예로 경제 상황의 변화를 들 수 있다. 즉, 세계경제의 통합화 현상에 따른 경쟁의 글로벌화 등에 영향을 받아 각국 정부에서는 정책의 최대 목표로 지속적 경제 성장 및 발전을 지적한다. 또 경제성장과 더불어 소비자의 기대수준 또한 매우 높아졌다. 이에 각국 정부는 정책 수립에 소득, 재화, 그리고 서비스의 공정한 분배에 초점을 두면서 경제성장의 부정적인 영향을 억제하는 정책들을 개발하기에 이르렀다.

다른 소비자정책 환경 변화로 소비자보호를 위한 규제 강화, 정부 역할에 대한 소비자 기대 · 관심의 변화를 들 수 있다. 사실, 과거에는 소비자정책이 정부의 관심 대상이 되지 못했고, 그 결과 관련 법규도 제정되지 않았다. 미국에서는 한때 시장 메커니즘 기능과 관련된 규제 법규의 부정적 측면이 산업의 성장을 저해한다는 주장이 있었으며, 유럽에서는 이 문제들을 해결하기 위한 수단으로서 법규가 전혀 고려되지 않았다. 그러나 오늘날에는 국가에 따라 다소 차이가 있으나 많은 정부에서 소비자 문제 해결을 위해 많은 법규를 제정하고 있다.

마지막으로, 국제화의 진전이다. 다국적 기업의 출현과 국제 무역장벽의 철폐로 인해 기업으로서는 자사 제품을 구매하는 외국 소비자의 요구에 부응해야 함은 당연한 일이라 하겠다. 따라서 정부의 소비자정책 입안자들은 이러한 여건을 감안한 미래지향적 소비자정책을 개발해야 하고, 또 이에 부응하여 정부 소비자 조직도 정비해 나가야 할 것이다.

2) 소비자정책의 주체 및 영향자

소비자정책의 주체로 소비자정책을 직접 입안 · 결정 · 수행하는 정부를 들 수 있다. 여기서 정부는 중앙행정부처와 지방자치단체를 의미한다. 우리나라의 소비자정책 관련 부서는 기획재정부와 기획재정부 산하의 소비자정책심의위원회, 그리고 개별 중앙행정부처와 지방자치단체들이다.

소비자정책의 주체

소비자정책을 수립 · 결정하거나 강화하는 것에 대한 일차적인 책무는 정부에 있다. 소비자정책에는 정부의 많은 행정부처들이 관련되어 있는데, 그들 나름대로의 고유한 소비자정책을 수립해야 하지만, 소비자정책의 지향점에 있어서는 통합적인 방향이 있어야 한다. 그리고 소비자정책 주무부서의 장관은 이러한 정책 분야에 영향을 미칠 수 있는 장치를 마련해야 한다. 즉, 관련 정책 분야의 활동을 관리하는 기구를 설치하고, 이를 통해 소비자정책의 전 국면을 종합적으로 조종하고 통제할 수 있어야 하며, 소비자정책 부처별로 책임과 역할이 분담되어야 할 것이다.

그런데 부문별 소비자정책을 통합하는 것은 어려운 문제이며, 특히, 각 부문의 이익이나 입장이 상반될 때에는 더욱 그렇다. 또 그것을 실행하는 과정에서 부정적 효과가 간과될 수도 있다. 왜냐하면, 어떤 정책적 결정으로 인해 소비자 개인의 이익이 오히려 집단의 이익보다 더 클 수 있다는 부정적 측면이 있을 수 있기 때문이다. 이의 해결을 위해서는 소비자정책기구를 구조적으로 개선할 필요가 있을 것이다.

소비자정책의 영향자

정부의 소비자정책에는 소비자(소비자단체), 교육기관, 사법기관, 소비자보호 공공기관, 언론, 그리고 사업자 등이 영향을 미친다. 따라서 이들은 소비자정책의 영향자라고 할 수 있으며, 정부는 소비자정책을 입안, 결정 및 집행하는 과정에서 공식적 또는 비공식적으로 그들의 의사를 반영하게 된다. 소비자 개개인은 시장에서 상품구매를 통해 소비자정책에 간접적으로 참여하고 있기 때문에 소비자정책의 영향자라 할 수 있다. 이는 소비자 주권이 유지되고 개방시장 시스템(open market system)이 존속하는 한 당연한 귀결이라고 할 수 있다.

소비자단체는 정부의 소비자보호정책에 대해 건의할 의무가 있고, 정부의 정책수립 및 집행과정에서도 많은 영향력을 행사한다. 또한, 소비자정책 결정의 영향자로서의 교육기관은 매우 중요한 의미를 갖는다. 이는 오늘날 소비자 교육을 위한 학교교육의 역할이 강조되고 있고, 필수적이고 기초적인 소비자교육이 학교에서 이루어지기 때문이다.

사법기관은 소비자와 사업자 간의 분쟁을 최종적으로 판단해 주며, 판례를 통해서는 기존 법규정의 적용을 제시해 준다. 이를 사법기관의 소비자정책 결정 · 평가 기능이라 한다. 그리고 소비자 관련 공공기관도 상품의 시험 · 검사, 소비자 피해 구제의 정책 집행 활동과 정책 건의를 통해 정부의 정책 형성에 영향을 주며, 언론 또한 소비자 문제에 대한 여론 형성을 통하여 정부의 정책 결정 과정에 중요한 영향을 미친다. 이상에서 고찰한 소비자정책 영향자들은 공익을 목적으로 하는 데 반해, 기업들은 자신의 이윤 추구에 목적을 두고 있는데, 이 과정에서 소비자 피해를 유발할 수 있다. 따라서 기업은 소비자 피해 보상 기구를 설치 · 운영하여야 하며, 정부의 각종 법 규제를 준수해야 할 것이다.

소비자정책 평가

정부는 소비자정책을 합리적으로 평가하고 그 평가 결과에 따라 필요한 경우, 소비자정책을 수정하여야 한다. 소비자정책의 평가와 수정을 위해 경제학 및 소비자행동 등의 이론에서 소비자정책 평가를 위한 시스템이 도출될 수 있다. 이는 경제학이론이 시장변화에 대한 기업의 반응을, 그리고 소비자행동 이론은 다양한 개별 소비자 반응에 대한 내용을 다루고 있기 때문이다. 물론, 특정 소비자정책의 편익과 비용을 비교 · 평가하는 데에는 소비자와 기업 양측의 반응과 법적인 제도 등이 고려되어야 한다.

한편, 정부의 개입 여부는 편익과 비용에 의하여 결정된다고 할 수 있다. 어떤 정보의 수정과 관련한 '편익의 최대화와 비용의 최소화'를 실현하는 데에는 동기부여력, 의사전달의 효율성, 원래적 보호라는 세 가지 원칙이 적용되어야 한다. 경영학자와 경제학자, 소비자 연구가, 법률가들의 공감을 얻을 수 있는 원칙이라면 더욱 가치 있을 것이다.

정부가 소비자정책을 평가 · 수정할 때 준거해야 할 원칙은 다음과 같다. 첫째, 소비자 선택을 확대하는 조치가 그것을 제한하는 조치보다 우선되어야 한다. 둘째, 제품 및 서비스 거래를 자유화하는 조치가 그것을 제한하는 조치보다 우선되어야 한다. 셋째, 구조적인 개선이 독립적 개선보다 우선되어야 한다. 넷째, 단순한 조치가 복잡한 조치보다 우선되어야 한다. 다섯째, 많은 집단들의 이익을 고려한 조치는 자기 규제를 필요로 하는 조치보다 우선적이어야 한다. 여섯째, 다양한 측면을 고려한 조치가 한 면만을 고려한 조치보다 우선적이어야 한다. 이 원칙들은 정부의 소비자정책 결정에 주요한 기준이 되며, 다른 소비자 관련 기관들의 정책 결정 및 수정 시에도 확대 적용될 수 있을 것이다.

5 우리나라 소비자 행정의 현황과 방향

1) 중앙정부의 소비자 행정 현황

우리나라 중앙정부의 소비자 행정 운영체제는 공정거래위원회가 소비자보호 정책을 총괄·조정하고 업무 특성에 따라 각 행정부처에서 각각의 소관 업무를 수행하는 구조를 취하고 있다. 소비자보호 행정은 공정거래위원회 소비자정책과에서 그 업무를 총괄하고 있으며, 광역시 시, 도, 군 등의 지방자치단체는 공정거래위원회와 기획재정부의 지휘·감독을 받아 자체 소비자보호과나 물가지도계, 공정거래계, 소비자보호계 등에서 소비자보호 업무를 맡고 있다.

한편, 소비자정책의 운영체제는 매년 초, 각 중앙행정부처별로 소비자정책을 수립하고, 공정거래위원회 소비자정책국에서는 각 중앙행정부처로부터 제출된 소비자정책을 종합하고, 이를 기초로 소비자정책을 수립하여 소비자정책위원회의 심의를 거쳐 최종적으로 확정하게 된다. 따라서 우리나라 소비자정책은 공정거래위원회의 소비자정책위원회에서 정책을 심의·의결하고, 각 행정부처별로 그 소관 사항을 집행하고 있다. 요컨대, 소비자행정조직은 공정거래위원회에서 소비자 업무를 총괄하고 각 행정부처에서 소관업무를 수행하는 이중적 구조 형태를 가진다.

우리나라는 1994년 각 중앙행정기관에서 추진하는 소비자정책을 조정·통합하기 위해 재정기획부(현재 기획재정부)에 소비자정책과를 설치하였다. 1980년대 중반부터 시작된 소비자정책 추진을 위한 국가 차원의 법령 및 기구의 정비가 어느 정도 완비되면서 1990년대에는 지방소비자 행정이 소비자정책의 새로운 과제로 등장하였다. 이에 정부는 1995년 말 소비자기본법을 개정하여 지방자치단체들이 소비자보호 조례를 제정하여 시행할 수 있도록 법적 근거를 마련하였다. 2008년 새 정부 출범과 함께 정부조직의 대대적 개편이 이루어지면서 소비자정책 기본계획 및 종합시행계획 수립, 소비자정책위원회 권한이 기획재정부에서 공정거래위원회로 이관되었다.

공정거래위원회의 주요 기능은

첫째, 경쟁촉진 : 각종 진입장벽 및 영업활동을 제한하는 반경쟁적 규제를 개혁하고 경쟁제한적 기업결합을 규율함으로써 경쟁적 시장환경을 조성한다. 시장지배적 지위남용행위, 부당한 공동행위, 기타 불공정거래행위를 금지함으로써 시장에서의 공정한 경쟁질서를 확립한다. 정부 각 부처에서 정책을 수립할 때 경쟁의 원리가 중요한 요소로 고려되도록 하기 위하여 정부에 경쟁원리를 확산시킨다.

둘째, 소비자 주권 확립 : 소비자에게 일방적으로 불리하게 만들어진 약관조항을 시정하고 표준약관을 보급함으로써 불공정 약관으로 인한 소비자 피해를 방지한다. 허위, 과장의 표시, 광고를 시정하고 소비자 선택에 꼭 필요한 중요정보를 공개하도록 함으로써 소비자가 정확한 정보를 바탕으로 합리적인 선택을 할 수 있도록 한다. 할부거래, 방문판매, 전자상거래 등 특수한 거래분야에서 나타날 수 있는 특수한 유형의 소비자 피해를 방지한다.

셋째, 중소기업 경쟁기반 확보 : 하도급대금지급, 물품수령 등 하도급 거래에서 발생할 수 있는 대형업체들의 각종 불공정행위를 시정함으로써 중소 하도급업체의 발전기반을 확보한다. 대형 유통업체, 가맹사업본부 등이 거래상의 우월적 지위를 이용하여 중소 입점, 납품업체, 가맹점에게 행하는 각종 불공정 행위를 시정한다.

넷째, 경제력 집중 억제 : 대기업집단 계열사 간 상호출자, 채무보증 금지, 부당내부거래 억제 제도 등을 운영함으로써 선단식 경영체제의 문제점을 시정한다.

(1) 중앙행정부처

개별 관련행정부처는 소비자보호를 위한 각종 제도의 개발, 소관별 소비자 보호 정책의 수립 및 시행, 위해 방지, 물품 및 서비스의 기준설정 및 고시, 시험 · 검사 및 조사, 물품 표시기준의 설정, 광고의 기준제정, 소비자 정보의 제공, 소비자 피해의 구제, 시험 · 검사시설의 설치 등을 수행하고 있다.

(2) 공정거래위원회

2008년 2월 정부조직법 개정에 따라 소비자정책 종합 · 조정 기능을 이관받은 공정거래위원회는 소비자기본법의 제 · 개정 및 운영 권한을 모두 갖게 됨으로써 우리나라 소비자정책을 총괄하는 기관이 되었다. 이는 경쟁정책과 소비자정책의 연계 추진을 통해 소비자후생을 극대화하고 시장경쟁을 촉진하여 기업 및 국가경쟁력을 제고하기 위한 것으로 보인다.

사실 소비자정책과 경쟁정책은 소비자후생 증대라는 공통의 목적을 가지고 있으며 상호 보완적으로 작용한다. 경쟁정책을 통해 시장경쟁이 촉진되면 기업이 품질 좋고 값싼 제품을 출시하기 때문에 소비자 선택의 폭이 넓어져 소비자권익이 증대된다. 또한 소비자정책을 통해 소비자들의 합리적 선택이 보장되면 기업의 경쟁을 촉진시켜 가격 인하, 품질 향상, 기술 개발 등이 촉진된다.

공정거래위원회가 소비자정책을 총괄함에 따라 이러한 선순환 관계에 따른 시너지 효과를 기대할 수 있게 되었고, 부처별 업무 중복을 극복할 수 있어, 보다 효율적인 정책 추진이 가능해졌다.

2020년 공정거래위원회 주요 업무와 추진계획은 다음과 같다.

〈표 3〉 공정거래위원회 주요 업무와 추진계획

3대 분야	6대 핵심과제	이렇게 바뀝니다.
공정경제·포용기반	공정거래 기반 위에 포용적 갑을관계 정착	• 중소기업, 소상공인들이 시장 구석구석에 공정한 거래관행이 정착되어 가고 있음을 체감하게 됩니다. • 하도급, 가맹, 유통, 대리점 전 분야에서 을의 피해구제가 용이해지고 피해가 사전에 예방됩니다.
	대기업집단의 경제력 남용 근절	• 대기업 스스로 내부거래관행을 개선해 나갑니다. • 시장에서는 이해관계자가 공개된 양질의 정보를 활용해서 합리적인 의사결정을 할 수 있게 됩니다.
혁신경쟁·활력제고	신산업, 성장산업의 혁신생태계 구현	• 혁신적인 기업이 ICT분야 등 신산업·성장산업에서 자유롭게 경쟁할 수 있는 기회를 보장받게 됩니다. • 강소기업과 성장 초기단계의 기업은 자신의 기술과 성장모멘텀이 보호받고 있다는 믿음을 가지게 됩니다.
	민생분야 경쟁촉진을 통한 시장 활력 제고	• 국민생활 곳곳에 숨어 있는 불공정행위와 경쟁제한적 규제가 근절됩니다. • 중소기업, 소상공인은 법 위반 부담 없이 사업활동을 해나갈 수 있습니다.
생활체감·자율변화	디지털 경제 시대의 맞춤형 소비자정책 추진	• 소비자는 디지털 경제확산 등 급변하는 거래환경 속에서도 규율의 사각지대 없이 권익을 보호받게 됩니다. • 거래 취약분야에도 촘촘한 소비안전망이 구축됩니다.
	자율적인 공정거래·상생문화 조성	• 대기업, 중소기업, 소상공인, 소비자 모두가 법과 제도를 넘어 공정한 계약관행을 체감하게 됩니다. • 기업 스스로 법을 준수하고 소비자중심 경영을 추진하며, 피해구제에 앞장서는 기업문화로의 변화가 본격화됩니다.

2) 한국소비자원

한국소비자원은 소비자의 권익을 증진하고 소비생활의 향상을 도모하며 국민경제의 발전에 이바지하기 위하여 국가에서 설립한 전문기관이다.

소비자기본법 제33조(설립) ① 소비자권익 증진시책의 효과적인 추진을 위하여 한국소비자원을 설립한다.

② 한국소비자원은 법인으로 한다.

③ 한국소비자원은 공정거래위원회의 승인을 얻어 필요한 곳에 그 지부를 설치할 수 있다.

④ 한국소비자원은 그 주된 사무소의 소재지에서 설립등기를 함으로써 성립한다.

제37조(유사명칭의 사용금지) 이 법에 따른 한국소비자원이 아닌 자는 한국소비자원 또는 이와 유사한 한국소비자보호원 등의 명칭을 사용하여서는 아니 된다.

제44조(준용) 한국소비자원에 관하여 이 법에 규정하지 아니한 사항에 관하여는 「민법」 중 재단법인에 관한 규정을 준용한다.

소비자의 권익을 증진하고, 소비생활의 향상을 도모하기 위하여 1987년에 발족한 공공기관(위탁집행형 준정부기관)으로, 발족 당시에는 한국소비자보호원이라는 이름을 썼으나 2007년 3월 한국소비자원으로 명칭을 변경했다.

한국소비자원의 주요 업무는 다음 각 호와 같다(소비자기본법 제35조 제1항).

① 소비자의 권익과 관련된 제도와 정책의 연구 및 건의

② 소비자의 권익증진을 위하여 필요한 경우 물품 등의 규격 · 품질 · 안전성 · 환경성에 관한 시험 · 검사 및 가격 등을 포함한 거래조건이나 거래방법에 대한 조사 · 분석

③ 소비자의 권익증진 · 안전 및 소비생활의 향상을 위한 정보의 수집 · 제공 및 국제협력

④ 소비자의 권익증진 · 안전 및 능력개발과 관련된 교육 · 홍보 및 방송사업

⑤ 소비자의 불만처리 및 피해구제

⑥ 소비자의 권익증진 및 소비생활의 합리화를 위한 종합적인 조사 · 연구

⑦ 국가 또는 지방자치단체가 소비자의 권익증진과 관련하여 의뢰한 조사 등의 업무

⑧ 「독점규제 및 공정거래에 관한 법률」 제51조의3 제6항에 따라 공정거래위원회로부터 위탁받은 동의의결의 이행관리

⑨ 그 밖에 소비자의 권익증진 및 안전에 관한 업무

(1) 정책연구

우리나라의 소비자정책을 효과적으로 추진하기 위해 소비자법령 정비, 소비자보호제도 개선, 소비자정책의 선진화 등 다양한 연구를 수행하고 있다. 또한, 연구 결과를 토대로 관련 행정기관과 국회에 정책과 입법을 건의하는 한편 정책 결정의 참고자료로 활용하도록 기초자료를 제공하고 있다.

소비자 문제의 원인과 양상을 규명하며 실태 조사 · 사례 분석 · 대안 평가 등 다양한 방법으로 도출한 개선방안을 관계 당국에 건의하며 필요시 행정당국이 바로 시행에 옮길 수 있도록 법령과 제도의 구체적인 시안을 마련한다.

그동안 소비자기본법(소비자보호법), 제조물책임법, 약관규제법, 할부거래법, 방문판매법, 전자상거래소비자보호법, 소비자생활협동조합법 등 우리나라의 주요 소비자법률의 제 · 개정 작업을 주도하였다.

향후에는 글로벌 시장의 개방 확대, 정보통신기술의 진보, 신기술의 출현 등 정책 환경의 변화에 따른 새로운 소비자 문제에 적극 대응하기 위해 지속적으로 노력할 계획이다.

(2) 거래개선

한국소비자원은 소비생활과 관련된 상품과 서비스의 거래 전 과정에서 소비자중심의 시장을 형성하고 기업과 소비자가 함께 발전할 수 있는 건강한 소비시장 구현을 위하여 부당한 거래 관행과 제도를 개선하고 있다.

일반적인 상품 및 서비스로부터 금융 · 보험, 정보통신과 같은 전문서비스 분야를 비롯하여 전자상거래에 이르기까지 다양한 거래형태에 대한 부당성 조사와 허위 · 과장된 표시 · 광고 · 약관에 대한 시정활동, 왜곡된 유통구조의 개선을 위한 실태조사 및 개선안 마련을 통해 소비자 권익증진을 위한 정책 수립에 반영하고 있다.

기업 스스로 소비자 친화적인 시장 환경을 조성하도록 CCM(소비자중심경영) 인증제도를 운영한다. 공정거래위원회가 인증하고 한국소비자원이 운영하는 CCM 인증제도는 기업이 수행하는 모든 활동을 소비자 관점에서, 소비자 중심으로 구성하고 관련 경영활동을 지속적으로 개선하고 있는지를 평가한다.

(3) 피해구제

제품을 구입하거나 서비스를 이용하는 소비 생활 과정에서 불만이나 피해가 빈번히 발생한다. 한국소비자원은 의류 · 생활용품 · 자동차 등 상품부터 여행 · 교육 · 문화 등 각종 서비스는 물론 금융 · 의료 등 전문 분야까지 소비 생활 전반에 걸쳐 발생하는 소비자 피해를 상담하고 그 피해를 구제하고 있다.

소비자 피해구제는 소비자분쟁해결기준(공정거래위원회 고시) 등 관련 법률과 시험검사 및 심의위원회 · 전문위원회 운영을 통해 피해의 원인을 규명하여 소비자－사업자에게 객관적이고 공정하게 합의를 권고함으로써 신속히 분쟁을 해결하고 있다. 피해구제에서 당사자 간 합의가 이루어지지 않을 경우, 소비자분쟁조정위원회에 분쟁조정 신청을 할 수 있다.

민사 분쟁은 원칙적으로 소송을 통해 해결해야 한다. 그러나 재판은 상당한 시간과 비용이 소요되고 절차가 복잡하기 때문에 피해 금액이 크지 않은 소비자 피해 사건에는 적절하지 않은 경우가 많다.

분쟁조정제도는 재판절차의 시간과 비용을 절약할 수 있는 소송대체적 분쟁해결 방법의 하나다.

소비자분쟁조정위원회는 소비자·사업자단체 대표, 법조계, 의료·자동차·금융 등 전문가 50인으로 구성되어 있으며 준사법적 기능을 수행한다. 소비자와 사업자로부터 증거와 관련 자료를 제출받아 시험 검사, 전문위원회 의견 등을 참고하여 공정한 조정결정을 하게 된다.

양 분쟁 당사자가 조정결정을 수락할 경우 재판상 화해와 동일한 효력을 갖는다.

(4) 소비자 안전

한국소비자원은 소비자 위해(危害)정보를 수집·분석·평가하고 위해 다발 품목에 대한 심층적인 조사 및 제품 안전성 시험검사를 통하여 소비자 안전을 도모한다.

소비자 안전은 사업자가 제공하는 제품이나 시설물, 용역(서비스)의 결함으로 인해 발생하였거나 발생할 우려가 있는 신체 또는 재산상의 위해를 모두 포함한다.

지속적으로 증가하는 소비자 위해정보를 체계적으로 수집·관리하기 위하여 CISS(Consumer Injury Surveillance System, 소비자위해감시시스템)를 운영하고 있다. CISS는 위해정보제출기관인 전국의 병원 및 소방서와 1372 소비자 상담센터, 소비자 위해정보 신고 핫라인(080-900-3500) 등을 통해 위해정보를 수집하고 분석·평가하여 관련 조치를 취할 수 있도록 구축된 소비자 위해상황 상시감시 시스템이다.

소비자안전센터는 소비자의 안전을 확보하기 위한 업무를 수행하기 위해 소비자기본법에 의해 설치된 법적 기구로, CISS를 통해 수집·분석된 위해정보를 바탕으로 물품 등 안전성에 관한 사실 공표와 위해 물품 제공 사업자에 대한 시정권고 권한을 갖고 있다. 이를 통해 관계 기관에 리콜 및 제도개선을 건의하고, 사업자에게 시정을 촉구하며, 소비자에게 안전정보를 제공하는 등 소비자 안전 확보를 위해 노력하고 있다.

(5) 시험검사

한국소비자원은 소비자의 일상생활과 밀접한 각종 상품의 품질 · 성능 · 안전성 등을 시험 · 검사하여 소비자에게 상품 정보를 신속하게 제공하고 업체의 품질 향상을 유도한다. 소비자 분쟁의 대상이 된 상품은 과학적 시험을 통해 인과관계를 규명함으로써 공정한 분쟁 처리의 근거를 제시한다.

한국소비자원은 상품 시험검사를 통해 제품의 기능 · 내구성과 같은 품질 정보와 더불어 소비자 관점에서 상품의 가치를 평가함으로써 소비자에게 합리적인 상품 선택정보를 제공하고, 관련 기업의 품질 경쟁력 향상에 기여하고 있다.

또한 관리의 사각지대에 있거나 새롭게 국내에 유입되는 상품, 생명공학 등 첨단기술을 이용한 상품과 같이 새로운 소비자 문제를 야기할 수 있는 제품에 대한 시험검사기법과 평가방법의 연구 및 모니터링을 통해 관련법의 제 · 개정을 유도함으로써 소비자 안전 확보를 위한 제도마련에 기여하고 있다. 특히, 영 · 유아용 제품, 국민다소비 식품, 피해다발 제품 등에 대한 신속하고 정확한 안전성 시험과 평가를 통해 소비자 위해환경 개선에 앞장서고 있다.

한국소비자원은 현재 식품영양분석실, 위해세균분석실, 유해화학물질분석실, 기능성의류평가실, 제품안전평가실, 생활용품평가실, 소음음향특성평가실, 전자파특성평가실 등 약 40여 개의 시험실과 다양한 정밀시험기기를 갖추고 있다. 전문지식과 경험을 겸비한 직원들이 국가 · 지방자치단체, 소비자 · 소비자단체가 의뢰하는 시험을 객관적이고 공정한 절차와 기준에 따라 실시한다.

(6) 소비자 교육

한국소비자원은 소비자 피해 예방, 소비자 행정, 기업체 소비자 업무, CCM 인증 업무 등 다양한 주제로 학교 · 정부 · 기업 등을 대상으로 소비자 교육 및 연수를 실시하고 있다.

교사 · 학생을 대상으로 하는 교사 연수 · 소비자교육 시범학교 · 견학 프로그램, 소비자 행정 담당 공무원 교육, 소비자 상담 담당자 교육, 기업체 소비자 업무 담당자 교육, 소비자중심경영(CCM : Consumer Centered Management) 인증기업 교육 등이 있다. 또한 소비자 교육 전문기관으로서 다양한 소비자 교육 수요에 대응하기 위해 외부 기관에서 요청 시 전문지식을 갖춘 강사를 파견하고 있다.

한국소비자원은 소비환경의 빠른 변화에 소비자들이 능동적으로 대처하고 학교, 민간단체, 공공기관 등 교육 수요가 있는 곳에서 활용할 수 있도록 분야별 · 계층별 소비자교육 콘텐츠를 기본서, 동영상, PPT 등 다양한 형태로 제작해 보급한다.

(7) 소비자 정보

한국소비자원은 소비자 법령 · 정책 자료, 각종 시험검사 · 조사 · 연구 보고서, 소비자 피해 사례 · 예방 정보, 소비자 선택 정보 등 각종 분야의 정보를 온 · 오프라인을 통해 제공한다.

한국연구재단 등재지인 '소비자 문제연구'는 소비자 관련 법령 · 정책, 시장 · 조사, 안전 · 피해 등 소비 생활 환경 전반에 걸친 주제의 논문을 수록한다. 이외에도 각 부서에서 수행한 시험검사와 조사 · 연구 결과를 보고서로 발간한다. 1988년 1월에 창간한 월간 '소비자시대'는 현명한 소비 생활에 도움을 주는 상품 · 서비스 정보, 피해 사례와 예방 정보 등을 담은 소비자 전문지이다. 이들 자료는 한국소비자원에서 PDF 등 전자파일로도 열람할 수 있다.

온라인 커뮤니케이션 환경이 발전함에 따라, 이메일링(소비자 정보뉴스레터 · 소비자정책동향), SNS(블로그 · 트위터) 서비스 등 다양한 온라인 채널을 통해 신속하게 정보를 제공한다. 공정거래위원회가 구축하고 한국소비자원이 위탁 운영하는 '스마트컨슈머'는 소비자 정보를 종합적으로 제공하는 포털사이트로서 소비자들의 합리적 선택에 도움이 되는 다양한 정보를 제공한다.

스마트컨슈머에서는 한국판 컨슈머리포트인 비교정보 콘텐츠 '비교공감'과 소비자가 직접 평가하고 정보를 공유하는 '소비자톡톡' 등 소비자가 구매에 참고할 수 있는 정보를 제공한다.

6 소비자중심경영 인증제도

소비자중심경영(CCM : Consumer Centered Management) 인증제도는 기업이 상품 및 서비스를 기획하고 판매하는 모든 활동에서 소비자를 중심으로 생각하는지, 소비자를 위해 얼마나 노력하는지 공정거래위원회가 주관하고 한국소비자원이 운영하는 인증제도이다.

소비자중심경영의 기본 개념은 전사적으로 모든 임직원이 제품 및 서비스의 기획부터 개발 및 생산 · 판매에 이르기까지 소비자가 필요(Needs)로 하는 것과 원하는 것을 끊임없이 예측하고 탐구하여 제품과 서비스에 그 가치를 담아 소비자 만족도를 지속적으로 향상시킴으로써 궁극적으로 기업의 경쟁력을 제고하고, 소비자의 효용을 극대화시켜 나가는 경영 활동이다. 다음의 [그림 1]은 소비자중심경영의 기본 개념을 설명하고 있다.

[그림 1] 소비자중심경영 기본 개념

출처 : 한국소비자원(www.kca.go.kr)

1) 목적 및 필요성

기업의 소비자 지향적 경영 문화 확산과 소비자 친화적인 시스템 구축 · 정비를 통한 대내외 경쟁력 강화와 소비자 권익 증진 노력을 통한 소비자 후생 증대가 소비자중심경영의 목적이다. 기업은 아래의 필요성에 따라 자율적으로 소비자중심경영의 시스템을 구축 · 운영하고 지속적으로 개선하며 실천하여야 한다.

소비자 측면

소비자는 소비생활에서 안전이 확보되어야 하고, 위해로부터 적극적인 보호를 받을 수 있어야 한다. 인터넷과 모바일 환경의 발전으로 소비자는 다양하고 신속하게 많은 정보를 습득하고 있으며, 또한 주도적인 커뮤니티 활동과 합리적이고 똑똑한 소비를 추구하는 '스마트컨슈머'가 증가하고 있다. 기업은 소비자중심경영을 통해 모든 소비자에게 최상의 제품과 서비스를 제공하도록 노력해야 한다.

사회 및 비즈니스 측면

• 기업의 경쟁력 강화

소비자중심경영은 수집하고 분석된 소비자의 소리(VOC) 정보를 상품 · 서비스 품질 향상과 개선, 주요 경영 자원으로 활용하여 소비자 관점에서 기업을 운영하는 것이다. 이러한 활동은 임직원의 소비자에 대한 이해도를 높이고 고객 지향성을 확보하여 소비자불만을 예방할 수 있다. 궁극적으로 소비자중심경영은 고객의 만족도를 높여 경영 효율을 극대화하고, 이러한 기업의 실천노력을 대외에 알림으로써 소비자에 대한 신뢰 제고와 이미지를 개선하여 기업의 가치를 높이고 경쟁력을 향상시킨다.

• 기업에 대한 사회적 기대

소비자중심경영은 기업 및 경영자의 부적절한 행위를 예방하기 위하여 윤리경영을 실천하도록 요구하고 있다. 더 나아가 기업의 사회적 책임을 강조하고 소비자를 포함한 이해관계자에 대한 배려와 진정성 있는 실천을 요구하고 있다. 이러한 사회적 기대를 충족시키는 것은 기업의 지속가능경영을 위한 필수적 요소이다.

• 다른 회사와 경쟁

소비자중심경영은 제품과 서비스로 인한 소비자의 효용 증대를 요구하고 있다. 소비자로부터 선택을 받고 기업 간 경쟁에서 우위를 점할 수 있는 기회를 소비자중심경영을 통해 실현한다.

2) 인증기업 인센티브

심의를 거쳐 인증기업으로 선정되면 공정거래위원회는 해당기업에 CCM 인증을 부여하고 인증마크 사용 권한 및 관련 인센티브를 제공한다. 인증기업은 공정거래위원회 명의의 CCM 인증서와 함께 인증마크를 사업장에 게시하거나 홍보물, 광고 등에 사용하여 소비자에게 홍보할 수 있게 되며, 공정거래위원회에서 제공되는 인센티브의 적용을 받는다(공정거래위원회, 2015.12.24).

공정거래위원회가 제공하는 인센티브로 첫 번째는 공정거래위원회에 신고되는 '표시 · 광고의 공정화에 관한 법률' '방문판매 등에 관한 법률' 및 '전자상거래 등에서의 소비자보호에 관한 법률' 위반 사건 중 개별소비자 피해사건에 대해 인증기업에 우선 통보하여 당사자의 자율처리를 유도하고 있다. 이에 대하여 소비자가 그 결과를 수락하는 경우에는 공정거래위원회는 별도로 조사 및 심사절차를 진행하지 않는다.

두 번째로 인증기업이 '표시 · 광고의 공정화에 관한 법률' '방문판매 등에 관한 법률' '전자상거래 등에서의 소비자보호에 관한 법률' '약관의 규제에 관한 법률' '가맹사업거래의 공정화에 관한 법률' '대규모소매점에 있어서의 특정불공정거래행위의 유형 및 기준 지정고시' '경품류 제공에 관한 불공정거래행위의 유형 및 기준 지정고시' 및 '신문업에 있어서의 불공정거래행위 및 시장지배적 지위남용행위의 유형과 기준' 등 공정거래위원회가 운영하는 소비자 관련 법령의 위반으로 공표명령을 받은 경우에는 제재수준을 경감해 주고 있다.

세 번째로 소비자의 날 포상기업으로 추천될 수 있는 자격을 가지게 된다. CCM 인증기업에 대한 추천은 현장평가점수(20점 배점) · 성과관리(20점 배점) · 운영기간(20점 배점) · 피해구제처리(10점 배점) · 홍보/광고실적(10점 배점) · 네트워크실적(20점 배점) 등 6개 항목(100점 만점)을 평가하여 선정하고 있다.

CCM 인증기업 임직원에 대한 추천은 직급 및 근무기간(50점 배점) · CCM 운영실적(30점 배점) · 대외협력실적(20점) 등의 3개 항목(100점 만점)을 평가하여 선정하고 있다.

마지막으로 인증기업에게는 인증마크 사용권이 부여되어 인증마크를 사업장에 게시하거나 홍보물, 광고 등에 사용이 가능하다.

이러한 인증기업으로서의 권한과 인센티브의 유효기간은 인증일로부터 2년이며, 2년이 경과한 이후에는 재평가를 통하여 지속적으로 인증을 갱신해야 한다. CCM 인증기업은 인증을 획득함과 동시에 CCM을 모범적으로 운영함으로써 소비자불만이나 피해가 줄어들어 소비자 후생에 기여할 수 있도록 관리해야 할 의무를 함께 가지게 된다(공정거래위원회, 2011).

이러한 CCM 인증제도가 인증기업들에게만 이득을 주는 것이 아니라 소비자 측면과 공공부문 측면에서도 기대효과를 가늠해 볼 수 있다. 우선 소비자는 상품 및 서비스 선택정보 제공 효과를 통해 인증기업과의 소비자 문제 발생 시 CCM 운영체계에 따라 신속하고 합리적인 해결이 가능하다. 더불어 공공부문에서는 사후 분쟁 해결 및 시정조치에 필요한 비용 절감 효과도 기대해 볼 수 있다(김태영, 2013).

◎ 인증 및 운영기관

- 인증기관 : 공정거래위원회
- 운영기관 : 한국소비자원

◎ 인증기업 인센티브

- 공정거래위원회에 신고된 소비자 피해 사건 자율처리 권한 부여

공정거래위원회에 신고된 표시광고법, 방문판매법, 전자상거래소비자보호법 위반 사건 중 개별 소비자 피해 사건을 인증 기업에 우선 통보하여 당사자의 자율처리 유도

- 소비자가 결과를 수락하는 경우, 공정거래위원회의 별도 조사 및 심사절차 면제

- 법 위반 제재수준 경감

- 인증기업이 표시광고법 등 공정거래위원회가 운영하는 소비자 관련 법령의 위반으로 공표 명령을 받은 경우 제재 수준 경감

※ 근거 규정 : 공정거래위원회로부터 시정명령을 받은 사실의 공표에 관한 운영 지침

- 인증기업이 표시광고법 등 공정거래위원회가 운영하는 소비자 관련 법령의 위반으로 과징금을 받은 경우 해당 과징금 고시에서 규정하는 범위 내에서 과징금 경감

※ 근거 규정 : 표시광고 위반행위에 대한 과징금 부과기준, 전자상거래소비자 보호법 위반 사업자에 대한 과징금 부과 기준 등

• 우수기업 포상

- 인증기업 및 소속된 개인에 대한 포상

• 인증마크 사용 권한 부여

- 인증기업에게 인증마크 사용 권한 부여
- 인증기업은 인증마크를 사업장에 게시하거나 홍보물, 광고 등에 사용 가능

◎ 인증마크 및 엠블렘

소비자중심경영 인증마크는 소비자(Consumer)와 기업(Company)이 단단하게 얽힌 모습으로 서로를 이해하고 신뢰하며 하나가 되어가는 과정을 형상화한 것이다. 오렌지색은 서로를 이해하고 만족하는 소비자중심경영의 감성적인 부분을 상징하고 블루와 그레이는 서로는 신뢰하고 신속하고 명확하게 처리되는 소비자중심경영의 이성적인 부분을 상징한다. 인증마크는 제품에 주로 적용되며, 엠블렘은 인증마크의 권위를 상징하는 인증서 등의 아이템에 주로 사용된다.

[그림 2] 소비자중심경영 인증마크

[그림 3] 소비자중심경영 엠블렘

제3부

소비자 보호

제5장 환경문제와 소비자보호

20세기를 지나면서, 인류문명은 '대량생산과 대량소비(mass production and mass consumption)'라는 현대 산업사회의 성장패턴 아래에서 인류사적 유래를 찾을 수 없는 물질적 풍요를 가져왔다. 한편 이러한 문명적 특성은 물질 및 에너지의 대량 생산·소비와 함께 일련의 지구적 규모의 환경문제에 대해 아래와 같은 인상적인 수치를 만들었다.

"1초의 시간 동안 전 세계적으로 58.4ton의 곡물, 22ton의 철광석, 51ton의 시멘트, 1.3대의 자동차, 4.2대의 TV, 3,500개의 생수용 PET병이 생산되고 있다. 또한 1초에 전 세계적으로 6.9ton의 육류(3마리의 소, 7마리의 돼지, 1,100마리의 닭), 252ton의 화석 연료, 400,000kWh의 전력, 4ton의 종이문서, 5,700L의 탄산음료가 소비되고 있다. 같은 시간 동안 390,000m^3의 이산화탄소가 배출되고, 5,100m^2의 자연림이 사라지고, 그린란드에서 1,629m^3의 빙하가 녹고, 미국의 오갈랄라(Ogallala) 대수층에서 380㎥의 물이 감소되며, 중국 국토의 78m^2가 사막화되고 있다."(Yamamoto, 2003)

현재의 생산·소비 패턴이 '우주선 지구호(Spaceship Earth)'3)라는 닫힌 시스템

3) Boulding(1996)은 닫힌 시스템인 지구에서 생태계의 하위시스템인 경제계를 유지하기 위해 '카우보이 경제'와 '우주인 경제'를 비유하면서, 보다 적은 관류(throughput)를 통한 전체 스톡(stock)의 유지를 위한 기술변화의 개념을 도입한다.

(closed system)인 지구가 감당하기 어려운 자원소모와 환경오염물 배출을 통해 생태적 위협을 야기한다는 위기의식(즉, 지속가능성의 문제의식)은 오랜 역사를 가지고 있다.

이러한 위기의식은 국제사회에 관심사가 되기 시작했고, 1987년 환경과 발전에 관한 세계위원회보고서(브룬트란트 보고서)를 통해 지속가능한 개발은 점차 인류의 삶과 행동을 위한 지침으로 자리 잡아 왔다. 1992년 6월 브라질 리우에서는 유엔환경개발회의(UNCED)가 열려 '지속 가능한 개발(ESSD : Environmentally Sound and Sustainable Development)'이라는 새로운 정책을 천명하게 되었고, 178개국의 대표는 '의제 21(Agenda 21)'을 채택하여 지구를 살리기 위한 공동의 목표에 합의하고 당면한 환경 위기에 따른 개선책과 행동 대안을 제시하였다.

1992년 리우 정상회의 이후 20년 만에 개최된 Rio+20정상회의에서 '지속가능한 소비와 생산에 관한 10년 기본계획(10YFPSCP) 수립'을 채택(UN의 A/CONF. 216/5의 문서)하고, 67차 UN총회(2012.9)에서 이를 추진할 전담기구로 UNEP[4])를 지정하였다.

이행계획은 다음과 같은 지속가능한 생산 및 소비(SCP : Sustainable Consumption and Production)[5])로의 전환을 위한 10개년 계획의 수립을 다음과 같이 권고하고 있다.

4) UNEP은 마라케쉬 프로세스부터 10YFPSCP에 관한 구체적 내용의 수립을 지원하는 역할을 수행하였으며, 67차 UN총회(2012.9)에서 10YFPSCP의 이행을 지원하는 사무국으로 지정되었다.

5) 지속가능한 소비 및 생산이란? 제품의 생산·소비·폐기 전 과정에서 천연자원의 사용을 줄이고 독성물질, 오염물질, 폐기물의 발생을 최소화하는 동시에 인간의 기본적인 욕구와 풍요로운 삶의 질을 유지하는 범위 내에서 제품과 서비스를 사용하는 것을 지속가능한 소비·생산이라고 UN은 정의하고 있다.

"자원사용과 생산공정에서의 효율성 및 지속성 향상과 자원고갈, 오염 및 폐기물의 감소를 통하여 경제성장과 환경악화에 대처하고 연계를 깨뜨림으로써 생태계의 자정능력(carrying capacity) 내에서 사회적 · 경제적 발전을 촉진시키는 지속가능한 소비 및 생산으로의 전환을 가속화하기 위한 지역 및 국가 이니셔티브를 지원하는 10개년 계획 프로그램의 틀의 개발을 장려하고 촉진한다."

즉, 지속가능한 생산 및 소비를 촉진하기 위한 이행수단으로 각종 세제, 보조금, 오염자 부담원칙(polluter pays principle) 등 시장 메커니즘에 기초한 방식의 도입, 생산과 소비의 생태효율성(eco－efficiency) 향상 및 청정생산 도입을 촉진하기 위한 기술개발 및 지원의 강화, 전과정평가(life－cycle assessment)의 도입을 통한 제품의 생산과 소비단계에서 자원 및 환경에 미치는 영향 분석, 지속가능한 제품에 대한 수요창출을 위한 공공구매(public procurement)의 확대, 에코라벨링(eco－labelling) 등의 인증제도 도입을 통한 지속가능한 생산 및 소비 촉진, 국제표준기구(ISO)의 기준 및 Global Reporting Initiative 등을 통한 환경경영체제 구축 및 기업의 환경 및 사회적 책임 강화, 지속가능한 생산 및 소비에 대한 교육 · 훈련 프로그램 개발 등을 권고하고 있다.

현재, 유럽공동체(EU)를 포함한 여러 선진국들은 지속가능한 발전을 이루기 위한 해법의 하나로서 지속가능한 소비 및 생산(SCP)이라는 정책을 제시하고 있고 우리나라도 지속가능 소비 생산 10년 계획 수립을 위한 기초조사를 근간으로 SCP 주요 이슈 선정, SCP 국제협력 방안 및 향후 이행체계를 제시하여 실행하고 있다.

지속가능한 소비를 하기 위해서는 제품 구매 시 가격, 성능, 디자인 등 기존의 선택요소 외에 제품의 친환경성 여부를 고려하는 소비를 하며, 지속가능한 생산은 설계 단계에서 생산 · 유통 · 소비 · 폐기 등의 전 과정(Life Cycle) 평가를 거쳐 가장 환경친화적인 제품을 생산하는 것이다. 이러한 지속가능한 소비 및 생산(SCP)은 기업, 정부, 소비자의 노력으로 가능하다. 즉, 기업은 자원의 효율적

설계와 생산으로 자원 사용을 최소화하고 제품 수명 연장에 힘써야 하며, 정부는 자원의 효율적 생산과 환경 만들기를 장려해야 하고, 소비자는 자원을 효율적으로 소비해야 한다는 것이다.

1 환경상품과 환경친화적 소비생활

환경문제는 소비자들이 물질적인 풍요와 편의성을 추구하는 과정에서 자신의 소비만을 중요하게 생각하고, 타인이나 사회, 그리고 자연환경에 미치는 영향을 도외시한 이기주의적 소비성향이 그 주요 원인이다. 따라서 환경문제의 근본적 해결을 위해서는 소비자의 의식, 생활양식이나 가치관 등이 환경친화적으로 바뀌어야 한다.

환경친화적 소비자행동은 '환경에 유익하거나 환경과 조화되는 소비자행동'을 의미한다. 환경상품 및 환경마크 제도와 환경친화적 소비에 대해 구체적으로 알아보면, 다음과 같다.

1) 환경상품과 환경마크 제도

(1) 환경상품

환경친화적 상품, 녹색상품, 그린상품, 환경재 등으로 불리기도 하는 환경상품은 상품의 제조 · 사용 · 폐기 시 환경에 유해한 영향을 적게 미치는 상품이라고 할 수 있다. 인간과 동물류의 건강에 유해하지 않은 제품, 제조 · 사용 · 폐기 과정에서 에너지와 자원을 과다하게 사용하지 않는 제품, 과대포장 등으로 불필요한 쓰레기를 많이 배출하지 않는 제품, 환경파괴를 유발하는 물질을 사용하지 않는 제품을 가리킨다.

이러한 환경상품 중에는 제품이나 포장이 재활용 가능한 것, 재료가 재활용된 것, 재충전 및 재사용이 가능한 것, 에너지 효율성이 높고, 폐기 후 생분해가 쉬운 것 등도 있다. 즉, 환경상품은 일반적으로 원자재 구입에서부터 생산, 유통, 그리고 사용 및 사용 후 폐기 단계에 이르기까지 제품의 전 과정에 걸쳐 보다 적은 자원과 에너지를 사용하며, 인체와 자연에 영향이 적거나 없는 제품이라고 할 수 있다.

환경상품이 대거 등장하게 된 것은 대량생산 · 대량소비로 인한 쓰레기가 인류와 지구의 생존마저 위협할 정도가 되었고 기업의 생산활동과 소비자의 소비활동으로 인한 환경오염이 심각한 상태에 이르게 되면서, 환경규제가 크게 강화되어 왔기 때문이다.

특히 기업은 오랫동안 생산 과정에서 발생한 오염물질을 수동적 자세로 적절히 처리해 왔으나, 환경규제가 지속적으로 강화되고 세계무역기구(WTO)에서 무역과 환경의 연계가 심화됨에 따라, 사후처리 방식으로는 오염물질 배출량을 줄이는 데 한계가 있을 뿐 아니라, 그에 따르는 비용 또한 감당할 수 없다는 인식을 하게 된 것이다. 이에 따라 환경오염을 생산 공정에서 원천적으로 줄일 수 있고 비용 절감을 통해 기업 경쟁력을 높일 수 있는 환경상품을 생산하기에 이르게 되었다.

(2) 국내 환경마크제도

환경마크제도는 같은 용도의 다른 제품에 비해 '제품의 환경성[6]'을 개선한 경우 그 제품에 로고(환경마크)를 표시함으로써 소비자(구매자)에게 환경성 개선 정보를 제공하고, 소비자의 환경마크 제품 선호에 부응해 기업이 친환경제품을 개발 · 생산하도록 유도해 자발적 환경개선을 유도하는 자발적 인증제도이다.

6) 제품의 환경성이란 재료와 제품을 제조 · 소비 · 폐기하는 전 과정에서 오염물질이나 온실가스 등을 배출하는 정도 및 자원과 에너지를 소비하는 정도 등 환경에 미치는 영향력의 정도를 말한다.

1979년 독일에서 처음 시행된 이 제도는 현재 유럽연합(EU), 북유럽, 캐나다, 미국, 일본 등 현재 40여 개 국가에서 성공적으로 시행되고 있으며, 우리나라는 1992년 4월부터 시행하고 있다.

환경마크의 법적 근거로는 「환경기술 및 환경산업 지원법」 제17조(환경표지의 인증)에 따라 같은 용도의 다른 제품에 비하여 제품의 환경성을 개선한 제품에 환경부장관이 환경마크를 부여한다. 환경마크제도는 기업과 소비자가 환경친화적인 제품을 생산, 소비할 수 있도록 소비자에게는 정확한 제품의 환경정보를 제공하여 환경보전활동에 참여토록 하고, 기업에게는 소비자의 친환경적 구매욕구에 부응하는 환경친화적인 제품과 기술을 개발하도록 유도하여 지속 가능한 생산과 소비생활을 이루고자 하는 것이다.

[그림 1]은 2017년 1월 28일부터 환경부에서 시행했던 환경마크, 탄소마크 등 여러 마크를 통합시켜서 '환경통합인증'마크를 개정한 로고이며, 현재 보다 높은 환경기준을 만족시키는 제품에는 프리미엄 환경마크를 부여하고 있다.

[그림 1] 환경마크 로고

(3) 외국 환경마크제도

해외에서 시행 중인 대표적인 환경관련 표시제도는 환경마크제도, 에너지관련제도, 재질표시제도 등이 있으며, 해당제도가 개별국가 차원에서 운영되는 경우와 여러 나라에서 공동으로 운영하는 형태 등 다양하게 존재하고 있다.

주요 국가의 환경마크 인증에 대해 살펴보면 〈표 1〉과 같다.

〈표 1〉 주요 국가 인증마크

일본 [에코마크 (Eco Mark)]	비영리 재단법인 일본환경협회에서 1989년 도입하여 운영하고 있는 일본 대표 환경라벨링제도로 세계에서 가장 활발한 운영 성과를 기록하고 있다. 일본 녹색구매법에 따른 품목별 녹색구매기준과 연계하여 인증기준을 설정하고 있으며, 녹색구매 활성화를 위해 일본녹색구매네트워크(GPN)와 공동사업을 운영하고 있다. 운영기관 : 일본환경협회 http://www.ecomark.jp/english/ 현황 : 사무용품, 가구, 건축자재 등에 대한 57개 기준을 운영하고 있으며 5,300여 개 제품 인증 유지(2014.4)
중국 [환경표지 (環境標志)]	1993년 중국환경표지제도 시행고시에 의거하여 도입되었으며, 국가환경보호총국, 국가품질검사총국 등 11개 관련부처가 환경표지 상품 인증위원회에 참여하고 있다. 국가환경보호총국 산하 환경인증센터(ECC)가 환경표지 인증기준 제정, 환경연합인증센터(CEC)가 인증심사 업무를 담당하고 있다. 운영기관 : 환경연합인증센터(CEC) http://www.sepacec.com/cecen 현황 : 건축자재, 가전제품, 사무기기 등에 대한 96개 기준을 운영하고 있으며 149,000여 개 제품 인증 유지(2014.4)
대만 [그린마크 (Green Mark)]	1993년 대만 행정원에 의해 도입된 환경라벨링제도로서 대만 환경개발재단(EDF)이 위임받아 기준 개발 및 인증 업무를 수행하고 있다. 1999년 도입된 대만조달법 녹색조달기준에서 대만 공공기관이 그린마크 인증제품을 구매하도록 규정함에 따라 인증제품 수가 급격히 증가하고 있다. 운영기관 : 대만환경개발재단(EDF) http://greenliving.epa.gov.tw/GreenLife/eng/english.aspx 현황 : 사무기기, 가전제품, 건축자재 등에 대한 127개 기준을 운영하고 있으며 12,000여 개 제품 인증 유지(2014.4)

태국 [그린라벨 (Green Label)]	1994년 순수민간단체인 태국환경연구원(TEI)이 산업부(Ministry of Industy)의 후원을 받아 도입·운영하고 있는 환경라벨링 제도로, 주로 페인트, 형광램프, 사무기기 품목에 인증이 집중되어 있다. 운영기관 : 태국환경연구원(TEI) http://www.tei.or.th/greenlabel 현황 : 사무기기, 가전제품, 건축자재 등에 대한 73개 기준을 운영하고 있으며 500여 개 제품 인증 유지(2014.4)
호주 [환경라벨 (Good Environmental Choice)]	호주 환경라벨링제도는 2001년 민간 비영리기관에 의해 도입된 자발적 제도이며, GECA가 기준 및 제도 운영, GECS가 인증 업무를 수행하고 있다. 운영기관 : 호주우수환경선택(Good Environmental Choice Australia) http://www.geca.org.au/ 현황 : 사무기기, 생활용품, 재활용 제품 등에 대한 38개 기준을 운영하고 있으며 2,000여 개 제품 인증 유지(2014.4)
뉴질랜드 [환경라벨 (Environmental Choice New Zealand : ECNZ)]	뉴질랜드 환경라벨링제도는 1992년 도입된 정부 프로그램으로서 민간기관에 위탁되어 운영되고 있다. 2005년부터 환경부 주도로 정부 녹색구매 프로그램을 도입하여 환경라벨링 인증제품을 우선적으로 구매하도록 유도하고 있다. 운영기관 : 뉴질랜드환경재단(New Zealand Environmental Trust: NZET) http://www.enviro-choice.org.nz 현황 : 사무기기, 건설자재, 재활용 제품 등에 대한 39개 기준을 운영하고 있으며 2,000여 개 제품 인증 유지(2014.4)
미국 [그린실 (Green Seal)]	1989년 민간 비영리기관인 그린실(Green Seal)에 의해 도입되었으며, 주로 화학제품에 대한 기준을 운영하고 있다. 정부, 학교, 단체 등과 협력하여 공공 및 산업계가 그린실 인증제품 등 녹색제품을 구매하는 것을 지원하고 있다. 운영기관 : 그린실(Green Seal) http://www.greenseal.org 현황 : 생활용품, 건축자재 등에 대한 31개 기준을 운영하고 있으며 3,900여 개 제품 인증 유지(2014.4)

<table>
<tr><td>북유럽
[노르딕스완
(Nordic Swan)]</td><td>북유럽 5개국(노르웨이, 스웨덴, 핀란드, 덴마크, 아이슬란드)이 노르딕 각료회의(Nordic Council of Ministers)의 결정에 따라 1989년 도입한 환경라벨링 제도로, 노르딕 환경라벨링위원회(NMN)에서 대상품목 선정, 인증기준 설정 등 제도운영에 관한 의사결정을 담당하며, 이에 근거하여 국가별로 지정된 인증기구에서 제품 인증업무 담당하고 있다.
운영기관 : 노르딕 환경라벨링위원회(NMN)
http://www.svanen.se/en/
현황 : 사무기기, 가전제품, 자동차용품 등에 대한 60개 기준을 운영하고 있으며 6,000여 개 제품 인증 유지(2014.4)</td></tr>
<tr><td>캐나다
[에코로고
(EcoLogo)]</td><td>1988년 캐나다 정부에 의해 도입되었으며 민간 기업인 테라초이스가 위임받아 제도를 운영하고 있다. 인증제품이 캐나다뿐만 아니라 미국 북부지역에서도 널리 유통되고 있다.
2010년 테라초이스는 다국적 기업인 UL에 의해 인수·합병되었으나 캐나다 내에서의 에코로고 운영은 캐나다 환경부의 허가하에 운영되고 있다.
운영기관 : 테라초이스(TerraChoice)
http://ecologo.org/en/
현황 : 건축자재, 산업용품, 생활용품 등에 대한 50개 기준을 운영하고 있으며 10,000여 개 제품 인증 유지(2014.4)</td></tr>
<tr><td>독일
[블루엔젤
(Blue Angel)]</td><td>1978년 독일 정부에 의해 도입되었으며, 세계 최초로 도입된 환경 라벨링이다. 독일 환경·자연보호·원자력안전부(BMU)에서 소유하고 있으며, 연방환경청(UBA)에서 대상품목 선정 및 인증기준 설정 등 제도운영에 관한 의사 결정을 담당하고 있다.
또한 RAL gGmbH는 이러한 기준에 의해 블루엔젤 인증심사를 한다.
운영기관 : 독일 환경·자연보호·원자력안전부(BMU), 연방환경청(UBA), RAL gGmbH
http://www.blauer-engel.de/en/index.php
현황 : 어린이용품, 전기·전자제품, 건축자재 등 120개 제품군, 12,000개 제품 인증 유지(2014.4)</td></tr>
</table>

대만 [녹색건축자재 (Green Building Material)]	2004년 대만 내무부에 의해 건축 내부 인테리어에 사용되는 자재의 실내 환경 및 인체 유해성을 감소시키기 위해 도입되었다. 비정부 기구인 대만 건축·빌딩연구원(TABC)에 의해 운영되며, TABC의 '친환경 건축자재 평기 기준'에 따라 실내 장식 재료, 바닥재, 창호, 벽지, 페인트 등에 인증을 부여하고 있다. 운영기관 : 타이완 건축·빌딩 연구원(Taiwan Architecture & Building Certer, TABC) http://www.cabc.org.tw/en/index.htm 현황 : 4개 기준(건강, 생태, 재활용, 고성능), 520개 제품(2014.4)

❷ 국제환경라벨링네트워크

국제적으로는 각국의 환경표시제도 운영기관 협의체인 국제환경라벨링네트워크(GEN : Global Ecolabelling Network)가 지난 94년에 결성되었으며, 현재는 환경마크 제도를 시행 중인 대부분의 국가가 회원으로 가입하여 활동 중이다.

전 세계 47개국에서 27개 환경라벨링제도를 시행하고 있으며, 특히 EU와 북유럽 5개국은 환경라벨링을 공동으로 운영하고 있다. 국제표준화기구(ISO)에서는 환경정보의 전달방식에 따라 환경라벨 유형을 세 가지로 구분하고 각 유형별로 환경라벨이 갖추어야 할 최소요건을 ISO 14024시리즈로 규정하고 있다.

주요 활동내용은 아래와 같다.

첫째, ISO 14000s 환경라벨링 표준화 관련 대표자 파견

둘째, 각국의 제도 운영 절차, 대상 제품군 및 인증기준에 대한 정보공유 및 분류체계의 통일·표준화

셋째, 상호인정(mutual recognition) 추진을 위한 타당성 연구

넷째, 녹색구매(green procurement) 권장 등 친환경상품과 환경정책의 연계성 연구 등

[그림 2] 주요 국가의 환경마크 ISO 14024(제1유형 환경라벨링) 기반 환경마크제도

출처 : 환경부(2015.6), 환경마크제도와 환경마크제품 인용 후 수정

3 외국 환경마크제품 소비현황

〈표 2〉 국제표준화기구(ISO)[7]에 따른 환경라벨링 분류

표시마크	유형	특징
친환경 환경부	제1유형(ISO 14024) 제품의 전 과정에 걸친 환경영향을 제삼자가 평가하여 친환경제품임을 인증하고 부착한 로고	제삼자인 공인기관에 의한 인증이므로 객관적인 신뢰성을 보장할 수 있다.
Recycle Ricoh사의 재활용 제품선언	제2유형(ISO 14021) 제품의 친환경성을 생산자가 스스로 주장하기 위해 부착하는 로고나 문구	제조사가 스스로 주장해 부착한 라벨이므로 그에 따른 책임이 필요하다. (제조사의 무분별한 주장에 따른 가이드라인이 필요함)
CO_2 탄소발자국 000g	제3유형(ISO 14025) 제품의 전 과정에 환경성과를 계량적으로 산출하고 그 결과를 제품에 표시	소비자에게 계량적인 정보를 제공함으로써 수요에 맞는 선택적 구매를 유도할 수 있다.

(1) 글로벌

아시아 지역의 친환경제품 소비의지가 가장 높은 것으로 나타나고 있다. 2014년 닐슨(Nilsen)의 조사결과 추가적인 비용 부담에도 불구하고 친환경제품을 구매하겠다는 소비자의 비율은 전체 55%로 2011년 대비 10% 증가한 모습

7) 국제표준화기구(ISO) 물자와 서비스의 국제 간 교류를 용이하게 하고 지적·과학적·기술적·경제적 분야에서 국제 간의 협력을 도모하기 위하여 세계적인 표준화와 그와 관련한 활동을 하는 비정부 기구

을 보여주고 있다.

지역별로는 아시아가 64%로 가장 높고, 북아메리카 42%, 유럽은 40%로 그 뒤를 잇고 있다. 또한 제품 구매 시 포장용기에 부착된 라벨이나 친환경 정보를 확인하는 소비자는 아시아 지역이 60%를 상회하며, 유럽은 36%, 북미는 32% 수준을 보이고 있다.

(2) EU

소비자의 높은 환경의식과 엄격한 환경규제를 배경으로 친환경소비가 활성화되어 있으며, 친환경과 웰빙 제품의 수요는 지속적인 성장 추세에 있다.

재생과 웰빙은 유럽의 환경트렌드 중 하나로 이러한 제품에 대한 수요는 연평균 약 9%대로 성장 중이다. 일례로 프랑스 친환경 천연화장품 시장은 2012년 3억 3천만 유로로 연평균 10% 이상 성장하고 있으며 2015년은 5억 유로 규모로 예상된다. 또한 독일은 2012년 유럽 친환경시장 매출액의 30%를 점유하고 있다.

(3) 일본

탈원전 계획에 따른 에너지 소비 최적화 상품이 유행하고 있다.

가정에서 전력수요를 조절할 수 있는 친환경 스마트 하우스나 에너지 제로 하우스 보급이 확대되고 있고 일본 최대 편의점 체인인 세븐일레븐은 5,000개 점포 조명을 LED로 교체하는 등 2011년 대지진 이후 '전력 사용 제한령'에 따라 에너지소비 최적화 상품 소비가 증가하고 있다.

(4) 중국

중국의 4대 소비트렌드에 '친환경 녹색소비'가 포함되었다.

2014년 11월 Mintel사 조사결과 2015년 중국의 4대 소비트렌드는 ① 스마트 소비, ② 친환경녹색소비, ③ 온 · 오프연계 소비, ④ 소비자 참여형 소비로 전망됐다.

응답자 중 47%가 환경오염이 호흡기질환 등 질병을 유발하고, 56%가 식품안전에 우려를 표시하고 있는 것으로 볼 때 중국의 친환경제품 시장은 크게 성장할 것으로 예상된다.

(5) 외국과의 국제협력 : 환경마크 상호인정협정

[그림 3] 환경마크 상호인정협정(MRA : Mutual Recognition Agreement) 현황

국가	환경라벨 로고	MRA 체결연도	환경라벨 제도명	국가	환경라벨 로고	MRA 체결연도	환경라벨 제도명
대만		2002	Green Mark	북유럽		2010	Nordic Swan
태국		2002	Green Label	미국		2012	Green Seal
일본		2003	Eco Mark	캐나다		2012	Eco Logo
호주		2004	Good Env. Choice	독일		2013	Blue Angel
중국		2005	環境標志	대만		2013	Green Building Material
뉴질랜드		2006	Env. Choice				

우리나라는 1997년 '국제환경라벨링 운영기구 협의체(GEN)'에 가입하여 국가 간 상호인정협정(MRA)을 체결하고 공동기준개발 등 국가 간 교류를 활발히 추진하고 있다. 상호인정협정(MRA)은 상대국과 상호 환경라벨제도 및 검증방법의 신뢰성을 상호 인정하고, 인증제품의 상대국 인증취득 신청 시 검증협력 등을 약속하는 협정이다. 특히, 한 · 중 · 일 3개국은 PC, 사무용복합기, 비디오 재생 · 기록기, TV 등 4개 품목에 공통기준개발과 이에 대한 상호인정협정이 체결되어 있다. 이에 따라 3개국 간에는 상대국가의 환경마크를 취득하고자 할 때 공통기준 항목에 대한 재검증을 면제하고 있다.

4 지속가능한 미래를 위한 인증제도

1) WWF와 인증제도

세계자연기금(WWF : World Wide Fund for Nature)은 스위스에 국제본부를 둔 세계 최대 규모의 국제 비정부 자연보전 기구로, 전 세계 약 100여 개국에 500만 명 이상의 회원들이 글로벌 네트워크를 통해 함께 활동하고 있다. 멸종위기종 보전을 주목적으로 1961년 설립된 WWF는 인류와 자연이 조화를 이루며 사는 미래를 만드는 것을 궁극적인 목표로 현재 해양, 기후 · 에너지, 담수, 산림, 식량, 야생동물에 이르기까지 전 지구의 자연을 아우르는 종합적인 보전활동을 펼치고 있다.

세계적으로 영향력 있는 WWF는 2014년 공식적으로 한국 법인인 WWF-Korea(세계자연기금 한국본부)를 설립하였으며, 1600+ 판다와 어스아워(Earth Hour/지구촌 전등 끄기) 등 대중이 자연보전에 관심을 가지고 함께 참여할 수 있는 다양한 캠페인을 비롯하여, 해양보전과 기후 · 에너지 이슈에 집중한 프로그램을 운영하고 있다.

원자재 시장이 중요한 이유

인류는 현재 지구 가용범위의 1.5배에 달하는 속도로 자연자원을 소비하고 있어 자연과 인류에 엄청난 부담이 발생하고 있다. 인구 증가 및 소득 증대와 함께 인류의 수요도 증가하고 있다. UN이 발표한 자료에 따르면 향후 40년간 필요한 식량의 총량은 지난 8000년간 재배된 총량을 합친 것보다 많다. 어떻게 하면 인구 증가에 따른 식량, 연료, 섬유 등 원자재 수요 증대를 충족하면서도 식수를 보존하고 기후를 안정시키며 깨끗한 공기와 야생지역을 후세에게 물려줄 수 있을까?

역점 분야

WWF는 자연 생태계에 막대한 영향을 미치는 15개의 핵심 원자재(목재, 펄프/종이, 흰살생선, 팜유, 대두, 참치, 면화, 사탕수수, 자연산 새우, 바이오에너지용 작물, 쇠고기, 자연산 사료어, 유제품, 양식 새우, 양식 연어)를 선정하였다. 이 핵심 원자재 생산 활동은 불법 벌목 또는 남획 등과 많은 연관이 있으며, 이러한 잘못된 생산 방법으로 인해 생물다양성 감소와 주요 보전지역이 오염 및 훼손되었다. 또한, 이 원자재는 수억 명의 사람들의 생계와 식량 공급에 영향을 미치는데, 이 중 직접적인 영향을 받는 인구의 상당수는 극빈층에 속한다. 그렇기에 환경적, 사회적, 경제적 이익을 창출할 수 있는 원자재 생산 방식으로 개선할 필요가 있어 WWF는 핵심 원자재에 대해 신뢰할 만한 인증제도가 시장에 새롭게 도입되도록 지원하고 있다.

2) WWF와 인증제도의 영향

(1) 사회적 영향

신뢰할 수 있는 기준은 현지인의 법적, 관습적 권리를 인정하며, 노동자의 근무조건과 관련한 기준을 제시하고, 생산 업체가 현지 공동체에 긍정적인 영향을 미쳐야 함을 명시한다. 또한 문제를 제기하고 갈등을 해결하는 방법을 다루는 등 거버넌스 개선에도 도움이 된다.

인증제도는 최적관리기법(BMPs, Better Management Practices)을 장려하며 이는 소규모 생산자의 수확량과 소득을 증대시키는 데 기여한다. 일례로 "더 나은 면화(Better Cotton)"를 생산하는 파키스탄 농가에서는 물과 화학약품 사용을 줄여 평균 15%가량 수입을 증가시켰다. 인도의 소규모 대두 생산자들 또한 기술 지원을 바탕으로 최고 50%까지 수확량을 증대시켰다.

(2) 담수

세계양식책임관리회(ASC, Aquaculture Stewardship Council) 기준은 양식장이 수질과 해양 생태계에 미치는 부정적인 영향을 최소화하기 위해 수립되었다. ASC는 폐기물과 영양분 방출, 어류 탈출을 엄격히 통제하고, 예방용 항생제 사용을 전면 금지하며, 서식지와 포식자, 생물다양성에 미치는 영향을 최소화한다. BMP는 면화나 사탕수수 같은 작물경작에 사용되는 물의 양을 크게 줄인다. "더 나은 면화"를 생산하는 인더스 계곡의 면화농가는 물 사용량을 1/3 이상 절감시켰다.

(3) 산림파괴

세계산림책임관리회(FSC, Forest Stewardship Council) 인증은 책임감있게 관리되는 산림을 이용해 목재와 종이 생산이 이루어졌음을 증명하는 제도이다.

FSC 기준에 따라 속성수(fast-growing tree) 농장을 관리할 경우, 목재, 펄프, 섬유 수요가 자연림에 가하는 부담을 줄일 수 있다.

(4) 해양환경

세계해양책임관리회(MSC, Marine Stewardship Council) 인증을 받은 어업은 책임감있게 관리되며, 지속가능한 수준으로 조업하여 미래의 어류 자원을 보존한다. ASC 인증 양식장에서 사료로 쓰이는 자연산 어분은 MSC 인증 원료만으로 만들어져야 한다.

또한 ASC는 양식어류 1kg당 사용할 수 있는 자연산 어류의 양을 엄격히 제한한다.

(5) 기후

인증 원자재는 숲과 기타 자연생태계를 개조시키지 않고 생산함으로써 기후에 미치는 영향을 감소시켰다.

(6) 생물 다양성

보전가치가 높은 지역을 보호하고 개선하는 것은 신뢰할 수 있는 인증제도의 중요한 척도이다. FSC 인증 생산자는 본인이 관리하는 숲에 서식하는 멸종위기종에 대한 보호계획을 수립해야 한다.

MSC 인증 어장은 혼획을 줄이고 바닷새나 바다거북, 고래류 등에 미치는 영향을 줄이기 위한 계획을 수립해야 한다. MSC 인증 조건에 따라 남아프리카 헤이크(민대구과) 저인망 어업은 조류를 쫓는 줄을 도입해 바닷새 사망률을 90% 가량 감소시켰고, 목숨을 잃은 알바트로스도 2004년 기준 약 7,200마리에서 2010년에는 80마리로 감소했다.

WWF는 인증제도를 통한 시장변화에 괄목할 만한 성과를 이루었다. 변화된 생산방법을 따르는 생산자들이 늘어났고 기업과 투자자, 소비자와 정부도 변화된 생산방법을 생산자들에게 요구해왔다. 이는 현장의 환경을 보전하는 데 긍정적으로 기여했으며, 더불어 농부와 어부, 산림업자 및 그 가족의 생계를 개선하는 데도 도움이 되고 있다. WWF가 앞장서 추진해 온 신뢰할 수 있는 기준과 인증제도가 식품과 농업 분야, 산림과 수산물 분야에서 점차 '표준'으로 자리 잡고 있다. 다수의 대규모 구매업체들이 인증 상품만을 구매하겠다고 이미 약속했으며, 주요 금융기관들은 신뢰할 수 있는 인증 취득 여부를 대출 조건에 포함시키고 있다. 기업은 인증 업무를 사업의 일부로 인식하고 이를 활용하거나 보고한다. 이는 '새로운 기준'이 표준으로 자리 잡아가고 있음을 보여준다.

3) 인류의 식량 및 생계에 중요한 해양생태계

세계해양책임관리회(MSC)
MSC 인증은 단순히 친환경 먹거리임을 나타내는 인증이 아니다. MSC 인증을 받은 수산물은 이 제품이 내 식탁에 올라오기까지 어디서, 어떠한 방법으로 어획되어 어떻게 생산, 제조, 유통되었는지 모두 추적 가능하다. MSC 기관에서 인증한 경로를 통해 생산된 수산물 제품은 MSC 인증마크가 부착되어 출시되고, WWF는 레스토랑과 시장을 포함한 소비자에게 MSC 인증 수산물 제품을 취급하도록 권유한다.
세계양식책임관리회(ASC)
ASC 인증은 MSC 인증과 비슷하지만, 양식장과 양식수산물을 관리하는 인증 제도이다. 이 인증 또한 수산물 요리가 어디서, 어떠한 방법으로 양식되어 어떠한 경로를 통해 생산, 제조, 유통되었는지 추적 가능하다.

4) 지속가능한 산림을 관리하기 위한 인증제도

세계산림책임관리회(FSC)

FSC 인증은 목재/종이 제품 원자재 시장과 관련된 인증 중에서 환경적, 사회적으로 가장 인정받는 인증이다. 산림에 미치는 영향뿐 아니라 일하는 근로자와 지역사회에 피해가 가지 않도록 하기 위한 관리 기준을 가지고 있다. 산림 관리 인증은 산림 경영자 또는 산림 소유자를 대상으로 지속가능한 관리 기준을 세워 잘 부합하는 대상에게 부여된다. 3가지 주요 기준으로는 첫째, 산림 관리 관련 법규와 토지 사용법 준수 둘째, 지역 사람들의 권리 존중 및 노동자의 권리 존중 셋째, 환경에 미치는 영향 고려가 있다. FSC Chain of custody(FSC COC) 인증은 목재 또는 종이 제품 생산업체, 제조업체, 유통업체를 대상으로 부여되는 인증이다. 그 모든 경로가 친환경적이어야 하며, FSC 기준에 부합하여야 한다. FSC 인증마크가 부착된 제품은 산림에서부터 내가 사용하기까지 모든 과정에 있어서 친환경적인 방식으로 생산, 제작, 가공, 유통된 제품이다.

지속가능한팜유생산을위한협의회(RSPO)

RSPO 인증은 지속가능한 방식으로 팜유를 생산하고 제조해 환경 및 생태계에 미치는 영향을 줄이도록 하는 인증제도이다. 지속가능한팜유생산을위한협의회는 전 세계에서 가장 수요량이 많은 식물성 기름인 팜유가 생산 및 제조될 때 환경과 사회적으로 책임을 다할 수 있도록 하는 엄격한 기준을 세웠다. 팜유 생산자는 RSPO 기관이 세운 엄격한 기준에 의해 생산과정을 평가받는다. 처음 무사히 인증을 부여받았더라도, 기준에 맞춰 잘 지켜지지 않을 경우 언제라도 인증 취소가 가능하다. 팜유 생산자는 팜유 농장을 위해 산림 또는 보전 지역을 함부로 훼손해서는 안 된다. 모든 팜유 관련 제품을 다루는 기업들은 RSPO 멤버가 되어 RSPO 기준에 맞춰 생산된 팜유를 지속가능한 수량보다 초과해서 사용하지 않도록 하고, 다른 지속가능하지 않은 방법으로 가공/생산된 팜유와 섞어서 팔지 않아야 한다.

이러한 기준으로 생산, 제조, 가공된 제품에 RSPO 인증마크가 붙어 소비자에게 제공된다.

읽을거리 환경부, 세탁제·방향제 등 1,500여 개 전성분 정보 '초록누리'에 상반기 공개

환경부와 한국환경산업기술원은 정부–시민사회–기업 간 협업을 통해 22개 기업 1,500여 개 생활화학제품에 포함된 화학물질의 전성분 정보를 올해 상반기까지 '초록누리'에 공개한다고 밝혔다.

이번 전성분 공개 대상 생활화학제품은 세탁·방향·탈취·살균제 등이며, 2018년부터 현재까지 1,417개 제품의 전성분이 공개됐다. 나머지 83개 제품은 2021년 상반기 내로 공개된다.

공개내용은 ▲제품명, 업체명, 연락처, 주소 등 기본정보 ▲성분명, 용도, 화학물질 안전정보 등 함유성분 정보 ▲신고번호, 사용상 주의사항, 어린이보호포장대상 등 안전사용정보다.

환경부 초록누리 전성분 공개 제품(수) 현황(2021년 1월 기준)

라이온 코리아㈜	롯데쇼핑㈜ 롯데마트	㈜무궁화	보령 메디앙스㈜	㈜불스원	㈜비앤디 생활건강
42(3.0%)	25(1.8%)	37(2.6%)	11(0.8%)	170(12.0%)	27(1.9%)
㈜아성 다이소	애경산업㈜	에스씨존슨코리아(유)	㈜엘지 생활건강	(유)옥시레킷 벤키저	(유)유한 양행
345(24.3%)	88(6.2%)	28(2.0%)	360(25.4%)	42(3.0%)	14(1.0%)
(유)유한 크로락스	유한킴벌리㈜	㈜이마트	㈜코웨이	㈜크린 하우스	㈜퓨코
42(3.0%)	8(0.6%)	15(1.1%)	5(0.4%)	3(0.2%)	9(0.6%)
㈜피죤	한국피엔지 (유)	헨켈홈케어 코리아(유)	㈜홈플러스	총계(누적)	
44(3.1%)	35(2.8%)	40(2.8%)	27(1.9%)	22개 기업 1,417개 제품	

이번 생활화학제품 전성분 정보 공개는 생활화학제품 안전관리에 대한 기업의 책임의식을 높이고 소비자 안전을 위한 기업의 자발적인 노력을 이끌기 위해 2017년부터 추진했던 '생활화학제품 안전관리 자발적 협약(이하 자발적 협약)'에 따라 이뤄졌다.

환경부와 시민단체는 일부 기업체에서 생활화학제품의 원료물질 성분 공개가 영업비밀에 속해 공개하기 어렵다는 입장을 설득하기 위해 실무회의 등 지속적인 소통을 펼치면서 제조 · 수입 · 유통사와 '자발적 협약'을 맺었다.

자발적 협약 후 실무협의회를 거쳐 마련된 전성분 공개 가이드라인에 따라, 기업에서는 함량에 관계없이 제품에 함유된 모든 성분을 정부에 제출하고 정부는 함량을 제외한 모든 성분 정보를 소비자에게 공개하기로 협의했다.

협약기업은 비의도적 성분을 제외한 모든 화학물질을 공개해야 하며, 비의도적 성분이라도 발암물질이나 환경호르몬 물질이면 공개(0.01% 이상)하도록 했다. 또한, 기업의 영업비밀 성분이라도 인체 유해성이 높다면 소비자 알권리를 위해 공개하도록 결정했다.

특히 소비자는 스마트폰에 '초록누리' 애플리케이션을 다운로드한 후 바코드 스캔 기능을 활용해 매장에서 구매하려는 제품의 전성분 정보를 쉽게 확인할 수 있다.

정부 · 시민사회 · 협약기업은 전성분 공개 정보의 신뢰성을 검증하기 위해 민 · 관 · 학 전문가로 구성된 '검증위원회'를 통해 심사 후 적합한 경우 공개하고 있다.

하미나 환경부 환경보건정책관은 "이번 전성분 공개를 통해 소비자의 알권리가 더욱 강화됐다"면서, "올해 하반기부터는 전성분과 함께 각 성분에 대한 관리등급을 알기 쉽게 공개하여 소비자가 합리적인 선택을 할 수 있도록 정보공개를 확대할 예정"이라고 밝혔다.

출처 : NEWSCAPE, 2021.01.27

제6장 유통과 소비자보호

유통은 상품과 서비스를 생산자로부터 소비자로 이전하는 과정을 뜻한다. 보통 협의의 유통은 도·소매상 중심의 상적 유통만을, 그리고 광의의 유통은 상적 유통 이외에 물적 유통, 정보 유통 및 각종 금융 유통을 모두 포함한다. 즉, 넓은 의미의 유통은 유통대상이 상품이나 서비스는 물론, 폐기물이나 전기, 가스, 정보 등의 무형재도 포함한다.

유통은 여러 가지 측면에서 효용이 있다. 즉, 유통은 상품 이전을 통해 시간, 장소, 소유권, 형태 등의 면에서 효용을 창출한다. 시간 효용 측면에서 유통은 생산 시점과 소비 시점의 불일치에 따른 문제를 해결해 주며, 시간 효용은 고객이 원하는 시기에 필요한 상품을 구매할 수 있는 편의를 제공하는 것이다. 유통기관은 상품의 저장 및 보관 기능을 수행하며, 또 소비자가 원하는 시간에 제품을 획득할 수 있도록 해준다.

그리고 장소 효용 측면에서의 유통은 생산하는 장소와 소비하는 장소가 다르기 때문에 발생하는 문제를 해결해 준다. 즉, 장소적 효용은 고객이 원하는 장소에서 제품이나 서비스를 구입할 수 있게 해주는 것이다. 만일 유통기관이 없다면 생산자는 고객을, 고객은 생산자를 찾아나서야 하는 번거로움과 불편함이 따른다.

마지막으로, 형태의 효용 측면에서 보면, 유통은 생산되는 형태와 소비되는 형태가 다르기 때문에 생기는 문제를 해결해 준다고 할 수 있다. 형태의 효용이란, 제품과 서비스를 고객에게 좀 더 매력 있게 보이게 하기 위해 그 형태와 모양을 변경시키는 여러 활동을 포함하는 것이다. 유통업체가 제품의 형태나 모양을 변경시키는 활동(제품의 분류, 포장, 전시 등)은 소비자들로 하여금 여러 가지 제품을 편리하고 쉽게 구매하도록 한다.

이러한 유통의 효용으로 인해 경제적 · 사회적 · 기술적 요인이 복합적으로 작용하여 가장 역동적으로 변화 · 발전하고 있는데, 특히 유통은 거시적인 사회트렌드 변화와 소비자 욕구 및 소비패턴의 변화와 밀접하게 관련되기 때문에 변화의 동인에 따라 여러 각도에서 조명해보아야 할 것이다.

본 장에서는 유통환경의 변화에 대한 소비자보호 측면을 살펴보고자 한다.

1 유통환경의 변화

1) 해외 직접구매

최근 몇 년 새 국내뿐만 아니라 해외에서 운영하는 온라인 쇼핑몰을 통해 상품을 구입하는 이른바 '해외직구족'의 성장세가 거세다. 관세청에 따르면 해외직접구매 거래 규모가 2019년 상반기 해외직구 규모는 15억 8,000만 달러(약 1조 8,881억 원)로 집계됐다. 하반기에는 중국 쇼핑축제 광군제(11월), 미국 대표 할인기간인 블랙프라이데이(11월) 등 굵직한 이벤트가 몰려 대체로 거래액이 상반기보다 10% 안팎 늘어나 2019년 전체 30억 달러를 돌파하였다. 이는 ICT의 비약적인 발전과 생산 소비의 세계화로 국경, 장소, 연령, 채널, 시장, 시간의 경계가 허물어지는 '탈경계화(Beyond)'시대에 이러한 직구 열풍은 더욱 강해질 것으로 전망되고 있다.

해외직접구매는 소비생활에 많은 변화를 가져오는데 여기에는 긍정적인 면과 부정적인 면이 동시에 존재한다. 가장 큰 긍정적 변화는 선택할 수 있는 대안의 증가이다. 소비자들이 선택할 수 있는 제품의 수가 기하급수적으로 늘고 구입할 수 있는 채널의 수도 대폭 확장되고 있다.

SNS나 온라인 커뮤니티를 통한 소비자들의 적극적인 정보공유도 급증하고 있다. 해외직접구매 방법, 관세율 계산, 할인정보, 환불경험 등 다양한 정보들이 공유되고 누적되며 해외직접구매의 문턱을 낮추고 있다. 이는 소비자의 불확실성 위험을 낮추는 동시에 기업에 대한 소비자의 대항력을 높이는 효과도 있다. 또한 소비시장이 전 세계의 영역으로 확장되면서 공정무역 상품구매와 같이 저개발국가의 복지와 발전을 고려하는 윤리적 소비가 확대되고 있으며 이는 소비자에게 다양한 만족을 줄 것으로 전망되고 있다.

하지만 해외직접구매는 새로운 구매 방식으로서의 위험 또한 내포한다. 한국소비자원(2020.7.29)은 최근 1년 이내에 온라인을 통한 국제거래(해외 물품구매·서비스거래) 경험이 있는 소비자 1,000명을 대상으로 이용실태를 조사한 결과, 해외 물품구매 경험자들은 연평균 7.1회 해외에서 물품을 구매했다고 밝혔다.

이들이 해외에서 물품을 구매하는 이유는 '저렴한 가격'(408명, 81.6%)과 '국내에서 구하기 어려운 제품의 구매'(342명, 68.4%)로 나타났고, 소비자들은 해외에서 구매한 제품의 가격이 국내 가격보다 평균 29.8%(품목별 응답자 수 가중 평균) 저렴하다고 느끼는 것으로 조사됐다.

최근 1년 이내에 이용한 해외 물품구매 유형(복수응답)으로는 '구매대행'이 328명(65.6%)으로 가장 많았고 '직접구매'는 253명(50.6%), '배송대행'은 201명(40.2%)으로 조사됐다.

또 해외 서비스거래 경험자들이 최근 1년 이내에 이용한 서비스(복수응답)를 조사한 결과, 해외 숙박 시설 예약(468명, 93.6%)이 가장 많았고 해외 항공사 항공권 구매(381명, 76.2%), 해외 현지 시설 입장권 구매(250명, 50.0%) 등이 뒤를 이었다.

해외 숙박 시설과 항공권 구매 채널로는 숙박 시설 예약의 91.5%(428명)와 항공권 구매의 66.7%(254명)가 온라인 여행사(OTA) 등 '예약 대행 사이트'를 이용한 것으로 나타났다.

해외 물품구매 경험자 500명 중 58명(11.6%)이 소비자 피해를 경험했다고 응답했는데, 이 중 43명(74.1%)이 직접구매 이용 과정에서 피해를 경험해 배송대행이나 구매대행 유형보다 피해 경험 소비자가 많았다. 피해 유형(복수응답)으로는 배송지연 · 오배송 · 분실 등 '배송 관련'(33명, 56.9%) 피해와 '제품의 하자 및 불량'(25명, 43.1%) 피해가 컸다.

해외 서비스거래에서는 숙박 시설 예약 경험자(468명) 중 75명(16.0%)이 소비자 피해를 경험했다고 응답했는데, '결제 전 확인했던 금액보다 더 많은 금액이 결제'(29명, 38.7%)된 경우(복수응답)가 가장 많았다. 다음으로 '환급 불가 상품 예약 취소 시 환급을 해주지 않았다'(28명, 37.3%)라는 응답자가 많았는데, 거래 당시의 조건에 따라 취소 시 환불받기 어려운 때도 있으므로 소비자의 각별한 주의가 필요하다.

항공권 구매 경험자(381명) 중 38명(10.0%)도 소비자 피해를 경험한 것으로 조사됐는데, '개인 사정으로 인한 취소 시 과다한 수수료 부과'(21명, 55.3%), '일방적인 항공 운항 취소 · 변경 · 지연'(16명, 42.1%) 순으로 응답자가 많았다.

한편, 국제거래 과정에서 피해를 경험한 소비자 171명에게 피해 대처 방법(단일응답)을 질문한 결과, 28명(16.4%)이 '피해 발생 시 아무런 조치를 하지 않은' 것으로 조사됐다.

해외 사업자와의 분쟁은 언어 · 준거법 · 제도 차이 등으로 이의제기 및 피해보상이 어려울 수 있다. 이에 한국소비자원은 소비자 피해가 발생한 경우 '국제거래 소비자포털'에서 제공하는 해외 사업자와의 분쟁해결절차 번역본, 이의제기 팸플릿 등을 이용해 사업자에게 피해 사실을 알리고, 원만하게 해결되지 않는 경우 상담을 통해 도움받을 것을 당부했다.

아울러 국제거래 소비자 피해를 예방하기 위해 소비자들에게 △물품 구매 시 배송 트래킹넘버로 배송 상태를 확인할 것, △배송 관련 분쟁이 발생할 경우 사진 등의 자료를 갖추어 조속히 사업자에게 피해 사실을 알릴 것, △최종 결제 전 수수료 등 추가 비용 적용 여부를 확인할 것, △구매 전 해외 사업자의 약관과 취소·환불 관련 거래 조건을 꼼꼼히 살펴볼 것을 요청했다.

더불어 소비자들의 온라인 해외직접구매가 확산되거나 규모의 경제를 앞세운 다국적 기업의 국내 시장 진출이 활발해질 경우 국내 소매시장이 잠식될 우려도 있다. 더욱이 소비자들이 수많은 대안들로 인해 가치판단이 어려워지거나 새롭게 지각되는 가치와 기존의 소비가치가 충돌할 경우 소비자는 내적 불일치로 인한 혼란과 갈등을 경험할 수 있다(Huffman, Ratneshwar & Mick, 2000).

2) 편의점의 진화

1982년 11월 한국 최초의 편의점인 '롯데세븐 1호점'이 개점한 지 37년 만인 2018년 말 한국의 편의점은 점포 수 42,712개, 매출액 24.4조 원(한국편의점산업협회, 2019)에 이르는 거대한 소매 채널로 성장했다. 이처럼 편의점은 위에서 언급한 고객들의 다양한 욕구들과 도처에 생겨나는 새로운 비즈니스 기회를 바탕으로 빠르게 성장해왔으며, 외형적인 성장과 더불어 서비스와 점포의 형태, 그리고 영업방식 등 비즈니스 모델의 성장 측면에서도 빠르게 변화하고 또 진화해왔다. 일각에서 제기되는 점포 수가 이미 포화에 도달했다는 분석에도 아랑곳하지 않고 꾸준히 신규 점포를 늘려갈 수 있는 이유는 바로 편의점이 판매하는 상품의 변화를 넘어 고객의 삶에 깊숙이 파고드는 새로운 변신을 꾀하고 있기 때문이다. 이는 편의점이 단순한 상점을 넘어 지역 거점으로서 고객들의 다양한 니즈를 충족시킬 수 있는 new life platform으로서의 가능성을 지님을 의미한다.

통계청에 의하면 2018년 국내 유통산업 규모는 약 363조 원(승용차 및 연료소매점 제외)으로 2017년 345조 원 대비 약 5.1% 성장했으며, 최근 4년간 연평균 매출성장률(CAGR)은 약 4.6% 수준을 기록했다. 이처럼, 유통산업은 여전히 공급이 수요를 창출하는 성장산업으로서 내수시장을 이끌어가고 있다. 하지만 산업 전체의 거시 지표가 꾸준한 성장세를 보이는 것과 별개로 산업 내 다양한 유통 채널 간 성적표는 또 다른 메시지를 전달한다.

전통적인 유통채널 강자로 불리던 백화점과 대형마트의 최근 4년간 연평균 매출성장률은 1.02%와 0.61%를 기록하며, 유통산업 전체의 CAGR인 4.62%를 크게 밑돌았다. 그에 반해, 무점포소매(온라인) 채널은 14.53%를 기록하며, 전체 유통산업의 성장을 이끌었다. 이는 온라인 유통채널이 점차 오프라인 유통채널을 대체하며 산업 내 새로운 강자로 부상하는 전 세계적 트렌드와 일치하는 결과이다. 하지만 특이하게도 편의점의 매출액 추이는 오프라인 유통채널의 부진이라는 전 세계적 트렌드에 부합하지 않는 결과를 보이고 있다. 편의점의 최근 4년간 연평균매출성장률은 13.93%로 온라인의 그것과 큰 차이가 없는 높은 결과를 보이고 있으며, 더욱 주목해야 할 점은 성장세가 꺾이지 않고 지속적으로 이어질 것이라는 점이다(그림 1).

[그림 1] 한국 유통산업 채널별 매출 트렌드

단위 : approx.$1billion

Year	2015		2016		2017		2018		CAGR
	Amount	%	Amount	%	Amount	%	Amount	%	'15~'18
Department Store	29.0	7.1	29.9	7.0	29.3	6.7	29.9	6.4	1.02%
Hypermarket	32.8	8.0	33.2	7.8	33.8	7.7	33.4	7.2	0.61%
Supermarket	43.5	10.6	44.4	10.5	45.4	10.3	46.4	10.0	2.17%
Convenience Store	16.5	4.0	19.5	4.6	22.2	5.1	24.4	5.3	13.93%
Duty Free Shop	9.2	2.3	12.3	2.9	14.5	3.3	18.9	4.1	27.12%
Non-store	46.8	11.5	54.0	12.7	61.2	13.9	70.3	15.1	14.53%
Specialty Stores	139.3	34.1	140.9	33.2	139.1	31.6	139.8	30.1	0.12%
Total Retail Sales	317.1		334.2		345.5		363.1		4.62%

출처 : DB financial Investment co., LTD & Deloitte Analysis

이는 유통산업 전체의 성장세가 이어지고 있는 가운데 백화점이나 대형마트 등 기존 채널의 영향력이 감소하고 온라인 채널과 편의점 등으로 고객들이 전이되고 있음을 나타내며, 전통적인 유통채널에서 제공하지 못했던 새로운 고객가치가 온라인 채널과 편의점 등 새로운 채널에서 제공되고 있음을 암시한다. 온라인 쇼핑이 고객들에게 제공하는 편리함과 가격 경쟁력이라는 가치는 오프라인 쇼핑센터들의 온라인화를 촉발시켰고, 점차 온/오프라인의 경계를 규정하는 것이 무의미한 옴니채널 환경으로 변화하고 있다. 언급한 대로 상대적으로 명확하고 쉽게 규정되는 온라인의 고객가치처럼 편의점이 제공하는 가치가 무엇인지에 대한 고민이 필요하다.

우선 우리나라 편의점 시장이 비약적으로 성장할 수 있었던 성장 요인은 크게 3가지 이유로 구분할 수 있다(그림 2).

[그림 2] 한국 편의점 매출 및 주요 점포현황

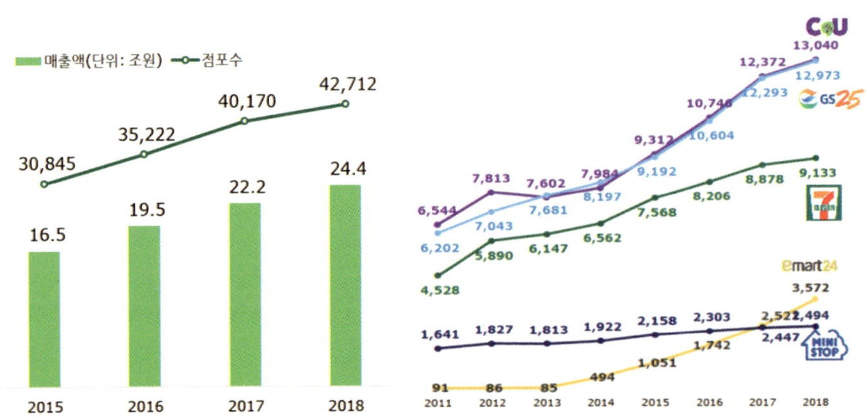

첫 번째 요인은 사회적 환경에 의한 소형 유통 포맷의 약진이다. 대규모유통업법에 의해 대형마트의 출점이 법적으로 제한되어, 물리적인 대형점포의 증가세가 꺾이자 신규 출점에 제약이 없는 소형 유통 포맷이 사회적으로 붐업되

었다. 특히 우리나라 편의점은 개인사업자가 프랜차이즈 형태로 운영하는 경우가 다수이기 때문에 소상공인 보호 차원의 정부 지원책으로 빠른 시간 내에 다수의 점포를 확장하기 용이했다. 또, 대형마트의 출점을 제한하는 데 이어 대형마트의 영업시간과 영업일수를 강제로 통제하기에 이르자 365일 24시간 제약 없이 영업을 지속할 수 있는 편의점이 상대적으로 수혜를 입었으며, 소형 포맷 특유의 뛰어난 접근성을 바탕으로 대형마트 시장을 빠르게 잠식할 수 있었다.

두 번째 요인은 인문 환경적 인구 구조의 변화에 따른 선호 상품군(MD, Merchandise)의 변화이다. 경제 수준이 높아지고, 대도시 집중화가 진행됨에 따라 한국의 인구구조 또한 일본의 그것과 같이 빠르게 저출산/고령화에 접어들었으며, 경기침체에 의한 젊은 층들의 결혼 거부 트렌드로 인하여 1인 가구가 급속도로 증가하였다. 이에, 대형마트의 번들 및 묶음 위주의 MD 매력도가 감소하고 편의점의 소용량 MD 선호도가 높아졌다. 이와 더불어 HMR(home meal replacement) 시장이 급속도로 성장함에 따라 도시락, 즉석 가공식품, 소용량 대용식, 디저트 등 편의점 대표 MD들이 각광받게 되었다. 이에 발맞춰 편의점 사업자들은 편의점 공간을 기존의 물건을 판매하는 공간에서 식사나 디저트를 해결할 수 있는 레스토랑의 기능을 수행할 수 있는 공간으로 전환시켰고, 기존에 경쟁상대라고 정의하지 않았던 분식집이나 일부 식당의 고객과 매출액을 흡수하며 시장을 확장시킬 수 있었다.

세 번째 요인은 편의점이라는 포맷이 가진 자체의 강점을 살린 생활 플랫폼으로의 진화 노력이다. 편의점은 '단일 경영 주체가 일정한 시설을 갖춘 매장에서 종합 상품 체인 공급 업자와 체인 계약을 체결하고 상점 운영에 필요한 식료품 및 담배 위주의 각종 상품을 계속적으로 공급받아 판매(소매)하는 산업활동'이라는 정의를 가지고 있으나, 1927년 미국 텍사스주의 얼음 상점이 마을 주민들의 편의를 위하여 저녁과 일요일에도 영업을 시작한 것이 (세븐일레븐) 편의점이라는 새로운 업태의 시작이다. 즉, 편의점은 태생부터가 고객의 편의를 위해 존재하는 소매업태인 것이다. 편의점은 대부분의 점포들이 24시간 운영되기 때문에 '쇼핑 시간의 제약'이 없으며, 소형 포맷의 장점을 살려 주거지 인근에 침투해 있기 때문에 '근거리 쇼핑'이 가능하다는 장점을 지닌다. 더구나 보유하고 있는 장점들을 고객 편의 제공 측면에서 새로운 서비스로 접목시키려는 고민과 노력의 결과로 차량을 이용하지 않고도 24시간 접근 가능한 쇼핑공간에 더불어 상품 외의 다양한 '생활 서비스를 제공'하는 공간으로 진화한 것이 고객들의 라이프스타일 변화와 맞물리면서 엄청난 시너지를 발생시켰다. 도시에 사는 직장인과 1인 가구의 구성원들은 공공요금, 택배, ATM 등 사회적 서비스의 취약계층으로 볼 수 있다. 직장인들의 퇴근과 더불어 해당 서비스 제공자들 또한 퇴근하기 때문인데, 편의점은 이런 편리함의 결핍 상태를 각종 생활 서비스의 제공을 통해 해결했다. 이처럼 편의점은 기존의 소매업태들이 제공하지 못했던 대표적인 3가지 편의성(시간, 장소, 생활 서비스)을 제공하면서 기존 채널의 대안으로 각광받기 시작했으며, 편의점 사업자들은 해당 편의성을 더욱 강화하는 방향으로 비즈니스 모델을 발전시키고 있다.

우리나라 편의점의 진화방향은 편의점별 단독 브랜드 상품(PB)을 개발하여 타 브랜드와의 상품 차별화를 달성함과 동시에 수익성을 확보하고, 젊은 층들이 열광하는 브랜드, 캐릭터 등과 빠른 콜라보레이션을 통해 트렌드를 선도하는 것을 중요시한다. 그와 동시에 다른 측면에서는 고객 경험 차별화를 위한 다양한 플랫폼을 선보이고 있다. 이는 어떠한 기능을 지닌 공간과 편의점이 결합한다는 일본의 포맷 다양화와는 조금 다른 측면으로의 진화로 볼 수 있다. 예를 들면, 폐공장/창고를 재개발한 도시재생의 가치가 담겨 있는 복합 문화 공간(이마트24의 2garden)으로의 변신이라든지, 편의점 내에 미러볼과 네온사인을 설치한 파티공간(CU의 럭셔리 수노래방점)으로의 변신 등은 단순 장소의 결합이 아닌 고객이 편의점을 방문했을 때 느끼게 되는 재미와 경험에 더 많은 가치를 두고 있다. 고객이 편의점이라는 공간에서 느끼게 되는 경험과 가치 또한 고객에게 제공할 수 있는 편의라는 측면의 플랫폼 다양화를 통한 복합 공간화를 추구한다.

또한 편의점의 주요 강점인 생활 서비스를 더욱 강화하는 방향의 진화도 동시에 일어나고 있다. O2O 서비스 제공은 기본으로 해외 서류 배송, 외화 결제, 커피 구독, 중고 휴대폰 판매 등 고객에게 편리함을 제공할 수 있는 서비스는 모두 제공하고 있다. 마지막으로 가장 크고 두드러진 움직임은 IT 결합 및 신기술을 적용하는 편의점의 증가이다. 고객의 결제 편의 제공을 위한 자동결제(안면인식), 스캔앤고 기술을 적용한 무인 매장 등의 차세대 편의점이 2018년 기준 25개 점에서 2019년 1분기 기준 60개 점으로 급속도로 증가하고 있는 추세이다.

향후 전개될 진화의 방향성은 다음과 같다.

(1) 상품의 진화

독특하고 트렌디한 상품 판매를 통한 편의 및 고객 경험 제공을 넘어서 진정한 MD 차별화를 통한 수익 확보가 동시에 이뤄져야 한다. 수익의 원천은 결국 매장 내 상품의 판매이기에, 편의 서비스를 통해 점포를 방문하는 고객들에게 반드시 업셀링/크로스셀링할 수 있는 상품적 매력을 갖춰야 한다. 이를 위해서는 지금 수준의 PB상품 및 편의점 단독 상품을 뛰어넘어, 제조사 중심이 아닌 고객 중심의 상품개발이 이뤄져야 한다.

(2) 포맷의 진화

상품의 진화와 더불어 점포 포맷의 진화가 동시에 이뤄져야 한다. 지금까지와 같은 좁고 협소한 공간 내에서의 상품 전개와 디스플레이 방식을 탈피하여, 편의점이라는 공간 자체에서도 차별적인 편의와 경험을 제공할 수 있어야 한다. 단순히 편의성만 강조하는 방향의 진화는 결국 '온라인 커머스보다 더 편리한가'의 근본적인 질문에 답할 수 없을 것이다. 편의점이 오프라인 커머스인 이상 반드시 공간에서 제공할 수밖에 없는 가치를 창조적인 방향으로 해석하여 고객에게 제공해야만 할 것이다. 이를 위해서는 O2O(online to offline)적인 관점의 서비스 확장 및 타 업태와의 전환(conversion)을 가능케 하는 하드웨어/소프트웨어적인 포맷의 진화가 필수이다.

(3) 디지털 솔루션을 통한 진화

기존 아날로그적 사고 기준에서의 '편의'라는 개념을 파괴하고, 새로운 관점의 '편의'를 정의하는 디지털 트랜스포메이션하는 것 또한 진화의 강력한 다른 축으로 작용해야 한다. 점포를 방문하는 고객 개개인을 이해하며 그들의 숨은 욕망과 니즈를 발견해 스스로도 자각하지 못하는 편의 서비스와 상품을 제공하지 못한다면, 이미 깊은 단계로 고객을 이해하고 있는 온라인 커머스에 대응할 수 없기 때문에 디지털 솔루션의 도입은 생존을 위한 선택이 아닌 필수의 조건이다. 더불어 최저임금 상승, 24시간 영업의 비용 증가 등 지속적인 인건비 증가에 대응하며 수익성을 강화하기 위해 결국 운영비용 절감을 위한 무인점포화가 피할 수 없는 과제로 주어질 것이며, 현재 직원들의 역할 또한 모두 바뀌어야만 한다.

결국 편의점은 높은 수준의 고객 편의성 제공을 바탕으로 빠른 소비 트렌드 변화에 발맞춰 지속적인 변신을 해야 하며, 이를 통해 기존 유통채널들이 가지고 있던 한계를 보완하고 결핍된 고객 욕구를 충족시킴으로써 고객들에게 새로운 가치를 전달해야 하는 업태의 사명을 가지고 있다. 그리고 무엇보다 편의점은 이미 전통적인 유통채널의 포맷이기를 거부했기 때문에, 기존의 리테일을 벗어난 다양한 서비스와 기능의 결합과 통합을 지속하며 유통 산업 내 새로운 흐름을 일으켜야 하는 숙명 또한 지니고 있다(Deloitte, 2020).

3) PB의 확산

유통산업에서 경쟁이 치열해지면서 대형유통업체들이 경쟁력 강화를 위해 PB(Private Brand : 유통업체 상표) 상품개발에 적극 나서고 있다. PB는 흔히 NB(National Brand : 제조업체 상표)와 비교되는 개념으로 쓰이고 있다.

PB상품은 유통단계 축소를 통한 저가격과 고수익을 추구할 수 있다는 점에서 유통업체들에게 매력적이다. 가격파괴형 신업태들에 있어서 PB상품은 비용을 절감하는 주요 수단이 되고 있다. 또한 유통업체들은 PB 도입을 통해 가격인하 요구 등 제조업체에 대한 발언권을 높일 수 있기 때문에 NB의 염가판매를 위해서도 PB를 도입하고자 한다.

이마트 '노브랜드'는 온라인몰에 밀리고, 위축된 소비심리에 치이는 유통업계가 만든 자체 브랜드(PB)의 성공 사례다. 셀 수 없이 많은 자체 브랜드들이 생겨났다 없어졌지만, 노브랜드만큼의 파급력을 만들지는 못했다. 노브랜드의 모토는 단순하다. 가장 적당한 소재와 제조 방법을 찾아 업계 최저 가격대의 제품을 만든다는 것이다. 이마트의 PB는 크게 세 가지로 나뉜다. 프리미엄 식품을 주로 다루는 피코크, 일반적인 제품을 다루는 e브랜드, 저가로 승부하는 노브랜드로 구성된다.

미국, 유럽, 일본 등에서는 소비자들의 저가격 지향과 PB상품의 품질향상으로 PB상표가 성장단계를 넘어 성숙단계에 있다. 미국의 경우 소매업체 매출액 중 PB상품이 차지하는 비율이 25%에 달하며, 미국 소비자들의 70% 정도가 PB상품을 구입한 경험이 있고, 85%는 제품만 마음에 들면 상표에는 그다지 상관하지 않는 것으로 나타났다.

읽을거리 가심비까지 잡은 PB상품

서울 송파구에 거주하는 직장인 이세윤 씨(39)는 이마트 자체 브랜드(PB · Private Brand)인 '노브랜드' 단골이다. SSG닷컴 내 온라인몰에서 생활용품, 가전, 패션 잡화 등 다양한 제품을 합리적인 가격에 구입할 수 있을 뿐 아니라 새벽배송을 통해 신선식품도 편하게 받을 수 있기 때문이다. 주말에는 집 근처 노브랜드 스타필드시티 위례점을 찾아 새로 나온 상품들을 확인하고 향후 구매를 위한 목록을 정리해둔다. 그는 "예전엔 PB를 '보급형 제품' 정도로 여겨 관심을 갖지 않았지만 지금은 완전히 생각이 바뀌었다"며 "품질 좋은 제품을 합리적인 가격으로 구입할 수 있으니 다른 쇼핑 채널을 찾아다닐 이유가 없다"고 말했다.

이마트 주요 PB 상품 매출 (단위=억원)

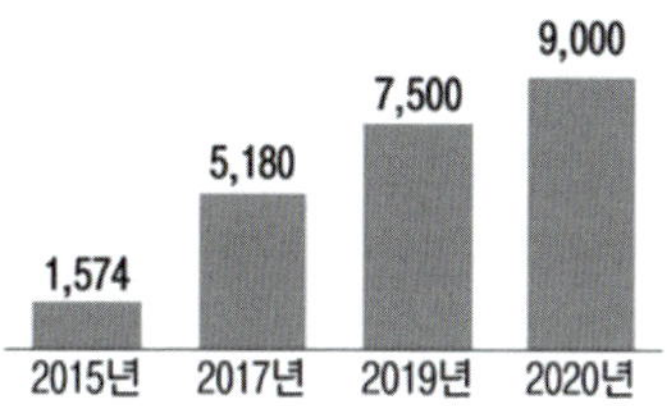

*노브랜드와 피코크 매출 합, 2020년은 추정치.
자료=이마트·유통 업계

국내 유통 업계에 PB 상품 바람이 거세게 불고 있다. 대형마트, 홈쇼핑, 편의점, 이커머스 등 대부분 유통 채널이 PB를 키우기 위해 공격적인 마케딩에 나섰다. 유통 업체들이 PB를 강화하는 중요한 이유는 이익률 제고다. PB는 제조부터 판매까지 대부분의 과정을 유통사가 직접 담당하기 때문에 제조업체 브랜드(NB · National Brand) 상품에 비해 제품 원가를 낮출 여지가 있다. 특히 올해는 코로나19 충격으로 인해 기업들 간 생존을 위한 비용 절감 경쟁에 불이 붙으며 PB 상품 확대가 더욱 탄력을 받고 있다. 여준상 동국대 경영학부 교수는 "초기 대형마트를 중심으로 시작된 PB가 '가성비'를 중시하는 소비 트렌드 바람을 타고 편의점, 온라인 쇼핑몰 등 전방위로 확산되는 상황"이라며 "특히 업체 간 가격 경쟁이 직접적으로 매출에 연결되는 업종에서 PB는 원가 절감으로 인해 유리한 고지를 확보하는 데 큰 역할을 한다"고 말했다.

PB 사업 확대에는 대형마트들이 앞장섰다. 정용진 신세계그룹 부회장은 올 초 신년사를 통해 PB 상품 확대와 초저가 가격 전략 등을 강조한 바 있다. 이를 반영하듯 이마트는 2016년 7개였던 PB 상품 '노브랜드' 매장을 올해 9월 말 현재 270개로 늘렸다. 지난해 노브랜드 매출은 5,000억 원을 기록해 2015년 매장 오픈 첫해(234억 원)보다 20배 이상 급증했다. 가정간편식(HMR) PB '피코크'는 올해

1~8월 매출이 전년 동기 대비 18.9% 늘었다. 홈플러스는 지난해 11월 프리미엄 PB '시그니처'를 론칭하며 고품질 PB 시대를 선언했다. 론칭 당시 600여 종이었던 시그니처는 현재 1459종으로 2배 이상 확대됐다. 롯데마트는 총 10개 PB를 운영한다. 대표 PB인 '온리프라이스'와 '요리하다'는 지난해 매출이 전년 대비 각각 16%, 50% 성장했다.

편의점 업계도 PB 확대를 활발히 추진하고 있다. 주요 편의점 매출에서 PB 매출이 차지하는 비중은 30%를 넘었다. GS25는 2018년 전체 매출 가운데 PB 상품 매출 비중이 36%를 돌파했다. 2000여 개 상품을 판매 중인 세븐일레븐 역시 PB 매출이 전체 중 36%를 차지한다. 올해 '헤이루'라는 PB를 새롭게 론칭한 CU도 PB 매출 비중이 20% 후반대에 달한다. CU를 운영하는 BGF리테일은 미국 · 중국 · 호주 등 10여 개국으로 PB 상품을 수출한다. 편의점 업계가 PB에 주력하는 이유는 '차별화'에 있다. 근거리에 여러 점포가 자리 잡고 있을 때 특정한 제품이 인기를 끌면 그 제품을 판매하는 편의점 매출이 덩달아 오를 수 있다는 얘기다. 이 때문에 편의점 업계는 생수, 커피, 도시락, 컵라면 등 다양한 상품군에서 고객 눈길을 사로잡을 PB 상품을 잇달아 내놓고 있다. GS25 관계자는 "유통 업체 특성상 제조업체 상품만 판매하면 차별화하기 어렵다"며 "다른 업체 매장에서 볼 수 없는 PB 상품을 선보여야 단골 고객을 유지할 수 있다"고 말했다.

'언택트' 소비 트렌드에 올라탄 온라인 유통 업체도 PB 육성에 한창이다. 지난해 17조 원 넘는 거래액을 기록한 쿠팡은 지난 7월 PB 사업부문을 분할해 자회사 'CPLB'를 설립했다. 수장으로 미국 이커머스 기업 아마존 출신인 PB 전문가 미넷 벨린건 스톤만 부사장을 선임했다. 올 초 '컬리스'라는 대표 PB를 론칭한 마켓컬리는 지난 9월 기준 PB 상품 200여 개를 판매 중이다.

최근 나타나는 PB의 가장 큰 특징은 '고급화'다. '값싸게 대량으로 구매하는 제품'이라는 인식을 깨고 가성비는 물론 다양한 소비자 취향을 만족시키는 새로운 PB 상품들이 잇달아 출시되고 있다. 유통업계는 이 같은 PB 바람이 한동안 주요 이슈로 자리 잡을 것으로 예상했다. 업계 관계자는 "많은 유통 업체들이 3~4년 전부터 안전성 확보, 브랜드 이미지를 위한 PB 담당팀을 꾸려 품질 개선 작업에 몰두하고 있다"며 "이로 인해 값싸고 양 많은 상품이 아닌 '가격 거품' 없는 고품질 PB를 찾는 소비 트렌드도 더욱 강해질 것"이라고 말했다.

출처 : 매일경제, 2020.10.30

4) 온라인 쇼핑

최근 들어 유통 환경에 중요한 변화가 일어나고 있다. 최근 쇼루밍족이 급증함에 따라 전자제품, 패션상품, 주방용품 등 과거 오프라인에서 주로 구매하던 상품들의 온라인 · 모바일 구매가 증가하고 있다. '쇼루밍(showrooming)'이란 오프라인 매장에서 상품을 보고 실제 구매는 스마트폰, 태블릿, PC 등을 통해 온라인 · 모바일에서 하는 것을 뜻하는 용어다.

더욱이 기업은 옴니채널 전략을 강화하고 있는데, 여기에서 '옴니채널(Omni Channel)'이란 오프라인과 온라인을 통합해 고객들에게 언제 어디서나 서비스를 제공하는 유통체계를 뜻하는 용어다. 개별적으로 구축됐던 여러 고객유입 채널(멀티채널)에서 한층 더 나아가 온라인 및 모바일, 오프라인 매장, 카탈로그, 콜센터 등의 다양한 채널들을 유기적으로 결합해 일관된 고객 경험을 제공하는 것을 뜻하는 용어다.

코로나19 확산에도 2020년 유통업체 매출이 5% 넘게 증가했다. 오프라인 매출은 야외활동이 줄면서 감소했으나 온라인 매출이 큰 폭으로 늘어났다. 산업통상자원부에 따르면 2020년 주요 유통업체 매출이 전년대비 5.5% 증가했다. 오프라인 매출은 3.6% 감소했으나 온라인 매출이 18.4% 증가하며 전체 매출을 끌어올렸다.

[그림 3] 유통업체 매출 증감률 추이

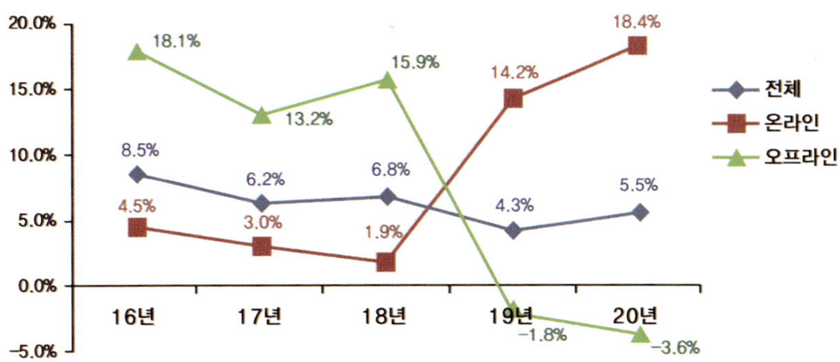

2020년 11월 온라인쇼핑 거래액이 전년 대비 17% 이상 급증한 15조 631억 원을 기록했다. 이 중 모바일쇼핑 거래액은 10조 2,598억 원이었다. 모두 역대 최고치다. 신종 코로나바이러스 감염증(코로나19)으로 자택에 머무는 시간이 늘면서, 비대면 온라인 쇼핑이 급증한 영향이다. 가전 · 전자 · 통신 분야도 지난해 10월 출시된 애플 아이폰 12의 인기에 거래액이 40% 넘게 급증했다.

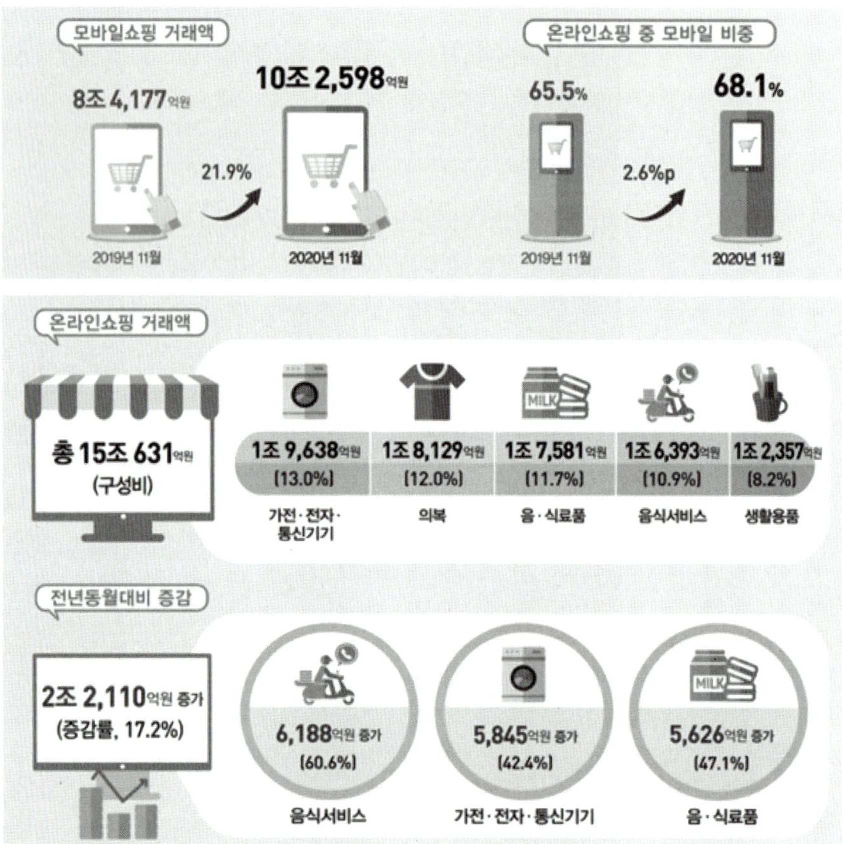

출처 : 통계청, 2021.01.05

통계청이 2021년 1월 5일 발표한 '2020년 11월 온라인쇼핑동향'을 보면, 11월 온라인쇼핑 거래액은 15조 631억 원으로 2018년 11월보다 17.2% 증가했다.

온라인쇼핑 거래액 중 모바일쇼핑은 21.9% 증가한 10조 2,598억 원이었다.

전월과 비교해 온라인쇼핑 거래액은 5.8%, 모바일쇼핑 거래액은 7.5% 각각 상승했다. 온라인쇼핑 거래액 중 모바일쇼핑 거래액 비중은 68.1%로 전년 동월(65.5%)에 비해 2.6%포인트(P) 상승했다.

상품군별로 보면, 가정 내 생활이 길어지면서 집콕 용품들이 크게 늘었다. 배달음식은 1조 6,393억 원치 주문해 전년 동월 대비 60.6% 증가했고, 간편조리식 · 식재료 등 식품 주문(2조 2,516억 원)도 49.7% 늘었다. 코로나19의 확산세가 이어지면서 외식 대신 집에서 주문해 먹는 배달 시장이 커졌기 때문이다.

컴퓨터 · TV · 스마트폰 등 전자제품 판매액은 2조 6,314억 원으로 전년 대비 42.4% 늘었고, 생활용품이 1조 2,357억 원어치 팔려 전년보다 36% 증가했다.

반면 대면이 필요한 문화 · 레저서비스(-65.8% · -1,297억 원), 여행 · 교통서비스(-52.0% · -7,483억 원) 등은 감소했다. 10월과 비교하면 스포츠 · 레저용품(-4.9% · -292억 원) 등은 줄었지만, 가전 · 전자 · 동신기기(14.1% · 2,420억 원), 의복(11.3% · 1,835억 원) 등에서 증가했다.

모바일 쇼핑에서도 상황은 비슷했다. 상품군별 온라인쇼핑 거래액 중 모바일쇼핑 거래액 비중은 음식서비스(96.1%), e쿠폰서비스(86.3%), 가방(79.6%) 순으로 높았다.

취급상품범위별 거래액은 전년 동월 대비 종합몰은 21.1% 증가한 10조 2,358억 원을, 전문몰은 9.8% 증가한 4조 8,273억 원을 기록했다. 전월대비 종합몰은 4.1%, 전문몰은 9.5% 각각 늘었다.

한편 지난해 11월 온라인쇼핑 운영형태별 거래액은 전년동월대비 온라인몰은 26.3% 증가한 11조 243억 원을, 온 · 오프라인병행몰은 2.0% 감소한 4조 388억 원을 기록했다. 전월대비 온라인몰은 5.1%, 온 · 오프라인병행몰은 7.7% 각각 증가한 것으로 나타났다.

비대면 소비가 일상화되면서 온라인 쇼핑 거래액이 급증하는 가운데 오픈마켓에서의 소비자 피해도 그만큼 늘고 있는 것으로 나타났다. 오픈마켓의 경우 소셜커머스와 종합쇼핑몰의 사업 구조의 차이점은 〈표 1〉과 같다.

〈표 1〉 온라인 쇼핑몰 비교

구분	오픈마켓	소셜커머스	종합몰
분류	통신판매중개업자	통신판매업자	통신판매업자
사업 모델	판매자와 구매자를 중개해 주는 marketplace 제공	SNS를 이용한 공동구매 비즈니스 모델	온라인 소매 유통
주요 수익원	중개 수수료(입점비, 결제·판매 수수료), 광고		수수료(입점비, 결제·판매 수수료), 광고
판매책임	없음	있음	있음
설립요건	전자금융거래법상 요건 충족 필요	-	전재금융거래법상 요건 충족 필요
통신판매 중개업자	이베이코리아, 11번가, 쿠팡, 인터파크, 위메프, 티몬 등		SSG.COM, 이마트몰, Hmall, GS SHOP, CJmall, Lotte.com

오픈마켓은 중개업자로, 상품 거래 시 발생하는 문제에 대해 책임질 필요가 없다. 국내 전자상거래법상 종합유통몰과 소셜커머스는 통신판매자로, 오픈마켓·포털쇼핑·배달앱 등은 통신판매중개자로 분류된다. 예컨대 종합몰에서 배송에 문제가 생기면 쇼핑몰에 항의하면 해결이 되지만, 오픈마켓에서는 입점 사업자에게 해결을 요청해야 한다.

오픈마켓은 다수의 판매자와 구매자가 온라인상에서 거래하는 시장이다. 같은 상품을 두고 여러 판매업자가 가격 경쟁을 벌이기 때문에 일반 쇼핑몰보다 저렴하고 상품도 다양하다. 이런 이점으로 전자상거래 시장에서 오픈마켓의 사세는 커지고 있다.

통계청에 따르면 2019년 국내 온라인 쇼핑거래액은 134조 5,830억 원으로 전년 대비 18.3% 증가했다. 이 중 오픈마켓은 35%가 넘는 가장 큰 점유율을 차지한다. 소셜커머스에서 출발한 쿠팡 · 위메프 · 티몬은 오픈마켓을 병행하고 있고, 2020년 4월 롯데쇼핑이 출범하는 통합 온라인몰 '롯데ON'도 플랫폼 일부를 개인 · 법인사업자에게 공개해 오픈마켓 형태로 운영하고 있다. 마켓컬리와 SSG닷컴도 통신판매중개 사업을 고려 중인 것으로 알려진다.

하지만 매점매석, 위조상품 판매 등 오픈마켓의 불공정 거래 논란이 늘고 있어, 시장 확대에 대한 우려가 커지고 있다. 즉, 현 상태라면 시장의 성장만큼 소비자들의 피해도 커질 게 뻔하다.

2021년 1월 25일 한국소비자원이 공개한 자료에 따르면 최근 5년(2016~2020년)간 접수된 온라인 거래 관련 피해구제 신청은 6만 9,452건을 기록했다. 신청 건수는 2016년 1만 331건, 2017년 1만 2,601건, 2018년 1만 3,648건, 2019년 1만 5,898건, 2020년 1만 6,974건으로 매년 증가하고 있다.

또한 한국소비자원이 주요 9개 플랫폼 사업자(11번가, 네이버, 옥션, 위메프, 인터파크, 지마켓, 쿠팡, 카카오, 티몬)와 관련된 피해구제 신청 현황을 분석한 결과, 보상을 받지 못한 경우가 40.8%(4,464건)로 집계됐다. 피해 보상을 받지 못한 이유는 입증 자료 미흡, 판매자 신원정보 미상 등으로 파악된다. 반면, 소비자가 환급, 배상, 계약해제 등으로 피해를 보상받은 비율, 이른바 피해구제 합의율은 58.6%(6,420건)였다.

이는 다른 사업자에 비해 상대적으로 낮은 수준이다. 피해구제 합의는 환급, 배상, 계약해제 · 해지, 계약이행 등을 뜻한다. 타 분야 피해구제 합의율은 주식투자서비스 82.8%, 의류 · 신변용품 78.8%, 초고속인터넷서비스 73.0%, 통신교육서비스 64.8%, 국내결혼중개업 61.9% 등으로 플랫폼 사업자와 최대 24%p 이상 차이가 난다.

위해물품 거래 관련해서도 절반 이상의 피해자가 구제받지 못하는 것으로 나타났다. 위해물품 거래 관련 피해구제 신청된 1,074건 중 환급 · 배상 · 교환 등으로 피해를 보상받은 비율은 47.6%(511건)이었고, 피해입증의 어려움이나 판매업자의 연락 두절 등으로 피해보상을 받지 못하는 경우가 52.1%(560건)였다.

이는 플랫폼 운영사업자에게 위해물품거래 방지 의무 · 손해 배상 책임이 없기 때문이다. 현행 전자상거래법상 오픈마켓은 '통신판매중개업자'로 분류돼 자신이 계약 당사자가 아님을 고지하기만 하면 소비자 피해에 대해 책임지지 않아도 된다. 오픈마켓은 판매자와 소비자를 이어주는 플랫폼만 제공할 뿐 거래로 인한 책임은 판매 당사자에게 있다는 것이다.

하지만 상당수 소비자가 해당 오픈마켓에 대한 신뢰를 바탕으로 입점업체와 거래하기 때문에 이를 개선해야 한다는 지적이 수년째 이어져 왔다. 더욱이 최근에는 코로나19 여파로 온라인 소비가 급격히 늘면서 오픈마켓에 진출하려는 기업들도 증가하는 상황이다. 자사 상품뿐 아니라 다양한 판매자들이 입점하면 취급품목이 늘고, 온라인몰 덩치를 빠르게 키워 '규모의 경제'를 실현할 수 있기 때문이다.

실제로 현재 신세계(SSG닷컴), 롯데(롯데온), 홈플러스 등 주요 온 · 오프라인 유통기업들은 오픈마켓 사업에 대한 관심이 큰 것으로 알려졌다. 롯데온은 이미 오픈마켓에 진출했고, 홈플러스와 SSG닷컴도 오픈마켓 전환을 준비 중인 것으로 전해진다.

물론 오픈마켓들도 사업 특성상 소비자 피해와 분쟁 등 리스크를 사전 차단하는 시스템을 자체적으로 운영 중이다. 입점업체 진입 장벽을 높이거나 자체 상품 사전 검수 등을 도입해 품질 저하 문제를 방지하는 방식이다. 그러나 상품을 일일이 모두 사전 검수하기에는 물리적인 한계가 있는 만큼, 이른바 '짝퉁' 상품, 오픈마켓 사기 피해 등이 계속되는 실정이다.

이에 공정거래위원회가 온라인 플랫폼과 소비자 사이에 발생할 수 있는 소비자 피해를 구제하기 위한 법 개정에 나섰다. 2020년 9월 28일 「온라인플랫폼 중개거래의 공정화에 관한 법률」 제정안을 발표했고, 매출액 100억 원 또는 판매금액 1,000억 원 이상 온라인플랫폼 사업자에 적용하는 「온라인플랫폼 중개거래의 공정화에 관한 법률」이 2021년 1월 26일 국무회의를 통과했다. 온라인플랫폼 공정화법은 일정 규모 이상 온라인플랫폼 사업자에 필수기재사항을 명시한 계약서 작성 · 교부 의무, 계약 내용 변경 및 서비스 제한 · 중지 · 종료 시 사전 통지의무를 부과하는 내용을 담았다. 서비스 제한 · 중지는 7일, 계약해지는 30일 전에 통보해야 한다. 계약 내용 변경은 시행령으로 규정한다. 이와 함께 현행 공정거래법상 거래상지위남용행위 조항을 구체화해 적용하고 플랫폼 사업모델 특성에 맞는 거래상지위 인정기준을 도입했다. 연성규범인 표준계약서와 공정거래협약 제도를 도입하고 플랫폼에 특화한 분쟁조정협의회를 운영하도록 했다. 혁신을 저해하지 않으면서 법 위반 억지력이 확보되도록 과징금 부과를 강화하되 형벌 도입은 최소화하고 신속한 거래 질서 회복과 피해구제를 위해 동의의결제도를 도입했다.

공정위는 플랫폼 사업자의 거래상 지위 남용 행위에 대해 형벌(검찰 고발)을 부과하지 않는 대신 과징금을 다른 업종에 비해 2배 강화했다. 법 위반 금액의 최대 2배까지 과징금으로 매길 수 있게 하고, 정액 과징금도 10억 원으로 규정했다. 주요 사업자 중 오픈마켓은 8개 이상, 숙박앱은 2개 이상, 배달앱은 최소 4개가 법 적용 대상이 될 것이며, 자세하게는 오픈마켓에선 네이버쇼핑, 쿠팡, 지마켓, 옥션, 위메프, 티몬, 11번가, 인터파크 등 8개 사업자가 규제 대상에 포함될 것으로 보인다. 숙박앱으로는 여기어때와 야놀자 등 2곳, 배달앱은 배달의민족, 요기요, 배달통, 쿠팡이츠 등 4곳이 적용 대상으로 거론된다.

추가적으로 '네이버 랭킹순' 등 일반 소비자가 정확히 어떤 노출 순위인지 알 수 없는 기준을 투명하게 알리게 하는 방안도 담긴다. '인기순'이라는 기준이 매출액 기준인지, 매출액 순이라면 1주 혹은 1개월 실적을 토대로 한 결과인지 등을 별도의 아이콘을 통해 공개하게 할 것으로 보인다.

택배 · 배달 온라인플랫폼 노동자도 보호된다. 택배기사와 대리점, 대리점과 택배기사 사이의 불공정거래 관행을 점검하고 배달 플랫폼과 지역 지점, 지역 지점과 배달 기사 사이의 거래실태도 살핀다.

이와 함께 올해 상반기 내 온라인플랫폼 분야의 심사지침을 제정, 온라인플랫폼 사업자의 법 위반행위를 판단하는 기준을 명확히 한다는 방침이다.

읽을거리 공정위원장 "플랫폼, 배상책임 부담 안 해… 전자상거래법 개정"

조성욱 공정거래위원회 위원장은 "2002년 만들어져 구석기시대에 있는 전자상거래법(전자상거래 등에서의 소비자보호에 관한 법률)을 모던한 시대에 맞게 바꾸자는 것"이라고 밝혔다. 조 위원장은 "그동안 전상법은 적용대상이 TV홈쇼핑, 우편 등 통신사업자라 모바일 · 플랫폼 등에 대한 고려가 없었다"며 "플랫폼이 주문접수와 결제, 배송도 책임져 소비자는 플랫폼에 있는 입점업체에서 (물건을) 사면서도 이를 정확히 구별 못하는 상황"이라고 설명했다.

즉 전상법의 주요 개정 사항에 대해서는 "소비자에게 플랫폼에서 사는지 입점업체에서 사는지를 확실히 알려주도록 할 것"이라며 "또 검색결과가 광고인지 등을 정확히 알려 소비자가 합리적 선택을 할 수 있도록 하려는 것"이라고 말했다. 또한 조 위원장은 "플랫폼은 거래의 여러 단계에 직접 개입함에도 계약당사자가 아니라는 것을 고지만 하면 일체의 배상책임을 부담하지 않고 있다"고 지적했다.

2021년 2월 4일 서울대에서 열린 '2021 경제학 공동학술대회' 기조강연 발표문에서 "현행 전자상거래법은 플랫폼의 지위와 역할에 상응하지 못하는 한계가 있다"며 "전자상거래법을 개정해야 한다"고 말했다. 조 위원장은 "규범이 완비되지 않은 상황에서 플랫폼 거래 비중이 높아짐에 따라 소비자 피해가 발생하고 그 피해구제가 미흡한 사례도 늘어나고 있다"고 밝혔다.

최근 5년간 한국소비자원에 접수된 온라인거래 피해구제 신청은 총 6만 9천452건으로, 매년 늘어나는 추세다. 온라인 플랫폼 관련 분쟁은 전체 온라인거래 분쟁의 15.8%를 차지하며, 소비자가 피해보상을 받지 못한 비율(40.8%)도 높다.

그는 "플랫폼 사업자의 역할과 거래 관여도에 맞는 소비자 피해 예방책임을 규정하는 등 전자상거래법을 개정하겠다"며 "검색결과, 노출순위, 사용자후기, 맞춤형 광고 등에 대한 소비자의 '정확하게 알고 선택할 권리'도 보장할 것"이라고 언급했다.

이어 "소비자 피해를 예방하고 그 피해를 신속히 구제할 제도도 보완할 것"이라며 "임시중지명령의 요건을 완화하고 동의의결제도도 도입할 것"이라고 덧붙였다. 임시중지명령이란 공정위가 조사 · 심의를 거쳐 시정조치를 부과하기 전 온라인 쇼핑몰 등의 사업행위를 임시로 중지하게 해, 소비자 피해 확산을 막는 제도다.

출처 : 연합뉴스, 2021.02.04

5) 기업형 슈퍼마켓(SSM : Super-Super market) 규제

기업형 슈퍼마켓(SSM)은 대형마트보다는 작고 동네 슈퍼마켓보다는 큰 소매점을 말한다. 대통령령으로 정해진 표준산업분류 코드에서는 슈퍼마켓과 동일한 코드를 사용하고 있지만 슈퍼마켓 중에서 다음에 해당하는 점포를 SSM이라고 정의한다(경기도경제과학진흥원, 2018). 대표적으로 롯데슈퍼, 이마트에브리데이, GS슈퍼마켓, 홈플러스익스프레스 등이 SSM에 해당된다.

- 대규모점포를 경영하는 회사 또는 그 계열회사가 직영하는 점포
- 「독점규제 및 공정거래에 관한 법률」에 따른 상호출자제한 기업집단의 계열 회사가 직영하는 점포
- 위 두 항목의 화사 또는 계열회사가 직영점형 체인사업 및 프랜차이즈형 체인 사업의 형태로 운영하는 점포
- 점포의 크기가 330~3,000㎡ 사이의 슈퍼마켓으로 대형마트에 비해 출점이 용이하고 가공품을 주로 판매하는 편의점과 달리 채소, 생선 등 농축산물도 판매하는 점포

경기 불황이 지속됨에 따라 소상공인 단체 및 지자체를 중심으로 자영업자와 소상공인을 보호해야 한다는 사회적 목소리가 커지고 있고 정치권에서는 서민경제 살리기의 일환으로 SSM에 대한 규제를 지속적으로 강화하고 있다. 이에 따라 2010 「유통산업발전법」 개정을 시작으로 대형마트 및 SSM의 영업일수,

영업시간, 출점지역 등을 규제했고 최근에는 소상공인의 사업영역을 보호하는 「소상공인 생계형 적합업종 지정에 관한 특별법」이 국회 본회의를 통과(2018. 05.28)하였다. 소상공인 생계형 적합업종제도는 소상공인의 생계를 영위하기에 적합한 업종을 지정해 보호·육성하는 제도이다.

「유통산업발전법」에서 SSM의 영업규제 정책은 2010년 12월 대형마트·SSM(대기업 지분 51% 이상 프랜차이즈 가맹점 포함)이 사업조정 대상이 되고, 개정 유통법에서 전통시장 500m 이내 출점 규제로 진정될 것으로 예측하였으나, 업계의 지속적 출점과 중소상인의 반발이 심화되어 SSM 출점 및 영업규제가 강화되어야 한다는 논리로 2011년 6월 유통산업발전법 재개정으로 전통시장보존구역 500m에서 1km로 확대하고 지정유효기간이 3년에서 5년으로 연장되었다.

지속적인 개점과 중소업체의 반발, 그리고 편법개점 논란으로 국회는 다시 2011년 12월 유통산업발전법 개정안을 국회에서 통과시켜 지자체에서 조례를 제정하여 월 2회 의무휴무를 실시할 수 있게 되었다. 이에 따라, 2012년 2월 전주시 대형마트 영업제한 조례 첫 제정 후, 4월 대형마트·SSM의 의무휴무를 시행하였다.

2012년 6월 서울행정법원, 강동·송파구 조례절차상 위법판결로 지자체가 패소함에 따라 다시 대형마트의 영업규제는 한시적 시행 후 잠정적으로 중단되었다.

2013년 1월 1일 여야 합의로 유통법 개정안이 최종 통과되었는데, 내용은 당초 개정안에서 일부가 수정되어 통과되었다〈표 1 참조〉. 이 법안의 통과로 출점에서는 비규제지역에 대한 영업개시 전 입점 예고 시 사업 조정 일시정지로 사실상 추가 출점이 곤란하고, 영업규제의 확대는 출근시간 매출하락과 공휴일 영업제한으로 대형마트·SSM의 입장에서는 매출 감소를 피할 수 없게 됐다.

「유통산업발전법」에서 SSM의 영업규제 정책은 당초 2015년 효력이 만료되는 일몰 법안이었지만 2020년 11월 23일 까지 한 차례 연장되었고, 2020년 5월

26일 산업통상자원부는 유통산업발전법 전통상업보존구역 관련 규정 존속 기한을 2023년 11월 23일까지 연장하는 것을 골자로 하는 법안 개정을 착수했다. 산업부는 대·중소 유통산업 균형발전 시책의 지속추진을 위해서는 해당 규정의 존속 기한을 연장할 필요성이 있다는 입장이다. 특히 이번 개정안에는 전통상업보존구역 내 대형마트 개설 제한뿐만 아니라 준대규모 점포 정의 조항을 연장하는 내용도 담겨 있다.

〈표 2〉 2013년 1월 국회통과 유통산업발전법 주요 내용

구분	기존 규제내용	추가 규제내용
출점규제 (2011.6)	시장보존구역 출점제한 • 5년, 1km 이내(프랜차이즈 가맹점 포함) • 출점 시 사업조정(위탁가맹점 포함)	사전입점 예고제 • 개설 30일전 지역 및 시기 등 입점사실 통보 • 상권 영향평가서, 지역협력 계획서 제출
영업규제 (2011.12)	의무휴무 및 영업시간 제한 • 휴무일 : 월 1~2회 • 영업시간 : 08:00-24:00 • 농축수산물 판매비중 51% 이상 시 제외	의무휴부 및 영업시간 제한 확대 • 의무휴업일 : 월 2회(공휴일 중 지정) 이해관계자 합의 시 공휴일 아닌 날로 조정가능 • 영업시간: 10:00-24:00 • 농축수산물 판매비중 55% 이상 시 제외
의무휴업 위반 과태료	1차 위반 3,000만 원(점포 연간 100억 이상 시), 1,000만 원(100억 미만 시)	

현행법에서 롯데슈퍼·홈플러스익스프레스 같은 SSM뿐만 아니라 노브랜드, 피코크 전문점 등도 준대규모 점포 규제대상이다. 2019년 발의된 유통법 개정안은 출점 제한 범위를 기존 1km 이내에서 20km로 확대하고, 대규모 점포 개설 절차를 등록제에서 허가제로 변경하는 내용을 담고 있다.

2021년 1월 17일 국회 산업통상자원중소벤처기업위원회는 복합쇼핑몰의

월 2회 의무휴업 등을 골자로 한 총 14개의 유통산업발전법 개정안을 심사하고 있다.

홍익표 민주당 정책위의장은 스타필드 · 롯데몰 등 자산 10조 원 이상 대기업이 운영하는 복합쇼핑몰의 영업시간 제한과 의무휴업을 가능하도록 한 법안을 발의했다. 현행법에서는 지자체장이 대형마트 · 준대규모점포(SSM)의 심야 영업 제한과 월 2회 의무휴업일 지정이 가능한데, 이 규제 대상에 복합쇼핑몰을 추가하는 것이다.

같은 당 이동주 의원은 복합쇼핑몰에 더해 백화점, 아울렛, 전문점, 보세판매장(면세점)까지 영업 규제대상을 확대하는 법안을 내놨다. 김정호 의원도 대규모점포 등록을 제한하는 전통상업보존구역의 지정 범위를 기존 전통시장 경계의 1㎞ 이내에서 20㎞ 이내로 확대하는 법안을 발의했다.

궁극적으로 유통을 변화시키는 주체는 소비자이며 대형유통업체 규제의 효과는 소비자의 규제 순응성에 달려 있다. 따라서 본 쟁점에서 가장 중요하게 고려되어야 하는 것은 소비자들의 입장이며, 규제의 취지와 부합되도록 유통대기업의 '상생방안'도 필요하다.

2 최신 유통관련 사례

코로나19가 유통 시장을 흔들고 있다. 오프라인 중심의 프레임이 파괴되고 온라인과 배송 중심의 '뉴노멀'이 만들어지는 중이다.

1) 리테일 테크의 활용

리테일 테크(Retail-tech)는 소매유통 분야에 첨단 ICT기술을 적용함으로써 최종 소비자에게 새롭고 부가적인 가치를 제공하는 것을 의미한다. 리테일 테크의 거대한 흐름을 이끄는 쌍두마차는 미국의 아마존과 중국의 알리바바이다.

이들은 지금까지 소매 기업들이 관행적으로 진행했던 비즈니스 프로세스(Business Process)에 의문을 제기하고 전 과정을 세분화하여 혁신을 실현해나갔다. 첨단 기술이 접목된 리테일 테크는 매장과 재고관리, 물류혁신 등 소매유통 시장 업무 프로세스 전반과 소비자의 쇼핑경험에 일대 혁명을 몰고 왔다. 즉 제품 공급에서부터 판매, 고객 서비스에 이르기까지 유통 각 단계를 변화시키고 있다.

① 'Strategy' 단계에서 인공지능은 인간을 대신해 데이터를 분석하고 전략을 수립하여 경영자의 의사결정에 도움을 주고 있다. 수요 예측부터 상권분석, 소비자 분석까지 인공지능이 경영 전략 수립에 활용될 수 있는 영역은 무궁무진하다. 향후에는 인공지능이 경영자를 대신하여 의사결정을 내리는 것이 현실될 가능성도 있는 것으로 보인다.

'Supply' 단계에서는 재고 및 창고관리, 재고 실사, 매장관리 등의 영역에서 자동화가 일어나고 있다. IoT 센서의 발달은 재고 관리의 정확성을 높이며, 모든 상품의 이동과 상태 정보가 실시간으로 공유되어 관리되는 '리얼타임(Real-Time) SCM(Supply Chain Management)화'를 가능하게 한다. 또한 유통 현장에서는 사람을 대신해 로봇이 매장관리 업무를 수행하게 하여 매장관리 효율성을 극대화하고자 하는 움직임이 보인다.

독일 유통 그룹인 레베(Rewe) 그룹은 실시간 위치추적이 가능한 RFID(무선전파인식) 솔루션인 '스타시스템'을 도입하여 물류센터 관리 효율을 높였다. 레베 그룹의 물류센터는 약 4만㎡로 넓은 부지에서 상품의 위치를 정확하게 파악하기 어렵다는 한계를 가지고 있었다. 스타시스템을 도입한 이후 레베 그룹은 상품의 이력과 실시간 위치를 정확하게 파악할 수 있게 되었으며, 신선도 유지, 배송오류 감소 등 물류 관리를 최적화시킬 수 있게 되었다. 특히 유제품, 육류 등의 신선 식품의 유통을 위한 콜드 체인 시스템의 실시간 위치 추적을 활용한 관리는 상품의 신선도 유지뿐만 아니라 상품 폐기율을 하락시키는 결과를 가져오며 물류 및 재고 관리 비용을 절감시켰다.

〈그림 4〉 유통 밸류체인별 주요 변화

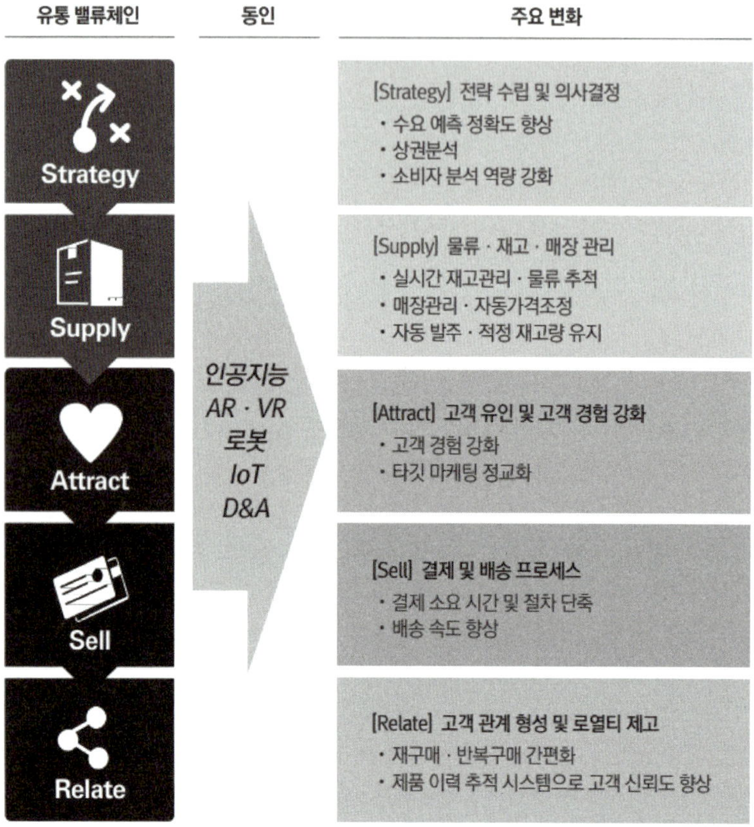

자료 : 삼정KPMG경제연구원(2017)

또한 미국의 슈퍼마켓 체인 크로거(Kroger)는 14개 지점에서 스마트 선반(Smart Shelves)을 시범 운영하고 있다. 스마트 선반에 장착된 디스플레이에는 가격, 영양성분 등의 상품 정보가 표시되고, 모바일 애플리케이션을 이용하는 고객은 쇼핑 리스트에 있는 상품의 위치를 쉽게 알 수 있다. 슈퍼마켓 체인 자이언트이글(Giant Eagle) 역시 스마트 선반 시스템을 활용하여 재고 보충 시간을 3분의 2가량 단축하였으며 재고 부족으로 상품이 품절된 상황이 절반으로 줄어들었다고 밝힌 바 있다.

로봇을 이용한 매장 관리 역시 여러 유통 기업에서 시도 중에 있다. 미국 대형 유통 업체 타깃(Target)은 매장 관리용 이동로봇 '탤리(Tally)'를 테스트하고 있다. 탤리는 매장 안을 이동하면서 가격표가 제대로 붙어 있는지, 재고가 충분한지, 상품이 제자리에 있는지 등을 점검한다. 탤리를 개발한 심베 로보틱스(Simbe Robotics)의 CEO 브래드 보골리아(Brad Bogolea)는 일반적으로 매장에서 직원이 1만~2만 개의 상품을 점검하는데 일주일에 20~30시간 정도가 소요되는 반면, 탤리는 한 시간에 1만 5천여 개의 품목을 스캔할 수 있다고 밝혔다.

② 'Attract' 단계에서는 AR · VR 등 각종 신기술이 고객 경험을 강화하고 있으며, 오프라인 매장이 디지털화되며 피지털(Phygital)이라는 새로운 흐름이 나타나고 있다. 피지털이란 피지컬(Physical, 물리적)과 디지털(Digital)의 합성어로 물리적 매장을 디지털화한 것을 뜻한다. 미국의 전자제품 유통 기업 베스트 바이(Best Buy)는 뉴욕 매장에 '글로이'라는 로봇을 도입하여 DVD나 비디오 게임과 같은 콘텐츠 검색과 구입이 가능하도록 하면서 매장 내 상품 탐색 기능을 강화한 바 있다. 한편 인공지능을 활용한 챗봇 플랫폼 '봇샵(Bot Shop)'을 활용하고 있는 글로벌 패션 브랜드 H&M을 비롯해 매장 내 VR 고글을 통해 패션쇼를 실제 현장처럼 체험할 수 있도록 제공하고 있는 타미힐피거(Tommy Hilfiger) 등 패션 브랜드도 디지털 매장 구현에 적극적이다. 블루밍데일즈(Bloomingdales), 콜스(Kohl's) 등 백화점 역시 매장 내 증강현실을 구현한 3D 가상현실 피팅룸을 도입했다.

이케아(IKEA)는 모바일 앱이케아 플레이스를 통해 AR 쇼핑경험을 제공하고 있다. 스마트폰 앱으로 거실을 비추고 배치하고 싶은 가상의 소파를 선택하면 실제 거실의 모습에 가상으로 소파가 겹쳐지는 경험을 제공한다. 미국 온라인 가구판매업체인 웨이페어(Wayfair)는 가상 망막 디스플레이를 개발하는 매직 리프(Magic Leap)와 제휴하여 VR 헤드셋을 쓰고 가상으로 집을 꾸밀 수 있는 서비스를 출시하였다. 매직 리프 원(Magic Leap One) 기기를 통해 가상으로 실제 크기의 3D 제품을 집안 곳곳에 놓으며 인테리어할 수 있는 MR서비스다. 웨이페어는 2018년 초에 페이스북과 파트너십을 맺고 페이스북 뉴스피드(Newsfeed)에서 웨이페어 제품을 3D 이미지로 구현하는 서비스를 선보였다(Jacqueline Renfrow, 2018.8.9.).

〈표 3〉 **피지털 구현 시 기술활용 예시**

VR	스마트폰으로 사이트를 접속하여 화면에 시선을 고정하는 것만으로도 백화점 내 상품을 구매할 수 있도록 한 VR 백화점 구축 옷을 직접 착용하지 않아도 '스마트 미러'를 통해 가상으로 착용한 모습을 제공
로보틱스	로봇이 상품의 탐색을 도와주고, 상품을 찾아 전달
IoT	IoT 기반의 블루투스 발신기와 스마트폰 애플리케이션을 연동하여 고객의 방문을 인지, 애플리케이션으로 예약해 둔 상품의 경우 결제 없이 상품 수령 가능
인공지능	인공지능 기반의 챗봇 통해 개인화 상품 추천, 매장 설명 등 지능형 의사결정 지원

아울러 빅데이터를 기반으로 인공지능과 IoT는 특정 소비자를 대상으로 한 타깃 마케팅 및 리얼타임 마케팅이 가능하도록 하였다. 온라인 패션 기업 스티치픽스(Stitch Fix)는 인공지능과 고도화된 D&A를 결합한 개인 맞춤 큐레이션 서비스를 제공하는 것으로 유명하다. 고객의 정제된 데이터를 수집하여 사용자의 패션 스타일을 학습한 인공지능이 수백 개의 알고리즘을 바탕으로 개인화되고, 이후 전문 스타일리스트가 투입되어 인간의 감성으로 옷을 추천해 준다. 일본의 대표 안경 브랜드로 꼽히는 진스(Jins) 역시 인공지능과 D&A를 결합한 '진스 브레인(Jins Brain)' 서비스를 제공 중이다. 약 200여 종류의 안경을 쓴 6만 장의 사진을 직원 3,000명이 어울리는지 여부를 우선 판단하게 했으며, 그 결과를 기계 학습한 인공지능이 고객에게 어울리는 안경을 추천해주는 방식이다. 직원이

물건을 판매하기 위한 일방적인 호의가 아닌, 퍼센트(%)로 어울리는 확률을 제공하고 있어 브랜드에 대한 신뢰도 상승, 재방문으로까지 이어지고 있다. 일본 패션 유통 브랜드 유니클로(Uniqlo)는 인공지능 기술을 이용해 고객의 뇌파반응을 분석해 유니클로 스코어를 산출한 후, 소비자 맞춤 티셔츠를 제안해주는 '유무드(U Mood)' 서비스를 제공 중이다.

③ 실제 구매가 성사되는 'Sell' 단계에서는 신기술이 결제 및 배송 시스템에 접목되어 결제 간편화, 배송 효율화 수준을 끌어올리고 있다. 유통 기업은 VR 페이, 무인 결제 시스템 등으로 소비자가 구매 결정 후 제품을 결제하기까지 걸리는 시간을 최소화하는 데 중점을 두며 비즈니스 강화에 나섰다. 일본 가전기기 유통업체 야마다전기는 2014년 안면인식 결제 시스템을 도입했다. 사전에 스마트폰 애플리케이션을 통해 본인의 얼굴 사진과 이름을 사전 등록한 고객은 이후 매장 방문 시 매장에 설치된 태블릿에서 상품 금액을 입력한 후 '지불확인' 버튼을 눌러 금액을 승인함으로써 결제를 마칠 수 있다. 이처럼 현금 또는 카드를 제출하지 않고도 고객 얼굴만으로 매장 내 결제 절차가 완료되는 프로세스를 통해 보다 간편한 쇼핑을 제공한다. 한편 중국 전자상거래 대기업 알리바바(Alibaba)는 2016년 가상현실 쇼핑 결제 시스템 'VR 페이(VR Pay)'를 선보였다. VR 페이는 헤드셋을 벗지 않고 착용한 상태로도 결제를 가능하게 만든 수단이다. 특이한 점은 결제 암호 입력 시, 가상 키보드를 1.5초 이상 주시하는 방식으로 입력하며, 헤드셋을 장착한 머리를 끄덕이거나 터치하는 방식으로 암호 승인이 진행된다는 점이다.

또한 드론을 비롯한 각종 로봇 기술이 상품 배송에 활용되면서 기업의 인건비 절감 효과뿐 아니라 배송 속도 향상 및 정확도 개선에 기여하고 있다. 영국의 테스코(Tesco)는 스타트업과의 협업으로 런던 시내(Central London)에 한해 로봇 배송 테스트에 성공했으며, 조만간 로봇으로 식료품을 배달해주는 '1시간 이내' 배송 서비스의 제공을 계획하고 있다. 일본의 라쿠텐(Rakuten)도 드론을 활용

한 배송 서비스 '소라라쿠(そら楽)'를 개시했다. 수령 장소에는 지름 5m의 원을 그린 비닐 시트가 깔려있으며, 드론은 이 원을 화상 인식해 착륙지점으로 식별한다. 착륙 후에는 짐을 자동으로 내려놓은 뒤 다시 프로펠러를 가동해 짐을 남기고 떠난다. 미국 거대 유통업체 월마트(Walmart)의 경우, 드론 배송에 분산원장 기술인 블록체인을 접목해 특허를 신청하기도 했다. 물품 추적에 블록체인 기술을 활용함으로써 보안 향상 및 추적의 정확도 개선을 꾀할 수 있을 것으로 보인다. 이와 같이 드론 배송 기술도 점차 고도화되고 있다.

로봇뿐 아니라 자율주행 배달트럭까지 배송에 투입되고 있다. 소형 드론과 로봇의 경우, 한 번에 실어 나를 수 있는 화물의 양이 한정적이며 거리에도 한계가 있기 때문에 향후 도심 내 배송 시스템에 상당한 편리함을 가져다줄 것으로 예상된다. 영국 온라인 슈퍼마켓 대표주자로 꼽히는 오카도(Ocado)는 2017년 6월부터 '카고팟(CargoPod)'이라는 이름의 무인 밴을 이용한 배송을 시범적으로 시도해오고 있다. 운전자는 인간이 아닌 셀레늄(Selenium)이라는 시스템으로, 차량 내 장착된 카메라와 센서를 이용하여 GPS의 도움 없이도 위치를 확인하고 도로를 주행할 수 있다.

또한 각 밴은 고객 시간 선호도, 교통량 및 날씨와 같은 요인에 따라 배달 경로를 최적화하기도 한다. 카고팟에 주문한 상품이 실릴 때와 상품이 배송지에 도착할 때 고객에게 통보되며, 고객은 밴 상의 LED등으로 표시가 된 보관함을 열고 자신의 장바구니를 꺼낼 수 있다.

④ 마지막으로 'Relate' 단계에서는 신기술이 반복구매 및 재구매를 간편하게 하여 고객의 자사 플랫폼을 통한 지속적 구매가 일어나도록 하고 있다. 아울러 IoT를 기반으로 한 제품 이력 추적 시스템은 배송 및 반품 과정에 접목되어 소비자의 신뢰도를 향상시키고 브랜드 이미지 제고에 도움을 준다. 이처럼 신기술은 고객 로열티를 높이는 데에도 상당 부분 활용될 전망이다. 오늘날의 소비자들은 자신들이 원하는 것을 기업들에게 보다 적극적으로 요구하는 'Do It

For Me'의 성향을 보이고 있는 가운데, 기업들은 기존 매장과 사이트상에 한정하여 제공하던 비즈니스 모델에서 탈피해 소비자의 일상 속으로 파고들어가 소비자와 더욱 긴밀한 관계를 이어나가며 로열티를 제고하는 데 나섰다. 기업들은 더 이상 소비자들과의 관계를 매장과 온라인 사이트 내에서만 형성하고 끝내버리는 것에 그치지 않는다. 고객의 일상생활 속에서 언제든지 자사 브랜드와 제품에 손쉽게 접근할 수 있도록 사물인터넷과 같은 첨단기술을 접목한 물건을 개발하면서 소비자 일상에 파고들고 있다.

월마트는 치약이나 우유, 면도기 등 제품에 센서를 부착해 사용량과 이용빈도를 체크하는 기술에 대해 특허를 출원하기도 했다. 무선 주파수나 블루투스, 바코드 스캐너를 포함, 제품 및 가정 내부의 다양한 센서를 사용해 소비자가 제품을 거의 다 쓰면 자동으로 추가 주문하거나 관련 제품 구매를 추천해주기도 한다.

2) 유통매장의 비접촉 · 무인화 가속

유통업계의 '언택트(비대면) 드라이브'가 가속화되고 있다. 사회적 거리두기가 일상화된 요즘 고객과 매장 직원 모두의 안전을 책임지는 언택트 서비스가 '위드(with) 코로나(Corona)' 시대의 필수 생존전략으로 자리 잡은 것을 반영한다.

미국 아마존이 운영하는 무인(無人) 슈퍼마켓 '아마존 고(Amazon Go)'가 대표적인 예이다(그림 2 참조). 아마존 고에는 계산대가 없다. 손님이 선반에서 원하는 제품을 집어 들고 매장을 나가면 자동으로 결제되는 방식이다. '아마존 고' 매장에는 이미지 센서를 이용한 딥러닝(Deep Learning) 기술, 센서 융합기술, 가상의 쇼핑 카트, 전자 영수증, 간편 결제 기술 등 여러 미래 기술이 망라돼 있다. 매장 곳곳에 달려 있는 센서를 통해 고객과 상품에 대한 정보를 인식 · 수집하고, 그 결과를 네트워크를 통해 클라우드 서버에 전달한 후 분석한다. '디지털 연결(digital thread)'의 시범장이 된 것이다. 아마존은 이곳에서 고객의 동선과 상품구매 습성, 구매 빈도와 주기, 구매 선호도, 결제 금액과 전반적인 경제력 등 대단히 정교한 고객 데이터를 확보할 수 있다.

또 '아마존 고' 매장은 아마존의 유료 회원제인 '프라임'의 고객을 확보하고 그들에 대한 서비스를 개선하는 창구 역할도 한다. 아마존 고에 입장하려면 기본적으로 아마존 프라임, 혹은 아마존 일반 멤버십에 등록돼 있는 고객이어야 한다. 고객은 스마트폰 QR코드를 가지고 매장에 입장해야 하고, 결제수단과 개인 기본 정보를 사전에 아마존 웹사이트에 등록해 놓아야 한다. 전 세계 프라임 회원은 1월 말 기준 1억 5,000만 명을 넘어섰고, 2021년까지 미국 전역에 매장을 약 3,000개로 늘릴 계획이다.

우리나라도 2020년 1월, GS25가 BC카드, 스마트로와 손잡고 BC카드 을지트윈타워 본사에 미래형 편의점 'GS25 을지스마트점'을 열었다. 인공지능(AI) 기술을 활용한 결제시스템과 QR코드를 통한 개인식별시스템으로 '계산대 없는' 편의점을 구축했다. 2018년 9월 강서구 마곡지구에 업계 최초로 선보인 '무인 편의점'에서 한 단계 더 발전된 미래형 점포다. 총 34대의 스마트 카메라로 고객을 쫓아다니며 이동 경로와 제품 구매 행동을 분석한다. 안면 인식 기술을 활용해 결제 시스템을 구축했고 냉장고, 상품 전시대에는 재고 파악을 위한 300여 개의 무게 감지 센서가 장착됐다.

이마트24 역시 지난해 신세계그룹 계열사인 신세계아이앤씨와 협업해 '저스트 워크 아웃(Just walk out)' 기술을 적용한 미래형 편의점 '이마트24 김포DC점'을 선보였다. SSG페이 앱을 이용해 매장 입장용 QR코드를 발급받은 뒤 이용하면 된다. 별도의 계산 과정 없이 물건을 집어 나가는 것만으로 결제가 완료된다. 다만, GS25와 마찬가지로 이마트24 역시 특정 결제 수단인 BC카드 페이북(GS25), 쓱페이(이마트24) 등과 연계해야 하기 때문에 제한도 있다.

[그림 5] 아마존 고(Amazon Go) 매장 모습

한편, 일본 편의점 업계에서도 무인화 바람이 불고 있다. 일본 중견 편의점 미니스톱은 기업 오피스 등에 소형 무인점포 "미니스톱 포켓"을 약 1,000개소 출점할 방침을 발표했다. 이러한 소형 무인점포 비즈니스를 시작하게 된 배경에는 업계 내 경쟁심화에 따른 신사업 발굴 필요성과 비용 절감에 있다. 미니스톱 포켓은 기업고객과의 제휴로 서비스를 제공하는 B to E(Business to Employee) 방식으로, 상품 진열대를 2~3개 정도 나열한 소형 점포를 오피스 건물 내 곳곳에 설치할 계획이다.

미니스톱에 따르면 미니스톱 포켓은 24시간 이용이 가능하며 결제는 현금 대신 Paypay, Suica, Pasmo 등을 활용한 캐시리스 결제 시스템을 활용할 방침이다. 법인고객에 대한 서비스를 올해 11월부터 개시, 순차적으로 확대해 2021년까지 전국 1,000여 개의 무인소형 점포를 출점할 것이란 목표를 밝혔다.

우리나라에서는 드라이브스루(drive through), 앱주문, 배달특화, 무인점포 등이 대표적인 언택트 서비스 사례로 주목받고 있다. 주문 · 결제 과정에서 사람 간 접촉과 매장 내 대기 시간을 줄여 효율적인 매장 운영에 도움을 주는데다 고객 편의성도 뛰어난 만큼 코로나가 안정화된 이후에도 업계 트렌드를 주도할 것이라는 전망이다.

써브웨이는 지난해 대구에 국내 첫 드라이브스루 매장 '대구동촌DT점'을 오픈한 데 이어, 최근 전주에 '전주송천DT'점을 오픈하는 등 지방 광역도시를 중심으로 드라이브스루 매장을 확대하고 있다. 일반 매장에서 하듯 차 안에서도 자유롭게 빵과 토핑 등을 선택해 취향에 맞는 나만의 맞춤형 샌드위치를 주문할 수 있는 것이 특징. 운전석에 앉아 모니터 화면을 보면서 직원에게 음성으로 주문하는 방식으로 주문방식도 쉽고 간편하다. 픽업 대기 시간도 적어 바쁜 일상 속에서도 건강한 한끼를 즐길 수 있다는 점도 장점이다. 써브웨이 전주송천DT점은 대지 387평 규모에 66석의 좌석과 18대의 주차공간을 갖춘 대형 매장이다. 전주시가 북부권 거점 지역으로 개발 중인 미래형 친환경 신도시 에코시티에 위치해 있다. 에코시티는 대형마트를 포함한 대규모 복합상권과 함께 고밀도로 개발돼 거주 및 유동 인구가 상당할 것으로 예상되는 지역이다. 써브웨이 전주송천DT점은 특히, 에코시티를 배후에 두고 전북 지역 핵심 도로인 동부대로를 전면에 접한 입지적 특성으로 노출성 및 접근성이 탁월해 호남 지역에서 써브웨이 브랜드 가치를 높이는 데 크게 기여할 것으로 기대된다.

CU도 편의점 최초로 드라이브스루 서비스를 도입했다. 모빌리티 커머스 플랫폼 '오윈' 앱을 통해 특정 점포를 지정하고, 원하는 상품을 골라 주문하는 방식이다. 미리 상품을 주문하고 결제한 후 차를 타고 점포에 방문하면 근무자가 정차된 차량으로 구매한 물건을 전달해 줘 서비스 시용에 소모되는 시간이 적고 이용도 간편하다.

롯데호텔 서울은 2020년 3월 업계 최초로 드라이브스루 서비스를 도입하고, 혼술 · 캠핑, 정찬 코스 등 고객 유형에 맞춘 다양한 언택트 메뉴로 주목받고 있다. 최근에는 오후 9시부터 다음날 새벽 5시까지 집에서 호텔 요리를 즐길 수 있는 '더 나잇 플렉스'를 선보였다. 상품은 싱글 · 커플 · 패밀리 플래터 3가지 타입이며, 와인 주문도 가능하다. 롯데호텔 서울 유선 전용 상품으로 2시간 전까지 예약 가능하고 설정한 시간에 1층 드라이브 스루 픽업 존에서 수령하면 된다.

도미노피자는 최근 간편결제 시스템 '도미노페이'를 업그레이드했다. 도미노

피자 간편 주문 서비스인 '퀵오더'와 도미노페이를 함께 이용하면 두 번의 클릭만으로 결제가 가능하다. 도미노페이 결제비밀번호 생략 기능을 선택하면 한 번의 클릭만으로 주문할 수 있다.

써브웨이는 전용 모바일앱을 통한 배달 및 매장 픽업 서비스 강화에 나서고 있다. 앱을 사용하면 사전주문 서비스 '패스트썹'과 딜리버리 서비스 '홈썹' 등 자체주문 서비스를 통해 빠르고 안전하게 써브웨이를 즐길 수 있다. 포인트 적립 등 멤버십 혜택도 푸짐하다. 특히 패스트썹 서비스는 주문부터 결제까지 앱에서 해결할 수 있어 매장 대기 시간을 획기적으로 단축시켜 준다. 또 매장에서 주문 단계별로 줄을 서서 직원과 직접 대화하지 않아도 되기 때문에 써브웨이를 더욱 스마트하게 이용할 수 있는 서비스로 각광받고 있다. 써브웨이 모바일앱은 1월 현재 누적 다운로드 수 47만 건을 돌파했다.

탐앤탐스는 올해 상반기에 블록체인 기술을 접목한 암호화폐 '탐탐코인'을 공식 앱 '마이탐'에 우선 도입할 예정이다. 추후 전국 탐앤탐스 오프라인 매장 및 해외 매장에서도 사용할 계획이다. 탐앤탐스는 탐탐코인을 결제 수단으로 활용하는 것은 물론, 고객 보상용으로 활용해 편의성·다양성·투명성까지 제공할 수 있을 것이라고 설명했다.

제너시스 비비큐는 배달 및 포장 특화매장 '비비큐 스마트 키친(BSK, BBQ Smart Kitchen)'을 론칭했다. BSK 매장은 8~12평 정도의 소규모 매장으로, 배달은 대행업체에 100% 맡기는 형태로 운영된다. 단순히 소형점포, 소자본 창업 형태가 아닌 배달앱 시스템, 오픈 키친 등 다양한 산업 인프라를 담았다. 지난해 6월 공식 론칭 이후 6개월 만에 BSK 100호점 강서화곡점을 오픈했다. 계약도 200건 이상을 돌파하며 성과를 내고 있다.

CJ푸드빌은 배달 전용 브랜드 '빕스 얌 딜리버리' 서비스를 전국 빕스 매장으로 확대했다. 지난해 8월 론칭한 '빕스 얌 딜리버리'는 배달에 최적화해 개발한 프리미엄 딜리버리 서비스 브랜드다. 스테이크, 연어 샐러드, 핫타이 누들 샐러드 등 빕스 시그니처 메뉴는 물론 피자, 폭립, 파스타, 디저트 등을 알차게 구성한 세트메뉴까지 집에서 간편하게 즐길 수 있다.

스타벅스는 지난해 역삼이마트점과 스탈릿대치점 등 2개 매장을 통해 딜리버리 서비스를 시범 운영 중이다. 시범 운영 후 배달 서비스 시행 여부를 본격 검토한다는 방침이다. 배달주문은 스타벅스 모바일 앱을 통해서만 가능하다. 매장 소재지로부터 반경 1.5km 이내 거리에 위치한 곳이라면 배달을 주문할 수 있다. 배달 가능 지역은 배달 주소 입력 시 확인 가능하다.

카페 달콤에서 만든 로봇카페 '비트'는 상주 직원 없이 24시간 운영되는 무인 카페다. 전용 앱과 키오스크, 모바일 기반의 음성 등 100% 비대면 주문 결제로 운영된다. 앱을 통한 원격 픽업 알림으로 불필요한 매장 대기시간을 줄여 일반 매장에 비해 안전하게 커피를 즐길 수 있다. 또 원두 선택과 시럽 양, 진하기 조절 등 개인의 취향에 따른 커스텀 메뉴 주문도 가능하다.

하겐다즈는 회사, 쇼핑몰, 관광지 등 유동인구가 많은 곳을 중심으로 아이스크림 자판기 120대를 설치하고 본격적인 운영에 돌입했다. 24시간 연중무휴 이용 가능한 키오스크 형태 자판기로 미니컵 5종, 싱글바 5종, 크리스피 샌드위치 1종 등 인기 품목을 판매한다.

실제로 2020년 3월 시장조사전문기업 엠브레인 트렌드모니터가 전국의 만 15~64세 남녀 1,000명을 대상으로 조사한 결과에 따르면 직원과 직접 소통하는 시스템(25.7%)보다 기계를 통해 빠르고 편리하게 주문하는 방식(33.9%)을 선호한다고 응답한 사람이 더 많았다. 이와 같은 유통환경의 변화는 더욱 가속화될 전망이다.

읽을거리 코로나19가 바꾼 소비트렌드, 유통업계의 위기와 기회

최근 유통업계 누굴 만나든 화두다. 코로나19가 장기화되는 상황에서 우리는 앞으로 뭐 먹고 살아야 할까. 대한상공회의소의 표현을 빌리자면 유통업계에는 '변곡점'이 왔다. 이전에도 오프라인은 지고 온라인은 뜨고 있었지만, 그 속도가 이렇게 파괴적이진 않았다. 비대면 소비문화 확산에 따라 기업에겐 위기와 기회 요인이 함께 관측된다.

60년생이 온다

신규 이용자의 구매액 절반 이상이 50대 이상 이용자

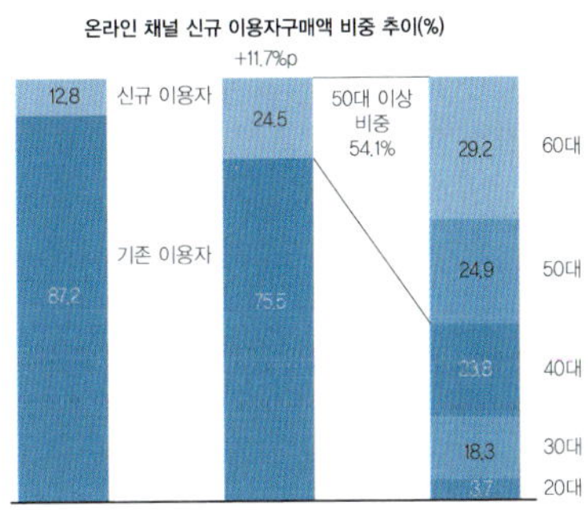

자료 : Nelson HomePanel

오프라인은 지고 온라인은 뜬다는 건 너무 뻔한 이야기다. 코로나19 이전부터 그랬다. 하지만 코로나19 이후에 그 변화는 더 빨라지고 있는 게 분명하다. 특히나 전문가들은 그동안 이커머스를 사용하지 않았거나 친숙하지 않았던 50~60대, 요컨대 60년생이 코로나19 이후로 대거 신규 이커머스 사용자로 유입됐음을 주목했다.

Nelson HomePanel의 분석에 따르면 2019년 1분기 기준 12.8%였던 온라인 채널 신규 이용자 구매액은 2020년 1월 기준 24.5%로 두 배 가까이 늘었다. 그렇게 늘어난 숫자 중 50~60대 이상이 차지하는 비중이 54.1%다.

유통업체들은 새롭게 시장에 유입되는 50~60대를 충성고객으로 만들고자 분주하다. 일례로 코로나19 이후 50~60대에게 친숙한 '홈쇼핑' 채널을 이커머스 영역으로 끌어오려는 시도가 곳곳에서 관측된다. 비단 이커머스 업체만의 시도가 아니다. 네이버, 카카오와 같은 IT포털도 신세계, 롯데 등 오프라인 매장 기반의 유통기업도, 전통적인 홈쇼핑 기업도 '라이브 커머스'에서 기회를 찾고 신규 서비스를 도입하고 있다.

연결되는 트렌드는 경계를 넘어선 경쟁이다. 오프라인 기반 유통, 제조기업의 성장동력이 코로나19로 상당 부분 멈춤에 따라 이커머스에서 새로운 동력을 찾고자 하는 움직임이 한창이다. 이에 따라 이커머스에 반드시 연결되는 파생산업 물류의 형태도 변한다. 일례로 대형 계열 화주사의 물량을 기반으로 B2B 기업물류 서비스를 운영하고 있는 물류업체들이 B2C 이커머스 물류 풀필먼트를 새로운 성장동력으로 내세우면서 시장에 속속 등장하고, 준비하고 있다. 배달의민족의 B마트로 대표되는 이륜차 즉시배달망과 도심 소형 물류거점을 결합한 서비스가 빠르게 성장하고 있다.

떠오르는 카테고리

코로나19 이후 떠오르는 카테고리가 있다. 비대면 문화 확산으로 사람들이 자택에 머무는 시간이 많아지면서 음·식료품, 생활용품 관련 카테고리 매출이 크게 늘었다. 감염병 확산 우려로 면역력 증강과 관련된 건강식품 매출이 오른다.

통계청 발표에 따르면 배달음식, 간편조리식, 건강보조식품 등 거래 증가의 영향으로 5월 기준 음식서비스와 음·식료품 매출은 전년동월대비 77.5%, 33.1% 큰 폭으로 증가했다. 생활용품 매출 또한 38% 늘었는데, 이는 외부활동 자제로 가정 내 생활필수품, 집꾸미기 용품 판매가 늘어서라는 게 통계청의 분석이다.

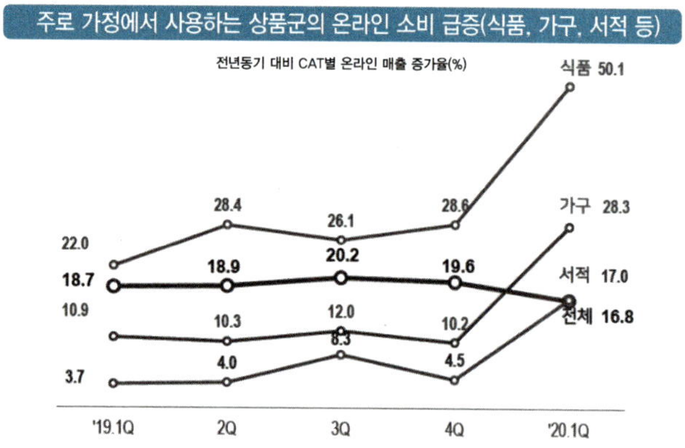

자료 : 통계청

위기에서 찾는 기회

반면, 외출 및 접촉과 관련된 상품 카테고리인 가방, 패션용품 및 액세서리, 화장품 등의 매출은 오히려 코로나19 확산 이후 역성장한 모습이다. 이커머스

통계에서 가장 큰 타격을 입은 카테고리는 '문화 및 레저서비스' '여행 및 교통서비스'로 주로 여행, 레저, 공연관람 등 온라인 티켓 판매와 연결된다.

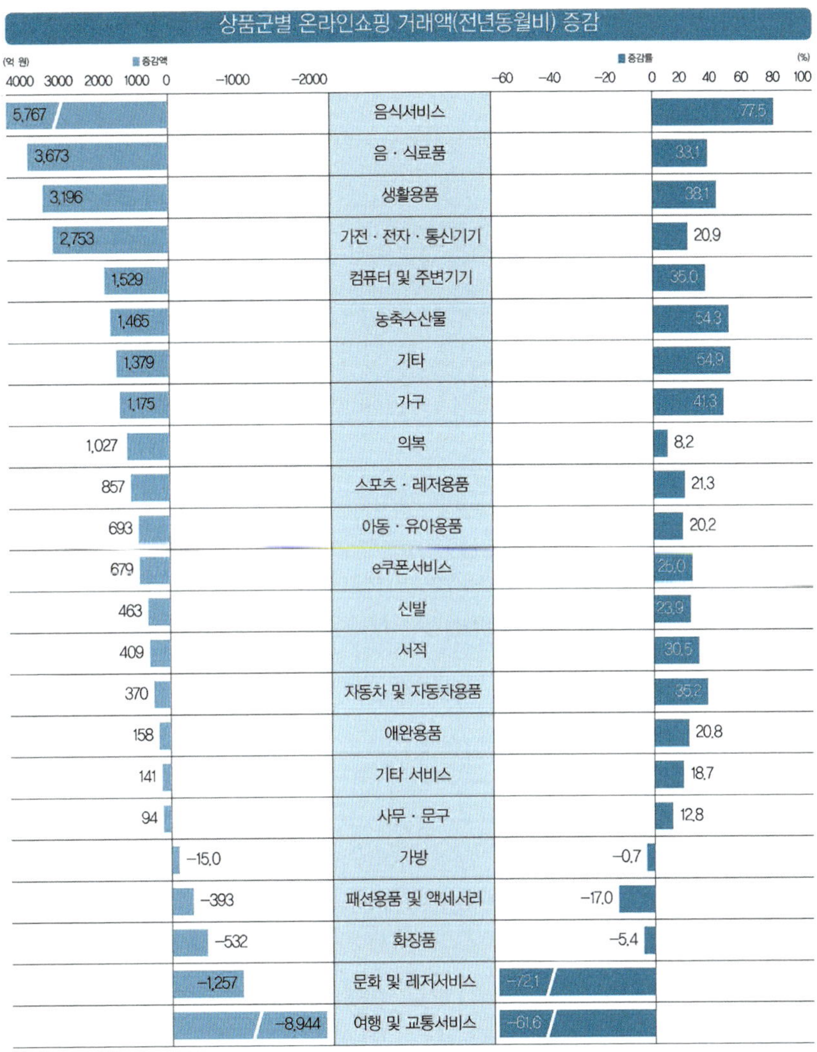

현시점 코로나19의 장기화로 거리에 나서는 사람들이 늘면서 패션 카테고리의 매출은 조금씩 회복하는 모습이다. 통계청의 5월 기준 온라인쇼핑 동향조사에 따르면 패션 카테고리는 전월대비 8.6% 거래액이 늘어나면서 성장하는 모습을 보였다. 의복 카테고리 거래액 또한 전월대비 15% 빠르게 증가했다. 그럼에도

불구하고 패션용품 및 액세서리 카테고리의 전년동월 대비 거래액 증감률은 5월 기준 17% 역성장한 모습이다.

감염병 확산으로 인해 온라인 기반의 특정 업태를 제외하고는 경기 불황이 장기화되고 있다. 소비자의 소비 심리 또한 크게 위축되는 모습이다. 이에 따라 나타나는 소비트렌드는 '가성비' 추구다. 하지만 정반대의 성향인 고가 명품 소비가 증가하는 현상 또한 동시에 관측된다. 사람 간 접촉이 줄면서 나타나는 우울증 '코로나 블루' 현상을 극복하고자 감정소비, 보상소비, 보복소비 관련 카테고리 매출 또한 증가하고 있다.

포스트코로나 시대 유통시장의 변화와 기회

'바이러스와 불황으로부터의 생존'을 위한 소비	'자기위안'을 얻기 위한 소비
• 언택트(온라인/배송) • 집 근처 매장 • 신선 · 건강식품 • 가성비/초저가 상품 · 매장	• 명품 등 프리미엄 • 취미용품(가드닝 등) • 콘텐츠(게임 · 영화) 등 • 골프 · 캠핑 · 홈트레이닝 용품 등

포스트코로나 시대 유통시장의 변화와 기회

CAT	채널	서비스
신선식품 HMR 유기농 건강기능식품 홈트레이닝용품 취미용품 명품 등 프리미엄	온라인 슈퍼 편의점 창고형매장 초저가매장 유기농 전문매장	즉시배송서비스 드라이브스루 AR, VR 키오스크 안면인식결제 상시 방역

코로나19 이후 경기불황 심화와 실업자 증가 등의 여파로 '가성비'를 추구하는 소비 성향이 굉장히 뚜렷하게 나온다. "이마트 트레이더스와 같이 20~30% 저렴하게 대용량으로 판매하는 창고형 매장은 코로나 이후 오히려 매출 호조세를 맞았다. 당근마켓, 중고나라, 번개장터 등 중고 거래 플랫폼의 급성장도 같은 맥락에서 파악할 수 있다"며 "합리적인 가성비 소비의 대치점에선 코로나19 이후의

불안감과 무기력감을 극복하고 달래기 위한 보상소비 경향도 함께 관측된다. 금년 들어서, 백화점 명품 매출이 110% 이상 증가했는데, 이는 전체 매출의 30%를 넘는 것"이다.

코로나19 이후 소비 심리 변화는 크게 두 가지 카테고리로 분류된다. 첫 번째는 바이러스와 불황에 맞선 생존을 위한 소비이고, 두 번째는 자기 위안, 정서적 위안을 위한 소비이다. 포스트 코로나 시대에는 이 두 가지 소비 심리를 만족시키는 업체가 기회를 잡을 수 있을 것이다.

출처 : 바이라인네트워크, 2020.07.22

제7장 소비자금융과 소비자보호

금융상품은 점점 더 복잡 · 다양해지고 있으며 소비자와 금융기관 간 정보의 비대칭성은 심화되고 있다. 전 세계적으로 금융기관의 불완전판매로 인한 소비자 피해가 증가하고 있으며, 국내에서도 2012년에는 저축 은행 후순위채, 2013년에는 동양증권 기업어음의 불완전판매가 사회적인 문제가 된 바 있다. 불완전판매라는 용어는 주로 보험업에서 사용되는 언어로서, 보험계약 체결 시 가입자에게 약관 및 청약서 부분을 전달하지 않거나 약관의 중요한 사항을 설명하지 아니하거나 또는 계약자의 자필 서명을 받지 않은 경우를 말한다. 최근 펀드 환매 및 다양한 금융상품에서 사용될 수 있다. 이러한 이유로 금융위기 이후 주요국에서는 금융소비자를 보호하는 장치가 더욱 강화되고 있다. 금융상품은 종류가 다양하고 손익구조가 복잡하여 대부분의 소비자들은 본인에게 적합한 상품을 추천해 주는 자문서비스를 필요로 하게 된다. 그런데 자문서비스를 제공하는 금융기관 직원이 소비자의 효용을 극대화하기보다는 본인의 보수를 높이려 할 경우, 상품추천에 이해상충이 발생할 수 있다. 특히 소매투자상품은 원금손실의 위험이 있기 때문에 금융기관 직원이 고객에게 최선인 상품보다 본인의 인센티브에 유리한 상품을 추천할 경우 소비자의 피해가 매우 커질 수 있다. 따라서 금융소비자보호를 위하여 자문인력에게 적절한 이해상충 방지의무를 부여할 필요성이 제기된다.

1 소비자신용 및 대부 · 대출

소비자신용(consumer credit)이란, 금융기관이나 판매업자가 소비자에게 현재 소비생활에 필요한 자금을 직접 빌려주거나 상품 매매 대금의 상환을 연기하여 주고, 그 대신 미래에 이자나 수수료를 덧붙여 빌려준 돈 혹은 상품 매매 대금을 회수하는 것을 말한다. 소비자신용은 제공한 측에서 사용한 말이며, 소비자 측에서 보면, 현재 소비생활을 위하여 필요한 것을 먼저 사고 나중에 돈을 갚기로 한 것으로, 소비자채무(consumer debt)를 의미하기도 한다. 이와 같이 소비자신용은 현재의 구매능력에 관계없이 소비자로 하여금 소비를 가능하게 하여 원하는 때에 소비욕구를 충족시켜 주나, 과소비 혹은 충동구매를 유발하기도 한다. 따라서 소비자는 소비자신용에 관한 충분한 이해와 함께 구매 시 과소비나 충동구매가 일어나지 않도록 해야 할 것이다.

소비자신용은 신용 제공을 받는 방법, 상환 방식 및 신용 제공자와 소비자의 관계에 따라 분류할 수 있으며, 신용 제공을 받는(여신) 방법을 기준으로 상품신용과 대부신용으로 구분한다. 먼저, 상품신용은 상품판매자가 상품대금의 지급을 연기하여 주는 방법으로, 구매 즉시 대금을 지불하지 않고 외상으로 구입하는 구매대출의 형태로, 할부구매가 그 대표적인 형태이다. 대부신용은 금융기관이나 신용카드 회사가 소비자에게 자금을 빌려주는 방법인데, 여기서 소비자가 빌린 현금으로 상품을 구매하거나 다른 부채를 상환하거나 어디에 투자를 하든, 그 돈이 어떠한 용도로 사용되는지 금융기관은 상관하지 않는다. 신용카드사로부터의 대부 형태에는 카드론(card loan)과 현금서비스가 있다. 또한 상환 방식에 따라서는 계약에 의해 부채액을 일정 상환액으로 일정 횟수(2회 이상)에 분할하여 부채액을 갚는 할부 신용 방법과 일시불로 유예된 부채액을 1회 변제로 끝나는 비할부 신용 방법으로 대별된다.

그리고 소비자신용은 신용제공자와 소비자의 관계에 의해 당사자 여신형, 제삼자 여신형으로 분류된다. 당사자 여신형은 판매자(은행, 신용카드사 등)와 소비자 당사자 간에 직접 신용을 바탕으로 판매(대부)가 이루어지는 형태로, 백화점 카드 할부판매, 자동차회사 할부판매 등과 같은 판매형과 은행대부, 신용카드사의 카드론과 현금서비스 등과 같은 대부형이 있다. 제삼자 여신형은 판매자와 소비자 사이에 신용제공자, 즉 여신자가 개입하는 형태로서 할부금융, 팩토링(factoring)8) 금융, 신용카드에 의한 물품 구매 등을 들 수 있겠다.

읽을거리 "휴대폰 소액결제 현금화" 유혹… 청소년 울리는 초고금리 불법대출 기승

급전이 필요했던 20대 취업준비생 A씨는 지난달 휴대전화 소액결제를 현금화할 수 있다는 광고에 솔깃했다. '○○○ 소액결제'라는 업체는 게임 내 아이템을 소액결제(한도 100만 원)로 구매한 뒤 이를 자신들에게 팔면 수수료 30%를 떼고 즉시 현금으로 되돌려준다고 했다. A씨가 이 업체를 통해 돈을 융통했다면 어떻게 됐을까. 당장은 현금이 생겨 좋을지 몰라도 다음달 휴대전화 이용요금 청구서가 날아오면 소액결제분을 전액 납부해야 한다. 최대 한 달 이내에 이자 30%, 연이율로 따지면 300%가 넘는 초고금리 대출을 이용한 셈이다.

8) 팩토링은 금융기관들이 기업으로부터 상업 어음이나 외상매출증서 등 매출채권을 매입하고 이를 바탕으로 자금을 빌려주는 제도이다. 팩토링 금융은 기업들이 상거래 대가로 현금 대신 받은 매출채권을 신속히 현금화하여 기업활동을 돕자는 취지로 1920년대 미국에서 처음 도입되었다. 신용상태가 좋은 물품 구입자 대신에 물품대금을 매출자에게 지급해주는 업무 이외에도 선대를 하고 업체의 신용조사와 보증업무도 하는데 원칙적으로 대출한도는 매입채권액면의 100%까지 가능하지만 해당기업의 매출규모나 신용도에 따라 다소 낮아지기도 한다. 기업으로서는 이미 발생된 외상매출금에 대해서 자금을 선융통하므로 원금상황에 대한 부담감이 감소하며, 현금흐름성도 매우 좋아지는 긍정적 효과를 얻을 수 있다. 팩토링 거래당사자에게는 Factor(팩토링 업무를 주요 업무로 하는 금융기관), Client(factor와 팩토링 계약을 체결하는 거래처로서 이 계약에 의해 해당 상거래에서 발생한 외상매출채권을 factor에게 원칙적으로 전부 양도하여 대금을 지급받음) 및 Customer(client의 판매처로서 factor에 대해서는 제3 채무자에 해당)가 있다. 실질적으로 팩토링이 이루어지는 과정을 살펴보면, 외상을 요구하는 구매자의 신용정도를 팩토링 회사에 의뢰하면 팩토링 회사는 자체적으로 보증을 서는 회사가 있고, 자기들 회사보다는 큰 대형 팩토링 회사로부터 재보험을 통해 지불보증을 서게 된다. 이처럼 신용거래를 수반하는 회사가 팩토링을 사용함으로써 가질 수 있는 최대 장점은 원활한 자금의 유동성 확보이며, 사업운영 시 팩토링을 통한 원활한 자금 융통으로 사업성장을 배가시킬 수 있다.

불법 대부업체나 신용카드 · 휴대전화 현금깡 등 빈곤층이나 사회초년생을 노린 온라인상 불법금융광고가 늘어나고 있다. 15일 금융감독원에 따르면 지난해 적발한 인터넷상 불법금융광고는 1만 6,356건에 달한다. 2018년 1만 1,900건보다 37.4% 증가했다. 유형별로는 미등록 대부업체 광고가 8,010건(49.0%)으로 가장 많았고, 휴대전화 소액결제 현금화(2,367건 · 14.5%), 허위서류를 이용한 '작업대출'(2,277건 · 13.9%) 순이었다.

특히 신용카드와 휴대전화 소액결제를 현금화해 준다는 광고가 가장 큰 폭으로 증가했다고 금감원은 밝혔다. 신용카드나 휴대전화 소액결제로 문화상품권, 게임머니 등을 결제하면 업체가 이를 사들인 뒤 수수료를 떼고 현금으로 돌려주는 방식이다. 이들 업체는 '상품권 매입' '카드대출' '콘텐츠 이용료' '티켓' 등의 키워드를 내걸었다. 인터넷 카페 등을 통해 "나도 사용해봤는데 안전하고 친절하다"는 식의 댓글로 홍보하며 피해자를 유혹하기도 했다.

정부기관이나 제도권 금융기관을 사칭한 미등록 대부업체도 적발됐다. '햇살론' 등 저신용자를 위한 서민 지원자금 대출상품인 것처럼 소비자를 유인했다. '불법 대부업체를 조심하라'고 광고하는 식으로 자신들은 적법한 업체인 양 위장하기도 했다. 이 중에는 청소년이나 대학생을 대상으로 아이돌 캐릭터 상품, 공연 티켓 대금 등 10만 원 내외의 소액 현금을 '대리 입금'해 주는 방식으로 하루에 10%가량의 이자를 받는 곳도 있었다.

고액의 대출을 받을 수 있도록 도와주겠다며 작업대출 광고를 내걸고 영업하는 업체도 성업 중인 것으로 나타났다. 신분이 드러나지 않는 카카오톡 오픈 채팅을 통해 연락을 주고받으며 재직증명서, 급여명세서 등 대출 관련 서류를 위 · 변조해 대출을 도와주고 있었다. 한 업체는 "당일 연봉 (조작) 작업을 통해 4배까지 받을 수 있도록 해주겠다"며 "만 22세 이상, 주부, 여성, 무직자, 군미필, 유흥업소 종사자 모두 가능하다"고 홍보하고 있었다.

손쉽게 현금을 융통할 수 있다는 생각에 이들 업체를 이용할 경우 개인정보 유출, 불법추심, 과도한 금전적 피해로 이어질 수 있어 주의가 필요하다. 금감원 관계자는 "광고에 기재된 업체의 상호, 등록번호를 반드시 확인해야 한다"며 "신용카드 현금화, 휴대전화 소액결제 등 모두 고금리 소액대출이라는 사실을 인지해야 한다"고 말했다.

출처 : 동아일보, 2020.06.15

읽을거리 불법사채 평균 이자 '연 401%'

2020년 불법사채(미등록 대부업)의 평균 이자율이 연 401%에 달한 것으로 조사됐다. 법정 최고금리(연 24%)9)의 16.7배에 이른다.

한국대부금융협회는 지난해 불법사채 거래 내역 총 5160건을 분석한 결과, 연환산 평균이자율이 401%로 나타났다고 20일 밝혔다. 이들의 평균 대출 금액은 992만원이고, 평균 거래 기간은 64일이었다. 대출 유형으로는 급전 대출(신용)이 4830건으로 대부분을 차지했다. 2019년(788건)과 비교해서도 6배 늘어난 수치다. 일수대출 285건, 담보대출 45건 등이 그 뒤를 이었다. 협회가 의뢰받은 불법사채 거래내역 수는 신종 코로나 바이러스 감염증(코로나19) 사태 이전보다 3배 가까이 증가했다. 불법 대부업체는 대부분 일 단위로 이자를 계산하는데, 협회는 매년 경찰 등 사법기관으로부터 사건을 의뢰받아 이들이 매긴 이자율을 연간 기준으로 환산하는 작업을 한다. 협회가 사법기관으로부터 협조를 요청받은 의뢰 건수는 지난해 3470건으로 2019년(345건)의 10배가 넘었다. 개별 피해자로부터 직접 신고받은 건수도 703건에서 1690건으로 급증했다.

협회는 또 불법사채 피해자가 채무조정을 신청하면 사채업자와 전화 등을 통해 법정금리 이내로 채무를 조정하는 작업도 진행 중이다. 지난해 협회는 458건(대출금액 6억 9755만원)의 불법사채 피해에 대해 법정금리 이내로 이자율을 재조정해, 총 646만원으로 원리금 부담을 줄였다. 법정 최고금리보다 초과 지급한 28건에 대해서는 초과 이자 4438만원을 채무자에게 반환했다.

2020년 불법사채 피해 이자계산 결과

구분	대출건수	평균 대출금액	평균 거래기간	연환산 평균금리
피해자 의뢰건	1,690건	1,747만원	85일	435%
사법기관 의뢰건	3,470건	625만원	54일	391%
합계	5,160건	992만원	64일	401%

※ 연환산 평균금리(금액기준가중평균) : 연환산 이자/평균 대출금액

9) 2020년 11월 더불어민주당과 정부는 당정협의를 통해 기존 24%였던 법정 최고금리를 20%로 인하하기로 결정했다. 시행 시기는 올해 하반기로 예정됐지만 정부의 준비 상황에 따라 앞당겨질 수도 있을 것으로 예상된다.

대부협회는 "최근 불법사채업자는 인터넷 및 대출직거래 사이트를 통해 제도권 금융기관을 이용하지 못하는 자영업자나 저소득자 등에게 허위 · 과장 광고로 유혹해 고금리 사채를 받게 하는 등 피해를 주는 사례가 급증하고 있다"며 "불법사채 피해를 입은 경우 대부거래 상환내역이나 계약 관련 서류를 준비해 협회 소비자보호센터로 연락하면 구제받을 수 있다"고 말했다. 미등록 대부업은 5년 이하의 징역 또는 5,000만원 이하의 벌금에 처해진다. 특히 법정 최고금리 제한 규정을 위반하면 3년 이하의 징역 또는 3,000만원 이하의 벌금에 해당해 가중처벌되고, 초과 수취한 이자는 무효로 채무자에게 다시 반환해야 한다.

출처 : 조선비즈, 2021.01.20

2 모바일뱅킹

모바일뱅킹은 어디서나 사용할 수 있다는 무선(Wireless)의 의미와 언제든지 이용할 수 있다는 온라인(Online)의 의미, 그리고 금융서비스 중에서도 뱅킹(Banking)이라는 3가지의 의미가 결합되어 있다.

그러므로 모바일뱅킹은 전통적인 은행창구나 기존의 전자금융채널과는 다른 모바일이라는 새로운 금융채널을 통하여 고객에게 금융서비스가 제공된다고 보는 유통채널적 시각과 금융서비스 채널이 보다 고도화되고 편리성이 확대되어 새로운 업무수행을 통해 수익을 창출하는 과정으로 보는 비즈니스적 시각에 의해 정의될 수 있다.

이를 금융거래 채널별로 구분해보면, 은행창구는 영업점 직원 직접 대면을 통한 실명확인 등 금융거래 확인과 개별 인간관계에 의한 서비스 친밀성이 높은 반면, 금융거래 대기시간이 길고, 은행 영업점 방문에 따른 기회비용이 발생한다. 이에 반해 인터넷뱅킹과 모바일뱅킹은 금융거래 수수료가 저렴하고, 은행 방문 없이 금융거래가 가능하다는 장점이 있다.

특히, 모바일뱅킹은 영업점과 직접적으로 비교해볼 때, 금융거래 수수료가 저렴하고, 은행 지점방문에 대한 기회비용이 절감된다. 또한, 인터넷뱅킹에 비해서도 언제 어디서나 금융거래가 가능한 서비스 이동성과 편재성이 존재한다. 즉, 휴대폰과 무선 인터넷을 이용하는 모바일뱅킹의 특성은 다음과 같다.

첫째, 휴대폰은 PC와 달리 고객에게 소유되어 있으며 항상 무선 인터넷 접속이 가능하다. 그러므로 은행은 고객과의 즉각적인 접촉이 가능하여 고객에게 보다 편리한 금융서비스를 제공함으로써 고객과의 유대관계를 강화할 수 있다.

둘째, 모바일뱅킹은 고객에게 실시간으로 금융정보를 제공할 수 있고, 이에 따른 고객의 반응을 즉각적으로 은행 경영에 반영할 수 있다.

셋째, 개별고객에 대한 맞춤서비스를 제공할 수 있을 뿐만 아니라 고객정보를 이용하여 새로운 영업기회도 창출할 수 있다.

넷째, 은행 업무의 자동화를 통한 은행의 비용을 절감할 수 있다. 오프라인 점포 운영을 통한 은행 업무처리는 직원 고용, 점포 임대, 유지비 등의 많은 비용이 소요되지만 새로운 채널로써 모바일뱅킹은 단위거래 1건당 비용을 크게 감소시킬 수 있다.

다섯째, 고객은 점포의 운영시간이나 거리와는 상관없이 원하는 대로 편리하게 은행 업무를 처리할 수 있다. 그리고 계좌이체와 같은 수수료를 납부해야 하는 서비스의 경우 오프라인 점포보다 더 적은 비용만 지불하면 되는 경제적 혜택이 있다.

모바일뱅킹과 금융감독

일반적으로 정부가 금융기구에 대한 광범위한 감독을 실시하는 이유는 정보의 비대칭, 또는 이로 인한 역선택 및 도덕적 리스크 등의 시장 부족 조건이 있기 때문이다. 또한, 은행의 강한 외부성과 자연의 취약성을 가지는데 소비자에게 부정적인 여론을 쉽게 형성하여 은행체계에 대한 신뢰를 하락시킬 수 있다. 이러한 이유로 정부의 개입이 필요하다. 정부는 은행업에 대한 감독의 기본

목적은 소비자를 보호하고 대중의 은행체계에 대한 신뢰를 높이는 것이라고 정의하였다. 전통 감독시스템은 이런 기본이론 기반으로 설립되었다. 겉으로 보기에 인터넷 정보는 고속도, 대용량, 분산적인 전파를 한다.

이론적으로 보기에 어떠한 조직이나 개인은 상대적으로 완전한 정보를 얻을 수 있다. 그 정보 기원과 정보 품질은 같은 단계 있어서 정보 비대칭 문제가 개선된 것으로 보인다. 마찬가지로 인터넷은 경제 당사자의 활동정보들이 수집, 추적, 분석되어 편의를 제공하는 동시에 비용도 감소시켰다. 이는 역선택과 도덕리스크의 방지를 가능하게 한다. 만약, 완전한 정보 공시를 확보하면 모바일뱅킹의 감독이 필요하지 않다.

실제로 모바일뱅킹은 이것과 달랐다. 우선, 정보량과 품질은 다 개선되었지만 정보 판단의 분별력은 개인의 수익 비용 비율, 지식수준, 분석 기능에 달려 있다. 특히, 인터넷 정보는 옳고 그른 정보들을 신속하게 전파하는데, 이것은 일부 사람에 대한 완벽한 정보를 얻을 수 있는 확률을 증가시킨다. 또한 전통은행보다 모바일뱅킹의 거래 비율이 높은 고객들은 통신기기를 통해 재산을 이동할 수 있어 은행이 자료를 수집할 때 정보가 증가한다. 은행은 자산의 통제능력이 지속적으로 증가하는데 이로써 신속한 이동이 가능하다. 리스크와 수익이 높은 투자 업무 은행에 대한 유치가 매우 높다. 모바일뱅킹 리스크 선호 증가뿐만 아니라 고객의 감독성분도 증가한다. 이로 인한 모바일뱅킹의 시장 부족이 더 심화될 것이다. 이렇게 모바일뱅킹의 출시는 시장 정보의 충분한 유동과 공유가 강화되는 것을 확보하였지만 정보의 정확도와 제시된 리스크의 분별을 하락시킴에 있어 금융 리스크가 나타날 요소가 많고 복잡하기 때문에 이에 대한 감독이 필수적이다.

③ P2P 대출

P2P 대출은 개인 간 금융기관의 중매 역할 없이 이뤄지는 금융거래를 뜻한다. 즉 온라인에서 투자와 대출을 중개하는 플랫폼을 통하여 간단한 서류 준비만으로 담보나 보증 없이 신속하게 비대면 대출이 가능하다. 개개인이 보증되지 않는 소규모 대출을 이루기 때문에 몇몇의 연구자들은 P2P 대출을 사회적 대출의 온라인 형태, 또는 진화된 형태라 하고 있다. P2P 대출은 기존의 금융중개기관에서의 대출과 비교하면 여러 가지 장점을 가지고 있다. 첫째, P2P 대출 플랫폼은 투자자와 차입자를 온라인에서 연결해 주기 때문에 건전성 규제의 필요성이 낮다. 따라서 기존 금융기관들이 취급하지 못하는 혁신적인 대출상품을 제공할 수 있다. 둘째, 기존금융의 고비용 시스템이 온라인 플랫폼으로 대체됨으로써 거래비용이 대폭 절감되고, 그로 인하여 소액대출이 가능해진다. 셋째, P2P 대출 플랫폼은 차입자의 상세한 재무정보와 신용정보 등을 제공하도록 유도하고, 또한 빅데이터 등의 비정형 데이터를 이용한 신용평가 모델을 활용함으로써 차입자와 투자자의 정보비대칭을 개선할 수 있다. 넷째, 투자자들은 집단지성을 활용하여 투자여부를 결정하고, 소규모 분산투자를 통해 위험헤징이 가능하다. 다섯째, 기존 금융보다 투자자에게 높은 수익을 제공하고, 기존금융에서 대출이 어려운 차입자에게도 상대적으로 저렴한 대출금리를 제공할 수 있다. 그러나 P2P 대출의 단점으로는 차입자의 채무불이행 시 원금손실 가능성과 연체율의 위험성이 높으며, P2P 대출 플랫폼에서의 투자 및 대출사기, 도산, 고객정보 유출 등 각종 금융사고의 위험성이 있다. 또한 P2P 대출 중개업은 기존 금융보다 낮은 건전성 규제로 규제의 사각지대가 될 위험이 있고, P2P 대출 플랫폼이 제 역할을 수행하지 못하거나 비윤리적 이익을 추구하면 투자자와 차입자에게 피해를 줄 수 있는 위험성도 있어 다양한 연구와 제도적 보완이 필요한 상황이라 할 수 있다.

최초의 P2P 대출 사이트인 Zopa.com은 2005년에 영국에서 시작되었고 다음해에 미국에서 Prosper.com이 출시되었다. 이 웹사이트들이 개발된 후 P2P

대출 사이트의 파도는 물밀듯이 세계로 퍼져나갔다. 2007년이 되었을 때 P2P 대출은 전 세계적으로 총 $6,470만 규모로 확장되었다. 하버드 대학 연구소는 5년 내로 모든 대형 은행들이 각각의 P2P 대출 네트워크를 확보하고 다음의 10년이 가장 유력하게 금융발전을 이룰 것이라고 예상했다.

1990년대 후반의 IT 기술의 혁신은 은행의 서비스 형태에도 변화를 가져왔다. 기존에 은행창구에서만 가능하던 예금관리 업무뿐만 아니라 대출의 신청도 인터넷을 통해서 가능해졌다. 이렇게 기존은행이 취급하던 업무가 온라인상으로 옮겨진 것뿐만 아니라 IT 기술의 발전은 새로운 금융서비스를 가능하게 만들었다. 대표적인 것으로 온라인상에서 개인 간 대출을 거래하는 P2P 대출이다. 이 P2P 대출서비스는 자금이 필요한 사람과 자금을 투자하고자 하는 사람이 온라인상에서 만나 대출이 이루어지는 서비스이다. 미국의 대표적인 P2P 대출 사이트인 Prosper.com은 서비스 시작 이후 2010년 11월까지 2억 달러의 대출이 이루어졌다.

미국은행 환경의 변화와 IT 기술로 인한 은행서비스의 혁신이 한국에서도 일어났다. 금융상품에 대한 사전적 제약이 없어지고 거의 모든 금융회사가 금융상품을 취급할 수 있게 되었다. 또 한국의 IT 혁신과 함께 금융서비스의 온라인화가 가속되었다. 이러한 시대적 변화 속에 한국에서도 P2P 대출서비스가 시작되었다.

대출 경매를 통해 투자자들이 대출을 심사하는 P2P 대출의 특징 때문에 한국에서는 신용이 좋지 못해 금융기관의 대출이 어려운 사람들이 P2P 대출을 많이 이용하고 있다. 기존 금융기관에서 사용해 오던 신용평가 모형만을 의존하여 대출상환 가능성을 평가하지 않기 때문이다. P2P 대출에서는 객관적 신용정보와 함께 차용인이 대출을 갚기 위해 어떠한 노력을 할 것인지를 대출판단의 중요 요소로 본다. 이와 같이 P2P 대출은 대출이 어려운 서민들을 돕는 역할을 한다. 신용이 좋지 못한 서민들의 대출을 도울 수 있는 P2P 대출이 한국의 어려운 대출시장에 대안으로써 주목받고 있다.

하지만 P2P 대출에 투자하는 것은 상대적으로 위험할 수 있다. 투자자는 대출을 통해 차용인에게 원금과 더불어 시중보다 비싼 금리를 얻고자 하기 때문이다. 하지만 P2P 대출에 참여하는 차용인들은 대부분 신용이 좋지 못한 사람들이다. 따라서 투자자 입장에서 대출상환이 무사히 완료될지는 매우 중요한 투자참가 요인이다. 어떠한 대출에 투자하는 것이 투자손실을 줄이고 안정적인 수익을 얻을 수 있을지 알 수 있다면 좀 더 많은 투자자들이 P2P 대출에 투자하려 할 것이고 그 결과 P2P 대출이 지금보다 더 활성화될 것이다.

하지만 모든 차용인이 투자자의 기대처럼 대출을 성실히 상환하지는 않는다. 대출을 신청하는 과정에서는 대출을 갚기 위해 모든 노력을 다할 것이라고 하지만 대출이 성공하게 되면 투자자에게 했던 약속을 지키지 않고 불성실한 태도를 보이는 차용인도 존재한다. 즉 투자자와 차용인 간에 존재하는 정보 비대칭 문제를 완화할 수 있게 된다.

국내 P2P 대출은 미국의 Prosper.com과는 다른 특징을 갖고 있다. 가장 큰 차이점은 P2P 대출사이트 이용자들 간의 모임인 동호회(Group)의 설립과 이용이 활발하지 않은 점이다. Prosper.com에서는 대부분의 대출이 동호회를 통해서 이루어진다. 따라서 대출을 원하는 사람은 동호회에서 동호회장(Group Leader)을 포함한 구성원과 좋은 사회적 관계를 유지해야 한다. 하지만 한국의 경우에는 동호회가 활성화되어 있지 않기 때문에 동호회를 통한 대출이 거의 없다. 따라서 P2P 대출에서 차용인과 동호회 회원들 간의 사회적 관계가 대출에 미치는 영향에 대한 연구가 어렵다.

한국의 P2P 대출에서 차용인과 동호회 회원들 간의 관계는 약하지만 회원 개개인 간의 네트워크는 활발하다. 대출을 원하는 사람은 대출에 대한 구체적인 설명과 사연, 대출에 대한 상환능력을 밝혀 대출경매를 신청한다. 대출에 투자하고자 하는 투자자들은 먼저 차용인이 밝힌 정보를 통해 대출에 대한 정보를 파악한다. 이렇게 얻은 정보가 부족하면 투자자는 차용인에게 질의응답을 통해 자신이 원하는 정보를 추가적으로 얻을 수 있다. 즉 해외의 경우에는 P2P

구성원 간의 사회적 상호작용 활동이 온라인 동호회 내에서 이루어지지만 한국의 P2P 대출에서는 대출경매 신청 화면에서 사회적 상호작용이 이루어진다.

한국의 P2P 대출에서는 대출 경매가 진행 중일 때 투자자들이 대출에 대한 정보를 읽고 대출상환이 성공할지 실패할지 투표를 진행한다. 이 투표는 대출 경매가 진행 중인 기간 내내 투자자들에 의해 진행된다. 이 기간 동안 차용인은 투자자를 설득하기 위한 활동을 하고 대출을 얻기 위해 노력한다. 따라서 투자자들의 대출에 대한 평가는 차용인이 투자자를 설득하기 위해 사회적 상호작용 활동을 통해 노력한 결과라 할 수 있다. 이 지표를 사용한 연구도 온라인상의 사회적 상호작용 활동이 대출상환 성공에 미치는 영향에 대한 질문에 답변이 될 수 있다.

한국의 P2P 대출의 또 다른 차이점은 대출을 이용하는 사람들의 특징이다. Prosper.com의 대출은 다양한 사람들이 다양한 목적을 갖고 이용한다. 그중에는 금융기관을 이용할 수 없는 신용을 갖고 있는 사람도 있지만 그렇지 않은 사람도 많다. 이들이 P2P 대출을 이용하는 이유는 금융기관을 이용하는 것보다 P2P 대출이 더 편리하거나 이자율이 더 유리하기 때문이다. 반면에 한국 P2P 대출의 이용자들은 신용문제로 인해 금융기관을 이용할 수 없는 사람들이 대부분이다. 특히 파산, 면책과 같은 신용문제를 겪었던 사람들이 매우 많다.

이런 차용인 특성 때문에 투자자들은 차용인의 신용상태를 나타내는 객관적인 정보만을 이용해서 투자하기 어렵다. 따라서 투자자들은 차용인들의 신용, 재정 상태에 대해 공개한 객관적 정보 이외에 대출에 대한 사연과 대출을 갚기 위한 자신의 노력이나 계획을 서술한 온라인상에서의 게시판에 글을 올리는 등 활동을 하게 되고 그 활동 정도에 따라 투자여부를 판단하게 된다. 즉 투자자와 차용인의 행위가 대출상환과 밀접하게 연관되어 있다는 것이다.

또 다른 특징으로는 차용인이 다양한 개인정보를 공개할 수 있다는 점이다. 차용인은 자신의 집주소, 휴대폰, 직장과 같은 개인 신상에 관련된 정보를 공개할 수 있다. 이외에도 소득내역 및 재산내역과 같은 재무적인 항목에 해당하는 정보도 공개 가능하다. 차용인은 자신의 개인정보를 공개하면서 대출에 대한 자신의 상환노력을 보여줄 수 있다. 자신이 공개한 정보는 중개 시스템의 검증을 거쳐 시스템에 저장되지만 대출 상환이 문제없이 진행되면 투자자들에게 정보가 공개되지 않는다. 투자자들은 차용인이 시스템에 등록한 정보의 종류에 대해서만 알 수 있다. 하지만 상환이 예정대로 이루어지지 않으면 차용인이 등록한 개인신상 정보가 순차적으로 투자자에게 공개된다.

이러한 시스템을 통해 차용인이 많은 정보를 공개할수록 상환에 대한 강제성이 커지게 된다. 반대로 투자자 입장에서는 많은 개인정보를 공개한 차용인일수록 대출상환을 위해 더 노력할 것이라고 판단하게 된다.

대출형 크라우드 펀딩과의 관계

국제증권감독기구(IOSCO)의 자료에 따르면 P2P 대출은 크라우드 펀딩의 한 종류로 볼 수 있다. 영국 영업행위감독청(Financial Conduct Authority, 이하 'FCA')은 P2P 모델과 P2B 모델을 대출형 크라우드 펀딩으로 정의한다. 한국은 대체로 대출형 크라우드 펀딩(Lending model, loan-based crowdfunding, Peer-to-peer Lending)이라는 용어를 사용하거나 P2P 대출이라고 지칭한다. 중국은 크라우드 펀딩보다 P2P 대출이라는 용어가 더 일반적인 표현이다.

대출형 크라우드 펀딩과 P2P 대출을 동일한 것으로 볼 수 있는지에 대해 견해가 대립한다. 동일하다는 입장에서는 P2P 대출은 "대출을 제공하기 위해 대출자와 차입자를 연결시켜 주는 온라인 플랫폼을 이용하는 것"이라고 정의하면서, 대체로 대출형 크라우드 펀딩을 지칭하는 용어로 사용하거나, 대출형 크라우드 펀딩과 동일한 것으로 본다. 반면에 P2P 대출과 대출형 크라우드 펀딩을 구분하자는 입장에서는, 대출형 크라우드 펀딩은 P2P 대출의 형식으로 이루어지지만, "투자자들이 자금수요자의 자금의 필요성에 대하여 충분한 정보를 가지고 대출을 결정하며, 투자자들과 자금수요자 사이에 긴밀한 관계가 형성"된다는 점에서 "대출중개기관을 통한 간접적인 관계가 형성되는 일반적인 온라인 대출"과는 차이가 있다고 한다.

협의의 P2P 대출은 대출형 크라우드 펀딩의 하위개념으로 여기는 것이 타당하다고 생각한다. P2P의 파생 모델(P2B, P2C, P2G, P2N)10)은 대출형 크라우드 펀딩과 본질상 차이가 없어 대출형 크라우드 펀딩과 동일한 것으로 볼 수 있다. 또한 P2P 대출의 지속적인 발전으로 개념의 범위가 확대될 수 있을 것이다.

〈표 1〉 크라우드 펀딩의 분류

유형	내용	대표적 플랫폼
기부형	순수하게 공익목적의 기부 방식	kiva, 위제너레이션
후원형	사회공익활동 지원이나 작은 보상방식 (금전적 성격이 아닌 공연티켓, 기념음반, 시제품 등)	Kickstarter, 와디즈
대출형 (P2P)	크라우드 펀딩 플랫폼을 통해 금전소비대차가 이루어지는 방식	Zopa, Lending Club, 팝펀딩, funda
증권형 (지분투자형)	증권발행을 매개로 크라우드 펀딩 플랫폼에서 금융이 이루어지는 방식	Crowdcube, 오픈트레이드

10) P2B(person-to-business, 개인 對 비금융회사형 기업)란 개인이 플랫폼을 통하여 비금융회사형 기업에게 대출하는 융자 모델을 말한다.
P2C(person-to-company, 개인 對 기업) 모델은 채권양도(platform-to-Credit Assignment)의 의미를가지고 있다. 즉 채권양도의 기능이 없는 P2B 모델과 달리 P2C 모델은 (원리금수취권) 채권양도의 기능을 별도로 가지고 있는 것이 특징이다.
P2G(Private-to-Government, 민간 對 정부) 모델은 주로 정부사업을 대상으로 융자 서비스를 제공하는 것이다.
P2N(person-to-numbers of companies 21, 개인 對 다수기구 21) 모델은 대출중개업자와 제휴 내지 협력하는 소액대출회사나 담보회사가 차입자를 선정하거나 담보를 제공한다.

읽을거리 빨대부터 수세미까지… 생활 곳곳 친환경은 거스를 수 없는 '대세'

▲펀딩 목표금액 1,300%(약 1,300만 원)를 달성한 공드린. 빨대는 실리콘 소재에 면으로 만든 파우치를 제공했다.(사진제공=공드린)

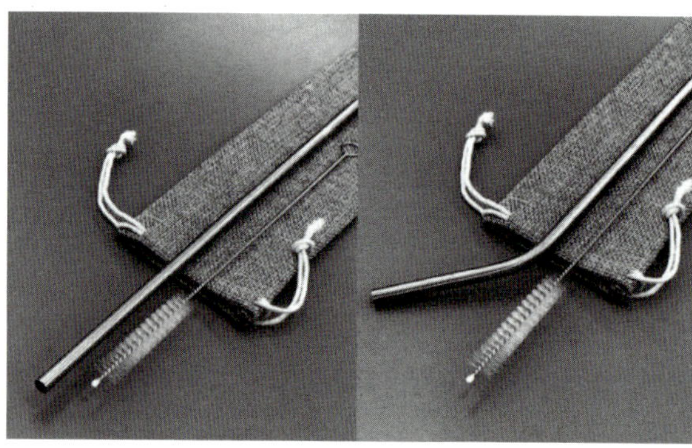

▲와디즈에서 목표금액 643%(약 643만 원)를 달성한 '제로빨대'는 스테인리스 소재에 파우치는 리넨 소재로 만들었다.(사진제공=비보트)

불특정 다수에게 자금을 모아 프로젝트를 진행하는 크라우드 펀딩(Crowd funding). 소비자가 직접 참여하는 크라우드 펀딩은 가장 최신의 소비·문화 트렌드를 잘 보여준다.

크라우드 펀딩 플랫폼 '와디즈'에서 친환경을 검색하면 무려 924개의 프로젝트가 검색된다. 프로젝트 종류도 다양하다. 텀블러는 물론 친환경 소재로 만든 신발·옷·가방부터 조리도구, 칫솔, 샴푸바까지. 거의 모든 생활 제품 분야에서 친환경 소재로 만들어진 제품들이 나오고 있다. 최근 친환경을 내세운 상품 중 크라우드 펀딩에서 가장 인기 있는 것은 '빨대'다. 실리콘 소재로 만든 공드린 빨대는 와디즈에서 펀딩 목표금액 1,300%(약 1,300만 원)를 달성했다. 환경을 오염시키는 플라스틱 대신 실리콘 소재로 휴대하면서 반영구적으로 사용 가능한 제품이다.

실리콘 빨대를 만든 공드린의 류주현 대표는 '노 임팩트 맨'(No impact man)이라는 책을 읽고 영감을 받아 제품을 만들게 됐다고 한다. '노 임팩트 맨'은 뉴욕에 사는 저자가 환경에 일회용품을 사용하지 않고 1년 동안 환경에 영향을 주지 않는 삶을 사는 '노 임팩트 프로젝트'를 기록한 책이다.

스테인리스 소재 빨대 역시 지난해 와디즈 플랫폼에서 눈길을 끌었다. 스테인리스 소재에 친환경 리넨 소재 파우치로 구성된 '제로 빨대'는 첫 펀딩에서 목표금액 826%(약 826만 원)를 달성하고, 두 번째 앵콜 펀딩에서 목표금액의 643%(약 643만 원)를 달성할 정도로 큰 인기를 끌었다.

플라스틱 쓰레기를 활용해 만든 새 활용 제품들도 크라우드 펀딩에서 사랑받고 있다. 네이버 해피빈에서 모금 중인 '바다를 짜요'는 플라스틱 쓰레기를 분쇄 · 재가공해 만든 휴대용 태피스트리 직기다. 펀딩 마감일이 22일이나 남았지만 28일 오후 3시 현재 벌써 목표 금액의 563%(563만 4,000원)를 달성했다. '바다를 짜요'는 이미 지난해 11월 와디즈에서 펀딩을 진행해 목표금액의 143%(약 430만 원)를 달성한 바 있다.

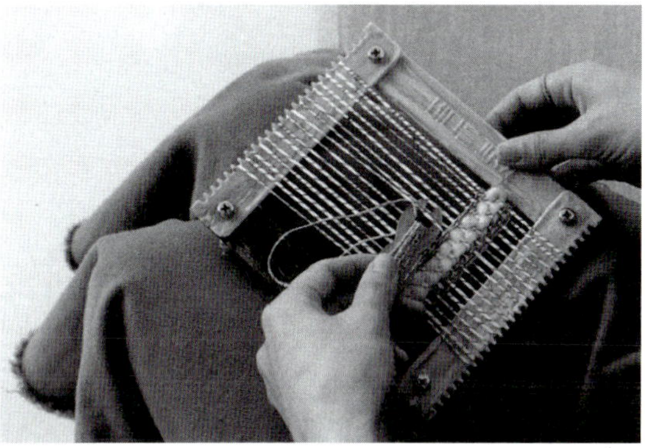

▲'바다를 짜요'는 해초에 숨어 있는 작은 물고기들의 모습이 실을 감싸고 엮는 태피스트리와 비슷하다는 영감에서 탄생됐다.(사진제공=플레이31)

또 다른 크라우드 펀딩 플랫폼 '텀블벅'에서는 미세 플라스틱을 사용하지 않는 친환경 수세미가 눈에 띈다. 사용할 때마다 조금씩 마모돼 미세 플라스틱 가루를 떨어뜨릴 수 있는 화학섬유나 아크릴 소재 대신 미세 입자를 사용한 천연 수세미다. 천연수세미는 텀블벅에서 목표금액 698%(약 349만 원)를 달

▲킨디고는 강원도의 유기농 농가와 함께 수세미 농사를 직접 지어 천연 수세미를 만들었다.(사진제공=킨디고)

성하고 22일 모금을 마감했다.

대기업들도 앞다퉈 친환경 제품을 내세우고 있다. 친환경에 앞장섰던 대표적인 분야는 바로 뷰티 업계다. 그중 가장 눈에 띄는 기업은 영국계 코스메틱 기업 '러쉬'(LUSH)다. 러쉬는 일찍이 플라스틱 포장 없는 샴푸바, 비누 등을 선보이며 친환경 행보를 이어나가고 있다. 국내 뷰티 업계 역시 앞다퉈 친환경 용기 제품을 만들고 있다.

아모레퍼시픽 그룹은 최근 화장품 용기에 메탈 제로 펌프를 도입했다. 메탈 제로 펌프란 금속 스프링을 사용하지 않은 펌프로, 사용한 뒤 별도의 분리작업 없이 그대로 분리 배출이 가능하다. 또 용기를 100% 재생 플라스틱으로 제작해 재활용하기 쉽다.

▲'해피바스 더 착한 자몽' 제품은 100% 재생 플라스틱 용기로 만들어졌다.(사진제공=아모레퍼시픽)

하지만 이제 '친환경'만으로 소비자의 눈길을 사로잡기는 쉽지 않다. 크라우드 펀딩 플랫폼에는 친환경과 천연을 내세웠지만, 모금액을 다 채우지 못해 펀딩이 무산된 프로젝트도 많다. 환경을 앞세운 제품들이 앞다투어 등장하고 있는 요즘, 소비자의 지갑을 열기 위해서는 친환경에 플러스알파가 필요하다.

스테인리스 소재 '제로 빨대'를 판매한 '비보트'의 김채영 대표는 "가치 소비 플랫폼으로서 친환경 이상의 편리함과 쓸모를 제공하려 노력하고 있다"라고 말했다. 친환경의 가치 소비를 가진 제품은 물론 실제 생활에 쓸모 있는 제품을 전략으로 내세웠다.

'바다를 짜요'를 만든 플레이31 측은 존재의 가치가 확실한 디자인에 중점을 둔다고 말했다. 플레이31 측은 "환경 이슈를 홍보하기 위해 새 에코백을 만드는 건 모순되는 일이다. 고객들이 평생 취미 도구로 활용하면서 생활에 필요한 작은 소품도 만들어 쓰고, 주변 친구들에게 선물도 줄 수 있는 모습을 그리면서 개발했다"라고 자신들의 제품 철학을 전했다.

출처 : 이투데이, 2020.07.28

4 인터넷전문은행

인터넷전문은행은 디지털 혁신에 따른 패러다임 변화에 대응하기 위해 금융산업에서 반드시 필요하다. 은행은 대면에서 비대면으로 채널변화에 대응할 수 있고, 고객은 편의성과 접근성, 수익을 제고할 수 있다. 또한 정부는 새로운 경쟁자의 도입으로 금융혁신을 제고할 수 있다.

2014년 미국은행연합회(American Bank Association)가 실시한 스마트폰 등장 전과 후의 소비선호도 비교 결과를 보면 나타난다. 2008년 창구거래 선호도는 30%였으나, 2014년에는 21%로 선호도가 감소했다. 모바일 채널에 대한 선호도는 2008년 0%에서 2014년 10%로 크게 증가했다. 또한 미국에서 실시한 캡제미니 조사결과, 고객의 주당 은행 채널 이용 비중은 비대면 채널이 월등히 높은 가운데 모바일 채널의 이용 비중이 2013년 13%에서 2014년 22%로 크게 증가했다. 이러한 고객들의 은행 채널 이용 및 선호도 변화는 대면거래를 하지 않고 인터넷을 주요한 영업채널로 활용하는 인터넷전문은행의 수요 확대로 이어진다.

점포 없이 운영되는 인터넷전문은행은 영업점 설립이나 영업점 직원 고용 등의 고정비용이 없어 원가를 절감할 수 있다. 원가절감은 고객에게 시중은행보다 높은 수신금리의 제공기회와 금융거래수수료 인하를 가능케 한다. 실제로 2014년 미국, 영국, 일본 3개국의 인터넷전문은행 수신금리는 시중은행 평균 수신금리보다 높게 제공되었다. 또한 인터넷전문은행은 금융상품을 고객에게 직접 선택하게 함으로써 편의성을 제고했고, 제공서비스도 고객이 직접 빠르게 처리할 수 있게 해 신속성을 높였다.

마지막으로 은행서비스 접근이 어려운 지역에서 고객이 언제든 쉽게 서비스를 이용할 수 있는 장점이 있다. 일부 신흥국에서는 인터넷전문은행 도입으로 고객의 은행서비스에 대한 접근성을 높였다.

우리나라의 경우에도 지난 2002년 SK텔레콤, (주)롯데 등의 대기업과 안철 수 연구소, 이네트 퓨처 등 벤처기업이 컨소시엄을 형성하여 'V-bank'라는 인터넷전문은행 설립을 시도한 바 있으나, 정부의 미온적 태도, 금융실명제 등의 제도적 장벽, 그리고 현금 입출금망 확보 등의 실질적인 난제로 중도에 좌절되었다. 이후 2008년 금융위원회 주도 은행법 개정을 통한 인터넷전문은행 제도 도입을 기반을 마련을 추진하였는데, 은행산업부실 가능성, 수익모델 취약성, 과당경쟁우려 등으로 입법에 실패하여 인터넷전문은행 도입이 무산되었다. 현재 세계적으로 금융과 ICT부문 간 융합을 통한 금융서비스 혁신이 급격히 진전됨에 따라 인터넷전문은행도 활발히 도입 · 운영 중이다. 국내에서도 발달된 IT 인프라, 이용자 수요 등을 감안할 때 인터넷 전문은행 활성화를 통해 국내금융을 한 단계 업그레이드할 필요성이 높아졌다. IT를 활용한 금융부문의 경쟁력 제고의 필요성, 핀테크 부각, 은행산업의 선진화 요구, 소비자 편의성 제고 요구 등에 따라 인터넷전문은행의 도입에 대한 추진 요구가 높아지게 되었다. 이에 따라 도입에 대한 논의가 재개되었으며[11], 실행에 옮기기 위해 정부는 금융개혁의 주요 과제로 인터넷전문은행 도입을 위한 제도 개선방안을 2015년 1월부터 마련하였다.[12]

11) 인터넷전문은행 도입 필요성은 크게 3가지로 정리 가능하다. 첫 번째, 금융소비자 편의성 제고부분에 있어서 세계 최고의 IT인프라를 활용하여 접근성이 향상되고, 금리 · 수수료 등 서비스를 보다 저렴하게 이용하도록 하는 것이다. 두 번째, 은행산업경쟁촉진부분에 있어서 현재 비대면거래(90%) 추세 속에서 경쟁을 촉진하고, 은행권 보수적 영업형태 혁신의 자극제 역할 수행의 필요성이 높아졌다. 세 번째 미래신성장 동력 창출에 있어서 금융회사가 ICT기업, 핀테크 업체 등과 제휴하여 시너지효과를 내고, 새로운 금융서비스 개발 및 신시장 개척에 대한 필요성이 높아졌다. 또한 국내에서 모델을 정착 후 아시아 등 해외시장 진출의 교두보 마련이 현재 금융시장 경쟁력 확보 방안의 좋은 대안으로서 그 필요성이 지속적으로 높아졌다.

12) 정부는 금융개혁의 주요 과제로서 인터넷전문은행 도입을 위해 민관합동 TF를 구성하여 '15년 1월~4월 중 주제별 심층토론(12차례), 공개 토론회('15.4.16), 금융개혁자문단회의('15.6.10)를 통해 전문가 등의 의견을 수렴하였다.

2015년 1월부터 시작된 인터넷전문은행 제도개선방안 마련 결과 도입방안이 확정되었다. 인터넷전문은행 도입의 기본방향은 은산분리 규제[13], 최저자본금 기준 등 진입장벽 완화하여 ICT기업 등을 비롯한 혁신성 있는 경영주체의 금융산업진입을 통한 활성화를 모색한다. 인터넷전문은행의 업무범위, 건전성 · 영업 행위 등에 대한 사전규제를 최소화하여 다양하고 창의적인 사업모델 출현을 유도한다. 외부평가위원회를 중심으로 투명하고 엄정한 인가절차를 진행하여 지속 가능한 경쟁력과 혁신성을 갖춘 플레이어 위주로의 진입 허용을 인터넷전문은행도입의 기본방향으로 정하였다.[14]

인터넷전문은행의 인가 요건을 자본금과 사업계획을 중심으로 살펴보면 우선 자본금에 있어서 현행 은행의 인가 시 최저자본금은 시중은행은 1천억 원이고, 주주구성(비금융주력자 주식보유한도 등), 사업계획, 인력 및 시설 · 설비 등의 요건을 심사한다. 인터넷전문은행 인가를 위한 최저자본금은 인터넷전문은행의 진입활성화를 통한 경쟁촉진 및 영업점포가 필요 없는 은행이라는 특수성을 감안하여 시중은행 대비 절반수준으로 완화하여 500억 원으로 설정하였다.[15]

다음으로 인가요건 중 사업계획 요건을 살펴보면 인터넷전문은행은 저성장 · 저금리 지속에 따른 수익성 약화 기조, 초기 경쟁력 확보 어려움 등 감안 시 설립 후 수년간은 경영상 애로가 많이 발생할 것으로 예상된다. 특히, 다수의 설립 인가 신청이 있을 것으로 예상되는 만큼 사업계획의 타당성 등을 엄정하고 객관적으로 심사할 필요가 있어 인터넷전문은행 선정을 위한 사업계획서

13) 정부는 금융개혁의 주요 과제로서 인터넷전문은행 도입을 위해 민관합동 TF를 구성하여 '15년 1월~4월 중 주제별 심층토론(12차례), 공개 토론회('15.4.16), 금융개혁자문단회의('15.6.10)를 통해 전문가 등의 의견을 수렴하였다

14) 2015, IT · 금융 융합 및 신성장 동력 창출을 위한 인터넷전문은행 도입방안, 금융위원회 · 금융감독원

15) 인터넷전문은행이 활성화된 주요 국가의 경우 법률상 최저자본금은 우리나라보다 낮은 수준이며, 실제 설립 시 투입된 자본금은 우리나라 최저자본금 수준에 육박하거나 상회한다.(일본 법정최저자본금(185억 원), 설립자본금(1,850억 원) / 유럽 법정최저자본금(60억 원), 설립자본금(960억 원)

평가는 수익성 있는 사업모델을 중요한 평가기준으로 삼고 있다. 사업계획의 타당성을 투명하게 심사하기 위해 기본적으로 은행업감독규정상 은행업 인가 심사기준을 우선 적용하되, 인터넷전문은행 도입취지에 부합되는 인터넷전문은행의 특수성을 감안하여 비상시 유동성 확보 계획 등의 일부를 적용하였다. 인터넷전문은행의 선정 및 평가 방식은 도입취지를 감안하여 총 5가지 항목을 선정하여 평가를 실시하였다. 5가지 항목은 사업계획의 혁신성, 주주구성과 사업모델의 안정성, 금융소비자 편익 증대, 국내 금융 산업 경쟁력 강화 기여도, 해외진출 가능성이 그것이다.

첫 번째, 사업계획의 혁신성(Innovation)으로 기존 금융관행을 혁신하고 새로운 서비스를 제공할 수 있는지 여부, 기존 은행시장을 보다 경쟁적으로 변화시킬 수 있는지 여부를 의미한다. 두 번째, 주주구성과 사업모델의 안정성(Stability)으로 충분한 출자능력, 건전한 재무상태 및 사회적 신용을 갖춘 주주로 구성되고 지속가능한 사업모델을 갖추었는지 여부를 의미한다. 세 번째, 금융소비자 편익 증대(Consumer Convenience)로 다양한 금융서비스를 금융소비자에게 더 낮은 비용이나 좋은 조건으로 제공할 수 있는지 여부, 소비자가 점포 방문을 하지 않고도 편리하게 금융서비스를 이용할 수 있는 시스템 구축 여부를 의미한다. 네 번째, 국내 금융 산업 경쟁력 강화 기여도(competitiveness)로 차별화된 금융기법, 고객별 맞춤형 서비스 제공 등을 통해 금융 산업 부가가치를 제고시키고 신규일자리를 많이 창출할 수 있는지 여부를 의미한다. 다섯 번째, 해외진출 가능성(Global Expansion)으로 국내 시장에서 경쟁뿐만 아니라 아시아 등 해외시장 진출을 고려한 사업계획과 실천능력을 가지고 있는지를 의미한다.

이상과 같은 평가기준을 토대로 실제 인터넷전문은행 선정을 위한 절차에 착수하였다. 인터넷전문은행 예비인가 신청접수를 2015년 9월 30일부터 10월 1일까지 진행하여 총 3개 신청자가 신청서를 제출하였다. 신청서를 제출한 사업자는 (가칭)한국카카오뱅크, (가칭)케이뱅크, (가칭)아이뱅크로 3개 신청서에 대해 평가기준을 토대로 은행업 인가심사와 관련하여 사업계획 타당성 등을 객관적이고 공정하게 평가하기 위해 각 분야별 민간전문가로 외부평가위원회를 구성하여 평가를 실시하였다.

외부평가위원회가 3개 신청자의 사업계획에 대한 평가결과들을 종합적으로 감안하여, "(가칭)한국카카오뱅크, (가칭)케이뱅크"의 사업계획이 타당하여 예비인가 결정을 내리게 되었다.

2017년 4월 3일 국내 최초로 본인가를 승인받은 '케이뱅크'는 모바일 기반의 '365일 24시간' 연중무휴로 금융 서비스라는 점에서 기존 금융 서비스와 차이가 있다. 주 타깃 고객은 4~6등급의 신용등급자를 대상으로, 10% 내외의 대출 금리 상품이 주 서비스가 될 전망이다.

케이뱅크는 모든 은행 서비스를 시공간의 제약없이 제공하겠다는 목표를 세웠다. 또한 송금과 이체뿐 아니라 비대면 실명확인으로 계좌개설, 대출 등의 은행 서비스 전반을 제공한다는 운영방침을 공식 발표했다.

여신 부분은 마이너스통장 형태의 간편심사 소액대출을 선보이 금융 소비자의 서비스 이용 장벽을 낮출 예정이다. 금융 소비자가 대출을 신청하면 주주사가 보유한 정보를 확인해 대출 자격을 심사한다는 점에서 기존 금융기관의 여신 서비스와 차이가 있다.

모든 심사 과정은 비대면 거래로 진행되는 것도 차이점이다. 우량직장인 신용대출은 스크래핑 기법을 활용해 고객을 심사하기 때문에 별도로 소득증명서 등의 서류를 제출하지 않아도 된다. 필요한 정보는 은행 측이 국민건강보험이나 국세청 온라인 홈페이지에서 관련 정보를 수집해 활용한다.

새로운 금융 서비스 모델을 공개한 케이뱅크는 365일, 24시간 언제, 어디서든 10분 안에 은행 계좌를 개설할 수 있도록 개방해 기존 은행과 차별화를 꾀할 방침이다. 또한 디지털 음원 이용권을 제공하는 정기예금 등 새로운 금융 서비스를 선보여 신규 고객을 모집한다는 방침이다.

현금을 찾으려는 고객의 불편함을 줄이기 위해서는 전국에 1만 개의 지점을 보유한 GS25 편의점을 활용할 계획이다. 케이뱅크의 주주사 중 한 곳인 GS리테일의 GS25 편의점 주요 거점에 스마트 현금자동입출금기(ATM)를 설치해 오프라인 은행 창구를 대체한다.

대출은 빅데이터를 활용한 신용평가 모델을 활용한다. 통신정보와 가맹점 매출 정보 등의 빅데이터를 신용평가에 활용해 자체적인 신용평가 모델을 만들고, 이를 고도화해서 인터넷전문은행만이 제공할 수 있는 중금리 대출 시장에 특화된 신용평가 모델로 올해 4,000억 원의 대출 상품을 판매할 계획이다.

이외에도 고객의 문의에 신속히 대응하기 위해 고객금융센터를 구축하고, 상담원 70여 명을 배치했다. 또한 중장기적으로 증가하는 고객에 대응하기 위해 머신러닝과 인공지능(AI) 기술을 활용한 상담 서비스를 추가하기로 했다.

케이뱅크에 이어 인터넷전문은행 2호 카카오뱅크가 2017년 7월 27일 오전 7시에 정식으로 출범했다. 카카오뱅크의 강점은 무엇보다 대중 접점이 크다는 것이다. 카카오톡이 4천200만 사용자를 보유하고 있기 때문이다. 또 카카오톡을 비롯해 각종 모바일앱을 운영하면서 쌓은 사용자환경(UI)이나 사용자경험(UX)에 대한 노하우도 강점이 될 것으로 예상되고 있다.

카카오뱅크는 계좌 개설 시간을 약 7분으로 줄였다.

다른 은행보다 보안인증 절차나 가입 단계를 간소화한 것이 특징이다. 그러면서 모바일 환경에서의 보안은 더욱 강화했다는 것이다. 카카오뱅크가 출범 초기 선보일 상품은 수시입출금식 ① 예금, ② 정기예금, ③ 적금 등 세 개다. 대출상품도 ① 신용대출, ② 소액대출, ③ 마이너스 통장 등 세 개다.

카카오뱅크가 내세우는 또 다른 장점은 스마트폰 기능을 극대화한 '60초 대출' 상품이다. 신용등급 1~8등급 성인이 스마트폰 인증만 거치면 최소 50만 원에서 최대 300만 원까지 대출을 받을 수 있다. 인증부터 대출까지 걸리는 시간은 1분이면 충분하다.

또 마이너스통장 대출 이자도 최저 2.85%대로 설정하는 등 타 은행(3~4%)보다 낮은 금리도 강점이다. 중금리 대출 서비스는 먼저 코리아크레딧뷰의 신용평가 데이터를 기반으로 서비스할 예정이며, 추후에는 카카오가 가진 다양한 서비스 이용 내역 등을 기반으로 한 빅데이터를 활용한다는 계획이다. 추후 전세자금대출, 주택담보대출 등으로 상품군을 넓힌다는 방침이다.

이 밖에 체크카드와 해외 송금 서비스를 하나의 앱에서 지원한다. 수수료가 타행대비 10분의 1 수준에 불과하다.

카카오뱅크가 이처럼 빠른 금융서비스를 제공할 수 있는 이유는 복잡한 중간 과정을 최소화한 앱 구성이다. 모바일에서만 서비스를 이용할 수 있는 카카오뱅크는 앱 개발에 상당한 공을 들인 것으로 알려졌다. 카카오뱅크 앱은 디자인부터 일선 시중은행이나 케이뱅크와 다르다. 첫 화면은 카카오톡과 흡사하게 디자인했고 두 번째 잠금 화면도 비밀번호나 공인인증서가 아닌 패턴 잠금으로 설정해 기존 금융사들과 차별화했다.

2019년 12월 16일 모바일 금융 서비스 토스를 운영하는 비바리퍼블리카가 주도하는 (가칭)토스뱅크 컨소시엄(이하 토스뱅크)이 제3호 인터넷전문은행 설립을 위한 예비인가를 획득했다고 발표했다. 토스뱅크는 최대 주주인 비바리퍼블리카가 지난 5년여간의 핀테크 사업 운영으로 쌓아온 경험과 혁신성을 바탕으로 KEB하나은행, SC제일은행 등의 시중은행 및 한화투자증권, 웰컴저축은행 등 금융회사들이 주주로 참여해 자본 안정성을 크게 강화했고, 중소기업중앙회, 이랜드월드, 한국전자인증, 글로벌 투자사(VC) 등이 주주로 참여해 성공적인 제3의 인터넷전문은행 설립을 위한 최적의 안을 구성했다.

토스의 '글로벌 챌린저 뱅크' 모델은 특정 분야에만 집중하는 소규모 특화은행을 말한다. 토스는 금융 소외계층인 중신용 개인 · 소상공인을 대상으로 특화된 금융서비스를 제공한다는 계획이다. 이런 사업 모델은 주주 구성에서도 드러난다. 컨소시엄에 참여한 중기중앙회와 이랜드월드의 지분율은 10%다. 이들은 하나은행, 한화투자증권과 함께 2대 주주가 된다. 중기중앙회 참여로 토스뱅크는 소상공인과 중소기업 고객을 확보할 수 있게 된다. 이랜드월드 역시 패션, 외식, 호텔 등 계열사를 이용하는 고객 정보와 다양한 협력업체 정보를 보유하고 있다. 지분 5%를 출자하는 웰컴저축은행 역시 중금리 대출 경험이 풍부하다.

토스 고객 1,000만 명의 정보와 컨소시엄에 참여한 기업들의 데이터 및 노하우를 활용해 금융 소외계층이 이용할 수 있는 중금리대출로 승부를 보겠다는 것이 토스뱅크의 전략이다. 이런 빅데이터를 토대로 차별화된 신용평가 모델을 개발할 계획이다. 특히 금융 이력이 부족해 제도권 금융을 이용할 수 없었던 '씬파일러(Thin Filer)'가 집중 공략 대상이다. 국내에는 이런 씬파일러가 1,000만 명에 달하는 것으로 추산된다. 토스뱅크는 1년 반 정도 준비가 필요해 2021년 7월 정도 출범을 예상하고 있다.

읽을거리 결국 칼 빼든 금융위… "중금리대출 제대로 안 하는 '인터넷은행' 감독 강화"

금융위원회가 중금리대출에 소홀한 인터넷은행 3인방(카카오뱅크 · 케이뱅크 · 토스뱅크)에 칼을 꺼내들었다. 금융당국은 신파일러(금융거래 실적이 없는 사람)와 서민을 위한 포용적 혁신을 당부했지만, 인터넷은행이 이를 외면하자 초강수를 둔 셈이다. 금융위원회는 2021년 2월 3일 이 같은 내용을 포함한 2021년 금융산업 정책 추진 방향을 발표했다. 권대영 금융위 금융산업국장은 "인터넷전문은행이 법과 도입취지에 부합하게 중저신용자에 대한 대출을 혁신적으로 확대 공급해나갈 수 있도록 관리감독을 강화하겠다"며 "중저신용자 대출 계획 및 현황을 주기적으로 점검하고 개선하겠다"고 밝혔다. 사실상 인터넷은행의 중금리대출 이행 상황을 면밀하게 들여다보고 금융감독원 검사를 포함한 조치를 단행하겠다는 뜻이다. 금융위는 신용등급 1~3등급 고신용자에게 치중한 인터넷전문은행 영업 행태에 불편한 심기를 드러냈다. 은행권에서 고신용자 대출은 잘 실행되지만 5~6등급의 중신용등급은 대출 사각지대다. 인터넷은행은 출범 당시 이 사각지대를 메우겠다는 목표를 강조했다. 그러나 인터넷은행은 고신용자 위주 영업을 해온 것으로 나타났다. 배진교 정의당 의원실 등에 따르면 카카오뱅크의 신용대출 중 고신용등급 비중은 2017년 87.95%에서 지난해 6월 말 93.59%로 5.64%포인트(P) 높아졌다. 같은 기간 중신용자인 5~6등급은 10.27%에서 5.54%로, 7등급 이하 저신용자는 1.78%에서 0.87%로 낮아졌다. 금융위는 "국내 은행권이 과점 시장임에도 불구하고 중금리 대출 활성화를 위해 은행 라이선스를 내줬지만, 인터넷은행이 약속을 어겼다"며 "인터넷은행이 금융권 메기인 줄 알았더니 황소개구리가 됐다"고 지적했다. 중금리 대출 활성화라는 인터넷전문은행을 도입한 취지가 무색하다는 것이다. 금융당국은 앞으로 인터넷은행의 중금리대출 이행여부를 꼼꼼히 점검하겠다는 입장이다.

카카오뱅크의 경우 지난 2일 윤호영 카카오뱅크 대표가 직접 나서서 중금리 대출 활성화에 대한 의지를 드러내면서 진화에 나섰다. 올해 중금리 대출 공급규모를 대폭 늘리고 신파일러 발굴을 위한 신용평가시스템(CSS)을 개발하겠다는 것이다. 윤 대표는 "올해는 중금리 · 중저신용자 대출부문에서도 고객들이 카카오뱅크를 가장 먼저 떠올리게 하겠다"고 말했다. 금융위에 따르면 카카오뱅크는 올해 중금리대출 공급규모를 금융당국과 함께 논의 중이다.

케이뱅크도 영업 정상화를 한 지 얼마 되지 않았지만, 올해 업무계획 중 '중금리대출 확대'를 주요 목표로 세웠다. 올해 3월 본인가 획득 목표, 7월 출범 예정인 토스뱅크는 중금리대출을 주요 서비스로 강화하겠다는 입장이다.

토스뱅크 관계자는 "토스뱅크는 기존 금융정보 중심의 평가로 불이익을 받아왔던 신파일러를 포용할 것"이라며 "금융소외계층에 대한 이해에 기반한 중금리 상품을 제공할 계획이며 이를 위해 신용평가 모델을 개발하고, 계속 고도화해나갈 계획"이라고 말했다.

출처 : 전자신문, 2021.02.04

제4부

소비문화와 소비사회

제8장 소비와 소비문화

1 소비의 의미변화

1) 소비경제에서 소비문화로

풍요로운 소비사회에서 소비자가 진정으로 풍요를 향유하고 소비로부터 즐거움과 충만감을 얻을 수 있기 위해서는 소비욕구의 본질과 소비생활의 사회, 문화적 의미에 대하여 소비자가 자각하고, 소비생활을 뒷받침하는 기업의 시장활동이 조화를 이루어야 한다. 소비사회가 고도화될수록 시장의 발달은 궁극적으로 스스로에게 책임있는 소비를 할 수 있는 소비자의 능력에 달려 있다. 소비자의 관점에서 바라본 소비문화에 대한 통찰은 이러한 소비자의 소비능력을 개발하는 토대가 될 것이다.

역사적으로 소비라는 단어가 구체성을 가진 것은 생산과 소비가 분리된 산업시대의 자본주의 경제의 시작과 맥락을 같이한다고 볼 수 있다. 소비란 경제에서 상품을 만들어내는 생산에 대비되는 경제활동으로서 물품을 사용하고 소모하는 활동이다. 소비활동은 생산에 필요한 노동력을 재생산할 뿐 아니라, 생산활동의 궁극적 목적이라는 실질적이면서도 상징적인 가치를 가지고 경제순환의 핵심자리를 점하고 있음에도 불구하고 자본주의 경제발전 초기에는 생산에 비해 부차적인 경제영역으로 간주되었다.

근대적 의미의 소비가 태동한 자본주의 시작단계, 즉 제품이 막 개발되기 시작하여 생산, 보급되던 시기에는 생활물자가 현재처럼 풍부하지 않고, 생산력이 소비 수요를 충분히 따라가지 못하였기 때문에 소비생활의 질적 척도는 소비수준을 양적으로 평가한 생활수준 또는 생활표준이었다. 소비는 화폐가치로 측정하여 평가되었고, 생활의 질을 높인다는 의미는 화폐가치로 측정되는 소비생활 정도를 높이는 것과 동일시되었다.

얼마나 많이 지출할 수 있는가 또는 기본적인 생활을 유지하기 위하여 적어도 얼마나 지출해야 하는가 하는 문제는 오늘날의 풍요로운 사회에서도 여전히 중요한 관심사지만, 기술 발전으로 생산이 수요를 초과하는 시장상황이 전개됨에 따라 소비에 대해서도 "얼마나 많이" 못지않게 "왜, 무엇을, 어떻게"에 관심이 모아지고 있다. 현대의 소비를 이해하려면 소비의 경제적 평가보다는 소비 이면의 사회적, 문화적 맥락에 대한 이해가 전제되어야 한다. 문화에 대한 의미가 어떻게 변하였는지 그 과정을 음미해 보면 이러한 소비에 대한 인식의 변화는 매우 의미있는 전환임이 분명하다.

2) 소비문화의 개념과 구성요소

문화(Culture)라는 말의 어원은 "밭을 갈다"에서 출발했다고 한다. 문화의 어원은 농경시대로 거슬러 올라간다. 문화란 사람들이 사냥감과 먹을 수 있는 열매를 찾아 떠돌아다니는 생활을 하지 않고 한곳에 머물러 농사를 짓고 살게 된 것을 일컫는 말로 문화의 요체는 자연에 인공적인 힘을 가한다는 것이다(주경철, 2005). 이후 문화는 "인류의 이상을 실현해 가는 정신활동"을 지칭한다. 특히 학문, 문학, 예술, 종교, 도덕 등 수준 높은 인간의 내적 정신활동의 소산을 가리키는 개념으로 발전하였다. 이러한 인류의 긍지를 고양하는 위대한 문화는 먹고 사는 기본적인 필요 이상의 소비를 영위하는 조건이 충족되어야 가능하였고 따라서 역사적으로 문화는 엘리트, 사회 지배계층 활동의 산물이었다. 오늘날의 문화 개념은 학습되고 전수되는 우리의 일상적인 생활방식을 지배하는 온갖 형태의 생각, 느낌, 행동을 포괄하는 "생활양식"으로 이해되고 있다. 대량 생산과 구매력에 기반한 지금의 소비사회에서 소비를 통한 문화 형성에 일반 대중이 참여한다. 생활양식 개념으로서 문화의 정의는 문화에 대해 직관적이고 감각적인 설명이 된다는 장점이 있지만 외양으로 표출되는 문화의 한 단면을 포착하는 개념이라 할 수 있다. 문화를 탐구하기 위해서는 문화를 보다 포괄적이고 분석적인 개념으로 정의할 필요가 있는데, 홉스테드(Hofsted, 1997)의 정의가 매우 유용한 분석틀을 제시하고 있다. 홉스테드에 따르면 문화는 "상징(symbol), 영웅(heroes), 의식(rituals), 가치(value)라는 네 가지 요소로 구성되고, 이러한 문화 내용들은 가정, 학교, 매스미디어 등의 제도를 통하여 전달된다"는 것이다.

Hofsted(1997)에 따라 상징, 영웅, 의식, 가치가 의미하는 바를 구체적으로 살펴보면, 먼저 상징(symbol)이란 어떤 문화를 공유하는 사람들에게만 통하는 특별한 의미를 지닌 말, 동작, 그림 또는 대상을 가리킨다. 영웅(heroes)이란 어떤 문화 안에서 높이 받드는 특징을 지닌, 그래서 행동의 귀감이 되는 사람들(살아 있는 사람이든 실제 인물이든 가상 인물이든)을 말한다. 의식(rituals)이란 한 문화 안에서 사회적으로 없어서는 안 될 것으로 간주되는 집합적 활동을 가리킨다. 의식은 의식 그 자체를 목적으로 거행되는 것이다. 인사하는 법과 존경을 표하는 법, 사회적 · 종교적인 의식들이 그 예이다. 상징, 영웅, 의식을 통틀어 관행(practice)이라 부르는데, 그 이유는 이것들은 모두 외부 관찰자가 볼 수 있는 것이기 때문이다. 그러나 이들의 문화적인 의미는 남이 볼 수 없으며, 그 문화권에 사는 사람들이 내리는 관행의 해석이 바로 그 문화의 의미가 된다. 문화의 핵은 어떠한 관행을 하도록 이끄는 정신작용을 지칭하는 가치(value)이다. 가치란 어떤 한 상태보다 다른 상태를 선호하는 포괄적인 경향성을 뜻한다. 다시 말하면 가치는 긍정과 부정, 바람직한 것과 바라는 것을 지시하는 관념 혹은 사상이라고 할 수 있다. 문화를 지배하는 다른 원리로 규범(norm)을 들 수 있다. 규범은 한 집단 또는 한 범주의 사람들이 지니고 있는 공통의 가치기준이라고 할 수 있으며 구성원들에게 마땅히 기대되는 일정한 가치와 행동양식이라고 할 수 있다.

상징, 영웅, 의식, 가치라는 문화요소를 통하여 소비문화를 정의하면 소비문화는 첫째, 소비가 상징하는 의미가 무엇이며(상징) 둘째, 사회 구성원이 지향하는 소비의 모델은 무엇인지(영웅) 셋째, 소비의 의미와 소비의 이상을 추구하기 위하여 구체적으로 어떠한 소비행동양식을 행하고 생활양식을 만들어가는지(의식) 마지막으로 소비자의 소비생활을 지배하는 관념이나 사상, 소비 규범은 무엇인지(가치)에 대해 탐구하는 분야라고 할 수 있다.

상징으로서의 소비는 소비재가 문화적인 의미를 지니고 그것을 전달하는 능력에서 비롯된다. 제품의 소비자가 된다는 것은 제품이 담고 있는 문화적 상징들과 가치들을 소비하는 것이다(Bocock, 양건열 역, 2003), 신분질서가 지배하던 초기 소비사회에서 소비하는 물품들은 사회적 지위와 계급을 상징적으로 드러내는 효과적인 수단이 되었고 오늘날 대중소비사회에서도 자신이 어떻게 보일지 자아정체성의 표현과 타인 정체성의 확인 역시 그 사람이 소비하는 사물의 상징에 많이 의존한다.

풍요로운 소비사회에서 소비하는 인간, 호모콘수멘스(Home Consumens)는 가장 자연스럽고 이상적이며 모든 제약에서 해방된 가장 행복한 인간상으로 비추어지고 있다(김준우, 1996). 보드리야르(이상률 역, 1991)는 성자와 역사적 인물, 자수성가한 사람과 창업가, 개척자 등의 위대한 생애에 대한 이야기가 영화스타나 스포츠 스타, 돈 많은 몇몇 왕자나 세계적인 군주들, 대낭비가들에 대한 이야기로 바뀌었다고 꼬집는다. 대중 소비사회에서 '생산의 영웅'들이 아니라 '소비의 영웅'들이 추앙받고 있다.

소비의식(ritual)을 통하여 소비의 문화적 의미가 소비행동이나 양식으로 구체화된다. 예를 들면 결혼을 성립시키기 위하여 결혼 예식을 거행하고 탄생을 축하하는 특별한 기념일은 생일잔치를 열어 그 상징과 의미를 표현한다. 문화인류학에서 의식은 문화질서의 인습적인 상징과 의미를 확인하고 환기시키고 부여하거나 또는 바꾸는 기회로 이해되는데(McCracken, 이상률 역, 1997), 소비의식은 선물을 주고받는 교환의식, 소비자가 소비재의 의미에 대해 일종의 소유권을 주장하여 자기 것으로 삼는 과정으로서 소유의식, 재화 속에 있는 의미 있는 속성을 유지하고 빛나게 하기 위해 이용되는 손질의식, 새로 산 집을 청소하고 꾸미는 등 이전의 소유자가 만들어낸 의미를 제거하거나 개인이 재화를 버리거나 팔아버리는 행동을 포함하는 박탈의식으로 구분되기도 한다.

소비자가 소비를 함으로써 추구하는 가치는 무엇인가? 가치는 한 사회에서 공통적으로 바람직한 것으로 추구하는 관념으로 사회적, 문화적 맥락에서 이해된다. 오늘날 소비사회의 중심적인 소비가치로 드러나고 있는 개성의 표현, 물질적인 풍요로움의 향유, 개인 삶의 질의 향상, 육체적 아름다움의 추구 등은 모두 개인 중심의 소비가치라는 특성을 보이고 있다. 소비자행동 분석가들은 소비의 동기(motivation)는 소비자가 만족하고자 하는 욕구가 야기되었을 때 발생한다고 이해하고 소비자의 욕구가 무엇인지 파악하기 위하여 개인 소비자의 심리를 탐구하기도 한다.

2 소비문화를 이끄는 가치

1) 상징

상징을 인간존재의 고유한 본질로 파악한 사람은 정신분석학자인 랭어(Langer)이다. 랭어(1951)는 오직 인간만이 다른 종들과 달리 기호뿐 아니라 상징을 만드는 능력이 있다고 했다. 인간에게는 목표, 이랬으면 하는 생각, 가치의식, 비실용적인 열정, 성스러운 피안에 대한 인식을 작동시키는 욕구가 있는데, 이는 오직 인간에게만 존재하는 상징화의 욕구이다. 이것은 인간 정신의 근본적인 과정이며 항상 지속되는 과정이다. 이처럼 랭어는 인간 존재의 본질을, 상징을 생산하고 상징을 사용한 종으로서 이해하고 있다(Langer, 1951; Bocock, 양건열 역, 2003에서 재인용).

소비를 상징으로 이해하기 시작한 것은 상품이 위치재(positional goods)로서 사회적 지위와 문화적 스타일의 상징적 징표로 작용한다는 사실을 포착한 데서 비롯된다. Veblen(베블렌)은 소비의 상징성과 사회적 계급 정체성을 연관시키는 선구적인 작업을 하였다. Veblen(1912)은 상류층의 사치스럽고 낭비적인 소비를 일컬어 과시적 소비라고 하였는데, 과시적 소비는 상품의 소비로부터 사용가치로서의 효용을 얻는 것이 아니라 사회적 지위의 상징적 정표로서 상품 소비를 통해 자신의 사회적 지위를 나타내고 인정받기 위한 것이다.

소비와 사회적 지위와의 연관성은 이후 Bourdieu(부르드외)에 의해 보다 발전되었다. Bourdieu(1984)는 객관적인 계급구조에서 차지하는 위치에 따라 직접적으로 그리고 자동적으로 정체성이 형성되는 것이 아니라 취향에 따라 이루어지는 일상생활에서의 소비를 통해 계급 정체성이 유지되고 인지된다고 보았다. 생활양식은 사회적 지위를 상징적으로 드러내며 또한 사람들은 생활양식을 통해서 사회적 지위를 인식한다는 것이다.

Bourdieu(1984)는 사회계층에 따라 소비양식이 차이 나는 현상을 아비투스(habitus)라는 개념으로 설명한다. 특정 집단이나 계급은 가족의 문화유산이라든가 교육 등의 존재 조건에 따라 각기 다른 특정한 아비투스를 형성하여 공유한다. 아비투스는 일상생활에서 소비라는 실천을 통해 자신의 계급 정체성을 상징적으로 표현함으로써 동일 계급 간에는 동질성을 확인하며 강화하고 다른 계급과는 구별 짓기가 되어 계급을 구성한다는 것이다(함인희 · 이동원 · 박선웅, 2001). Bourdieu는 계급적 차이와 정체성이 형성되고 분류되며 인식되는 방식이 소비에 기반을 둔다는 사실을 예리하게 포착하였다.

소비과정이 일반적인 사회, 문화, 상징적 행위의 한 형태로써 이해되기 시작한 것은 2차 세계대전 이후에 전개된 대량소비시대의 도래와 무관하지 않다. 물질적으로 풍요로운 산업사회에서 일반 대중이 소비의 주체로 부각되었고, 대중소비사회에서 소비과정은 개인의 물질적 욕구 충족이라기보다는 의미의 상징체계로 이해되기 시작하였다. 소비의 상징성은 소비를 상징과 기호체계로 파악한 Baudrillard(보드리야르)에 의해 체계적으로 설명된다. 보드리야르에 따르면 재화는 사용가치나 교환가치가 아닌 의미를 갖는 코드나 기호이며 차이에의 욕구를 충족시킨다. 소비는 상품에 본질적으로 내재된 것으로 믿는 사용가치가 아니라 자신이 타인과 구별 짓는 기호나 상징가치에 따라 이루어진다. 즉, 소비는 자신을 타인과 구별하는 기호로서 사물을 조작하는 과정이고 소비활동은 재화가 기호로 작용하는 언어활동이자 코드이므로 소비에 의해 사회 전체가 의사소통을 하고 있다고 보았다.

상징으로서의 소비는 소비에 대한 욕망과 자아정체성의 구성에 대해 매우 중요한 두 가지 사실을 이야기해 주고 있다. 하나는 상징이나 기호는 이미 선재하는 의미를 표현하지 않고 의미들은 소비자의 관심을 끄는 기호, 상징체계 안에서 생성되는 성질이 있기 때문에 소비욕구는 무한히 증대되는 성질을 갖는다는 것이다. 따라서 상징적인 의사소통으로서의 소비활동의 최종 종착지는 존재하지 않게 되고 어떠한 소비욕구도 궁극적인 만족에 도달되지 못함을 내포한다(Baudrillard, 이상률 역, 1991).

상징으로서의 소비는 자유주의적 고전경제학에서 말하는 이미 존재하는 욕구나 인체생물학적 욕구를 충족시키는 활동이라기보다는 계급 정체성과 연관이 있음은 앞에서 설명한 바와 같다. 나아가서 오늘날 소비사회에서 소비는 사회집단이 공통의 소비양식을 공유함으로써 사회적 정체성을 형성하고 드러내는 데 그치지 않고 개인의 자아정체성 구성의 근간을 이루고 있다는 점에 주목할 필요가 있다. 소비는 소비하는 물건의 상징을 통하여 자신의 정체성 의식을 창조하고 유지하는 능동적인 과정으로 파악된다.

2) 욕망

소비는 소비자의 욕구와 욕망을 만족시키기 위하여 재화와 서비스를 선택하고, 구매, 사용하는 과정이라고 할 수 있다. 욕구 충족은 소비의 목적이요, 소비가 추구하는 궁극적 가치이다. 신고전주의 경제학의 소비자 선택이론에서 욕구에 대한 가정은 이성과 관찰을 통해 실제로 자신이 누구인지, 무엇을 필요로 하는지를 인식할 수 있다는 계몽주의 전통에 근거를 두고 있다. 이성이 지배하는 합리적인 개인에 있어서 욕구는 인간의 신체나 심성에 내재하는 '자연적인 것'으로서 모든 사람은 자신이 필요로 하는 것을 알고 있다고 전제한다. 따라서 욕구는 자명한 것이고 당연시되었다. 또한 전적으로 개인의 특성과 관련된 자의적이고 주관적인 것으로 이해되었다. 고전경제학에서 욕망은 개인의 자기결정과 사적 권리라는 개인의 자유로운 선택의 영역 안에 있기 때문에 개인의 실질적인 욕구와 욕망에 대한 어떠한 판단도 유보하며, 사적으로 구성되는 개인의 선호에 대해 무엇을 선호하든 문제삼지 않는다. 개인은 자신의 욕망과 이를 어떻게 충족시킬 것인지 스스로 결정할 뿐 욕망은 규범적으로 판단되지 않는다(Slater, 정숙경 역, 2000).

계몽주의의 이성에 근거를 둔 욕구의 개념은 David Hume(데이비드 흄)에 의해 완전히 부정된다. Hume에 따르면 이성은 감각에서 나오기 때문에 존재는 관찰에 따라 제한되고 이성의 삶은 궁극적인 목적과 의미를 예측할 수 없다. Hume의 중심세계는 세속적인 즐거움과 쾌락의 세계이다. 개인 존재의 본질은 개인의 욕망과 의지, 열정에 있기 때문에 인간은 마땅히 열정과 쾌락의 확실성으로 정의된 삶의 목적에 충실해야 한다. 개인의 욕망은 신고전경제학에서 가정하는 바와 같이 자유, 사적 권리, 자연권의 이름으로 부여되는 당위가 아니라 존재이기 때문에 타자에게 규제되지 않는다고 인식한다(Xenos, 1989).

인간 욕구의 본질은 오랫동안 주요한 철학적 사유의 대상이 되어왔지만 욕구의 본질이 이성이건 감정이건 소비자 선택의 전제가 되는 욕망에 대해 무엇이 옳고 그른지 규범적인 판단을 내리기가 쉽지 않다. 이 가운데 다소 상이한 방향에서 전개되는 홉스와 루소의 욕망에 대한 인식론적 관점을 살펴보면 다음과 같다.

홉스(Hobbses, 1971, 1651)에 따르면 인간의 욕구는 원래 끝이 없고 이러한 개인의 절박한 욕망이 진보의 원동력이 된다고 보았다. 욕망의 부재는 미덕이 아니라 개인적, 사회적 죽음이다. 행복이란 모든 것이 만족된, 평안한 마음의 상태를 말하는 것이 아니라 대상에서 다른 대상으로의 끝없는 욕망의 진보이다. 그러나 무한한 욕구는 폭력, 만인에 대한 만인의 투쟁, 자연상태의 야만적인 삶을 초래하는 위험이 있는데, 시민사회와 국가는 인간이 욕구를 안전하게 추구할 수 있는 통제의 틀을 제시하기 위해 필요하다. 시민사회와 국가는 개인의 무한한 욕망과 자연상태에서 그 욕망이 낳을 수 있는 폭력에 대응하여 존재한다는 것이다. 홉스는 욕망의 본질은 인간 심성에 내재한 자연적인 것이고 끝없는 욕망은 폭력과 투쟁을 초래하기 때문에 욕망을 통제하는 적절한 장치가 필요하다고 파악하였다.

이에 비해 루소(Rousseau, 1984, 1755)는 무한한 욕망을 가진 인간은 자연상태의 인간이 아니라 근대사회가 만들어낸 인간이라고 주장했다. 루소에게 물릴 줄 모르는 욕구는 사회의 산물이며 재산권을 통해 제도화된 사회적 불평등의 산물로 인식된다. 자연의 풍요로움과 인간의 욕구가 조화를 이루는 자연상태에서 벗어난 인간사회에서는 자연이 제공하는 현세의 쾌락을 즐기는 것이 아니라 소유하라는 사회적 압력이 증가하게 되고 욕구는 더 이상 자연 속에 머물지 않으며 타자의 인정과 숭배와 연결되어 어떠한 한계도 갖지 않게 된다. 다른 사람들의 존경을 받고자 하는 경쟁 속에서 인간의 내면적 도덕 감정에 바탕을 둔 신뢰성보다 단순한 겉모양이 중시됨에 따라, 사회의 부상과 함께 존재와 외모는 완전히 다른 두 개의 것이 되었고 이러한 분화로부터 겉치레적인 과시가 발생하게 되었다. Rousseau는 인간적 가치와 인간 존재의 신뢰성은 근대사회의 물질적 풍요와 개인주의적 경쟁, 즉 자연상태를 벗어난 무한한 인간 욕망에 의해 파괴되었다고 보고 있다(Slater, 정숙경 역, 2000).

홉스와 루소는 무한한 인간 욕망이 어디서 유래하였는가에 대해 관점이 서로 다르지만 인간 욕망 자체의 속성—무한한 욕망의 위험성과 파괴성—에 대해서는 일치된 논조를 펼치고 있다.

물질적으로 풍요로운 소비사회로 이해되는 오늘날 인간의 욕망은 차이화에 대한 욕망, 타인과의 차별성을 드러내기 위한 상품의 상징과 기호에 대한 욕망으로 이해된다. 소비는 이러한 상징에의 욕구를 충족시키기 위한 수단으로서 이해된다. 보드리야르(이상률 역, 1991)는 소비되는 것이 물질이 아닌 문화적 상징과 기호들 사이의 관계에 대한 문제로 인식된다면 소비는 물질적 과정이 아니라 관념적인 실천이 되고 따라서 최종적이고 물질적인 충족이란 있을 수 없게 되며 욕구의 충족은 도달하지 못할 것이라고 한다. 소비가 실재하는 욕구의 만족이 아니라 관념적인 실천이 될 때 우리는 점점 더 소비하기를 원하고 소비욕구는 끝없이 펼쳐지게 된다. 상징은 끊임없이 만들어지고 이에 따라 욕구 역시 무한히 확장되기 때문에 소비에 대한 욕구도 끝이 없다. 결국 소비하면 할수록 더 많은 것을 소비하고 싶은 욕망을 갖게 되고 사람들은 결코 얻을 수 없는 것을 끊임없이 욕망할 것이라는 점에서 인간의 욕구에 대한 고전적인 인식론적 관점과 맥락을 같이한다고 볼 수 있다.

무한한 욕망의 끝은 홉스에 의하면 투쟁과 폭력으로, 루소에 의하면 인간적 가치와 인간 존재의 신뢰성의 파괴로, 보드리야르에게는 악마에게 영혼을 팔아버린 인간 존재로 그리고 신스토아학파 철학에서는 인간의 노예화라는 종착점으로 그려지고 있다. 근대 이후 누구에게도 판단받지 않고 자체의 자유와 권리를 부여받은 욕망을 어떻게 방향지을 것인지에 관한 문제는 규범적인 소비문화가 당면한 중요한 과제이다.

3) 자아정체성

정체성 의식은 내가 누구이고, 자신을 어떻게 생각하며, 다른 사람들은 나에 대해 어떻게 생각해 주었으면 좋겠다는 등과 관련된 비교적 일관된 의식을 제공한다. 산업사회 이전의 전통사회에서는 모든 사람에게 정해진 신분뿐 아니라 신학적으로는 우주 질서 속에, 사회적으로는 혈통과 토지 속에 고정된 존재를 제공하면서 사회질서와 개인의 정체성을 유지하였다(Slater, 정숙경 역, 2000). 이후 자본주의 초기에 다수 사람들의 삶을 지배하고 사회적 정체성에 대한 의식을 제공했던 것은 노동의 역할, 즉 사회에서 어떤 역할을 하는가였다. 직업상의 임금노동이라는 역할이 사람들의 정체성 의식을 형성하는 데 매우 중요한 기초가 되었다(Bocock, 양건열 역, 2003). 이러한 정체성 의식은 베이커(빵 굽는 이), 스미스(대장장이), 카펜터(목수) 등 어떠한 일을 지칭하는 서구인들의 이름에서 쉽게 발견할 수 있다. 다른 한편 자본주의 초기단계에는 산업생산을 기반으로 부를 축적한 신흥 부르주아 계급이 생겨났고 이들은 그들이 가진 구매력을 가지고 귀족의 소비생활을 모방하는 과시적 소비를 함으로써 사회적 지위 자체를 구입 가능한 것으로 만들어 나갔다(Slater, 정숙경 역, 2000).

서구에서는 20세기 말, 즉 대량생산 대량소비 체제가 안정기에 접어들고 풍요로운 시대의 서막이 올라간 1950년대 이래 무의식적인 정체성 의식 속으로 소비가 깊숙이 침투해 왔다(Bocock, 양건열 역, 2003), 소비자들은 자신이 사회에서 하는 일이나 역할을 통해서가 아니라 소비재가 내포하는 상징들을 사용함으로써 내가 누구인가에 관한 정체성 의식을 구성한다. 소비자가 구매하는 것은 실용적인 용도를 지닌 물질적 대상이 아니라 의미를 내포하는 그리고 소비자가 되고 유형의 인간과 관련된 것을 보여주는 상징을 구매하는 것이다(Baudrillare 역, 1991). 내가 누구인가에 대한 의식을 스타일, 의상, 신체이미지, 잘생긴 외모로 표현하는 경향은 소비가 정체성을 구성하는 수단임을 잘 나타내 주고 있다.

근대 이후 소비를 통한 자아정체성은 크게 자아관리적 자아와 쾌락적 자아

두 가지로 대두되고 있다. 계몽주의 전통을 이어받아 서구 경제 사회의 기본 원리로 자리 잡은 자유주의 원리에 기반을 둔 근대적 자아는 개인의 자아지배 능력, 관리능력을 중시하는 자아이며, 시장에서 제공되는 여러 가지 대안 가운데 선택하면서 삶을 구성하고 또한 그렇게 할 수 있는 사람을 뜻한다. 개인은 선택 행위로 자신의 삶을 의미 있게 만들 의무를 부여받은 존재로서 사회에 살고 있다. 자유주의는 자신의 욕구를 잘 알고 그것들을 합리적으로 추구하는 일관성 있는 개인의 존재, 선택하는 개인의 존재, 스스로를 관리하는 개인의 자아관리 능력을 전제한다. 여기서 정체성이란 시장재화를 통하여 선택되고 만들어지고 관리되는 어떤 것이다. 이러한 근대 자아에는 사회적으로 고정된 정체성을 부여받지 않는다. 자연적으로 주어진 혹은 신이 부여한 사회적 위치나 개인적 자아는 없다. 개인은 환경에 의하여 자신이 누구인지, 누구로 보여야 하는지 다양한 물질적·상징적 자원을 사용하여 선택하고, 구성하고, 유지하고, 해석하고, 협상하고, 나타내야 한다. 따라서 소비로 구성되는 근대자아는 각 개인이 다양하고 모순된 정체성, 즉 다중정체성의 특성을 가진다(Slater, 정숙경 역, 2000).

자본주의 초기에는 프로테스탄트 윤리가 직업생활뿐 아니라 소비생활에도 지대한 영향을 미쳐서 이성적인 근검과 절약이 소비의 규범으로 작용하였다. 그러나 점차 소비사회가 발전함에 따라 프로테스탄트 윤리는 퇴색하고 검약과 절제, 억제가 아니라 자아실현과 자기수행을 달성하기 위한 자아의 표현과 재형성이 근대 소비문화의 주원리로 자리 잡게 되었고 그것을 추구하는 데 있어 모든 경험이 되었다. 어느 것도 금지되지 않고 모든 것은 탐구될 수 있으며 쾌락주의와 쾌락의 윤리학을 토대로 일상화된 대중문화 시대가 열리면서 쾌락적 자아가 소비 중심 위치를 차지하게 되었다.

캠벨(Campbell, 1989)은 쾌락주의적 윤리의 근원을 프로테스탄트 윤리에서 찾았다. 프로테스탄트 윤리는 합리주의적 칼뱅전통과 강한 감정(우울, 동정, 자기연민, 박애)의 표현과 감정을 중시하는 경건파로 나누어지는데, 동정 및 우울과 같은 감정의 표출을 덕망으로 간주하는 경건파는 이후에 낭만주의로 발전한다.

19세기 낭만주의는 강한 감정을 가지고 예술적 미나 자연의 숭고함에 반응할 수 있는 능력은 도덕적 가치를 가진다고 하여 자아의 미학적 측면과 도덕적 측면을 결합시켜 발전하였다. 낭만주의는 감정, 열정, 상상, 이상 등 자아와 자아의 원천을 구성하는 개인 속의 무의식적이고 자연적인 힘과 도덕적 가치를 결합하여 계몽주의 시대에 억눌려 있던 자아의 감정적, 미학적, 정신적 개념을 재평가하였고 이로부터 근대의 쾌락적 자아가 탄생되었다.

낭만주의 전통을 이어받은 근대 소비주의적 쾌락주의에서 소비는 이성에 기반을 둔 자기 규정적인 욕구를 만족시키기 위한 것이 아니라 쾌락 자체를 위한 경험이다. 쾌락은 자아의 내적 세계에 존재하는 감정적 경험을 강화시키는 데서 발전한다. 따라서 소비에서 중요한 것은 육체적 흥분과 정서적 즐거움을 체험하는 것이다(Slater, 정숙경 역, 2000).

근대적 쾌락주의와 소비를 연관시킨 캠벨(Campbell, 1989)은 소비행위에서 즐거움에 대한 열망과 체험의 끝없는 순환이 나다난다고 하였다. 또한 사람들은 즐거움을 추구하고자 하는 독립적인 욕망을 가지고 있기 때문에 단순히 조작되지 않는다고 본다. 그에게 있어서 소비는 타자에게 보이기 위한 혹은 타자와 구별 짓기 위한 자아의 표현이 아니라 자신의 독특한 주관적인 환상과 정체성을 재현하고 체험하기 위한 방식이다.

3 소비사회에 대한 비판

소비는 사물 자체의 물리적 속성이나 사용가치에 대한 소비가 아니라 사물에 부여된 상징에 대한 소비이며 이러한 소비가 상징과 기호로 작용할 때 소비자는 상품을 통해 자신이 누구인가에 대한 정체성을 구성한다. 영웅적인 소비자는 시대 사조에 따라 다른 모습으로 제시되고 있다. 자본주의 초기 자유주의 전통에서는 자기 규정적인 욕구에 충실한 선택을 하는 자아관리적이고 자아지배적인 소비자가 모델이 되었고, 19세기 이후의 낭만주의 전통을 이어 받은 낭만적 자아는 본질적 또는 실체적 정체성을 전제하지 않은 감정적 경험을 고양시키는 쾌락적 자아가 영웅적 소비자로 대두되었다. 그러나 이성적인 자아관리적 소비자와 낭만적인 쾌락주의 소비자 모두 오늘날의 소비사회에서 타자의 정체성을 모방한다는 점에서 주체성을 상실한 실패한 소비자로 비판받고 있다. 시장에서 선택을 실행함으로써 자아를 구성하는 자아관리적인 소비자는 자본주의 제제의 논리에 순응하는 꼭두각시로서, 쾌락적 자아는 정체성을 상실한 채 욕망의 노예가 된 타락한 소비자 인간상으로 비추어질 수 있다. 이러한 소비문화에 대한 비판의 핵심은 소비에 있어서의 소외 개념으로 집중된다. 본 절에서는 소비자의 욕망과 허구적인 자아정체성, 소비의 소외에 대한 논의를 중심으로 소비문화를 비판하고 소비문화의 발전 방향에 대해 살펴보고자 한다.

1) 욕망 : 조작된 욕망과 끝없는 욕망

소비문화 비판에서 그 중심에 자리한 개념은 소비의 동인이 되는 욕망이다. 오늘날 소비자가 추구하는 소비 욕망이 비판의 대상이 되는 이유는 욕망은 주체성을 상실한 채 조작되고 있고 왜곡되어 있으며, 물릴 줄 모르는 욕망은 소비자를 결코 행복하게 만들지 못한다는 것으로 집약된다.

자본주의 소비문화는 체계의 필요에 따라 개인의 욕구를 구조화한다고 본다. 자본주의가 유지되고 발전하기 위해서는 생산된 상품이 판매되어야 하기 때문에 인간발달의 논리가 아니라 상품 생산의 논리에 따라 욕구를 발전시키고 있다는 것이다(함인희 · 이동원 · 박선웅, 2001). 쾌락의 추구 역시 권리나 즐거움으로서가 아니라 경제체제 구성원으로서 강요되고 제도화되어 있다고 비판한다. 마르쿠제(Marcuse, 1969)는 근대 자본주의의 강제에 의해 소비자들의 무의식에 각인된 소비에 대한 욕망을 인간의 제2의 본성이라고 지칭하며 소비를 조장하는 상업주의를 비판한다. 소비인간은 쾌락의 추구가 의무로 주어진 존재이며 지금

가지고 있는 것으로 만족하면 반사회적 존재가 될 위험이 있다. 즉, 소비 자체가 하나의 가치체계이며 소비사회는 소비를 학습하는 사회, 소비에 대해 사회적 훈련을 하는 사회라는 것이다.

상품의 포장, 판촉, 광고 등은 인위적인 소비욕구 창출을 위한 장치이자 소비자의 욕구 창출에 적극적으로 개입하는 기제로서 비판받고 있다. 광고와 마케팅은 스타일, 이미지, 심리학 등을 통해 실질적으로, 문화적으로 그리고 매우 적극적으로 개인의 욕망에 개입한다(Haug, 1986; Williams, 1978). 소비자가 스스로 욕망을 발전시키기를 기다리기보다는 지속적으로 광고와 마케팅을 포함한 여러 가지 상업적 기획을 통해 소비자의 욕구를 결정하거나 창출한다는 것이다. 패커드(Packard, 1977)는 광고는 개인의 무의식적 욕망과 동기에 대한 지식을 사용하여 개인으로 하여금 광고주가 원하는 것을 사게 하면서 의지에 반하여 행동할 수 있도록 하는 과학적 · 심리학적 기술이라고 혹평한다. 결론적으로 자본주의 사회에서 욕망은 시상이윤의 조건이 되며 자본주의는 욕망의 제한을 결코 허용하지 않는다. 이러한 맥락에서 소비 욕구는 자연적인 것이 아니라 근대자본주의의 산물로서 이해된다(Slater, 정숙경 역, 2000).

소비문화 비판론자들은 욕망의 본질에 대해서도 비판한다. 소비사회에서 조장되는 욕망이 인간 존재의 본질과 관련된 실체적이고 구체성을 가진 욕망이 아니라(Baudrillard, 이상률 역, 1991), 항상 상품에 대한 열망이라는 점을 지적한다. 이 점은 다음 절에서 이야기할 소비의 소외로 연결된다. 경제적으로 보다 많은 상품을 판매하기 위하여 많은 이미지가 개인들에게 강요되고 이러한 이미지 속에서 사람들에게 지속적으로 그들 존재의 충족되지 않은 측면을 보여주면서 상품의 세계로 끌고 간다는 것이다. 인간의 욕구는 상품의 이미지로서만 경험되고, 이미지로서 충족되는 만족은 허구적일 수밖에 없다(Baudrillard, 이상률 역, 1991; Haug, 1986).

오늘날 경제적 진보와 발전은 개인이나 사회의 최고 목표가 되었다. 경제적인 풍요를 위한 자본주의는 욕구의 제한을 허용하지 않고 오히려 쾌락원칙 아래 지속적인 만족, 상품에 대한 소비를 요구하고 이를 제고하는 체제이다. 소비자본주의는 물릴 줄 모르는 인간의 욕망을 해방시켰고, 일단 봇물이 터진 욕구는 일상생활에서 어떠한 사회적 혹은 문화적 도덕권위의 제약을 받지 않고 있다(Slater, 정숙경 역, 2000).

욕망이 어떤 도덕적 질서에 의해 제한되지 않는다면 아무것도 그것을 만족시킬 수 없는 것이다. 물질적으로 아무리 풍요롭다 하더라도 무제한의 생산은 무제한의 욕구 생산에 부딪히게 되고 이처럼 욕구 충족이 지속적으로 미루어질 때 아이러니컬하게도 풍요의 시대에 우리는 여전히 좌절, 불행, 불만, 빈곤한 상태로 남아 있게 된다. 개인의 욕구를 지시하는 가치라든가 응집력 있는 문화가 부재한 사회에서 물릴 줄 모르는 욕구는 사람들을 끝없이 불만을 먹고 사는 존재로, 항상 빈곤한 존재로 남아 있도록 하는 것은 아닌지 생각해 볼 일이다.

2) 자아정체성 위기와 자아상실

오늘날 개인은 자신의 생산영역이나 창조적인 활동이 아니라 소비하는 상품 이미지나 상징을 통해 자아정체성을 구성한다. 입고, 먹고, 여행하고, 즐기는 것 등의 소비는 어떻게 사는가에 대한 것뿐 아니라 나는 누구인가를 결정하는 요소로 기능한다. 내가 소비하는 것이 나의 정체성, 나의 가치, 나의 기호, 나의 사회적 멤버십 등을 표현하기 때문이다. 상품에 투영된 정체성은 정체성 그 자체가 팔 수 있는 상품이 된다(Baudrillard, 이상률 역, 1991; Bocock, 양건열 역, 2003).

정체성과 나를 표현하는 수단들이 선택 가능해짐으로써 자아가 마음대로 꾸며지는 불확정한 것으로 만들고 있다. 소비주의는 정체성을 생산하고 유지할 수 있는 데 필요한 재화를 제공하지만 너무나 다양한 가치와 존재 방식을 제공함으로써 오히려 정체성 위기를 강화시킨다는 비판을 받고 있다.

더욱 심각한 문제는 정체성을 나타내는 데 사용하는 상품들은 정체성에 대한 실체를 구성해 주는 것이 아니라 광고, 브랜드, 디자인, 패키지와 연출을 통해서

가공된 정체성에 대한 이미지만을 제공한다는 것이다(Richards, 1991), Baudrillard는 오늘날 소비사회를 소비자들이 자신의 개성을 아름다움, 매력, 센스 등 자연적 특성에 따른 가치 있는 자기에서 찾는 것이 아니라 광고에 의해 만들어진 모델을 그대로 따라하거나 만들어진 코드에 순응함으로써 자기 자신의 개성을 찾도록 하는 몰개성, 자아상실의 시대라고 통렬하게 비판한다. 여기서는 개인의 자연적인 가치는 모두 사라지고 그 대신 꾸며진 자연스러움, 에로티시즘, 육체의 선, 요염함 등의 인위적 가치가 영향력을 행사한다는 것이다.

자신의 정체성이 자신의 실제가 아니라 자신이 소비한 것으로 표출되는 오늘날의 소비문화가 형성하는 정체성이란 상품화에 의해 조작된 또는 연출된 허위적 혹은 가상적 정체성이라는 평가를 모면하기란 쉽지 않을 것 같다. 광고에서 묘사 사회관계나 문화적 정체성은 이미지를 통해서만 존재하고 실재하지 않기 때문에 소비문화를 환상적, 유령적이라고도 한다(Williams, 1978).

3) 소외된 소비

소비사회에서 가장 근본적인 소비문화 비판은 소외에 있다. 소비에 있어서의 소외도 마르크스 임금노동자의 노동에 대한 소외에 뿌리를 두고 있다. 마르크스(Marx, 1959)에게서 노동의 소외는 노동의 산물이 자신이 필요로 하는 물건을 자신이 만들어 쓰는, 그래서 노동의 산물이 노동의 주체에게 그대로 귀속되는 이전 생산 양식과 달리 그것을 생산한 노동자에게 귀속되지 않은 데서 생긴다. 대신 나의 노동력을 제공하고 임금을 받아 시장에서 필요한 생활물자를 구입하여 생활하는데, 여기서 핵심 논점은 인간 주체의 본질적 능력인 노동력 자체가 산업자본주의의 노동시장에서 거래되는 상품이 되었다는 것이다. 상품화된 노동은 자신에게 속하지 않은 도구와 기계로 자신에게 속하지 않는 물품을 생산하고 대신 보상으로 화폐를 받아 나에게 필요한 생활물자를 구매하여 소비한다. 마르크스는 이러한 과정, 즉 노동이 나의 것이 되지 못하고 인간주체와 분리되는 현상을 소외라고 하였다(Slater, 정숙경 역, 2000).

자본주의 사회에서 노동의 소외가 인간과 생산활동 간의 관계에 관한 것이라면 소비의 소외는 생산활동의 산물인 사물과 인간 사이의 관계에 관한 것이다. 마르크스(1959)에 따르면 자신의 노동력이 상품화 과정에 들어감으로써 소외된 노동력으로 존재하는 것과 마찬가지로 나의 욕구 충족을 위해 필요한 사물도 시장에서 거래되는 상품으로 존재하고, 개인은 여러 사물 가운데 즐거움을 줄 수 있는 사물을 선택할 수 있지만 자아 발전의 한 과정으로 동화시킬 수 없다면 사물은 소외된 형태로 남게 된다. 미리 포장되고, 기성품화되고, 광고의 이미지로 코드화된 상품, 미리 만들어진 음식을 사고, 정해진 여행상품을 구매하는 근대적 소비양식에서 소비자는 창조성과 자율성, 체험할 수 있는 경험들을 많이 잃게 된다는 것이다.(Bocock, 양건열 역, 2003). 이미 만들어져 있는 대상들 가운데 선택하는 행위, 만들거나 행하는 구체적인 활동을 통하지 않고 단지 화폐를 쓰고, 선택을 행함으로써 소외는 강화된다고 본다(Slater, 정숙경 역, 2000).

상품화 과정에서 소비욕구는 사물에 대한 욕구가 아니라 화폐에 대한 추상적인 욕구로 왜곡된다. 돈이 많고 싶고, 부자가 되고 싶은, 단지 사물의 소유를 가능하게 하는 화폐라는 수단에 대한 왜곡된 욕망은 나는 어떤 존재이고 싶고, 무엇을 하고 싶다는 본질적인 욕망을 가려버리고 만다.

주체와 대상의 동화, 진정한 인간 욕구를 풍부히 발전시키고 사물세계를 발전시킬 수 있는 인간과 사물 간의 관계의 회복, 즉 소외의 극복은 인간이 자신의 요구를 위해 직접적으로 생산함으로써만 가능할 것인가? 어떻게 생산과 소비 간의 직접적 관계를 회복할 수 있을 것인가?

소비사회 비판의 요점은 사물과 인간주체와의 관계에서 인간이 사물세계에 한 주체성과 지배력을 상실하고 오히려 사물의 세계, 소비의 세계에 인간주체가 끌려 다니는 노예가 되어 있다는 것이다. 오늘날 소비사회에서는 시장의 요구에 따라 소비욕구가 끌려 다니기보다 특정한 속성을 가진 사물을 특정한 욕구에 봉사하는 사물로 변형시킬 수 있는 소비능력이 요구된다.

4) 진정한 소비의 영웅

오늘날 우리의 소비사회에서 높이 받드는 특징을 지닌, 그래서 귀감이 되는 영웅적인 소비의 모델은 어떤 것일까? 여러 소비종족(HOLO족[16], YOLO족[17], 파이어(FIRE)족[18], 코스파(COSPA)족[19], 홈코노미(Home-Economy)족[20]) 등이 나름의 특징적인 소비가치를 지향하는 소비생활스타일이 다양한 모습으로 나타나고 있지만 규범적인 소비모델로서의 영웅적인 소비가 무엇인지 답하기는 쉽지 않다. 만족의 극대화를 추구하는 고전경제학에서의 선호 개념은 선과 악, 본질과 비본질, 욕구와 바람 간의 구분을 허용하지 않음으로써 소비문화적인 모든 논쟁을 피하고 있다. 소비자의 욕구에 대한 규범적 판단을 위한 가치이론이나, 선호도를 판단할 가치기준이 없다. 더욱이 소비가 필요의 충족이라는 물질적인 가치가 아닌 상징과 기호 가치의 소비로 이해되는 현대 소비사회에서 소비문화를 비판하고 소비생활을 이끄는 규범적인 소비가치를 언급하는 것 자체가 현대사회의 사조에 맞지 않는 발상으로서 조롱거리 취급을 받을지도 모르겠다.

그럼에도 불구하고 풍요로운 소비에 따른 행복과 자기 충족, 이상의 실현과 소비사회에서 목격되는 아노미와 병리적인 현상을 제대로 파악하기 위해서

---

16) 이베이코리아는 자사가 운영하는 G마켓과 옥션의 2020년 1분기 판매 데이터를 분석한 결과, 건강·면역용품(Health Care)과 대용량 제품(Oversize), 집콕 제품(Life at home)에 대한 수요가 늘고 오프라인보다는 온라인 쇼핑(Online Shopping)을 선호한다는 트렌드의 영어 앞글자를 딴 소비종족을 말한다.

17) 'You Only Live Once'의 앞 글자를 딴 신조어다. 미래 또는 남을 위해 희생하지 않고 현재 자신의 행복을 가장 중시하며 소비하는 삶을 추구한다.

18) '경제적 자립(Financial Independence)'을 빨리해 자발적 '조기 은퇴(Retire Early)'를 추구하는 라이프스타일을 일컫는 용어다. 20대부터 소비를 극단적으로 줄이며 은퇴 자금을 마련하는 사람들을 가리킨다. 수입의 70~80%를 넘는 액수를 저축하는 등 극단적 절약을 실천하는 삶을 산다.

19) 일본에서 2000년대 초반 화제였던 '코스파(cost-performance의 일본식 발음·가격 대비 성능)'의 신조어로 우리나라의 코스파족은 주로 20, 30대가 다수로 "요즘은 '가성비보다 가용비(가격 대비 용량)'가 대세"라며 '업소용' '1+1' '벌크(bulk)과자' 등을 수시로 인터넷에서 검색하는 소비행동을 보인다. 즉 제품구매에 매우 신중하며, 비용 대비 효율성을 우선가치로 삼는다.

20) 온라인동영상 서비스 같은 문화생활부터 생필품 구매와 음식배달까지 모든 소비 경제 활동을 집에서 하는 것을 말한다.

는 진실한 대상체계와의 관계에 대한 욕구(실천, 창조성, 놀이, 즐거움, 자신의 적절한 욕구의 발전에 근거한 관계)에 대한 지식, 특정 욕망이 잘못된 것인지, 비본질적인 것인지에 대해 판단할 수 있는 가치규범 그리고 소비가 어떠해야 하는가를 지시하는 모델이 필요하다.

읽을거리 네이버 '급상승검색어' 16년 만에 문 닫는다

대중들의 현재 관심과 이슈를 한눈에 파악할 수 있었던 네이버 '급상승 검색어'가 전면 중단된다. 네이버는 2021년 2월 4일 급상승검색어 서비스가 2021년 2월 25일 종료된다고 밝혔다.

네이버는 "급상승검색어 서비스는 정보의 다양성을 확보하기 위한 노력에서 2005년 서비스가 시작됐다"면서 "풍부한 정보 속에서 능동적으로 나에게 필요한 정보를 소비하고 싶은 커다란 트렌드 변화에 맞춰 급상승검색어를 이달 25일 서비스를 종료한다"고 공지했다.

이슈 파악, 추억 소환 도구로 활용… 실검 조작 논란에 서기도

매일 네이버를 방문하는 3천만 명의 사용자가 입력하는 다양한 검색 질의어는 급상승검색어를 통해 정보로 재탄생했다. 가장 빠르게 재난 상황을 알려주거나 관심있던 기업의 채용 소식을 챙겨주고, 한때 좋아했던 스타의 근황으로 추억을 소환하기도 했다.

반면 급상승검색어는 선거철마다 정치권에서 불어온 '실검 조작' 논란의 중심에 서기도 했다. 상대 후보에게 불리한 키워드가 실검에서 갑자기 사라졌다는 오해를 받았던 것. 또 급상승검색어는 지나친 마녀사냥의 도구로 잘못 사용되며 연예인 등 공인에게 뜻하지 않은 피해를 끼치기도 했다.

다양화 세분화된 사용자 입력 검색어… 개인 맞춤형 차트로 변화

과거 대중들의 이목을 집중시켰던 급상승검색어는 사용자가 입력하는 검색어가 폭발적으로 다양화/세분화되면서 변화를 거듭했다.

네이버는 다양화 · 세분화되고 있는 검색어의 변화에 맞춰 급상승검색어를 10개에서 20개로 확대했고, 차트를 다양화했다. 2019년 11월에는 개별적으로 설정한 관심사의 정도에 따라 차트를 제공하는 'RIYO(Rank It Yourself)' 모델을 적용하는 등 지속적으로 변화를 꾀해왔다.

사용자들의 인터넷 서비스 사용 행태도 이전과는 크게 달라졌다. 일방적으로 주어진 콘텐츠를 소비하기보다, 자신의 취향이나 기호에 맞춰 선택적으로 콘텐츠를 소비하고 직접 콘텐츠를 생산하고 있다.

이런 능동적 사용성 변화에 맞춰 네이버는 급상승검색어 및 뉴스 콘텐츠가 보이던 첫 화면을 비우고, 각자의 관심사를 확인할 수 있는 '검색창'과 '그린닷'을 배치했다. 다양한 주제판도 사용자가 직접 선택할 수 있는 방식으로, 뉴스 콘텐츠도 '언론사 구독'과 '개인화 추천' 기반으로 변화시켜 왔다.

"검색 데이터, 사용자들이 활용 가능한 가치로 돌려줄 것"

네이버는 "사용자로부터 받은 검색어 데이터는 다시 사용자들이 활용할 수 있는 가치있는 정보로 돌려드리겠다"면서 "이 같은 취지를 '데이터랩'을 통해 이어가겠다"고 약속했다.

데이터랩은 ▲검색어트렌드로 시작해 ▲쇼핑인사이트 ▲카드사용통계 ▲지역통계 ▲댓글통계 등을 확인할 수 있는 네이버 통계 기능이다. 사용자가 직접 설정할 수 있는 분야, 성별, 지역, 연령대, 기간 등도 세분화해나가고 있으며, 이를 기반으로 콘텐츠 창작이나 비즈니스 활동을 하는 사용자들의 트렌드 파악에 도움을 준다.

급상승 검색어 변천과정

2005.05	실시간 인기 검색어로 서비스 시작(상위 10개, 5초 단위 갱신)
2007.06	실시간 급상승 검색어로 서비스 명칭 변경(상위 10개, 10초 단위 갱신)
2017.01	노출 순위를 상위 10위에서 상위 20위까지로 확대
2017.03	키워드 일일 검색 순위 변화를 그래프로 확인할 수 있는 검색어 트래킹 기능 추가
2018.05	모바일 홈 개편하며 모바일 메인에서 검색차트판으로 서비스 이동

2018.10	급상승 검색어로 서비스 명칭 변경, 전체, 연령대별, 시간대별 차트 제공(상위 20개, 1분 단위 갱신)
2019.11	AI랭킹 시스템 리요(RIYO) 적용, 이벤트 이벤트·할인 정보 노출 정도 조절, 이슈별 묶어 보기 등 사용자 개별 설정에 맞춘 차트 제공
2021.02	서비스 종료 예정

출처 : ZDNet Korea, 2021.02.04

제9장 소비사회의 발달

1 유럽 소비사회의 등장

오늘날과 같은 대규모 소비가 사회의 기본적인 특성으로 형성된 시기는 언제부터인가? 산업사회의 시작은 19세기 초반 정도로 볼 수 있지만, 온갖 종류의 상품이 출현하여 소비가 급증하게 된 것은 대체로 2차 세계대전 이후, 1950년대부터이다. 1, 2차 세계대전 이후 계속되는 경제호황과 산업의 발달로 미국과 유럽은 이 시기부터 대량소비사회로 진입하면서 생산이 아닌 소비가 삶의 중심이 되기 시작하였으며 이로 인해 소비자 문제가 대두되면서, 1963년 소비자 문제에 관한 미국 대통령의 의견이 연두교서를 통해 발표되었다. 물론 각 나라의 산업과 경제의 발달 정도에 따라 대량소비사회의 도래시기에 차이가 있지만 서구선진국에서 비롯된 대량 소비사회는 오늘날 전 세계적인 현상이 되었다.

그러면 유럽에서 역사적으로 소비가 폭발하게 된 계기는 무엇일까?

맥크래켄(McCracken, 1988)은 유럽에서 소비주의가 팽창하게 된 계기로 엘리자베스 여왕 시기 영국의 소비 붐을 들고 있다. 16세기 말 영국 엘리자베스 여왕 시기에 왕권을 강화하기 위해 귀족들을 궁정에 모이게 하였는데, 이때 여왕은 여왕대로 궁정의 의례를 장엄하고 호화롭게 나타내고자 하였으며 귀족들은 귀족들대로 소비를 통해 서로 눈에 띄기 위한 경쟁을 하게 되어 이것이 정치면에서 귀족계급의 소비혁명을 가져오는 계기가 되었다는 것이다.

위의 내용을 엘리트 소비라고 한다면, 대중적인 소비확산 계기는 18세기 도

자기와 같은 소비재를 유행에 따라 이용하는 것이 폭발적으로 확산된 것이다. 이와 같은 내용은 맥켄드릭(McKendrick, 1982)의 분석과 주장에 따른 것이다. 멕켄드릭에 의하면 18세기 영국사회는 계급 격차가 적고 이동이 쉬워 소비재 소유를 통해 계급의 위상을 드러내려고 경쟁하였다. 이때 조샤이어 웨지우드(Josiah Wedgwood)라는 도자기점 주인이 마케팅과 광고를 통해 의도적으로 소비 확산을 유도하는 데 성공하였다. 즉, 낮은 사회계급성원들에게 도자기를 소유하는 것이 상층계급의 취향을 드러낼 수 있다는 점을 강조함에 따라 이들이 자신의 좋은 가문과 세련됨을 내비치기 위해 도자기를 구매하려 몰려들고, 상층계급은 다시 차별성을 유지하기 위해 다른 변화를 모색하는 식으로 되어 결국 마케팅과 광고에 의해 유행을 창출하는 데 성공하였으며 이러한 방법이 다른 소비재에도 확산됨으로써 경제 면에서 대중소비가 이루어지게 되었다는 것이다.

한편 소비가 늘어나기 위해서는 사람들의 의식이 변화하여 소비를 허용하고 추구해야 한다. 캠벨(1987)은 베버(1976)가 생산자의 윤리로서 프로테스트를 주장했던 것처럼 소비자의 윤리로 낭만주의를 주장하였다. 베버는 프로테스탄트 윤리와 자본주의 정신에서 금욕적 프로테스탄티즘이 신에 대한 의무이자 그 자체의 목적으로 보다 많은 생산과 축적을 유도한 윤리의 발전에 기여했음을 설득력 있게 주장했다. 캠벨은 소비를 이끈 윤리가 무엇일까를 고민하였다. 그는 현대적 소비자의 특성은 무언가 항상 원하도록 하는 본질적 의무를 갖는다고 보고 이러한 경향은 낭만주의 윤리와 연결되어 있다고 설명하였다. 이성과 과학에 대한 반발로 시작된 낭만주의 관념은 보다 새롭고 다양한 형태의 희열을 추구하는 것이며, 또한 자기표현과 자기발전을 중시하는 낭만주의적 자아는 자기만족적 행위와 연계되어 소비주의를 발전시켰다는 것이다. 이러한 내용을 베버가 프로테스탄트의 윤리와 자본주의 정신(the Protestant Ethic and the Sprit of Capitalism)이라 표현한 데 반해 캠벨은 낭만주의 정신과 현대 소비주의 정신(the Romantic Ethic and the Spirit of Modern Consumerism)이라고 표현하였다.

이와 같은 학자들의 견해는 결국 어떻게 해서 20세기 후반부터 대규모의 소비가 이루어지고 나아가 현대사회에서 소비가 사람들의 삶의 중심이 되었는가를 다각적으로 생각해본 것이다. 단순히 산업의 발달로 인해 생산력이 확대된 공급측면에서의 요인뿐 아니라 사람들의 소비를 촉발하게 하는 정치적인 요인, 경제적인 요인, 정신적인 요인이 함께 있다고 보고 이러한 요인을 찾아내어 설명을 시도했다. 이 내용을 보면 소비문화의 발달에는 거시적인 다양한 요인들이 영향을 미친다는 것을 알 수 있다.

2 미국 소비사회의 발달

1) 소비사회 형성의 배경

미국에서 소비문화가 등장한 것은 언제이며 어떻게 이루어졌는가? 미국사회에서 일, 희생, 저축 등과 같은 가치에 근거한 19세기의 생산자 윤리가 어떤 과정을 거쳐 20세기 소비자윤리로 변화하게 되었는가?

이러한 질문에 답하기 위해 폭스와 리어즈(Fox & Lears, 1933)는 20세기 미국 소비문화의 관점을 개념화하고, 설교하고, 형성해 온 영향력 있는 개인 또는 기관들을 검토하였다. 특히 지배적인 엘리트 계층인 교육받은 부유한 백인남성들에 대한 연구를 살펴보는 것이 중요하다고 보고 이에 관한 주요 학자들의 글을 리뷰하고 엮어 1880년부터 1980년 사이의 미국 소비문화 발달과정을 살펴보고 19세기 말 미국의 도시 엘리트 계층의 활동에서 아래와 같은 세 가지 중요한 변화를 지적하였다.

첫째, 전국적인 시장이 형성되어 전국을 대상으로 하는 광고가 가능해졌다. 둘째, 기업, 정부, 대학, 전문가집단, 매스미디어 등 새로운 기관에 근무하는 전문관리자층이 형성되었다. 셋째, 수많은 작가나 출판가, 목사, 사회과학자, 의사 또는 광고제작자에 의해 치료적 해방이라는 새로운 복음이 등장하고 전달되었다. 새로운 전문관리직은 한편으로는 비즈니스나 정부조직 내에서 효율적 관리를 하고, 다른 한편으로는 자아성취와 자기만족을 새로운 도덕적 기준으로 삼게 되었다. 이 19세기 말에 시작된 개인적 쾌락주의와 관료적 조직의 결합은 20세기 들어 더욱 강화되면서 현대 미국 소비문화를 출발시키는 힘이 되었다. 소비문화는 상품이 대량생산, 대량판매되는 사회의 가치일 뿐 아니라 엘리트집단이 사회를 통제하는 데 사용한 기제이기도 하다. 19세기 엘리트들이 사람들이 내면화해야 될 윤리적 가르침에 근거해 사회를 지배했다면 20세기 엘리트들은 개인적인 성취라는 미묘한 약속을 통해 사회를 다스리기 시작했다는 것이다. 즉, 과거의 방식이 개인주의적이고 도덕적이라면 새로운 방식은 집단적이고 치료적이었다. 이렇게 해서 형성된 소비문화는 단지 '여가윤리'라든가 '미국식 소비생활표준'만을 의미하는 것이 아니고 하나의 윤리이며, 삶의 표준이자 권력구조였다. 20세기 미국의 중산층과 노동계층의 생활은 끊임없이 '괜찮은 생활'을 추구하면서, 무력감을 계속 경험해야만 했다. 소비자들은 제품을 구매하는 사람일 뿐 아니라 전문가의 조언, 마케팅전략들 그리고 광고주가 그려내는 행복에 대한 이미지를 받아들여야만 했다. 이후 사람들은 상품을 개인적인 복지의 핵심으로 받아들이고 심지어는 자신을 상품으로 여기기 시작했다. 사람들은 자신의 노동력과 기술뿐 아니라 자신의 이미지와 인격도 판매한다. 즉 아주 소수의 사람들만이 사회를 이끌어가는 의사결정에 참여하게 되고 나머지 수많은 사람들은 자신의 용모나 꾸미는 처지가 되었다는 것이다. 미국 사회도 다른 지역과 마찬가지로 과거 중산계급 정신은 끊임없이 일하고 저축하며 시민으로서 책임감을 가지고 자기를 부정하는 엄격한 도덕관을 지니는 것이었는데, 20세기 초에는 정기적인 여가를 즐기고, 강박적으로 소비하며, 정치에는 무관심하면서 개인적 성취에 허용적인 도덕관으로 변화했다. 즉 전자는 소기업들로 이루어진 생산지향적인 사회에 적절한 문화이고 새로운 가치는 관료적인 기업이 지배하는 소비지향적인 사회에 적합한 것이다.

미국 소비문화 형성에서 특히 중요한 시기는 1920년대이다(김형곤, 1996). 이 시기에 미국은 경제적 번영과 매스미디어의 발달, 새롭게 형성된 대중사회의 도래로 대량생산－대량소비의 구조 속에서 소비사회로 진입했다. 미국 소비사회 형성배경의 중심은 자동차 산업이었다. 1910년에 자동차 한 대를 조립하는 데 소요되는 시간은 12시간 28분이었다. 그러나 1914년에는 1시간 33분으로 단축되었다. 이러한 생산기술혁신으로 1920년에는 한 해에 190만 대, 1925년에는 370만 대, 1929년에는 450만 대의 자동차를 생산할 수 있게 되었다. 생산량이 증대되자 이를 뒷받침할 수 있는 수요가 필요했는데 1920년대 미국은 400만에 달하는 제대군인이 퇴직금을 받았고, 노동자의 임금상승으로 소득이 증가하여 자동차를 비롯한 소비재 수요가 늘어났다.

또 1920년대 미국은 제너럴 모터스, 제너럴 일렉트릭, 프록터 갬블 같은 대기업이 사회의 핵심으로 등장하면서 기업과 기업인의 전성기를 맞이했다. 기업이 번성하고 경제적 번영이 확고하게 이루어진 1920년대 미국사회는 종래의 절약의 가치가 여가와 소비의 방향으로 바뀌어 갔다. 국민총생산이 증가하고 안정된 물가와 다양한 소비재의 생산으로 그 이전의 어느 때보다 유복한 삶을 살게 되었다. 이 시대에 신문, 잡지, 라디오, 영화와 같은 매스미디어가 발달하여 대중들로 하여금 자본주의 대량생산과 대량소비 체제에 적응하도록 만들었다. 또 할부판매 방법을 활용한 세일즈와 인간욕구와 행동에 대한 심리학의 성과를 십분 이용한 광고의 발달로 미국 소비사회의 도래에 결정적인 역할을 했다.

2) 소비문화 발달과 광고의 역할

많은 학자들은 사람들의 삶과 생각이 이렇게 변화하는 데 광고가 절대적인 영향을 미쳤다고 보았다. 미국광고사 연구들을 통해 이런 변화과정을 좀 더 자세히 알아볼 수 있다. 대표적으로 스튜어트 유엔은 미국의 1920년대 사례를 중심으로 산업화 과정에서 나타난 사회통제의 위기를 해소하기 위해 광고가 어떻게 이용되었고 그 결과 대중소비문화가 어떻게 형성되었는가를 분석하고, 광고가 사회경제적 제도 안에서 의도적인 가치전달매체로서의 역할을 어떻게 해왔는가를 비판적 관점에서 보았다. 그는 산업생산이 정착되고 생산력이 증가함에 따라 소비의 문제가 대두되었고 이를 해결하기 위해 광고가 전면에 부상하였으며 나아가 광고는 상품 판매를 촉진하려는 초기의 목적을 넘어서 자본제적 사회질서에 저항하는 노동자들의 힘을 약화시키기 위해 노동자들의 생활 속으로 확장되어 소비주의라는 새로운 세계관을 심어 놓는 역할을 했다고 주장했다. 즉, 광고주의 후원을 받는 문화활동이 상업화되어 갔고 산업주의 가치관만이 옳은 것으로 전파된 반면 노동현장의 고달픈 생활은 은폐했기 때문에 결국 광고는 소비 이데올로기를 대중에게 전파하기 위해 정치적으로 이용되었다는 것이다(Stuart Ewen, 최현철 역, 6-8). 즉, 유엔의 주장은 자동차산업에서 시작된 기술혁신은 다른 소비재의 생산에도 파급되어 대량생산체제에 들어가자 소비를 뒷받침할 전국적인 대규모 시장이 필요했는데, 1920년대 들어서면서는 노동시간을 단축하고 임금을 높여 노동자들이 소비시장에서 자신의 임금을 쓰면서 여가시간을 보내도록 함으로써 해결하고자 하였다는 것이다. 이러한 변화 초기에는 근검, 절약을 강조하는 청교도적인 가치 체계와 이를 타파하여 소비를 통한 경제적 자유를 추구하려는 입장이 갈등을 빚었으나 임금 이외에도 돈을 제공해주는 신용카드제도가 시행되고 광고를 통해 소비 욕구를 지속적으로 유발하였다. 이 과정에서 특히 광고는 대중사회로부터 겪는 공포심과 좌절감을 해소하기 위해서는 적절한 상품을 구매해야 한다고 사람들을 교육시킴으로써 대량생산된 제품을 대량소비할 소비자를 창출해내는 주역이었다.

미국 소비문화를 형성하는 데 광고가 얼마나 절대적인 영향력을 행사했는가를 볼 수 있는 사례로 코카콜라를 들 수 있다. 코카콜라는 1886년 애틀랜타에서 펨버튼(Pemberton) 박사가 코카의 잎에서 코게인을, 콜라나무 열매에서 카페인을 추출하여 만들어냈다. 여기에 로빈슨(Robinson)은 코카콜라의 광고를 20년간 제작하면서 오늘날 우리가 연상하는 코카콜라 이미지의 기초를 만들었다. 19세기 후반 산업화가 급속히 진전되면서 많은 미국인들이 노이로제나 두통, 소화불량 등 스트레스 징후를 호소했을 때, 코카콜라를 자양강장제로 선전하였다.

동시에 갈증이 날 때나 사회적 만남이 있는 곳에서도 꼭 필요한 청량음료라고 선전하였다. 1차 세계대전 중에는 애국심에 호소하여 코카콜라사의 이미지를 고양시킬 수 있었다. 소비사회 및 대중사회의 진입을 알리던 1920년대에는 광고를 통하여 코카콜라의 품질보다는 이미지를 선전했다. 도시의 샐러리맨들이 연일 계속되는 격무에 시달리며 간절히 휴식을 원하고 있을 때 코카콜라사는 이러한 갈증을 풀어줄 수 있다는 광고를 통해 미국인들의 시대적 소망을 충족시켜 줄 수 있었다. 대공황의 1930년대에는 미국인들의 도피심리를 이용하여 그들이 소망하는 바를 광고를 통해 보여줌으로써 현실을 잊게 하는 데 공헌하였다. 게다가 코카콜라사는 소비대상을 주부, 어린이까지 확대하면서 미국인들에게 코카콜라가 그들의 일상생활에 필요불가결하다는 생각을 분명히 심어주었다. 코카콜라사의 광고는 1880년대부터 1930년대까지 신문, 잡지, 포스터 따위의 인쇄 매체뿐 아니라 영화 같은 영상매체, 라디오 같은 방송매체 등 모든 가능한 매스 미디어에 등장했다. 또한 일상생활에서 쉽게 마주치는 온도계, 시계, 쟁반, 컵, 달력, 광고판 등을 이용하여 코카콜라가 미국 일상생활의 일부이며 나아가 미국문화의 상징으로 자리 잡게 만들었다(김덕호, 1996). 이와 같이 필수품이 아니고 청량음료의 하나일 뿐인 코카콜라를 엄청난 광고에 의존하여 미국사회의 필수품이며 일상생활의 일부로 만들어 끊임없이 소비하도록 만들었다.

3 우리나라의 소비사회 변화

1) 소비사회로의 변화

우리나라 소비문화 발달을 앞의 유럽과 미국사회 발달처럼 살펴보려면 대략 개화기 이후부터 일제시대, 해방 이후 그리고 최근에 이르기까지의 소비문화 형성과 발달을 살펴보아야 할 것이다. 그러나 장기간의 소비발달에 대한 거시적인 연구가 상대적으로 부족한 편이다. 앞으로 이 분야의 연구가 활발히 이루어져 우리나라 소비문화의 발달을 사적으로 살펴보는 노력이 더 필요하다.

개화기 이후 광고를 통해 사회문화사를 본 마정미(2004)의 연구에서 소비사회의 발달 모습을 간접적으로 추정할 수 있다. 마정미는 개화기부터 해방 전(1886~1945년), 해방 후부터 1980년까지, 1980년부터 최근까지의 세 시기로 나누어 광고를 분석하였는데 소비문화 형성과 관련된 주요 내용을 간추려보면 다음과 같다.

(1) 개화기부터 해방 전(1886~1945년)

개화기 초 광고에 나타나는 무역물품과 광고상품은 당시 교역상황을 잘 보여준다. 최고의 광고 업종은 약품광고였으며 단발령 이후는 도자기광고도 나타나나 어쩔 수 없이 외래문화를 받아들일 수밖에 없었던 우리 현실을 보여주고 있다. 이 시기에 철도와 우편제도도 등장했으며 서양문물이 일본을 통해 수입되는 과정에서 다양한 소비제품이 소개되었다. 1920년 이후 발간된 동아일보와 조선일보에는 화장품 광고가 거의 매일 등장하였고, 30년대에 이르기까지 모자와 옷에 관련된 기사와 함께 각종 멋 내기 기사가 많았다. 또 신발도 짚신에서 고무신으로, 고무신에서 구두로 변해가는 광고를 통해서 당시 경성을 거닐던 모던걸들의 모습을 유추할 수 있다.

1930년대에 상영되었던 서양영화는 대중의 유행을 선도하였다. 서양영화들은 순식간에 로이드안경, 채플린 수염, 맥고모자, 게리쿠퍼의 외투 등을 유행시켰다. 유행은 하나의 소비패턴이 되어 계층을 구분하는 유형이 형성되어 자동차와 비단양말은 부유층을 맥고모자와 하이힐, 양복과 양장은 신사나 신여성을 표상하게 되었다. 또 당시 사람들은 외래문물에 대한 선망이 있어 안경 쓰고 단장 짚는 것이 개화의 상징이었다. 결국 이 시기의 근대성은 소비문화와 밀접한 관련이 있으며 당시의 광고매체인 신문과 잡지가 유행의 전파, 소비의 열풍을 지식인과 부유층으로부터 일반시민에게로 퍼지게 하는 파급효과를 가졌다고 본다.

소비사회 발달에 중요한 역할을 한 백화점들은 1920년대 일본인이 먼저 설립하였는데, 미도파백화점 전신인 조시아백화점이 1921년, 신세계백화점 전신인 미쓰코시 백화점은 1930년에 개점하였다. 1931년에는 화신백화점이 민족자본으로 종로에 세워졌다. 이들 백화점은 도시민들에게 온갖 물건과 새로운 볼거리를 제공하며 '표준적인 행복과 욕망'을 제시해주었다. 소시민 또는 시골사람들은 백화점을 구경하러 몰려나왔고 이때부터 이미 백화점들은 유희와 오락적인 볼거리를 제공하는 공간을 구성하면서 물질적 욕망을 자극하여 소비사회 발달을 촉진했다. 즉, 이 시기에 경성은 차츰 소비도시의 면모를 갖추고 식민지배 속에서도 도시적 삶과 물질의 향유가 시작되어 물질과 유행, 대중문화의 전파와 수용이 이루어지기 시작했다.

(2) 해방 후부터 1980년까지

해방 이후 우리나라는 한국전쟁으로 어려움을 겪었다. 전쟁 후에는 정치적인 불안정 속에 외국원조를 받을 수밖에 없는 경제적 침체기였다. 소비재가 부족하였기 때문에 소비가 아니라 생산을 늘리는 것이 중요했다. 1960년대부터는 박정희 정권 아래 계속되는 경제개발 5개년 계획으로 수출이 늘고 70년대부터는 각종 소비재 생산과 유통이 늘어났다. 중요한 소비재의 생산 보급시기를 보면 1959년 금성에서 국산라디오가 생산되고 이어 선풍기, 자동전화기 등이 만들어졌으며, 1966년부터는 국산흑백 TV가 생산되었다. TV는 초기에 한 대 가격이 쌀 20가마에 해당했는데도 폭발적인 수요로 물량이 달려 경찰관 입회 아래 공개추첨을 하여 팔기도 했다고 한다. 국산 고유모델 자동차 '포니'는 1975년 말부터 생산되었다. 라면은 1963년 삼양식품이 만들기 시작했으며 이후 우리 먹거리 문화에 중요한 상품이 되었다.

나중에 대기업으로 성장하게 되는 럭키와 금성, 현대와 삼성 등의 기업이 독점적으로 국산 가전제품과 자동차 생산의 중요한 역할을 담당하였으며 TV 등장과 함께 TV 광고가 크게 부상하여 소비문화 전파역할을 하였다. 코카콜라와 펩시콜라는 1968년, 1969년부터 각각 들어와 미국식 먹거리 문화를 전파하는 첨병이 되어 우리 입맛을 바꾸어갔다. 전체적으로 볼 때 이 시기에 우리 사회는 경제 성장을 위해 온 국민이 노력한 결과 빠르게 산업사회로 변화하고 각종 소비재 생산이 크게 증가하여 대중소비사회의 기반이 형성되었다고 할 수 있다.

(3) 1980년부터 2000년대까지

이때의 소비시장의 주요 특징을 보면 1981년부터 컬러 TV가 방영되었으며, 학생들의 교복이 자율화되고 때맞추어 등장한 나이키광고로 청소년들의 외국브랜드운동화에 대한 구매 열풍이 시작되었다. 88올림픽 이후 세탁기, 냉장고, 전자레인지, 텔레비전, VTR 등의 전자제품 보급이 크게 늘어났다. 1990년대부터는 문민정부가 시작되고 WTO 체제로 세계경제에 편입되면서 대부분의 시장이 개방되어 다양한 외국상품이 국내에 유통되었다. 또 이동통신과 인터넷의 발달은 소비문화에 큰 영향을 미쳐 시공간의 해체, 주체의 소멸, 의미의 소멸 등의 특징을 갖는 포스트모던적 소비사회의 특징을 나타내기 시작했다.

함인희 등(2001)은 소비문화를 통해 중산층의 정체성을 파악하고자 하면서 80년대 이후 의 · 식 · 주 영역에서 일어난 소비의 변화를 간략히 살펴보았는데

이 연구에서 소비의 발달은 수요 측면에서 소비자의 변화와 공급 측면에서 생산체계의 변화라는 양자의 상호복합적인 결과로 이루어진다고 보고 이들 양 측면을 살펴보았다.

주요 내용을 살펴보면, 소비자들은 80년대부터는 소득수준이 상승함에 따라 상품의 물질적 사용가치뿐만 아니라 상품의 미학적인 가치나 상징적 가치까지 고려하게 되고 값싸고 저렴한 상품보다는 값이 비싸더라도 다소 양질의 상품을 추구하는 방식으로 소비자의 선호가 변화하였다. 의생활의 경우 합성섬유보다는 천연섬유를 선호하게 되며, 여가활동 증가로 정장보다는 레저활동 시에 입을 수 있는 캐주얼한 의복을 선호하게 되며, 기능적이고 실용적인 측면보다는 색상이나 디자인을 중요하게 생각하게 되었다. 특히 1982년 말부터 컬러 TV 방영으로 색채와 패션에 대한 감성이 변화되었다. 식품의 경우도 고기, 생선, 과일의 소비가 늘고 종전보다 사람들은 음식 먹는 것에서 즐거움을 찾고 가족과 함께 외식을 즐기게 되었다. 주생활의 경우는 임대주택의 보급이 제도적으로 잘 갖추어져 있지 않아 자기 집을 소유하고자 하는 의식이 항상 높았다.

공급체계 면에서는 먼저 의복의 경우 종래 가내수공업적 방식이나 영세한 규모의 공장에서 제작되던 생산방식을 벗어난 대량생산에 의해 표준화된 기성복 보급과 대기업의 의류제조업 진출로 좀 더 값싼 의류의 대량소비가 가능해졌다. 또 1988년 올림픽 개최로 스포츠웨어 보급이 늘어났고, 외국 유명브랜드 의류 수입이 자유화되기 시작했다. 대기업은 특정 브랜드 옷을 대량생산함으로써 이른바 브랜드 네임이 등장했고 외국 유명브랜드 의류까지 합세하여 의복을 통한 계층 간 경쟁이 가시화되었다. 또한 대량생산방식에 의해 생산되면서 식품영역이 점차 증대하기 시작했다. 인스턴트식품이 늘어나고, 된장, 고추장과 같은 각종 장류도 공장에서 대량생산되는 상품화가 진전되었으며 외식산업에 대기업이 진입함과 동시에 외국계 패밀리 레스토랑이 늘어났다. 의류와 식품 부분의 계층 간 소비수준은 대량생산으로 값싼 상품이 풍부해져 많이 완화된 데 비해 주택의 경우는 주택 소유율 낮아지면서 계층 간 불평등이 심화되었고, 아파트 형태의 신규주택 공급이 늘어나면서 아파트 거주자의 비중이 크게 늘어나고 새롭게 조성된 아파트 지역은 중산층의 주거지가 되는 변화가 생겨났다.

이전의 시기가 근대화라는 구호 아래 생산에 대한 참여가 기관의 사회적 정체성을 결정하는 생산의 사회였다면 경제발전의 성취와 복지국가의 실현을 강조하는 1990년 이후의 한국사회는 소비의 사회적 관계가 개인의 정체성을 구성하는 소비사회로 설명된다. 특히 1988년 올림픽을 전후로 하여 한국사회에서는 본격적인 소비문화의 담론이 부상하게 된다. 그러면서 1990년 한국 자본주의는 장시간의 노동과 저축을 장려하는 것이 아니라 대중매체들의 광고를 통해 여가와 소비를 권장하는 시대로 진입해 갔다. 더욱이 1995년 WTO 체제의 출범은 우리 사회에서 소비사회의 세계화를 공식화하였고, 더 이상 재화의 부족이나 결핍에 대해서 말하지 않게 되었다. 대신 너무 많이 소비하는 것, 다 사용하지도 않고 버리는 재화의 쓰레기들, 영양과다와 비만이 사회문제로 등장하는 풍요한 사회에 살고 있다는 이미지가 우리를 둘러싸고 있다. 필요에 의해서가 아니라 유행 때문에 특정한 상품이 품절되고, 특정 지위와 이미지를 표현하기 위해 동일한 상품이 다양하게 생산되며, 같은 기능의 재화가 차별적으로 소비되는 시대를 맞이한 것이다. 이제 우리 사회는 소비가 일상적인 삶의 양식을 주도하는 소비문화가 지배하게 된 것이다(김은실, 2001).

(4) 2000년부터 현재까지

① 개인화 욕구와 에고(ego) 소비

20세기 우리 사회의 소비문화는 '획일성'과 '대중소비문화' 시대로 특징지어 질 수 있다. 그러나 21세기 소비자는 이러한 획일성에서 탈피하고 소비자의 개성을 중심으로 점차 세분화되고 있다. 즉, 유행을 추종하던 소비패턴과는 달리 개인의 주관이 뚜렷하게 반영된 소비를 하는 소비자가 증가하고 있다. 내가 진정 원하는 것이 무엇인지를 알고 지갑을 여는 소비자, 자아가 담긴 소비자라는 의미에서 '에고(ego) 소비'라고 지칭한다. 에고 소비는 초개인화, 소비자의 자기 표현, 개방형 개인주의, 생산형 소비 등 네 가지 특징이 있다(김민주, 2008 저자 수정).

초개인화

개인화 시대를 넘어 '초개인화' 시대에 살고 있다. 나의 취향을 분석해 내가 좋아할 상품, 서비스 등을 미리 예측해 제공받기도 하며, 내가 원하는 나의 취향을 반영한 커스터마이징 서비스 등이 인기를 끌고 있다. 개인의 개성이 가장 중시되는 시대에 살고 있는 것이다.

개인화 기술을 넘어 '초개인화' 기술을 제공받고 있는데, 초개인화는 실시간으로 소비자의 맥락과 처한 상황을 이해해 궁극적으로 고객이 필요한 부분을 예측해 개인에게 정확히 맞춘 서비스와 상품을 제공하는 기술이다.

대표적으로는 넷플릭스가 제공하는 개인 맞춤형 큐레이션 기술이 있으며 이를 넘어 뷰티, 패션, 금융 등 분야를 막론하고 초개인화는 확장하고 있다.

최근에는 음악 플랫폼 역시 개인화에 초점을 맞추고 있다. SK텔레콤의 음악 플랫폼 '플로(FLO)'는 이용자 취향에 맞는 개인화 음악 순위 '편애차트'를 2020년 5월 선보였다. 편애차트는 해당 이용자의 재생 이력 · 선호도를 반영한 취향 기반의 상위 100곡 순위표로 기존 '톱100' 차트 이용자 절반이 소수의 곡을 반복 소비하는 것을 확인하여 만들었다. 차트를 선호하는 소비자의 취향도 존중하면서 그 안에서 음악에 대한 자신만의 세밀한 취향을 발견하게끔 도울 수 있는 플랫폼으로 주목받고 있다. 이 밖에도 초개인화 기술을 활용해 아기 울음소리를 분석해 부모가 해야 하는 행동을 알려주는 플랫폼 '와(WAAH)'부터 지인추천 채용 서비스를 운영하는 원티드는 '추천 정보'를 바탕으로 구직자와 기업을 분석해 양쪽 모두에게 성공률 높은 구인 구직 매칭을 제안한다. 이처럼 개인에 초점을 맞춰 다양한 분야가 개인화 서비스 제공에 힘쓰고 있다.

소비자의 자기표현

현대사회의 소비자, 특히 21세기 소비자들은 상품의 주요 기능으로부터 얻은 효용보다 그 상품을 소비함으로써 자신이 얻게 되는 이미지로부터의 효용에 큰 비중을 두게 된다. 이제 어떤 상품을 가지고 있다는 것은 그 상품의 속성과 그것을 소유하는 개인의 속성 간에 깊은 상관성이 있음을 말한다. 상품에 부가된 차별화된 가치를 통해 만족감을 얻고 자신만의 멋을 추구하는 것이다. 소비자는 고유의 개성과 독창성을 중시해 아무리 고가의 제품이라 해도 그만의 개성과 사상이 없는 브랜드는 선호하지 않으며, 저렴하더라도 개성을 더 잘 표현할 수 있는 브랜드를 선호한다. 이런 경향은 제품의 판매방식과 새로운 시장의 형성으로 이어진다. 즉, 개인의 취향을 만족시키기 위해 동일 제품이라도 이전에 비해 훨씬 세분화된 모델로 출시되고 심지어 나만의 '특별함'을 느낄 수 있는 개인별 맞춤서비스를 제공한다.

② 차별화의 욕구와 상징소비

상징소비란 소비자의 차별화 욕구와 관련되어 나타나는 소비 형태로서, 소비자가 소비하는 것은 물질이 아니라 그 소비를 통한 상징이다. 예를 들면, BMW 하면 고위층, 부유층, 특수계층 등이 연상되듯이 BMW의 소비자는 자동차 자체의 소비가 아닌 그 자동차를 소유함으로써 갖게 되는 상징성을 소비하는 것이다. 상징소비는 소비자의 차별화 욕구에서 비롯되므로, 자신이 택한 소비를 남들이 따라하기 힘들거나 하지 못할 때 그 의미가 있게 된다. 따라서 일반적으로 고가의 상품을 구입함으로써 소비자들은 가장 간단하게 차별화를 시도하게 된다. 그러나 가격이 유일한 방법이라고 볼 수는 없다. 다른 방법으로는 남들이 갖지 못한 상품에 대한 안목과 교양을 쌓는 방법이 있다. 예를 들어, 클래식이나 재즈를 즐기는 사람은 그 음악에 대한 소양과 지식이 필요하며 따라서 이것은 남들이 쉽게 모방할 수 없는 상징적인 가치를 지니게 된다.

이러한 측면에서 볼 때 상징소비가 반드시 사치와 허영의 소비문화를 초래할 것이라고 볼 수는 없다. 즉, 상품에 대한 넓은 안목과 교양, 지식을 통한 차별화를 추구한다면 보다 풍요로운 소비문화 시대를 이끌 수도 있을 것이기 때문이다.

③ 자아실현 욕구와 참여체험형 소비

참여체험형 소비는 소비자들이 상품의 소비를 넘어 그 소비와 함께 제공되는 체험이나 경험을 통해 자아를 새롭게 발견하고 실현하고자 하는 형태를 의미한다. 즉, 소비자들이 상품의 소비와 함께 제공되는 체험이나 경험 또한 중요시하게 되는 것이다. 참여체험소비는 소비자에게 새로운 라이프스타일에 도전할 수 있는 기회를 제공하여 성취감을 느끼도록 한다.

참여체험형 소비의 예를 든다면 나이키는 we run Seoul 10K 마라톤 행사를 통해 당사의 제품뿐만 아니라 나이키가 지향하는 라이프스타일을 체험하는 기회를 부여하였다. 또한 '갭어드벤처' 여행사는 최근 기술발달로 신체의 직접적인 움직임이 줄어든 소비자에게 매력적인 체험요소를 제공해 주는데, CEO(Chief Experience Officer)로 지칭되는 직원들이 화산, 사막, 아마존, 야생 서식지 등으로의 여행 프로그램을 설계해 주거나 여행팀 리더로서 직접 참여 여행상품에 특별한 체험과 모험을 제공하여 소비자에게 신선한 충격을 주고 있다. 제품 차원뿐만 아니라 사회공헌 활동에 동참하게 해 자긍심과 봉사의 성취감을 제공하는 경우도 있는데, '함께하는 집짓기 봉사, 래미안 사랑의 집짓기'가 대표적인 예로, 소비자가 직접 봉사활동에 참여하여 봉사의 가치를 느낄 수 있도록 한다(이민훈 외, 2011).

이러한 참여체험형 소비는 기업의 브랜드 소비 이외에 다양한 삶을 체험하거나 가상체험, 역사체험, 문화체험형 관광 등 다양한 서비스산업으로도 확산될 것으로 예상된다.

④ 감성과 이성의 조화, 하이브리드 소비

감성소비

의 · 식 · 주와 관련된 기본적 욕구가 어느 정도 충족되고 과소비 열풍이 어느 정도 잠잠해지면서 나타나게 된 소비문화가 '감성소비'이다. 소비자들이 상품의 기본적인 가치보다 부가적인 가치를 더 중요시하게 되고, 이를 통해 자기만족을 추구하게 된 것이다. 특히 젊은 세대들 중심으로 최근에는 제품 하나를 사더라도 감성소비를 하는 트렌드가 사회 전반에 확산되고 있다.

이성소비

소비자들은 과소비를 유발하는 카드 사용을 자제하거나, 가격비교를 통해 보다 저렴한 매장을 이용하고, 충동구매를 자제하기 위해 쇼핑목록을 준비하는 등의 합리적이고 계획적인 소비형태를 보이기 시작했다. 즉, 감성이 아닌 이성에 의한 소비문화가 들어오기 시작한 것이다. 그러나 이성소비는 반드시 저렴한 상품만을 구입하는 것이 아니라, 상품의 가격대비 가치를 꼼꼼히 따져보는 등 보다 합리적인 구매기준을 가지고 구매한다는 의미이다.

이성소비는 '트레이딩업(trading up : 상향구매)'과 '트레이딩다운(trading down : 하향구매)'으로 대표된다. 트레이딩업은 중저가의 상품을 주로 구매하던 중산층 소비자들이 소득이 늘어나면서 '감성적 만족'을 위해 가치가 있다고 판단되는 고가의 명품을 기꺼이 구입하려는 경향을 일컫는 말이다. 고소득층이 가격에 구애받지 않고 고가의 명품들을 선호하는 현상과는 달리, 중산층들이 비교적 고가이면서도 명품보다는 가격이 낮고 대량생산이 가능하며, 그러면서도 소비자에게는 명품처럼 이용자들만의 동질감과 자긍심을 주는 매스티지(masstige) 상품을 필요에 따라 구매하는 성향을 가리키는 것이다.

반면 트레이딩다운은 자신에게 특별한 가치를 가지지 않는다고 생각되는 품목에 대해서는 지나치다 싶을 만큼 깐깐하게 따지고 비교해 가면서 조금이라도 저렴한 상품을 구매하는 현상을 의미한다. 자신이 가치를 높게 두지 않는 물건은 저렴하게 구입하는 것이 바로 트레이딩다운이다.

하이브리드 소비

불황을 거치면서 이성소비는 강화되었지만 그렇다고 감성소비가 위축된 것은 아니다. 자신이 합리적이라고 생각하는 기준하에서 감성을 따르는, 즉 머리로 생각하는 '이성 소비'와 마음으로 느끼는 '감성소비'를 절충하는 구매방식인 하이브리드(hybrid) 소비가 나타나게 되었다.

⑤ 가치지향적 구매의 확산

가치(value)란 특정대상이나 상황을 넘어서는 행동이나 판단을 이끄는 광범위한 신념이다. 소비자 가치는 소비자에 의해 이루어지는 어떤 대상에 대한 평가라 할 수 있다. 동일한 제품에 대해서도 추구하는 가치가 다를 때 소비자는 다른 행동을 보이며 평가를 내릴 수 있다. 특정 제품 또는 서비스로부터 소비자가 얻게 되는 가치는 경제적, 심리적, 사회적, 규범적, 환경적 가치 등으로 다양하다. 소비자는 구매를 통해 얻을 수 있는 경제적, 심리적, 사회적 혜택과 제반 비용을 비교하여 자신에게 가장 가치 있는 제품이나 서비스를 구매하게 된다.

대부분의 중산층은 절약형 소비 내지는 합리적 소비패턴을 지향하므로 경제적 가치에 대해 민감한 반응을 보이고 있으며, 품질차이 없이 단순한 고가제품을 취급하는 백화점을 점차 불신하게 되어 가격 대비 높은 가치를 제공하는 가격할인형 소매업태에 대한 관심이 커지고 있다. 최근 PB(유통업체 상표)상품에 대한 높은 인기도 소비자들이 PB상품이 NB(제조업체 상표)상품보다 가격 대비 더 많은 가치를 제공하고 있다고 인식하기 때문이다. 또한 건강과 안전, 환경문제,

기업의 사회적 책임을 다하고 있는가에 대한 판단도 소비자 의사결정에 중요한 영향을 미치고 있으며, 이러한 가치들은 개인의 경제적 이익에 앞서 의사결정에 영향을 미칠 수도 있다.

⑥ 윤리 · 나눔 · 환경보호와 착한 소비

환경과 사회, 미래를 생각하는 의식 있는 소비를 최근 '착한 소비'라고 한다. 나와 내 가족만 생각하는 이기적인 소비자가 아닌, 지구촌의 복지와 행복까지 중시하는 선한 소비를 말하는 것이다. 착한 소비는 크게 세 가지로 나눌 수 있다. 환경을 생각하는 '에코 소비'와 지구촌 이웃의 삶을 생각하는 '윤리적 소비' 그리고 기부를 하면서 타인을 위한 소비를 즐기는 '나눔 소비'가 그것이다.

에코소비

전 지구적으로 지구 온난화와 이에 따른 이상기온 현상 및 태풍, 쓰나미, 홍수 등의 자연재해가 급증하면서 소비자들이 환경에 관심을 갖게 되었고 지구를 살리고자 하는 에코소비를 선택하였다. 친환경에코백이나 하이브리드 자동차, 바이오연료 자동차 등이 에코소비의 예이다. 이러한 에코소비 증가에 발맞추어 친환경경영, 지속가능경영을 실천하는 기업도 늘어나고 있다. 정부차원에서도 에코소비를 촉진하기 위하여 탄소캐시백 제도, 탄소발자국 등을 실시하고 있다. 한편 옥션이나 당근마켓 등을 통해 중고물건을 팔거나 교환하고, 나에게 쓸모없는 물건을 아름다운 가게 등에 기부하는 것처럼 개개인이 커뮤니티 집단을 이뤄서 공유하고 소비하는 활동을 '협동소비'라고 한다. '아나바다 운동' 즉 아껴 쓰고, 나눠 쓰고, 바꿔 쓰고, 다시 쓰자는 것과 거의 같은 개념으로 의류 교환, 장난감 공유, 공용자전거, 카셰어링 등 전 세계적으로 협동소비를 통해 제품 이용효율도 높이고, 쓰레기도 줄이고, 과잉생산과 과잉소비도 줄여서 궁극적으로 환경오염을 줄이는 데 큰 역할을 하는 것이다.

윤리적 소비

사회적 책임을 다하는 윤리적 소비의 대표적 사례는 공정무역 상품 구매이다. 공정무역 상품이란 경제적으로 풍요롭지 못한 국가와 생산자에게 이익을 돌려준다는 취지를 가진 상품으로, 제3세계 노동자들에게 정당한 임금을 지불하겠다는 것이다. 공정무역 상품에 대한 소비자의 니즈가 증가하면서 많은 기업에서 공정무역 제품을 취급하고 있다. 파타고니아, 스타벅스 등에서는 공정무역 커피의 비율을 지속적으로 확대하고 있다.

기부와 나눔 소비

기부와 나눔이란 다른 사람을 돕기 위해 내가 가진 바를 다른 사람에게 대가 없이 기꺼이 주거나 함께 공유하는 것을 의미한다. 기부나 나눔의 대상은 돈과 같은 유형의 물질적인 것의 비중이 가장 크지만 내가 가진 시간이나 생각 또는 재능과 같은 무형의 것도 포함된다. 물질을 넘어선 나눔의 종류로는 환경의 나눔, 지식의 나눔, 문화의 나눔들을 생각해볼 수 있다(양창삼, 2007).

⑦ '소유'와 '공유'를 넘어 '구독경제'로

구독경제(subscription economy)란 구독료 형태의 일정 비용을 지불하고 정기적으로 화장품이나 의류 등 제품을 제공받거나 영화나 음악, 도서 등 콘텐츠 등을 자유롭게 이용할 수 있는 경제 모델을 말한다. 처음엔 음악 스트리밍 서비스나 넷플릭스와 같은 영상 콘텐츠 산업의 주요 모델로 부상했으나, 최근엔 식품과 가전제품, 차량으로까지 서비스 영역이 확대되고 있다.

글로벌 투자기관 크레딧 스위스에 따르면 구독 서비스 시장은 2020년 5,300억 달러에 이르렀다고 한다. 이 기관에 따르면 구독경제 시장은 2000년 2,150억 달러 규모에서 20년 만에 두 배 이상 시장이 커졌다고 한다.

특히 코로나바이러스 감염증(코로나19)이 확산하면서 컨택트(대면) 소비의 대표였던 '공유 경제'는 주춤거리는 반면, 언택트(비대면) 소비의 대표라 할 수 있는 '구독경제' 소비가 활발해지는 양상을 보이고 있다.

구독경제가 최근 급부상하는 이유는 무엇일까. 그 배경은 다음과 같다.

첫째로 소비자들의 합리적 소비 성향 강화이다. 저성장기가 지속됨에 따라 소비자는 가성비를 구매결정의 중요한 요소로 여긴다. 이러한 소비자들에게 구독 서비스는 개별 구매에 비해 합리적이고 매력적으로 다가온다. 구독 서비스가 합리적인 이유는 고가의 상품 가격을 구독료 지불 방식으로 분산시킬 수 있기 때문이다. 또 무제한 이용이 가능한 구독 서비스는 이용 횟수가 늘수록 비용 절감 효과가 커진다.

둘째는 개인화된 서비스 요구 증가이다. 최근 소비트렌드는 물건값을 지불하고 상품을 '소유'하는 것보다 물건과 서비스를 '경험'하는 데 초점을 두고 있다. 이러한 소비트렌드는 소비 주도권을 가진 밀레니얼 세대에서 크게 나타나고 있는 현상이다. 이는 구독 경제 서비스가 빠르게 성장할 수 있는 발판이 되었다. 사람마다 만족감을 느끼는 제품이나 서비스가 다른데, 구독 서비스는 장기에 걸친 구독 기간 동안 고객으로부터 수집되는 다양한 데이터를 이용하기 때문에 서비스를 제공하기 유리한 모델이기도 하다.

115년 동안 세계 면도기 시장을 장악해온 질레트는 최근 5년간 미국시장 점유율이 20% 포인트나 줄었다. 2011년 면도날 정기배송 스타트업 '달러 쉐이브 클럽(Dollar Shave Club)'이 등장하면서다. 이 회사는 월정액을 내면 매달 4~6개씩 면도날을 집으로 배송해준다. 매번 면도날을 사러 가야 했던 남성들이 열광했다. 2011년 창업 5년 만에 320만 명 이상의 회원을 확보했고 7월 20일 유니레

버에 10억 달러(1조 1천억)에 매각됐다. 뉴욕타임스 스티븐 다비도프 솔로몬에 따르면 유니레버의 달러 쉐이브 인수는 어떤 기업도 기술 변화가 가져오는 창조적 파괴로부터 안전하지 않다는 것을 보여준다고 한다.

달러 쉐이브 클럽이 성공하면서 수많은 제품에 정기배송모델을 적용한 시도가 잇달았다. 미국 전동칫솔 스타트업 '큅(Quip)'은 매달 5달러를 내면 석 달에 한 번 칫솔모를 보내주는 모델로 6,000만 달러(670억 원) 투자를 받았다. '허블(Hubble)'은 월 30달러 내면 일회용 콘택트렌즈 60개씩 매달 보내주고, '롤라(Lola)'는 탐폰, 생리대 등 여성용품을 한 달에 한 번씩 배송한다. 초기 정기배송 모델은 소비자들이 주기적으로 사야 하는 상품들이 많았다.

정기배송모델은 개인맞춤 서비스와 결합되기 시작했다. 인공지능 등으로 고객의 취향을 분석해 맞춤형 상품을 배송하는 것이다. 영양제를 정기 배송하는 스타트업 '케어오브(Care/of)'는 고객이 설문에 답하면 전문의가 최적의 영양제 조합을 만들어 매달 배송한다.

구독경제 시장이 가장 치열한 분야로는 '간편식' 분야가 손꼽힌다. 간편식 문화가 정착된 미국이나 유럽에선 손질된 식재료와 양념으로 구성된 '밀키트'나 반조리된 '레디밀'을 구독해서 이용하는 게 일찍 안착됐다. 국내에선 우유나 요구르트, 즙 등의 간편식을 정기 구독하는 경우가 많았지만, 최근 들어 죽이나 밀키트 등으로 품목이 확대되고 있다.

한국야쿠르트는 2018년부터 밀키트 브랜드 '잇츠온' 정기배송 서비스를 제공하고 있다. 서비스를 지속적으로 이용하는 고객에겐 최대 15% 할인 혜택을 제공하는 등 고객 관리에 공을 들이고 있다.

현대백화점그룹 계열사인 현대그린푸드는 지난 3월 '그리팅' 서비스를 출시했다. 그리팅은 '저당식' '다이어트식(라이트)' '영양식(웰니스)' 식단을 이틀에 한 번씩 새벽배송으로 제공한다. 가격은 한끼당 8,500원에서 8,900원으로 시중 도시락에 비하면 다소 가격대가 높지만, 고품질 영양식으로 체형 관리에 관심이 많은 20~30대와 건강관리에 관심이 많은 50~60대 장년층으로부터 좋은 평가를 받고 있다.

남양유업도 지난 3월 배달 이유식 브랜드 '케어비'를 론칭했다. 남양유업은 기존 이유식 브랜드 '아이꼬야'를 시중에 판매 중이다. 아이꼬야가 대중성을 살린 제품이라면, 케어비는 양질의 재료를 사용한 신선한 제품이라는 점을 강조한다. 남양유업 관계자는 "아직 서비스를 시작한지 한 달밖에 되지 않아 실적을 밝힐 단계는 아니다"라면서도 "무료체험 신청자가 몰리는 것으로 보아 배달 이유식이 시장성이 상당히 클 것으로 보인다"고 말했다.

홈술족을 위한 술 구독 서비스도 나왔다. 배상면주가는 올초부터 온라인 쇼핑몰 '홈술닷컴'을 통해 막걸리 정기 구독 서비스를 실시하고 있다. 이 서비스는 시중에서 판매 중인 배상면주가 포천LB의 막걸리들을 설정된 주기에 맞춰 정기적으로 배송하는 서비스로, 정기구독 신청 고객에게는 10%의 구매 할인 혜택을 제공한다. 또 막걸리의 맛이 만족스럽지 않을 경우엔 제품을 교환해 준다. 배상면주가 관계자는 "막걸리와 안주를 함께 제공하는 '홈술세트' 구매율이 높다"면서 "2월부터 월 매출이 20% 이상 성장하고 있으며, 회원 수도 매달 10% 이상 증가하고 있다"고 말했다.

의류 서비스 역시 인기를 끌고 있다. 런드리 고(Laundry Go)는 일정 구독료를 내면 원하는 옷을 마음껏 빌려 입을 수 있다. 빌리는 옷과 가방은 집 앞까지 배달이 가능하다. 자기 전에 옷을 내놓으면 이를 가져다 세탁한 뒤 드라이클리닝까지 마쳐 집 앞에 배달하는 비대면 세탁 서비스를 제공하는 업체도 나타났다.

시장조사전문기업인 엠브레인 트렌드모니터의 '구독경제 및 서비스 인식조사' 결과에 따르면, 실제 구독 서비스를 이용한 경험이 있다고 응답한 소비자는 90.2%에 달하는 것으로 나타났다. 또한 음원서비스(52.0%), 유료방송 서비스(48.4%), 정수기(42.1%), 영상 스트리밍 서비스(38.1%), 유무선 인터넷 서비스

(30.5%), 쇼핑 서비스(20.5%), 신문 구독 서비스(17.8%), 비데(15.6%) 등의 순으로 조사됐다(엠브레인, 2020.05.15).

소비성향 평가 결과 10명 중 7명(69.3%)은 가능한 많은 것을 소유하기보다는 가능한 많은 것을 '경험'해보고 싶다는 바람을 가지고 있었다. 또한 기본적으로 소비자들은 구독하는 것을 결국 '빌리는 행위'(75.8%)이며, '일정기간 소유할 수 있는 권리를 사는 행위'(80.5%)로 인식한다. 그만큼 소유보다는 저렴하게 다양한 서비스 경험이 가능하다는 것을 의미하기 때문이다.

〈그림 1〉 구독서비스(상품)의 이용 경험 여부

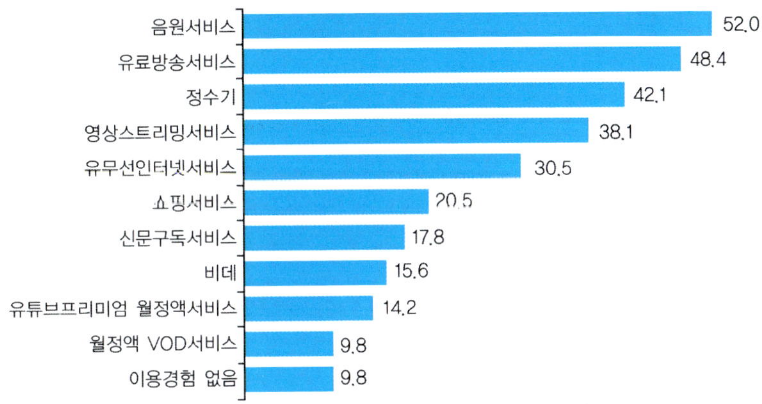

출처 : 엠브레인트렌드모니터, 2020.05.15

또한 10대~20대는 편하고 빠른 이용이 가능한 부분에 호감을 가지고 있었으며, 대체로 연령이 높을수록 구독 서비스가 시간을 효율적으로 이용할 수 있다고 인식하는 것으로 나타났다. 실제 구독 서비스 이용자들이 지출하는 월 평균 비용은 3만 원 미만(28.2%) 내지 3~5만 원(21.8%)이었으나, 20만 원 이상도 11.2%를 차지하는 것으로 조사됐다.

미디어시장에서는 특히 넷플릭스로 대표되는 구독경제 모델이 국내에 소개되며 '콘텐츠는 공짜'라는 인식이 사라졌다고 평가되고 있다. 한 IT 업계 관계자는 "이용자들도 정당한 대가를 지불하고 콘텐츠를 소비하려는 경향이 강해지고 있다"고 말했다. 음원, 동영상 등 전통적인 콘텐츠뿐 아니라 전자책, 스트리밍게임 등 다양한 분야에서 구독경제 모델의 활용이 늘어나는 추세다.

구독경제의 전망은 밝지만, 해결해야 할 부분도 분명 존재한다. 기업들은 무료 체험 이후, 유료로 전환되는 방식의 마케팅으로 소비자의 진입 장벽을 낮추고 있는데, 이와 관련하여 결제나 환불에 대한 문제가 발생하고 있기 때문이다. 예컨대, 무료 체험 이후 결제될 때 안내가 미흡한 점, 해지 절차가 복잡한 점, 환불이 어려운 점에서도 소비자들의 불만이 속출하고 있다. 특히, 장기적 거래가 이루어질 가능성이 높음에도, 사전에 선택정보가 부족하거나 상대적으로 저렴한 비용에 현혹된 소비자가 비합리적 소비에 노출될 가능성이 높다는 점이 지적되고 있다.

4 소비사회 발달에 대한 평가

앞서 살펴보았듯이 산업화와 경제발전으로 소비할 수 있는 재화와 서비스가 늘어남에 따라 우리 삶에서 소비가 차지하는 비중이 커졌다. 각 나라마다 시기적 차이는 있지만 경제성장과 산업화로 소비제품의 대량생산과 대량유통으로 대중소비 사회가 도래하면서 소비자들은 물질적으로 풍요롭게 되고, 상품선택의 기회가 확대되어 자유가 늘어났으며 생활은 좀 더 안락하고 편리해졌다.

소비사회가 가장 먼저 발달한 미국의 경우 역시 학자들은 미국의 소비문화가 많은 사람들에게 자유를 가져다주었다고 긍정적으로 보았다(Shor & Holt, 2000). 구체적으로 미국 남부의 미시시피강 유역에서 1830~1998년에 사회경제적 발달이 이루어져 온 과정을 살펴본 테드 오운비(Ted Ownby, 1999)는 미국 남부 역사에서 다음과 같은 네 가지 아메리칸 드림이 소비문화를 통해 실현되어 온 과정으로 보고 있다.

첫째, 풍요의 꿈이다. 빈곤과 굶주림으로부터 벗어나 물질적 풍요를 누리는 것이다. 둘째, 재화를 통한 민주주의이다. 전통사회에서 계층에 따라 소비제품에 차이가 있었던 것을 19세기에 소비문화가 발달하면서 어떤 소비제품이던지 누구나 구매력만 있으면 소비가 가능하게 되어 소비생활에서 민주화를 이룬 것이다. 셋째, 선택의 자유이다. 물건을 골라 살 수 있는 쇼핑이 가능하게 된 것이 사람들의 자유를 확대한 것으로 해석할 수 있는 것이다. 넷째, 진귀함을 얻는 것이다. 새로운 제품 구입으로 계속 더 나은 것으로 나아가며 진보하는 것으로 생각한다. 즉, 이 네 가지 꿈은 달리 표현하면, 풍요의 꿈은 계속 부와 안락함이 증가하는 것이며, 민주주의는 이러한 풍요를 좀 더 많은 사람이 모두 누리는 것이라 할 수 있다. 또 선택의 자유라는 꿈은 상품의 종류가 계속 늘어나는 것이고, 신제품의 꿈은 끊임없이 변화하는 욕망과 환상 등을 충족하는 것이다. Ownby 자신도 최근의 소비문화에 대해 사람들이 좀 더 중요하고 의미 있는 무언가를 추구하는 대신 사소한 상품에 탐닉하게 한다고 비난하는 의견에 공감을 하면서도, 과거 미국 남부 역사를 살펴보면 고통스런 현실과 제한된 자신의 삶 속에서 새로운 상품들과 쇼핑을 통해 사람들이 자유를 누릴 수 있었다는 점을 확인하고 있다.

이러한 긍정적인 평가는 현재까지도 이어져 오늘날 소비주의 이데올로기의 중요한 축을 이루고 있는 문화학파는 소비행위를 일종의 의미 창조행위로 받아들여 긍정적으로 평가하고 있다. 정보통신 네트워크를 통한 기호의 빠른 소통은 개인화를 가속화시키며 이러한 개인화 과정은 구조에서 해방되는 과정이므로 인지적인 성찰을 하는 주체가 된다고 주장했다. 즉, 소비사회의 개인은 그릇된 이데올로기에 의해 조작당하는 개인이 아니라 기호화된 상품이 의미를 갖게 되는 과정에 적극적으로 참여하는 의미의 생산자이자 미적인 요소를 상품 안에 포함시킬 것을 요구하고 예술과 상품의 경계를 허물어가는 심미적 성찰을 하는 주체라는 것이다(이유선 외, 2005, 28-30).

그러나 소비사회가 발달하면서 지나친 소비에 대한 비판이 오히려 증가하고 있다. 소비가 우리 삶을 보다 풍요롭고 자유롭게 해주기보다는 소비자 개개인도 더 많이 소비하기 위해 심리적으로 소비욕망에 사로잡혀 있으며, 더 많이 소비하기 위해서는 소득을 늘려야 하므로 일을 더 해야 하고, 대부분의 소비는 인간 삶의 본질적인 욕구를 충족하여 삶의 질을 높이기보다는 피상적인 자극만을 추구할 뿐이라는 것이다. 또 사회 전체로 볼 때도 환경이 파괴되고 미래세대에도 지속가능한 소비인가에 대한 문제가 심각하게 제기되고 있다.

읽을거리 포스트코로나 소비 "생필품 깐깐하게, 명품 거침없이… '슬세권' 가속화"

"소비자들은 생필품을 살 땐 가격을 따지고, 명품은 과감하게 구매하는 '양극화'가 나타나고 있습니다. 유통채널은 앞다퉈 '비대면'으로 흐르고, 상권은 '슬세권'으로 좁혀질 겁니다."

이경희 이마트유통산업연구소장의 진단이다. 포스트코로나 시대에는 국내 유통시장이 '다중 양극화 국면'으로 접어들 것이라는 게 그의 예측이다.

이 소장은 21일 서울 중구 대한상공회의소에서 열린 '2020 신유통트렌드와 혁신성장 웨비나'에서 생필품을 살 때는 '가성비'를 따지는 반면 명품, 위생, 취미용품은 아낌없이 구매하는 '소비 양극화'가 나타날 것이라며 이같이 전망했다.

생활 반경이 좁아지면서 상권이 슬리퍼를 끌고 다녀올 수 있는 '슬세권'으로 전례 없이 좁아질 것이라는 분석도 내놨다. 판매 채널은 물론 소비 행태, 상권까지 통째로 바뀌는 '신(新)소비 풍속도'다.

"오프라인 충성고객 5060세대도 '온라인'으로 몰렸다"

이 소장은 '포스트 코로나시대, 소비트렌드'를 주제로 한 강연에서 코로나19 대유행(팬데믹) 이후 생겨난 소비트렌드를 △언택트 △홈코노미 △건강 △양극화 △동네상권 5가지 키워드로 요약했다. 사회적 거리두기가 일상이 되면서 비대면 소비가 가속화했고, 시장 환경도 온라인 · 언택트 중심으로 변화했다는 분석이다. 이 소장이 보는 새 소비트렌드는 '생존 소비'와 '가심비 소비' 두 갈래로 각각 양극화된다. 거리가 먼 백화점, 대형마트보다 집 앞 편의점을 선호하고, 위생용품이나 건강식품에 지갑을 연다. 생필품은 온라인몰에서 싼 가격에 사지만, 거꾸로 취미나 명품에는 돈을 아끼지 않는다. 이 소장은 "비접촉 · 비대면 소비가 확산하면서 온라인 채널은 빠르게 성장했다"며 "올해 상반기 전체 소비는 지난해보다 2~3% 역성장했지만, 온라인은 두 자릿수 성장을 했다"고 말했다.

백화점 · 대형마트 충성고객이었던 5060세대 소비자가 온라인몰로 빠르게 유입되고 있는 점도 의미심장한 대목이다. 이 소장은 "코로나19 사태 이후 온라인 시장에 신규 진입하는 소비자가 급증했다"며 "지난해 1분기 온라인 채널 신규 소비자는 12.8% 수준이었지만, 올해는 24.5%로 두 배 수준"이라고 말했다. 이어 "특히 올해 신규 소비자 중 절반 이상(54.1%)이 50~60대"라고 강조했다.

전 연령대 소비자가 온라인으로 쏠리면서 기존 오프라인 채널도 앞다퉈 언택트 서비스를 확대하고 있다. 이 소장은 "전체 온라인 소비에서 음식배달이 차지하는 비중은 2018년 3.8%에 불과했지만, 코로나19 이후 10%로 증가했다"며 "이제는 세탁 서비스도 모바일로 하는 시대"라고 말했다.

그러면서 "스타벅스가 2015년 도입한 '사이렌오더' 서비스는 코로나19 이후 비중이 22% 늘었다"며 "키오스크(무인 주문기) 사용도 상당히 늘었다. 점주는 비용을 절감하고, 고객도 언택트를 선호하기 때문에 급물살을 탄 것"이라고 분석했다.

소비행태 '양극화' 상권 '슬세권'으로… "새 흐름 읽어야"

생필품은 가장 싼 가격을 선호하는 반면 명품, 건강, 취미용품에는 아낌없이 지갑을 여는 '소비 양극화'도 포스트코로나 시대를 맞아 생겨난 현상이다.

생필품과 명품 소비에서 나타나는 양극화가 대표적이다. 이 소장은 "코로나19 사태 이후 '소비심리자심리'는 급속도로 냉각됐고, 자연히 싼 가격을 중요하게 여기는 '가성비 소비'가 확산했다"면서도 "반면 감정소비, 보복소비 경향도 뚜렷한 '소비 양극화'가 나타나고 있다"고 말했다.

그는 "대용량 물건을 20~30% 저렴하게 판매하는 트레이더스 매출은 올해 1~5월 전년 동기 대비 21.9% 성장했다"며 "가성비를 추구하는 트렌드 때문"이라고 말했다. 반면 같은 기간 할인점 모델인 이마트는 매달 매출이 2~6% 역신장하고 있다.

이 소장은 "합리적 소비의 대척점에 있는 '감정소비' '보복소비' 경향도 동시에 확산하는 양극화도 주목해야 한다"며 "코로나19 사태 기간 백화점 명품 매출은 오히려 19%나 급증했다"고 부연했다.

소비 양극화와 별개로 오프라인 상권이 '집 앞'으로 좁아진 점도 전에 없던 이상 현상이다. 이 소장은 마지막 키워드로 '동네 상권'을 들면서 "최근 슬세권이 뜨고 있다"고 말했다.

슬세권이란 '슬리퍼를 끌고 다녀올 수 있는 가까운 상권'의 준말이다. 비교적 동네 외곽에 있는 대형마트, 백화점을 가기보다 집 앞 편의점에서 생필품을 구입하는 소비 행태가 많아졌다는 설명이다.

이 소장은 "결국 5가지 키워드는 바이러스를 피하기 위한 '생존 소비'와 자기 위안, 정서적 만족을 추구하는 '가심비 소비'로 다시 요약된다"며 "유통기업의 전략도 이에 맞춰 재조정돼야 한다"고 조언했다.

이어 "환경이 크게 바뀐다는 것은 역으로 '새로운 기회'가 창출됐다는 것으로 볼 수 있다"며 "소비자의 새로운 욕구를 읽고 새로운 성장 모멘텀을 발견해야 할 시기"라고 당부했다.

출처 : 뉴스원, 2020.07.21

제10장 소비문화 이론

1 사물의 의미와 광고

1) 사물의 의미와 생산 및 전달

(1) 문화범주와 사물

소비문화에서 사물은 문화적인 의미를 지니고 또한 의미를 전달하는 중요한 수단이다(McCraken, 이상률 역, 1996). 그것은 문화의 내용들이 재화를 통하여 실체화될 수 있기 때문인데 McCraken에 따른 인류학의 문화분석이론을 빌려 설명하면 다음과 같다.

우리가 살고 있는 세계, 즉 일상적인 경험의 세계와 현상 세계는 문화적으로 구성된 세계라고 한다. 문화적으로 구성된 세계는 문화범주로 구분되는데, 문화범주는 현상세계를 문화기준으로 나눈 문화의 구분 단위이다. 예를 들면 연령(노인, 청소년, 아동 등), 성(여성과 남성), 계급(상, 중, 하 등), 직업(전문직, 사무직 등) 등으로 구분된 인격의 범주는 나름의 세계상을 가지고 각각의 문화범주를 구성하고 있다고 할 수 있다.

문화범주에는 문화현상들이 조직되고 평가되며 해석되는 관념이나 가치로서 문화원리가 존재한다. 문화원리는 문화현상이 구별되고 분류되며 상호 연관되는 것을 가능하게 하고 사고나 행동에 방향을 제시하는 관념이다. 문화를 구성하는 문화원리와 문화범주 자체는 눈에 띄는 실체를 갖지 않고 인간의 실천에 의해 실체화된다. 문화의 청사진에 따라 행동하면서 한 공동체의 구성원들은 문화범주를 구체화하고, 한 문화의 구성원들은 그들이 사는 세계의 구축 및 구성에 참가하는 것이다(McCracken, 1988).

사물들은 문화범주를 구체적으로 표현해 주기 때문에 물질적인 사물을 통해서 문화원리와 문화범주들은 실체성을 가진다. 예를 들면 남성과 여성이라는 문화범주의 차이는 입고 있는 옷이나 소비품 등 물질적인 사물이 잘 표현해 준다. 이처럼 사물은 문화질서를 실체화하는 데 사용되고, 재화의 질서는 문화의 질서를 본뜨고 있다는 점에서 사물은 문화적 의미를 가지고 있다.

(2) 사물의 의미 생산과 전달 기제로서의 광고

소비사회에서 문화적 범주로부터 재화로의 의미 전달에 광고의 역할을 간과할 수 없다. 맥크래켄(이상률 역, 1997)에 따르면 소비재와 문화적으로 구성된 세계를 특정한 틀 속에서 결합시킴으로써 광고는 문화적으로 구성된 세계에서 재화로의 의미 전달을 수행한다. 이러한 광고의 역할에 대해 두 가지 상반된 논의가 전개되고 있다. 하나는 광고가 상품 속의 문화범주와 원리를 적절하게 담아내고 재화의 세계에 문화적 의미를 옮겨주는 매개자의 역할을 함으로써 소비문화에 기여한다는 순기능에 초점을 둔다.

광고제작 과정을 살펴보면 제품 속에 의미가 어떻게 담기는지를 알 수 있다. 광고를 만들기 전에 제품에 요구되는 속성이 무엇인지 소비자조사나 다른 과정을 통하여 확인한다. 다음으로 문화범주와 원리 중 어떤 것이 그 제품에서 찾는 의미와 일치하는지 탐색하고, 문화적으로 구성된 세계가 광고 안에서 어떻게 묘사되어야 하는가를 결정한 후 세계와 재화가 특별한 조화를 누리는 것처럼 보이도록 광고 안에서 제품을 제시한다. 광고 자극을 통하여 제품과 세계의 동질성이 받아들여지면 제품으로 문화적 의미의 전달 과정이 일어난 것이다.

광고를 통하여 세계에 존재하는 어떤 속성이나 가치가 소비재와 결합하게 되고 이들 간에 '상징적인 등가성'이 성공적으로 성립하게 되면 소비자들은 문화적으로 구성된 세계에 존재한다고 알고 있는 일정한 속성들을 소비재에 귀속시키게 된다. 이렇게 해서 이미 알려져 있는 이 세계의 속성들이 소비재의 미지의 속성들 속에 내재하게 되고 세계에서 재화로 의미이전이 이루어지게 되는 것이다. 따라서 광고는 문화적으로 구성된 세계에서 소비재로 의미가 주입되는 일종의 통로가 되며 우리 사회에서 문화적 의미의 사전이라고도 지칭된다(McCracken, 1988).

최종적으로 문화적 세계에서 재화로의 의미이전을 완성하는 것은 소비자이다. 윌리엄슨(Williamson, 1978)에 따르면 광고에서 의도한 재화의 의미가 소비자에게 성공적으로 해독되고 수용되어야 하는데 이런 의미에서 소비자는 의미 전달 과정에서 필수불가결한 참가자이다.

2) 광고와 소비생산론

하우크(Haug, 1986)는 상품에 의미와 아름다움을 부여하는 상품 포장, 상표, 디자인, 상품 모델, 판매장소의 연출 및 광고 등의 상품미학이 자본주의사회에서 특수한 기술로 발전해 왔고, 상품의 가치는 상품의 본질적 가치가 아니라 환상화된 상품의 외양에 따라 결정되고 있다고 비판하고 있다. 상품미학이란 상품의 교환가치를 실현하기 위해 상품을 미적으로 포장하는 것인데, 이를 통하여 사람들의 상징적, 미적 행위를 조직하고 정체성을 꾸미며 인간의 감성조차도 정형화시키고 있다는 것이다.

소비생산론에서 광고는 상품미학의 메커니즘을 구성하는 가장 대표적인 요소이다. 광고가 상품에 불어넣은 상징적 의미는 실재가 아닌 허위적 환상이며, 상품과 인간의 욕구 관계를 조작하는 수단으로 인식된다(함인희 · 이동원 · 박선웅, 2001; Richards, 1991; Williamson, 1978; Haug, 1896; Slater, 2000).

상품생산론은 크게 두 가지 측면에서 광고를 비판한다. 첫째, 광고가 상품에 접합시킨 성공, 행복, 로맨스, 이국적 풍취 등의 이미지는 단지 연출된 이미지에 불과하고 허구적이며 상품의 실재나 본질을 오인하게 하는 신비화로 작용한다는 것이다(함인희 외, 2001). 둘째, 자본주의가 유지되고 발전하기 위해서는 생산된 상품을 판매해야 하는데, 광고는 문화적 가치에 대한 욕구를 상품에 대한 욕구로 전환시키고 인위적으로 상품에 대한 욕구를 불러일으킴으로써 대량생산된 상품을 소비하도록 조장한다(Ewen & Ewen, 1982). 따라서 광고는 소비사회에서 소외의 원천인 상품물신화를 이루어내는 데 적극적으로 개입한다는 것이다(Slater, 2000).

사물이 담고 있는 의미와 상징이 우리의 경험 세계와 가치를 담고 있는지 아니면 사업자가 만들어낸 허구인지는 결국 사물을 다루는 소비자의 능력에 달린 문제이다.

2 생활양식의 형성과 변화

한 사회와 개인의 소비문화는 생활양식에 그대로 반영되어 나타난다. 생활양식에 대한 소비 이론으로서 디드로 통일체와 디드로 효과 그리고 부르디외의 구별 짓기 이론이 있다. 디드로 통일체와 디드로 효과가 개인을 중심으로 한 사람의 생활양식으로 구성되고 유지되는 과정을 설명하는 이론이라면 부르디외의 구별 짓기 이론은 구조주의적 관점에서 한 사회의 다양한 생활양식이 발현되고 유지되는 방식을 구조적으로 체계화함으로써 소비양식을 통하여 사회적 관계와 사회적 구조를 설명하고 있다.

1) 디드로 통일체와 디드로 효과

디드로 통일체와 디드로 효과는 맥크래켄의 유명한 저작 「소비와 문화」를 통하여 소개되고 널리 알려졌다. 맥크래켄(1988, 이상률 역, 1996)에 따르면 디드로 통일체는 소비재의 고도로 일관성 있는 보완물들, 디드로 효과는 그것을 유지하는 강제력, 즉 기존의 소비패턴 속에 머무르도록 구속하거나 또는 옛 모습을 찾아볼 수 없을 정도로 변형하게 하는 강제로서 정의된다. 여기에 디드로라는 이름이 붙여진 것은 이 이론이 18세기 프랑스의 백과사전의 편집인 겸 집필자인 디드로라는 학자의 실내복에 관한 에세이에서 비롯된 데 기인한다.

디드로는 진홍색의 우아한 실내복을 선물로 받고 나서 헤지고 시시하지만 편안했던 옛 실내복을 버렸다. 점차로 우아한 실내복에 어울리도록 서재의 책상, 벽장식, 의자, 판화, 책장, 시계를 바꾸게 되는데, 전에는 초라하고 복잡하지만 행복했던 서재가 우아하고 질서정연하고 아름답게 갖추어졌지만 딱딱한 기분이 들었다는 것이다. 그는 예전의 초라한 실내복과 보잘것없었던 서재의 물건들이 완전히 조화를 이루고 어울렸다는 사실을 애착과 후회하는 마음으로 회고하고 이 모든 것들이 다른 모든 것을 자신의 우아한 분위기에 맞도록 강제하는 오만한 진홍색의 옷의 소행이라고 결론을 내린다는 내용이다.

(1) 디드로 통일체

일종의 조화나 일관성을 갖고 있으며 서로 어울리는 물건들이 있는데 이처럼 문화적 일관성을 지닌 사물들을 "보완물이라 하고, 사람들이 소유하고 있는 물건들이 어떤 공통성이나 통일성을 가지고 서로 연관이 있는 현상"을 디드로 통일체라 일컫는다(McCracken, 이상률 역, 1996).

맥크래켄에 따르면 서로 잘 어울리는 문화적 보완물들은 그 사물에 들어 있는 의미의 성질이 같다. 소비재의 의미는 재화체계에서의 위치와 문화적 범주체계와의 연관에서 비롯된다. 맥크래켄은 롤렉스시계를 예로 들고 있다. 롤렉스시계의 의미는 다른 시계 브랜드와의 관계, 롤렉스시계와 대응되는 인격, 장소, 시간, 경우 등의 문화적 범주에서 의미를 얻는다. 어떤 재화들이 서로 어울리는가를 결정짓는 것은 문화범주들과 소비재 간의 대응인데, 동일한 문화범주와 일치하는 제품들은 "구조적인 등가물"이 되고 이들은 서로 어울린다는 것이다. 예를 들면 시계와 BMW 자동차는 동일한 문화범주에 대응하는 구조적 등가물이 될 수 있다.

소비재가 하나씩 떨어져 있거나 이질적인 문화범주에 속한 사물들과 함께하면 의미를 제대로 전달하지 못하고, 재화의 의미는 그 재화가 똑같은 의미를 갖는 다른 보완물들과 함께 놓여 있을 때 가장 잘 전달된다. 물질문화의 상징적인 속성은 어울려서 의미를 전해야 한다는 점이 물질문화 커뮤니케이션의 핵심이다(McCracken, 이상률 역, 1996). 디드로 통일체 이론은 개인 생활양식의 구성에 대해 물질문화 메시지는 중복되고 서로 전제하는 요소들로 이루어질 때 가장 성공적이며 상이한 조합은 별로 성공적이지 않기 때문에 사람들은 자신의 생활을 구성하는 사물들을 서로 잘 어울리도록 배열한다고 설명한다.

(2) 디드로 효과

디드로 효과는 개인이 가지고 있는 사물들 사이에 문화적 일관성을 유지하도록 강제하는 힘을 일컫는다. 디드로 효과는 두 가지 상반된 방향으로 작용한다. 이미 가지고 있는 사물들과 일치하지 않는 문화적 의미를 지닌 사물이 들어오는 것을 차단하는 방향으로 작용하는 한편 새로 진입한 재화의 문화적 의미에 특권적 지위를 부여하여 기존의 제품을 버리고 그것과 어울리는 소유물로 모두 바꾸는 방향으로 작용한다.

개인이 가진 물건들은 그 사람의 정서세계를 표출하고, 소유한 사물들을 통하여 그가 누구이며 또 무엇을 갈망하는지 인식한다. 또한 사물들은 우리의 과거를 생각나게 함으로써 과거와 현재를 연결시키고 우리를 안정시키는 작용을 하는데 사물의 연속성을 유지하는 디드로 효과는 개인들을 동요시키는 사물들이 그들의 생활 속에 들어오는 것을 막아줌으로써 물질세계의 문화적 일관성을 유지할 뿐 아니라 개인의 경험과 자아관의 연속성을 유지하도록 한다는 것이다.

(3) 생활양식의 형성

연속성을 유지하는 보수적인 효과와 상반되게 디드로 효과는 사람의 생활 면적으로 변형시키는 혁신적인 힘으로 작용할 수 있다. 이 경우 새로운 사물은 들어온 순간부터 짝이 되는 새로운 재화들을 필요로 하기 시작하고 새 물건으로 촉발된 새로운 일관성에의 충동은 끊임없이 새로운 제품으로 바꿀 것을 요구한다.

이러한 디드로 효과의 시발점은 최초의 제품 구입이다. 최초의 출발구입이 이루어지는 동기는 다양할 것이다. 광고, 판촉활동, 제품 개발, 제품 디자인 등 기업의 활발한 마케팅 활동의 결과 현재 가지고 있는 소비재 보완물과 동떨어진 최초의 제품구입이 출발구입이 되어 자극제 구실을 할 수 있다. 취업, 결혼 및 자녀 출산 등 생애주기의 변화, 전직, 이혼, 죽음 등의 새로운 환경이나 사건에 의해 출발구입이 시작될 수 있다. 또한 선물로 받은 물건이 받는 사람의 제품 보완물에 새로운 의미를 전해서 새로운 소비기준으로 작용할 수 있다. 새로운 출발 제품으로 새롭게 시작된 디드로 효과는 취향과 선호를 변화시켜 새로운 소비패턴을 만들어낸다.

맥크래켄은 디드로 효과가 작동할 때 소비수준을 지속적으로 향상시킬 뿐, 후진하지 못하도록 막는 장치로 작동하는 래칫효과(Ratchet Effect)의 위험성을 경고하고 있다. 만족스러울 것 같은 소비수준을 달성하자마자 더욱 높은 수준을 기대하게 되고 끝없는 불만족 상태에 놓일 위험이 있다는 것이다. 결국 자아관이나 세계관과 필연적인 관계가 없는 사물들로 둘러싸인 자신의 모습을 발견하게 되고 이것은 소비사회의 전형적인 소외문제로 귀착된다.

각 개인의 소유물들에는 문화적인 의미에서 내적 일관성이 있음을 설명하는 디드로 통일체와 제품 보완물들이 현재의 의미를 보존하거나 아니면 그 의미를 근본적으로 변화시키는 작용을 하는 어떤 효과에 의해 지배된다는 디드로 효과는 개인 생활양식의 구성과 변화 과정을 설명하고 있다.

2) 소비양식론

생활양식에 관한 소비양식론은 위치재로서의 상품이 사회적 지위와 문화적 스타일의 상징적 징표(Hirsch, 1976; Leiss, 1983)가 된다는 사실에 주목하고, 소비생활양식은 집합적 정체성 형성이나 타자와의 구별 짓기를 위해 사회적으로 조직되는 실천들의 집합으로 이해된다(함인희 외 2001). 사회 계층의 징표로서 소비생활 양식을 체계적으로 서술한 최초의 작업으로는 베블렌(1912, 1899)에 의한 유한계급론을 들 수 있다.

(1) 베블렌의 유한계급론

베블렌(1912, 1899)은 19세기 말 미국 신흥부자들의 소비생활을 관찰하였다. 이 집단은 유럽 상류층의 생활방식을 모방하여 음식, 음료, 약물, 주거, 서비스, 장신구, 의상, 무기와 장구, 여흥, 부적, 우상 또는 종교를 최상의 것으로 향유하며 사치스러운 생활을 하였고 예의범절에 따라 품위 있는 방식으로 소비하였는데, 베블렌은 부를 과시하기 위하여 생산적인 노동과 관련된 것들을 멀리하며 사는 이러한 계층을 유한계급이라 하고 이들의 소비를 과시적 소비라고 명명하였다.

베블렌이 묘사한 유한계급 소비의 단면을 살펴보면 이들은 과시적으로 노동을 회피할 뿐 아니라 생산적인 일을 하지 않는 하인을 거느린다. 하인들은 값비싼 제복을 입고 주인들과 마찬가지로 세련되고 숙련된 매너를 익히는 등 주인을 위해 과시적으로 시간을 낭비한다. 유한계급이 훌륭한 매너들과 에티켓에 대한 지식을 쌓고 사용되지 않은 언어인 라틴어와 그리스어를 할 줄 안다는 것은 남들이 보지 않는 때에도 일을 하지 않고 시간을 보냈음을 은연중에 드러내는 것이다. 베블렌은 고용된 하인들이 사라진 시대가 도래하면서 이러한 낭비적인 소비의 임무가 부인과 아이들에게 부여되었다고 설명하고 있다.

과시적 소비에서 상품은 사회적 지위의 상징적 징표로서 상층의 고급 취향을 과시하기 위한 목적으로 사용되고(Corrigan, 1997), 소비생활은 자신의 사회적 지위를 드러내고 인정받기 위한 방편이 된다.

(2) 부르디외의 구별 짓기 이론

베블렌이 경제적인 부를 축적한 부유한 계급의 소비생활양식을 관찰하고 사회 문화적 의미를 이론화한 것에 그친 데 비해 부르디외(1984)는 다양한 소비재, 음식을 차리고 먹는 방식, 가구와 실내장식, 음악 및 예술적 취향 등이 특정 집단, 특히 사회적 · 경제적 계급 사이에서 자신들만의 생활방식을 표시하고 타인과 자신을 구별 짓기 위해 어떻게 쓰이는가를 서술하고 있다. 경제적 자본가 계급은 사업, 기업, 경영, 상업, 금융 관련 집단으로서 화폐자본, 부동산, 공장, 상점, 주식, 채권의 축적을 목표로 하고 생활방식은 베블렌의 신흥 부자들이 보여준 과시적 소비양식과 유사하다. 지나치게 화려하게 차려입고 집안 가구와 장식에 필요 이상의 공을 들이고 지적이거나 문화적인 것보다는 물질적인 재화와 오락거리를 소비한다(Bocock, 양건열 역, 2003).

유럽과 프랑스의 세습부자는 신흥부자보다 덜 화려하고 덜 과시적인 소비를 하는 경향이 있다. 부르디외에 따르면 이들은 경제적 성공으로 새로이 부자대열에 든 이들과 자신을 구별하기 위해 오래되고 권위 있는 미술, 음악, 조각, 문학 명작들을 중시하고 전통적이고 관습적인 생활을 유지한다. 이러한 것들은 신흥부자들과 구별하는 사회적 배제장치들로 작용하는데 오래된 부유한 집안들은 교양 있는 취미라고 여길 만한 문화자본, 즉 경제적 형태와 구분되는 지적 자본의 형태를 가지고 있다고 주장한다(Bocock, 1996).

노동계급과 중하층 계급은 음식, 술, 텔레비전 시청, 비디오, 가구, 실내장식을 소비하는 양식에 중요한 차이가 있다. 중하층 계급은 체면을 중시하고 그보다 상위에 있는 중간계급으로부터 소비 방식과 소비 대상에 대한 단서를 얻으려 하는 반면 노동계급은 직접적인 즐거움을 통해 재미를 추구한다. 부르디외에 의하면 노동계급의 경우 중하층 계급보다 소득이 더 높은 경우가 있지만 소비양식에 영향을 주는 것은 소득뿐 아니라 문화적 · 상징적 요소들이다(Bocock, 1996).

음식, 의복, 실내장식, 스포츠, 휴가, 음악, 미술 등 사람들의 일상생활의 다양한 소비영역에서 소비방식에 차이가 있는데 상이한 지위집단 사이의 차별과 구별을 낳은 수단으로서 경제자본 이외에 문화자본이 개입된다. 각 계급은 문화자본 수준에 따라 각기 다른 취향을 가지게 되는데 부르디외는 취향을 칸트적 취향과 대중적 취향으로 구분하고 있다. 문화자본이 증가할수록 보다 고급의 우월한 칸트적 취향을, 문화자본이 낮은 계층은 즉각적이고 감각적인 것을 선호하는 반칸트적(대중적) 취향을 선택하는 경향이 있다(Miller, 1987).

부르디외가 제기하고자 했던 문제는 취향이 개인적 선택의 결과가 아니라 사회적으로 구조화되었다는 사실이다(Bocock, 1996). 부르디외는 행위자의 무의식적 수준에서 취향을 일관되게 조정하는 체계가 존재한다고 보고 이를 아비투스(habitus)라 부른다. 아비투스는 물질적 존재조건뿐 아니라, 가족의 문화적 유산이나 교육 등의 비물질적 존재조건에 의해 형성된다. 경제자본과 문화자본에 따른 사회적 존재조건을 달리하는 각 사회계급은 각기 다른 특정한 아비투스를 갖는다. 객관적 조건은 아비투스를 통해 취향으로 내재화되고 그리하여 소비와 같은, 양식과 취향에서의 문화적 실천은 사회 공간 내에서 차지하는 위치와 그는 아비투스에 따라 구별된다(함인희 외, 2001).

소비취향과 소비양식의 중요성은 그것을 통해서 계급적 차이와 정체성이 되고 분류되며 인식된다는 데 있다(Bourdieu, 1984). 취향에 의해 구성되는 상이한 생활양식이 사회적 지위를 상징적으로 표현하고 사람들은 생활양식을 통해서 사회적 지위를 인식할 뿐 아니라(함인희 외, 2001) 생활양식은 사회적 차이를 재생산한다(Corrigan, 1984).

생활양식에 관한 소비이론은 소비를 구매한 물건을 타인에게 내보임으로써 자신의 정체성 의식을 창조하고 유지하려는 과정으로 개념화하고 있다. 소비는 집단적 · 개인적 정체성 의식을 상징적으로 구성하는 능동적 과정이 된다(Bocock, 1996).

3 환상과 쾌락적 소비이론

1) 옮겨놓은 의미

"장미로 뒤덮인 아담한 집을 꿈꿀 때 언젠가 그런 아담한 집을 갖는 것을 생각하는 것"은 일정한 가정생활이나 생활양식 전체에 관한 것이고 아담한 집은 자신이 꿈꾸는 행복한 가정생활에 대한 "객관적 상관물"이 된다. 이처럼 재화는 어떠한 태도, 관계, 환경을 구체화함으로써 현실에서 꿈꾸는 이상과 희망의 객관적 상관물이 된다(McCracken, 1988).

(1) 꿈과 이상의 보존을 위한 "옮겨놓은 의미" 전략

우리가 살고 있는 생활세계에서는 필연적으로 현실과 이상 사이에 차이가 있게 마련이다. 문화마다 문화적 이상을 보호하기 위하여 이상들을 일상생활에서 내어 또 하나의 다른 문화세계로 옮겨놓는 전략을 사용한다. 이와 같이 사실과 이상의 차이를 다루는 전략이 "옮겨놓은 의미(displaced meaning)"이다(McCracken, 1988). 문화적 이상이 다른 문화영역으로 옮겨지면 그것은 손에 잡힐 수 있는 현실인 것처럼 보인다. 현재의 세계에서는 실체화되지도 않고 있을 수 없는 것을 또 하나의 먼 세계에 존재시킴으로써 이상은 보호되고 동시에 이상에 일종의 경험적 증명을 주는 데도 도움이 된다. 예를 들면 문화의 이상을 보존하기 위한 장소로서 역사적으로 황금시대라든가 이상국가 등 문화적 이상이 완전히 실현되었다고 상상되는 허구적인 시대로 위치를 만들어낼 수도 있다. 로마의 서사시인 오비디우스가 읊어낸 황금시대는 "저 최초의 시대, 물도 없고 자신의 의지를 강제하는 사람도 없는, 신념이 보존되고 정의가 행해진 시대"이다 (McCracken, 1988). 성취되지 못한 이상의 위치가 되는 것은 언젠가 도달하고자 하는 유토피아적인 먼 미래의 세계가 될 수도 있다. 옮겨놓은 의미 전략을 통하여 추구하는 이상을 안전하게 보존하고, 좌절하고 상처받기 쉬운 현실 속에서 희망을 잃지 않고 이상을 실현하려는 노력을 지속할 수 있다는 것이다.

(2) "옮겨놓은 의미"의 가교로서의 사물의 역할

개개인도 "지금 여기"에서 상대적으로 안전한 또 하나의 시간이나 공간, 즉 과거의 행복했던 어린 시절이나 결혼을 하면, 졸업을 하면, 취업을 하면 등등 상상할 수 있는 바람직한 미래에 자신들의 이상을 옮겨 놓고 희망과 이상을 유지하면서 현재의 불행이나 좌절을 견디어 내는 옮겨놓은 의미 전략을 사용한다. 이때 사물이 옮겨놓은 의미로의 가교 구실을 하고 의미의 회복을 돕는 데 이용될 수 있는 장치가 된다는 점에서 소비문화로서의 의의가 있다.

맥크래켄에 따르면 특정한 문화적 의미를 담고 있는 재화는, 달리 표현하여 재화가 특정한 문화적 의미의 "객관적 상관물"이 되면 옮겨놓은 의미로의 통로가 되며 아직 소유하지 않고 단지 갖고 싶은 열망만으로도 가교 구실을 한다. 개인은 그 재화의 소유와 더불어 이 재화 속에 담긴 지금은 도달하지 못한 곳에 있는 어떤 이상적인 상태나 환경의 소유를 예상할 수 있다. 이때 재화는 어떤 감정상태, 사회 환경, 심지어는 라이프스타일 전체를 구체화함으로써 옮겨놓은 의미의 가교가 되며 아울러 마땅히 그렇게 살아야 하는 삶의 이상화된 모델이 되어준다. 사물이 옮겨놓은 의미의 가교 역할을 할 수 있는 것은 다음과 같은 속성에 기인한다.

첫째, 커뮤니케이션 매체로서 재화의 기호들은 구체적이며 지속적인 특성이 있다. 옮겨놓은 의미는 그 성질상 실체가 없고 현실에 존재하는 것이 아니다. 재화는 그 자체의 실체를 통하여 의미에 실체성을 부여하고 의미의 존재에 대해 일종의 경험을 제공할 수 있다. 또한 재화는 의미에 실제성을 부여함으로써 구체적으로 그것을 소유할 수 있다는 허구의식을 고취시키는 데 기여한다. 둘째로 사물이 나타내는 기호는 희망하고 추구하는 이상 전체를 비유하여 묘사하는 성질이 있다. 즉, 사물 한 가지만으로도 전체 의미를 상징적으로 대표하여 나타낼 수 있는 상징성이 강한 기호의 특성을 가진다. 셋째, 희소하고 소비자의 구매력을 넘어서는 경제적인 가치가 큰 재화가 옮겨놓은 의미를 나타내는 재화로서 적합하다. 넷째, 풍부한 재화의 세계는 옮겨놓은 의미의 안전한 피난처를 제공한다. 옮겨놓은 의미를 내포한 재화를 소유하게 되면 그 의미는 옮겨놓은 위치에서 사라지게 되는데 풍부한 재화의 세계에는 개인이 이상을 옮겨놓고 열망할 수 있는 보다 높은 수준의 소비재가 항상 존재한다.

(3) 소비문화에 대한 시사점

옮겨놓은 의미는 소비재를 통해서 취득될 수 있다. 맥크래켄은 이를 기호적인 기적의 달성이라고 표현하는데, 소비자는 열망하는 생활양식의 일부분이라도 소유하기 위해 그 의미를 담아 놓았던 재화를 구입한다. 그러나 구입이 이루어지자마자 그 재화에 담긴 옮겨놓은 의미는 소실되고 소비자는 기대를 다른 사물로 옮겨놓는다는 것이다. 구입과 동시에 오랫동안 추구되어 온 이상은 순식간에 가치를 잃으며 다른 가교로 이동하기 때문에 옮겨놓은 의미는 항상 옮겨놓은 상태로 남을 수밖에 없다.

소비사회에서 옮겨놓은 의미로의 가교로서 이상과 희망을 담고 있는 소비재는 불행하고 어려운 현실에서 비관에 저항하도록 도움을 준다. 사물을 통하여 현재 이상적인 기대와는 동떨어져 있다 할지라도 이상과 합치하는 시간이나 장소가 있음을 상정하고 옮겨놓은 의미가 회복되어 실현될 수 있다고 암시함으로써 희망을 유지할 수 있을 것이다.

옮겨놓은 의미를 회복하기 위하여 재화를 이용하는 현상이 소비자에게 좋게만 작용하는 것은 아니다. 옮겨놓은 의미의 가교로서의 소비는 현대사회에서 소비 열기를 꺼뜨리지 않고 유지하는 엔진으로 작용하고 소비욕구를 끊임없이 영속화하는 데 기여한다. 소유와 동시에 옮겨놓은 의미의 불빛은 사라지고 또 다른 재화로 새로운 희망을 추구하는 과정이 계속 이어지게 된다. 다시 말해 소비에 있어서의 충족된 상태란 다다를 수 없고 끊임없이 욕망을 자극하여 늘 새로운 사물에 대한 구입을 요구하게 되는 오늘날 소비문화 현실의 일면이 이 이론에 반영되어 있다. 재화를 통해 이상과 희망을 유지하는 현상은 사치재에 대한 소비와 과소비, 고가 소비재의 구입, 비합리적이고 공상적이며 도피주의적인 소비를 잘 설명하고 있다.

2) 소비환상론

소비환상론은 소비에서의 꿈과 욕망 그리고 소비를 통해 체험하게 되는 정서적 즐거움과 소비의 미학을 다루고 있다는 점에서 재화의 옮겨놓은 의미 이론과 맥락을 같이한다. 소비환상론은 소비동기로서 쾌락주의, 도피주의, 환상, 신기함에 대한 욕구 등에 주목하는데 이러한 논의의 시초는 소비를 낭만주의 윤리와 연계한 캠벨(Campbell, 1989)로부터 찾아볼 수 있다.

(1) 캠벨의 소비환상론

18세기 후반~19세기 초의 낭만주의는 이성적 계몽주의에 대한 반발로 시작되었다. 낭만주의는 아는 것보다 느끼는 것을, 지적인 것보다 상상을, 외적 세계보다 내적 세계를 중시하고, 개인에 대해서도 사회로부터 분리된 독특성과 자율성을 지닌 존재로 이해하였다(Corrigan, 1997). 낭만주의에서 추구하는 개인은 다양하고 강도 높은 경험을 통해 자신을 표현하거나 실현하고 자신의 독특성을 발전시켜야 하는데, 캠벨은 소비를 자기 자신의 독특한 주관적인 환상과 정체성을 재현하고 체험하기 위한 방식으로 인식하고 낭만주의적 윤리에 기반을 둔 소비주의의 규범을 제시하고자 하였다. 먼저 캠벨은 자기만족적 행위로서의 소비생활에서 욕구를 만족시키는 것과 즐거움을 추구하는 것을 구별하였다. 욕구의 만족은 충족시킬 필요가 있는 부족함과 연관되어 부족함을 채움으로써 어떤 불균형이 시정되는 것인 데 비해 즐거움의 추구는 보다 큰 자극을 경험하고자 하는 것이다. 캠벨은 사람들에게는 즐거움을 추구하려는 독립적인 욕망이 있는데, 즐거움에 대한 열망과 체험의 끊임없는 순환이 자발적이며 자아지향적이고 창조적 소비행위에서 나타난다고 하였다.

즐거움에 대한 욕망에 대해 캠벨은 전통사회와 현대의 쾌락주의로부터 그 차이를 구분하고 있다(Corrigan, 1997). 전통사회에서 쾌락주의는 오감을 즐겁게 하는 감각에 대한 추구에 그친 데 비해 현대적 쾌락주의는 감정에서 즐거움을 찾는 것으로서 온갖 종류의 경험에서 즐거움을 추구한다. 전통적인 쾌락주의와 현재적 쾌락주의의 큰 차이는 전자는 즐거움을 얻기 위해 세상의 대상물과 사건을 통제하고 후자는 사물의 의미를 통제하는 데서 즐거움을 찾는다는 것이다. 감정을 즐긴다는 것은 의지를 통해 감정이 통제되고 조절이 가능함을 전제로 한다. 캠벨(1987)은 현대의 쾌락주의는 개인이 자기 자신의 느낌과 강도를 결정할 수 있는 능력에 달려 있다고 주장한다. 다양한 상징으로부터 어떤 의미를 우리가 선호하는지를 결정할 역량을 가지고 자발적으로 선택하고 조절할 수 있을 때 소비의 즐거움을 누릴 수 있다는 의미이다(Corrigan, 1997).

(2) 페더스톤의 일상생활의 미학화

캠벨에 의한 고전적인 소비환상론이 즐거움을 추구하는 낭만주의 소비윤리의 개념으로 해석될 수 있다면 현대의 소비환상론은 페더스톤(Fetherston, 1991)의 "일상생활의 미학화"란 개념으로 파악된다. 일상생활과 예술의 경계가 허물어지고 대중문화의 찌꺼기라도 예술의 주체로서 미학화되고 있다. 예술인이나 지성인처럼 지속적으로 자신을 풍부히 하고 새로운 가치를 추구하고자 하는 욕망과 호기심을 가진 사람들은 다양한 상품, 특히 새롭고 이국적이고 독특한 상품을 구매하고 소비함으로써 삶, 감정, 육체, 정체성을 미학화시키고 끊임없이 실험적으로 변형시키는 예술적 실천을 시도한다.

페더스톤의 소비환상론은 본질적 혹은 참된 정체성을 전제하지 않은 이 정체성의 실체화 혹은 현실적 구현을 인정한다는 점에서 캠벨의 낭만주의적 환상론과 맥락을 달리한다고 볼 수 있다.

읽을거리 "플렉스 해버렸지 뭐야"… MZ세대 소비트렌드

최근 MZ세대의 다양한 소비가 이뤄지고 있다. MZ세대는 1980년대 초~2000년대 초에 출생한 밀레니얼 세대와 1990년대 중반~2000년대 초반 출생한 Z세대를 통칭하는 말이다. MZ세대는 SNS에 익숙하기 때문에 이를 기반으로 자신의 영향력을 발휘한다.

대표적인 것이 최근 한정판 품절 현상으로 인기를 증명한 켈로그의 '첵스 파맛'이다. 2004년 12월경 첵스 초코는 신제품 출시를 앞두고 초콜릿 맛 첵스와 파 맛 첵스의 투표를 통해 소비자들의 참여성을 독려하는 마케팅을 시행했다. 예상과 달리 파 맛 첵스의 제품 출시를 원하는 표가 많았다. 하지만 초코맛 첵스가 출시되었고, MZ세대가 주축이 되어 "첵스 파 맛을 출시하라"는 요구를 하기 시작했다. 이에 농심 켈로그는 첵스 파 맛을 한정판으로 출시하게 되었다.

이처럼 MZ세대는 '가잼비' 소비트렌드를 이끌며 유통업계의 파격적인 콘텐츠와 마케팅을 선보이는 데 많은 영향을 미치고 있다. MZ세대는 재미와 가성비를 추구하는 것 외에도 다양한 소비문화를 가지고 있다.

MZ세대는 개인의 행복을 추구하는 경향이 있기에 부를 과시하는 '플렉스' 문화를 즐기며 고가의 명품을 구매하기도 한다. 이베이코리아에 따르면 2020년 소비심리 및 소비계획에 대한 설문조사를 실시한 결과, 올해의 소비트렌드를 '플렉스하는 자린고비'로 정의하였다. 이는 가치관과 취향, 가성비를 고려하여 자신의 경제력 범위 내에서 '사고 싶은' 물건을 구매하는 것과 관련이 있다. 생필품을 살 때는 가성비를 고려하여 비교적 가격이 낮은 제품을 구매하는 반면 정말 갖고 싶은 신발이나 옷 등을 구매할 때는 브랜드 명품을 구매하는 것을 예로 들 수 있다.

또한 상품 자체보다는 구매를 통해 얻을 수 있는 경험을 중시하는 소비 특징을 가진다. 그렇기에 사회적 가치를 담은 물건을 구매함으로써 자신의 신념을 표출하는 일명 '소신 소비'라 불리는 '미닝 아웃' 또한 MZ세대의 소비 형태 중 하나이다.

▲ MZ세대의 온라인 놀이 문화로 출시된 첵스 파 맛 / 켈로그 인스타그램

MZ세대는 윤리적 경영을 실천하는 기업이라면 제품이 비싸더라도 구매를 한다. 제품의 성능보다 제품을 구매하는 소비자의 소신과 신념이 더 중요한 세대이기 때문이다. 위안부 피해자 할머니들을 꽃으로 형상화하여 꽃 삽화를 새긴 티셔츠, 팔찌, 휴대폰 케이스를 판매하는 '마리몬드' 제품의 경우, 미닝 아웃 소비의 대표적인 제품으로 많은 사랑을 받고 있다.

다양한 경험과 소비문화를 가지고 있으며 SNS를 통한 빠른 소비문화의 정착 및 변화를 지닌 MZ세대인 만큼 기업은 MZ세대를 공략하기 위해서 다양한 마케팅 전략을 구상해야 할 것이다.

출처 : 소비자평가, 2020.07.15

제5부

소비트렌드의 이해와 분석

제11장 소비트렌드

1 소비트렌드의 개념과 범주

1) 트렌드의 정의

트렌드를 사전에서 찾아보면 '변화의 동향, 추세'라는 설명이 나온다. 구체적으로는 사회 전반, 우리의 생활, 문화 등이 변화하는 모습 또는 변화하는 동향을 말한다. 즉, 트렌드란 미래에 일어날 사회 각 분야의 움직임을 보여주는 징후이자 현실 동향이다. 또한 트렌드는 운동성과 지속성을 가지는 일련의 사건으로 단순한 유행, 예측, 예언이 아니라 점진적 연속성을 가지는 안정된 운동이다. 가까운 미래에서 일어나 상당기간 지속되는, 그러면서도 이전과는 다른 경향과 방향성을 지닌, 사회 각 분야의 움직임을 나타내는 징후이며 현실적 동향이다. 그러므로 트렌드는 새로운 이론이나 현상이 사회 전반적으로 반영되어 시대를 대표하는 현상으로 나타난다.

트렌드는 현재의 사회를 만들어내고 있으면서 앞으로도 우리의 미래를 만들어 갈, 항상 존재하는 힘이다. 그러므로 트렌드라는 용어 속에는 과거, 현재, 그리고 미래라는 세 가지가 복합적으로 포함되어 있다. 과거의 경향과 현재의 징후에 대한 세심한 관찰을 통하여 트렌드를 파악하고 이러한 트렌드를 확인하고 분석함으로써 미래를 예측할 수 있다(서정희, 2005; 마티아스 호르크스, 2004).

2) 트렌드의 종류

트렌드는 지속하는 시간적 길이와 동조하는 소비자의 범위에 따라 마이크로 트렌드, 패드(FAD), 트렌드, 메가트렌드 등으로 구분할 수 있다. 따라서 트렌드란 용어가 어떤 사람에게는 소소하고 작은 변화의 의미로, 또 어떤 사람에게는 아주 큰 변화의 의미로 이해될 수 있다. 이들 용어는 모두 변화의 동향과 추세를 표현하는 용어라는 점에서는 공통점이 있다. 그러나 변화의 동향이나 추세가 지속하는 시간과 이러한 변화에 동조하거나 영향을 받는 사람들의 범위가 얼마나 큰가에 따라 서로 구분되는 용어들이다.

우리가 관찰하는 단편적 모습들은 마이크로 트렌드일 수도 패드(FAD)일 수도 있다. 하지만 왜 이런 현상이 나타났는지 고민하는 과정과 장기적으로 지속하면서 변화의 추이를 읽는 과정에서 트렌드나 메가트렌드를 읽어내는 것이 가능해진다. 트렌드의 종류들을 구체적으로 살펴보면 다음과 같다(김선주 · 안현정, 2013).

(1) 마이크로 트렌드(micro - trend)

마이크로 트렌드[21]는 작고 사소한 힘이 큰 변화를 이끌어내는 '마이크로 소사이어티(micro society)'의 개념과 연결되어 개성과 자아가 중요하게 다루어지는 영역이다. 즉, 소수의 열정적인 집단이 동조하는, 그들만의 개별적인 니즈와 욕구가 이끄는 트렌드를 의미한다. 따라서 이것의 영향을 받는 사람들의 범위가 다른 트렌드 종류들보다 훨씬 작은 즉, 사회 전반이라기보다 일부에서 나타나는 변화를 가리키는 개념이다.

오늘날 소비자 개개인의 영향력이 커지고 매스 마케팅으로부터 마이크로 타깃팅이 기업의 중요한 전략적 의사결정 중 하나가 되면서, 기업들은 주류 트렌

21) 10% 미만의 적은 동조현상

드와는 다른 소수지만 새롭고 선도적인 소비자 집단을 발굴하여 이들이 열정적으로 추구하는 마니아적 소비성향에 따른 틈새시장을 개발하려는 노력을 중요하게 생각하고 있다. 마이크로 트렌드를 이끄는 소수의 소비자 집단이야말로 가장 효율적인 세분시장(segmentation)을 이루고, 명확한 지향점을 가진 목표시장일 뿐 아니라 자발적 지속성까지 유지할 가능성이 높은 강력한 소비자 집단이라 할 수 있기 때문이다. 마이크로 트렌드의 개념은 소비자의 일상에 숨어 있는 수많은 작은 변화의 움직임에 주목하려는 미시적 접근방법이다(Penn, 2007).

(2) 패드(FAD: For a Day)

패드[22)]는 'For A Day'의 약자로 트렌드보다 지속하는 시간이 짧은, 보통 짧게는 1년 미만, 아무리 길어도 2~3년 이상 지속하지 못하는 변화 동향을 나타낸다. 일시적인 유행이라는 패드의 사전적 의미에서 알 수 있듯이, 흔히 사람들이 유행이라고 말하는 것들이 대부분 여기에 해당된다. 우리가 보통 '올해는 파스텔톤이 유행이야'라고 할 때의 '유행'이라는 것이 패드의 다른 표현이라고 생각하면 이해가 쉽다. 패드는 마이크로 트렌드보다 동조의 범위가 넓고 지속 시간이 상대적으로 긴 트렌드를 의미한다(김선주 · 안현정, 2013).

(3) 트렌드(trend)

마이크로 트렌드, 패드, 메가트렌드 등의 개념들과 구분해서 트렌드[23)]를 설명하면, 약 5~10년에 걸쳐 지속되는 변화의 동향, 추세로서 대다수 사람이 영향을 받는 변화라고 할 수 있다. 좀 더 구체적으로 트렌드와 일시적 유행(패드)의 비교를 통해서 트렌드의 개념을 이해하면 다음과 같다(서정희, 2005).

22) 수시로 변화, 1년 이내
23) 주기적, 3~5년간 지속

① 트렌드는 시장이 변화하는 방향, 즉 대세를 의미하는 것으로 인구통계적 변화, 가치관이나 태도, 생활양식과 소비욕구, 기술 등의 변화에 의하여 시장 전반에 점진적이면서도 광범위한 변화를 가져온다. 특히 생활양식과 소비욕구의 변화 등 사회문화적 요인과 이를 충족시키는 기술이나 사업모델 등이 결합하여 형성되는 트렌드는 경제, 기업경영, 그리고 소비자들의 생활에 큰 변화를 초래한다. 이와 달리 일시적 유행은 시류를 좇는 대중문화나 대중매체가 선도하기 때문에 비교적 짧은 기간에 폭발적으로 등장했다가 사그라든다.

② 일시적 유행은 제품 자체에 적용되는 말이나 트렌드는 소비자들이 물건을 사도록 만드는 원동력에 관한 것이다. 사람들의 마음속에 확실한 심리적 동기가 있어야 트렌드가 될 수 있다. 즉, 남이 하니까 따라 하는 것은 일시적인 유행 심리이나, 욕망이든 본능이든 강력한 심리적 동기가 내재되어 있다면 트렌드가 될 수 있다.

③ 트렌드는 사회적 토대가 마련되어 있기 때문에 장기간 지속된다. 트렌드는 전쟁이나 자연재해 등과 같은 뜻밖의 상황에 의해서 변화되거나 달라질 수는 있으나 완전하게 뒤바꾸지는 못한다. 일시적 유행은 시작은 화려하나 곧 스러져 버린다. 일시적으로 유행한다고 해도 사회적 토대가 무르익지 않으면 지지할 바닥이 없는 공중누각이 되기 때문이다.

④ 일시적인 유행은 사회, 경제, 정치적 의미가 없다는 점에서 트렌드와 구분된다. 따라서 일시적 유행은 트렌드가 가지고 있는 지속적인 힘이나 영향력을 행사하지 못한다.

⑤ 유행하는 제품과 유행하는 제품의 기초가 되는 트렌드 사이에는 상관관계가 있다.

(4) 메가트렌드(mega-trend)

메가트렌드[24)]는 트렌드보다 지속기간이 훨씬 긴, 적어도 10년 이상의 오랜 기간에 걸쳐 나타나는 사회 · 문화적 변화이며 동조하는 소비자의 범위도 트렌드보다 훨씬 넓은 것이 특징이다. 메가트렌드는 단기간이 아닌 장기간에 걸쳐서, 어느 한 지역에서가 아니라 전 세계적으로 일어나는 광범위한 변화의 흐름을 말한다. 메가트렌드는 국가나 지역의 정치, 경제, 사회, 기술 수준에 따라서 순차적으로 시간차를 두고 영향을 미친다(Naisbitt, 1982). 따라서 유행처럼 금방 나타났다 사라지는 경우는 드물다. 과거에는 크게 느끼지 못하던 메가트렌드도 시간의 흐름에 따라 영향력이 강화돼 사회 전반에 미치는 강도가 커지면서 점점 현실화되어 가는 것을 느낄 수 있다. 미래 징후들은 세계화, 고령화, 개인화, 여성화, 지구온난화, 도시화와 같은 메가트렌드가 어떻게 우리의 현실에서 트렌드로 나타나는가를 보여주는 단초가 되기도 한다(최윤식 등, 2012).

메가트렌드 이후는 문화(culture)다. 문화는 30년 이상 주기를 갖고, 세대 간으로 전수된다.

3) 트렌드의 요소

복잡한 현상 속에서 트렌드를 파악해내기는 쉽지 않다. 우리가 트렌드를 감각적으로 인식한다고 할 때 오감을 통해 특성을 감지할 수 있는 부분을 '형식 요소'라고 한다면, 형식 요소에 담겨 소비자를 만족시키는 가치와 효용을 '매력 요소'(또는 의미 요소)라고 할 수 있다. 형식 요소가 보이는 특성이라면 매력 요소는 보이지 않는 특성이다. 따라서 트렌드가 반영된 사물이나 현상을 형식 요소와 매력 요소의 결합체로 정의할 수 있다. 이는 현상의 복잡성에서 핵심만 꺼내 단순화시키는 것이며, 소비자가 사물을 인지하고 이해하는 가장 단순한 방식이

24) 장기적, 10~15년간 지속

기도 하다.

(1) 형식 요소

흔히 트렌드는 유행하는 것 그 자체를 가리키는 말로 쓰이곤 하는데, 유기농·친환경 트렌드가 그 예이다. 그러나 트렌드는 '흐름'을 가리키는 말이기 때문에, 구체적인 현상이나 사물에는 어울리지 않는 말이다. 따라서 '요즘은 유기농이 트렌드야'라는 말은 유기농 식품이 구현하는 어떤 가치가 트렌드라는 뜻이다. 즉, 그 가치가 구체화된 형태 중 하나가 '유기농'인 것이며, 따라서 그 트렌드는 유기농 아닌 다른 형태로도 나타날 수 있다. 바로 그런 형태를 형식 요소라고 할 수 있다.

우리는 트렌드가 투영된 현상의 형태적·형식적 특징을 오감으로 지각한다. 대물의 형태·크기·색상·배치·구조·기능·맛 등의 물리적 속성이나, 특정한 스타일을 형성하는 모든 것을 형식 요소로 볼 수 있다. 혹은 사람들의 행동방식, 어법(조어), 시간을 보내는 방법 등도 라이프스타일의 형태적인 특성으로서 트렌드의 형식 요소에 포함될 수 있다. 형식 요소는 어디서든 관찰할 수 있다. 사람들의 소지품, 그들이 사는 집, 신상품, 거리, TV 프로그램 등 주변에서 볼 수 있는 모든 것이 형식 요소를 포함하고 있다. 이런 점에서 형식 요소는 구체적이고 미시적이며, 현재적이고 특수적이다. 요컨대 형식 요소는 소비자의 변화하는 욕구가 스며 나오는 통로 또는 충족되는 방식이다. 형식 요소에는 새로운 욕구와 가치가 응축되어 있다. 형식 요소를 통해 사람들의 정서와 공감대, 감성과 심미안의 변화를 읽을 수 있다. 형식 요소는 매력 요소가 실제로 구현되는 방식이다.

(2) 매력 요소

매력은 사람을 끄는 힘이다. 매력 요소는 형식 요소로 하여금 사람들의 마음을 움직이게 하는 내재적인 힘이다. 형식 요소가 트렌드의 미시적이고 개체 중심적이며 표출적인 측면을 가리킨다면, 매력 요소는 형식 요소가 출현하게 된 사회적 · 인간적 배경, 즉 동기와 관련이 있다. 이는 어떤 트렌드를 나타나게 한 사회적 맥락과도 관련된다. 따라서 메가트렌드는 매력 요소를 이해하는 첫 번째 열쇠 역할을 한다. 사회 구조의 수평화, 집단 윤리를 앞서는 개인화, 가치소비를 지향하는 고급화 등과 같은 메가트렌드는 이런 욕구들과 부합한 것에 사람들이 반응하도록 만드는 근본적인 원동력이다. 메가트렌드가 변화한다는 것은 사람을 움직이는 동기나 움직이는 방식이 변화함을 의미한다. 즉, 사람을 끌어 모으는 매력 요소가 변화하는 것이다.

매력 요소를 파악한다는 것은 소비자의 취향이나 심미안을 파악하는 것과 같다. 형식 요소는 대상의 개별적인 특성이지만, 매력 요소는 수많은 개별적인 특성에 공존하는 속성이다. 형식 요소는 손쉽게 교체할 수 있지만, 매력 요소는 쉽사리 바뀌지 않는다. 이것이 소비자의 마음을 돌려놓기가 어려운 이유이다. 하나의 매력 요소가 구체적인 형태로 표현될 수 있는 가능성은 매우 많다. 따라서 형식 요소에 공통적으로 함축된 감성적 · 감각적 특징(매력 요소)을 통찰함으로써 소비자의 속마음을 엿볼 수 있다. 매력 요소는 형식 요소를 통해서 간접적으로 관찰되고 추적될 수 있다. 트렌드는 상품과 문화에 투영된 새로운 욕구의 흐름이라는 지적은 바로 이 점을 강조하는 것이다.

매력 요소가 어떻게 변화하는지 알면 소비자의 마음이 가리키는 방향도 알 수 있다. 매력 요소는 인간 생활에 영향을 미치는 경제적 · 사회적 · 문화적 · 환경적 · 제도적 변화의 상호작용에 따라 변화한다. 주어진 환경 조건에 따라 선호가 변화하는 것과 같은 이치이다. 더워지면 빙수를 찾고, 추워지면 뜨끈한 국물을 찾는 것이 사람이다. 매력 요소는 새로운 형식 요소가 출현하고 확산되며 어느 순간 소멸하게 만드는, 바로 그 이유이다(이순종, 2010).

❷ 트렌드 분석 및 예측의 중요성

1) 트렌드의 급속한 변화

과거에는 소비자의 선호가 급격히 바뀌는 경우가 흔치 않았다. 트렌드가 급변하는 일이 드물었던 것이다. 그러나 생활수준이 급속히 향상되고 정보화 네트워크가 활성화되며, 다양한 마케팅 기술의 진보가 합세하자 시장의 속도가 급격히 빨라졌다. 또한 소비자의 능동성이 신장되고, 소비자 간의 상호작용이 폭발적으로 증가하였다. 결과적으로 소비자 선호의 변화 주기가 빨라지고 기존의 상식을 뛰어넘는 선택이 급증했다. 즉, 트렌드가 빨라지고 복잡해진 것이다. 따라서 트렌드의 진화 경로를 읽지 않으면 소비자의 변화를 총체적으로 파악하기 어려워진 것이다.

한편 트렌드 분석을 토대로 한 미래 예측은 미래의 다양한 가능성을 예측하고, 창안하고, 형성해나가는 노력이다. 미래를 족집게처럼 맞추기 위해서라기보다는, 미래에 영향을 미치기 위해서, 미래를 만들기 위해서 미래를 예측하는 것이다. 미래를 만들어 갈 수 있는 가능성이 존재하는 한, 미래상을 스케치하는 것은 매우 중요하다. 또한 모든 예측은 위험성이 큰데, 트렌드 예측도 마찬가지이다. 더구나 트렌드는 시장의 경쟁과 기업의 전략적 의사 결정에 중요한 영향을 미칠 수 있다. 트렌드 예측의 위험은 트렌드를 따라잡아야 하는 대상으로 간주할 때 더욱 커진다. 예측이 빗나갈 경우의 기회비용이 막대하기 때문이다. 트렌드를 창조하고 선도할 수 있다는 관점에서 보면 위험의 문제에서 보다 자유로워질 수 있다.

트렌드 예측은 수많은 기회 중 가장 유력한 기회를 골라내는 하나의 수단이다. 결과의 맞고 틀림보다 중요하게 생각해야 할 것은, 트렌드를 예측하는 과정에서 새로운 가치에 대한 영감을 활성화하고 구체화시키는 실험적 활동이다. 장기적인 통계자료와 수학적 추정이 중요한 경제예측과 달리, 트렌드 예측은 처음부터 직관적 · 감각적 · 경험적 통찰과 해석이 중요한 매우 질적인 작업이다.

이 점에서 트렌드 예측은 사회 전반의 변화와 소비자의 경험 세계에 집중함으로써 영감을 얻을 수 있는 기회를 확대하는 과정이라는 데 의의가 있다(이순종, 2010).

2) 트렌드 분석과 예측의 중요성

트렌드 분석과 예측의 중요성을 구체적으로 살펴보면 다음과 같다.

첫째, 시장과 우리 사회 전체의 변화가 빠르기 때문이다. 기술의 발전, 인구구조의 급격한 변화, 무한경쟁의 심화, 산업 간 융·복합 등에 따라 우리가 체감하는 변화의 속도는 점점 더 빨라지고 있다. 환경이 빠르게 변화하면서 당연히 이에 대한 대응도 빨라지지 않으면 안 되는 상황이다. 이러한 빠른 변화에 어떻게 대응할 것인가 하는 문제는 새로운 상품이나 서비스를 기획할 때만 해당하는 것은 아니다. 예를 들어 기업 활동의 거의 전 영역에서 빠른 변화에 대한 대응을 혁신이라는 이름으로 요구하고 있다. 따라서 우리가 어떠한 일을 하는 새로운 변화를 빠르게 인식하고 대응할 필요가 있는 것이다.

이렇게 환경이 급격하게 변화한다는 것은 기회 요인이 되기도 하고 위협 요인이 되기도 한다. 기회가 되느냐 위협이 되느냐는 얼마나 빠르게 환경의 변화를 인식하느냐, 또 이러한 인식을 기반으로 변화에 얼마나 빠르게 대응하느냐에 달려 있다. 따라서 이와 같은 맥락에서 트렌드에 대한 관심이 점점 높아지고 있다.

최근 기업들은 트렌드를 이해하기 위한 교육을 강화하거나 자체적으로 정기적인 트렌드 리포트를 작성해 구성원들에게 배포하는 등 빠른 변화에 대응하기 위해 노력하고 있다. 꼭 기업이 아니더라도 상황은 마찬가지다. 누구든지 빠른 변화에 얼마나 적절하게 대응하느냐가 성패를 좌우하는 시대이다. 매년 연말이면 서점에 다음 해의 트렌드를 소개하는 책이 넘쳐나는 것은 이러한 이유일 것이다. 다양한 트렌드나 사회 변화를 책이나 신문, 또는 연구보고서를 통해 접함으로써 간접적으로 트렌드 변화를 인식할 수도 있다. 하지만 직접 체험하는 것만큼 큰 자극이 되는 것은 없다. 변화와 트렌드를 직접 인식하면 여기에 어떻게 대응해야 할지, 업무 또는 사업에 이를 어떻게 접목할 수 있을지에 관해 아이디어를 얻고 실현하는 작업이 더 폭넓고 다양한 차원에서 빠르게 이루어질 수 있기 때문이다.

둘째, 새로운 아이디어를 통한 차별화가 중요해졌기 때문이다. 오늘날에는 기업이든 개인이든 차별화된 무엇인가를 지속적으로 내놓지 않으면 경쟁에서 우위를 점하기 어렵다. 이는 새로운 상품이나 서비스의 개발 부서뿐만 아니라, 인사 또는 재무관리 영역에서도 마찬가지이다. 경쟁에서 우위를 점하기 위해서는 무언가 다른 사람과 달리 차별화된 기획이 필요하고, 이것의 원천을 아이디어라고 할 수 있다. 그런데 이 아이디어라는 건 아무 노력 없이 갑자기 생각나는 것도 아니고, 몇 시간씩 회의를 한다고 나오는 것도 아니다. 흔히 무에서 유를 창조한다는 표현에서처럼 아무것도 없는 곳에서 새로운 것이 나오지는 않는다. 즉, 새로운 자극과 영감 없이 새로운 아이디어는 절대 얻을 수 없다.

트렌드의 분석과 예측은 꼭 새로운 공간을 찾아 떠나지 않더라도, 새로운 시각에서 우리의 일상과 주변을 관찰(watch)함으로써 항상 새로운 자극에 나 자신을 노출하는 효과를 낳는다. 즉 새로운 아이디어를 위한 자극, 영감의 소재를 일상생활 속에서 찾을 수 있게 하는 것이다. 따라서 트렌드의 분석과 예측을 통해 상품뿐만 아니라 홍보, 영업 등 다양한 분야에서 새로운 기획을 위한 아이디어를 얻는 것이 가능하다. 이러한 아이디어는 개인이나 기업이 경쟁자와 차별화할 때 유용하게 활용될 수 있을 것이다.

셋째, '잠재니즈를 어떻게 하면 알 수 있을까'에 대한 기업 또는 개인 차원의 관심이 높아졌기 때문이다. 잠재니즈란 표출되지 못하고 숨어 있는, 즉 분명히 존재하지만 고객이 말이나 글로써 표현하지 않거나 표현하지 못하기 때문에 파악하기 어려운 니즈를 말한다. 이렇게 숨어 있는 고객의 잠재니즈를 어떻게 하면 파악할 수 있을까에 대해 기업, 특히 새로운 상품이나 서비스를 기획하거나 개발하는 부서에서 무척 관심이 높다. 고객이 표현하는 니즈에 대응하는 것만으로는 혁신적인 것을 만들어내기도 어렵고, 다른 기업이나 사람과 차별화하기도 어렵기 때문이다. 트렌드 분석과 예측은 이러한 잠재니즈를 파악하기 위한 방법으로서도 유용하다. 고객들이 잠재니즈를 말이나 글로 표현하기는 어렵지만 표정이나 행동 등에서 무의식중에 이러한 니즈를 나타내므로 관찰을 통해 이를 파악할 수 있기 때문이다(김선주 · 안현정, 2013).

3 트렌드의 발생과 확산

1) 트렌드의 발생

트렌드는 어떻게 생겨나고 확산되는가? 트렌드의 발생과 확산에 대한 설명으로 효용이론과 사회학적 관점을 들 수 있다. 효용이론은 트렌드가 사람들에게 제공하는 유 · 무형의 이점에 주목하는 것이다. 예를 들어 웰빙 트렌드가 성장할 수 있었던 이유를 삶의 질 향상이라는 이점에서 찾는 것이다. 사회학적 관점은 차별화와 모방의 술래잡기 게임으로 트렌드가 생겨나고 사라지는 과정을 설명한다.

트렌드는 소비자의 욕구가 투영된 결과라는 점에서 효용이론은 정확한 분석을 제공한다고 볼 수 있다. 그러나 시장형성의 메커니즘을 이해하는 데 더 많은 시사점을 제공하는 것은 사회학적 관점이다. 트렌드의 수명을 결정하는 것은 효용이지만, 단지 효용을 가진 신제품이 출시되었다고 해서 시장의 판도가 바뀌지는 않는다. 누가 트렌드를 주도하느냐가 제품의 혁신성보다 더 중요한 경우가 많다. 시장은 매우 사회적이고 심리적이기 때문이다.

2) 트렌드 수명주기

트렌드의 수명은 여러 변수들의 상호작용에 따라 다소 차이가 있을 수 있지만, 트렌드가 나타나고 성장하고 소멸하는 과정은 대체로 일정한 패턴을 보여준다. 트렌드는 일반적으로 징후를 최초로 감지하거나 표현하는 소수의 트렌드 창조자로부터 출발하여, 점차 의견선도자 혹은 트렌드 결정자의 관심을 끌기 시작하고 이후 대중에게 알려지면서 큰 시장을 형성하여 유지되다가 점차 영향력이 약해져 소멸되거나 기존 문화의 틀 안으로 통합되어 간다. 이런 과정을 잠재기, 전기 확산기, 후기 확산기, 냉각기로 나누어 설명할 수 있다.

(1) 잠재기

① 솟아나는 징후와 트렌드 창조자 : 언제나 트렌드는 조금씩 드문드문 변화의 신호를 보내는 것으로 시작한다. 잠재기는 트렌드가 될 가능성이 있는 징후가 나타나는 시기이다. 징후는 정해지지 않은 형태로 여기저기서 솟아난다. 그것은 어떤 작가의 신작일 수도 있고, 신기한 아이디어 상품일 수도 있으며, 누군가의 색다른 휴가 계획일 수도 있다. 혹은 통계수치의 변화 속에도 징후가 숨어 있을 수 있다. 성장가능성이 높은 트렌드의 징후는 어떤 한 분야에서만 나타나지 않는다. 서로 관련이 없어 보이는 다양한 분야에서 속속 나타나는 징후일수록 후에 영향력이 큰 트렌드가 되기 쉽다. 따라서 다양한 분야를 균형 있게 관찰하는 것이 중요하며, 서로 다른 제품 카테고리에서 비슷한 시도가 나타나고 있지는 않은지 주시할 필요가 있다.

잠재기에 드문드문 신호적으로 나타나는 변화에 있어 트렌드 창조자들의 역할이 매우 크다. 지금 이 시대는 트렌드를 창조하기 위한 경쟁이라고 해도 과언이 아니다. 누가 소비트렌드의 열쇠를 쥐고 있을까? 사상가 · 예술가 · 엔지니어 · 디자이너 · 작가 · 사회운동가 · 여행가 등 새로운 가치와 가능성을 찾아 실험하기를 그치지 않는 이들, 탐구 · 설계 · 시도 · 실험 · 탐미 · 유랑 · 모험 등의 단어가 어울리는 사람들이 트렌드 창조자의 역할을 하고 있을 가능성이 높다. 이들이 매사에 트렌드를 주도하겠다는 생각으로 임하는지 알 수 없지만, 확실한 것은 이들은 기존의 것에 안주하기를 거부하며 실패를 두려워하지 않는다는 점이다.

② 소비자가 이끄는 트렌드의 시대 : 트렌드 창조자들은 확실히 남다른 감성과 상상력을 가진 사람들임에 틀림없다. 이들의 일대기는 신화가 되고, 이들의 철학은 오랫동안 회자되며 다양한 형태로 재생산되어 왔다. 그러나 정보기술이 생산의 주도권을 생산자에서 소비자로 이전시키면서 사회가 소수의 천재적인 창조자와 대다수의 수동적인 대중으로, 중심과 주변으로 이분되던 시대는 끝났다. 오히려 소비자의 생산성과 창조성이 새로운 개념과 스타일을 만들어내는 결정적인 역할을 한 사례도 늘어나기 시작했다. 그리고 많은 기업이 소비자의 새로운 발상을 산업화하기 위해 노력하기 시작했다. 거물 디자이너나 스타급 연예인, 혹은 그들의 스타일리스트뿐만 아니라 일반인도 트렌드 창조에 참여하는 기회가 확대되기 시작한 것이다.

이 모든 것이 정보와 커뮤니케이션의 주도권이, 개인을 수직적으로 통합하는 조직과 단체에서 개인들의 수평적 연합으로 분산된 덕분이다. 문화 다원주의와 탈중심주의, 소비자의 자기결정성 증대, 생산과 소비의 민주화, 사회구조의 수평화 등도 특별한 소수가 독점하던 트렌드 창조자 혹은 결정자의 지위를 보다 일반적인 것으로 변화시키는 데 기여하고 있다. 결과적으로 오늘날에는 다양한 사회적 · 경제적 배경을 가진 사람들이 트렌드의 주도층이 될 수 있는 잠재적 기회를 가질 수 있게 되었다. 물론 이러한 사실이 전통적인 트렌드 창조자 집단의 중요성을 약화시키는 것은 아니다. 오히려 전통적인 트렌드 창조자 집단의 다양성이 확대됨을 의미한다. 이는 트렌드 발생의 기회가 그만큼 더 많아졌다는 암시인 것이다.

(2) 전기 확산기

잠재기에 새로운 변화가 여기저기서 솟아나기 시작했다면 전기 확산기에는 소비자 중에서 변화에 가장 민감한 집단, 즉 트렌드 결정자들이 이를 포착하고 자신의 삶에 수용하여 과시하기 시작한다. 이어 트렌드 결정자의 움직임에 민감한 관련 시장이 대응하게 된다.

① 트렌드 결정자 : 트렌드 결정자는 트렌드 세터(trend setter)라고도 표현하는데, 의도했는지 여부와는 무관하게 새로운 트렌드가 확산될 수 있도록 안착시키는 사람들이다. 트렌드 결정자는 일반적으로 변화에 민감할 뿐만 아니라 변화를 적극적으로 수용하는 사람들이다. 이들은 신제품을 가장 많이 소비하며, 스타일과 취향이 아주 개방적이고 호기심도 왕성하며 스타일의 변화를 기꺼이 받아들이는 데 누구보다 앞장선다. 트렌드 결정자들이 새로운 것을 선호하는 이유는 차별화이다. 이들은 자신이 남과 다름을 확인하기, 즉 구별 짓기를 원한다.

트렌드 결정자는 일반적으로 대중이 주목하는 직업을 가진 인물인 경우가 많다. 주로 인기 연예인, 유명 모델, 스포츠 스타, 방송인, 유명 예술인, 다양한 분야의 인기 명사, 상류층 등이 트렌드 결정자가 된다. 물론 반드시 유명인이나 상류층만이 트렌드 결정자가 될 수 있는 것은 아니다. 일반인 중에서도 변화에 민감하고 새로운 시도에 거침없으며 주변인의 호감과 질투를 동시에 불러일으키는 인물들이 있다. 이들은 자신이 속한 네트워크 안에서 다른 구성원들의 의사결정에 영향을 줄 수 있다. 이들이 주변의 인기를 모으며 질투심 혹은 호감을 살 만한 매력을 지닌 존재라면, 이들의 일거수일투족은 주변에 인기 연예인 못지않은 영향력을 미칠 수 있다. 오늘날 SNS(Social Networking Service)로 인해 일반인 트렌드 결정자도 유명 스타 못지않은 사회적 영향력을 발휘하게 되었다. 트렌드 결정자의 선택은 단지 새로움 때문에 대중에 전파되는 것이 아니라, 그것을 선택한 트렌드 결정자 개개인의 독특하거나 매력적인 캐릭터의 힘과 결합하여 대중의 호기심을 획득하게 되는 것이다.

② 조기 수용자(early adapter) : 조기 수용자와 트렌드 결정자는 많은 면에서 비슷해 보인다. 사실 모든 트렌드 결정자는 조기 수용자이다. 그러나 모든 조기 수용자가 트렌드 결정자인 것은 아니다. 이 두 집단의 차이는 바로 대중의 이목을 집중시키는 힘이다. 트렌드 결정자는 조기 수용자에 비해 매스컴으로부터 훨씬 많이 주목받는다. 따라서 트렌드 결정자가 조기 수용자보다 트렌드의 전파에 더욱 직접적인 영향력을 행사한다. 일반적으로 트렌드 결정자는 직업이나 성격 등 캐릭터의 여러 측면에서 많은 사람들의 이목을 집중시키기 때문이다.

그에 반해 조기 수용자는 반드시 대중의 이목을 집중시키는 캐릭터를 갖고 있지는 않다. 또한 사회구조적으로 자신의 일거수일투족이 대중에게 중요한 영향을 미치는 위치에 있지 않을 수도 있다. 사람들 앞에 나서지 않고 조용히 사는 사람이라도 개인적으로 새로운 것에 관심이 많으면 조기 수용자가 될 수 있다. 하지만 그의 대중적인 영향력은 낮다. 따라서 조기 수용자라고 해서 반드시 트렌드 결정자가 되는 것은 아니다. 그럼에도 조기 수용자의 잠재력이 커질 가능성이 높다. 1인 미디어가 보편화되면서 조기 수용자가 새로운 대상에 대한 자신의 경험을 불특정 다수에게 전파할 수 있게 되었기 때문이다. 이들의 의견은 트렌드의 잠재 동조자들에게 신뢰할 수 있는 기준으로 작용할 가능성이 높다. 이제 대중의 눈에 쉽게 띄는 유명인이 아니어도 트렌드를 주도할 수 있게 된 것이다.

③ 트렌드 확산의 기폭제인 매스컴 : 매스컴은 트렌드를 확산시키는 데 매우 중요한 역할을 담당한다. 트렌드 결정자는 매스컴에 뉴스거리를 제공하고, 매스컴은 그들의 라이프스타일을 대중에게 드라마틱하게 전달함으로써 대중의 호기심을 만족시킨다. 대중은 새로운 스타일에 적응하고 학습된다. 얼마 전까지만 해도 필요치 않았던 것이 서서히 필요해지고, 주변 사람들의 변화가 속속 눈에

들어온다. 이와 같이 대중의 안목과 취향을 이끌고 가는 과정의 일등공신이 바로 매스컴이다. 매스컴이야말로 최신 트렌드를 전 세계로 확산시키는 일등공신이다.

(3) 후기 확산기

어떤 대상이 일반인에게까지 사랑받기 위해서는 충분한 수의 트렌드 결정자에 의해서 일정 시간 동안 관심을 끌어야 한다. 트렌드 결정자의 일거수일투족이 방송 등의 매체를 통해 대중에게 전달되면서, 트렌드 결정자가 보여주는 스타일이나 새로운 개념 및 가치관 등에 대한 대중의 호기심과 친숙성이 높아진다. 이때 트렌드 시장의 규모가 최대화되는 시점에 도달한다. '하이엔드(high-end)'급 제품보다 보급형 제품이 시장을 주도하고, 제품군별로 트렌드 신제품이 계속해서 쏟아져 나오는 시기가 후기 확산기이다.

전기 확산기를 트렌드 결정자가 주도한다면, 후기 확산기는 대부분의 일반 소비자가 주도한다. 이들은 변화를 싫어한다기보다는 덜 예민할 뿐이고, 위험이나 실험을 좋아하지 않는다기보다는 즐기지 않는 편에 가깝다. 다수의 소비자들이 트렌드 결정자에게서 본 새로운 대상이 좋고 바람직하며 매력적이라고 느끼기 시작하면서부터 트렌드가 대중적 기반을 갖게 된다. 대중이 새로움이나 변화에 무관심한 것은 아니다. 다만 많은 경우 대중은 새로움 자체보다는 누가 그것을 추구하는가에 더 많은 관심이 있다. 남보다 먼저 새로운 스타일을 창조하고 앞서가는 것보다는 트렌드 결정자의 행보를 주시하는 것이 이들에게는 더 안전한 전략이다. 후기 수용자들은 트렌드 결정자들이 무엇을 언제 어떻게 하는지 지켜보면서 변화를 감지한다. 그들이 받아들인 대상은 방송에서 많이 본 것이거나 주변 사람들이 먼저 구매한 것이었을 가능성이 높다. 후기 수용자들에게는 안전함, 익숙함, 같은 부류가 되는 소속감, 체험의 즐거움이 새로운 것을 시도하는 스릴보다 더 의미 있다. 새로운 것을 받아들이는 데 있어서 주변의 상황과 나름의 타당성을 고려하는, 신중하고 합리적인 이들이 바로 후기 확산기 시장의 고객인 대중이다.

(4) 냉각기

① 진부화 냉각기는 트렌드 열풍이 잦아드는 시기이다. 그러나 여전히 시장은 트렌드 상품으로 가득하고 여전히 괜찮게 팔려나간다. 그러나 확산기만큼의 추진력이나 새로움은 많이 약해져 있다. 진부해지기 시작하는 것이다. 트렌드는 끝난 것인가? 냉각기에 접어든 트렌드는 일반적으로 소멸 아니면 통합의 수순을 밟아가면서 대중의 관심에서 멀어지게 된다.

② 소멸 혹은 통합 쓸모가 없어지면 사라진다. 경제논리와 같다. 유지에 드는 비용이 실질적인 이득보다 크면 유지할 필요가 없어지는 것이다. 예를 들어 한때 트렌드였던 패션 아이템은 한 차례 열풍이 휩쓸고 지나가면 쉽게 진부해져 대부분 시장에서 사라져 버린다. 트렌드가 한참 지난 옷을 입는 경우 좋은 평가를 많이 받을 가능성이 거의 없기 때문이다. 철 지난 패션을 고수하면 검소하고 알뜰하다는 평가를 받기보다는 답답하고 생기가 부족하고 세상물정 모르는 사람으로 보이기 쉽다. 트렌드를 따라잡아야 한다는 의무 아닌 의무감에는 이러한 마음이 배어 있다.

반면 어떤 트렌드를 일상생활 속에 유지하는 실질적인 이득이 유지비용보다 크다면 그 트렌드는 문화에 통합될 가능성이 높다. 트렌드의 사회적 이슈성이 없어지는 대신, 사람들의 일상생활 속에 자리를 잡는다는 것이다. 트렌드의 새로움이 빛바랬을지라도 그 효용과 가치는 존속할 수 있는 것이다. 열풍은 식어도 시장에 남는 트렌드는, 계속해서 쓸 만한 신제품이 나온다든지 혹은 다른 것으로 대체할 수 없는 근본적 가치(건강 · 행복 · 성공 등)를 가지는 등 나름의 존재의 이유가 있다(이순종, 2010).

3) 트렌드 확산 유형

① 직선형 트렌드 : 얼핏 보면 직선형 트렌드가 가장 이해하기 쉽다. 한마디로 변화가 일정한 속도로 일어나고 있다는 뜻이다. 미래를 생각할 때 제기해야 할 진정한 질문은 '이 트렌드가 언제 변화할 것인가?'이다.

② S곡선 : 빠른 상승세를 보이는 S형 곡선을 보면 '이 추세가 영원히 지속될까?' '상승세를 자연스럽게 멈출 요소가 있을까?'라는 질문을 던져야 한다.

③ 포물선 : 포물선은 새로운 시대가 열리기 바로 직전을 보여준다. 이러한 트렌드는 시작은 미미하나 폭발적인 상승세를 보인다. 이러한 트렌드를 보면서 앞으로 이 곡선이 얼마나 더 상승할 것인지, 조만간 정체기로 돌입하지는 않을 것인지 등을 살펴야 한다. 이러한 물음은 인터넷을 사용하는 현재에도 해당되는 사안이다.

④ 역포물선 : 포물선의 반대곡선으로 기하급수적 하락을 보여주는 것이다.

트렌드를 볼 때는 이 트렌드가 나아갈 다양한 방향에 대해 생각해 보아야 하고 뭔가 변화를 포착했다면 이 트렌드가 직선형인지, 곡선형인지, 포물선형인지를 알아보아야 한다. 그리고 이 트렌드가 우리의 미래에 어떤 영향을 줄 수 있을지 생각해 보아야 한다. 즉, 이 트렌드가 여전히 요인으로 작용할 것인가? 이 트레드가 곧 정체 상태에 접어들어 더 이상 문제가 안 될 것인가? 새로운 시대가 우리 눈앞에 도래해 있는가? 등이다(Garland, 2008).

4 트렌드의 영향요인

트렌드는 복합형 형상이다. 트렌드는 단순히 소비자의 선호도 아니고, 소비문화도 아니다. 트렌드는 그 모든 것의 변화를 꿰는 열쇠이다. 따라서 트렌드를 간과하려면 정치, 경제, 사회, 문화, 환경 제 분야의 동향을 총체적으로 파악해야 한다. 또한 트렌드가 확산되는 원리는 새로움을 추구하고 다른 사람을 참조(혹은 모방)하는 사람들의 자연스러운 심리적 영향과 깊은 관련이 있다. 따라서 트렌드의 발생 및 확산에 영향을 미치는 요인은 매우 다양한데, 이를 대략 사회적 요인, 기술적 요인, 환경적 요인, 경제적 요인, 제도적 요인, 우발적 요인 등으로 구분할 수 있다.

트렌드의 종류에 따라 영향 요인의 상호작용도 다를 수 있다. 예를 들어 메가트렌드는 기술적 요인이나 인구 관련 요인과 깊은 관련이 있는 데 반해, 패드(FAD)는 매체나 해외교류 등과 더 깊은 관련이 있다. 한편 어떤 트렌드에 대한 요인들의 일반적 영향관계를 추론할 수는 있지만 모든 영향요인을 사전에 규명하기는 쉽지 않다. 트렌드의 영향요인을 아무리 많이 조사해도, 모든 요인 간의 상호 작용을 사전에 계산하기는 어렵다. 마치 슈퍼컴퓨터로 가공할 양의 정보를 계산하지만 정작 일기예보 결과는 틀리는 경우와 같다고 할 수 있다. 따라서 트렌드의 영향요인을 경험적으로 어렴풋이 이해하고 추론할 수밖에 없는 것이다. 그럼에도 불구하고 트렌드 예측의 기본은, 여러 분야의 변화 동향을 고르게 관찰하는 것이다. 어느 한 분야만 관찰해서는 변화의 징후를 충분히 찾아낼 수 없기 때문이다. 트렌드의 영향요인은 전부 다 검토되어야 하는 변수라기보다는, 트렌드에 대한 관찰력과 상상력을 증진하는 도구로 보는 것만으로도 충분하다. 트렌드 확산의 영향요인이 다양할 수 있다는 사실을 인식하는 것만으로도 트렌드 안목은 크게 향상될 수 있다. 이제 트렌드의 영향요인을 중요한 요인들을 중심으로 살펴보면 다음과 같다.

1) 사회적 요인

사회적 요인은 경제 및 기술적 요인과 함께 트렌드의 발생과 확산에 큰 영향을 미친다. 사회적 요인에 포함되는 변인은 매우 다양한데 몇 가지만 살펴보면 다음과 같다.

(1) 가치체계적 요소

물질, 개인, 성역할, 관습 등에 대한 개인적·사회적 가치관과 이러한 가치관의 변화가 트렌드의 성장에 영향을 미친다. 어떤 가치관을 가졌느냐에 따라 선호체계와 새로움에 대한 감수성, 행동 양식의 차이가 발생하기 때문에 똑같은 대상이 어떤 사회에서는 강력한 트렌드가 되는데 다른 사회에서는 주목할 트렌드로 부상하지 못하는 경우가 발생하게 된다.

(2) 사회환경적 요소

① 도시화는 일반적으로 인구밀도의 증가와 사회적 상호작용의 증대를 야기한다. 따라서 도시화율이 높은 지역일수록 트렌드가 발생하고 확산되는 속도나 빈도가 높아지게 된다. 또한 도시화된 지역일수록 트렌드 시장의 규모도 크다.

② 계층구조는 트렌드의 확산범위를 예측하는 데 중요한 요인이다. 트렌드는 사회의 상층부에서 시작하여 차츰 하위 계층으로 확산되어 나가는 경향(trickle down)을 보이기 때문이다. 일반적으로 구매력 있는 중산층이 두터울수록 트렌드 시장이 커진다.

③ 교육제도가 발달할수록 트렌드의 확산속도가 빨라지고 확산범위도 넓어질 가능성이 높다. 교육수준이 높아질수록 새로움과 차이에 대한 감수성이 높아지는 경향이 있기 때문이다.

④ 매체는 대중화되고 개인화될수록 트렌드의 확산속도를 높인다. 매체는 사회 전반적으로 정보전달 속도를 높이기 때문에, 개인화된 대중매체가 보급될수록 트렌드 확산속도가 빨라지는 것이다. 대신 트렌드의 지속 기간은 단축될 가능성이 높은데, 이는 소비자들이 다른 새로운 정보에 노출되는 빈도가 더욱 높아지기 때문이다.

⑤ 해외교류의 빈도와 다양성이 증가할수록, 트렌드 확산이 활성화될 가능성이 높다. 해외교류는 이국 문화와 각종 정보에 대한 노출을 의미하기 때문이다. 트렌드는 대체로 선진국에서 시작되고 점차 후발국으로 하방 전달되는 경향이 있다.

2) 기술적 요인

정보 · 통신 기술의 발달과 대중화는 현대사회의 트렌드 확산과 지속에 매우 중요한 영향을 미치고 있다. 정보 처리 및 관리의 기술이 발달하면서 개개인에 대한 맞춤형 상품 생산과 서비스가 가능해졌고, 고객관계관리 분야의 마케팅 기술이 급격히 진화할 수 있었다. 또한 최근 들어 급부상하고 있는 인공지능, 증강현실, 로봇, 사물인터넷, 공유경제 등의 발전은 이미 소비생활에 적용되어 자리 잡기 시작하였으며 향후 소비생활을 더욱 빠르게 변화시킬 것으로 예측되고 있다.

한편 건강관리, 미용, 질병 예방 및 치료와 관련된 의료기술의 진보는 수명 연장을 가능케 했을 뿐만 아니라 노화에 대한 태도를 송두리째 바꾸어 놓고 있다. 그에 따라 가치관과 욕구 구조도 달라지고 있고, 이는 당연히 트렌드에도 영향을 미치고 있다. 이와 같이 기술적 요인들은 트렌드 확산을 가속화시킬 뿐만 아니라 소비자의 트렌드 체감도를 높이는 사회구조적 인프라로 작용하고 있다.

3) 경제적 요인

경제는 한 사회의 트렌드 성장 속도를 가름하는 중요한 변인이다. 특히 경기가 중요하다. 트렌드의 강약은 경기의 영향에 민감한 소비로 드러나기 때문이다. 호황에는 트렌드가 보다 급속하고 광범위하게 확산되는 경향을 보인다. 불황기에는 전반적으로 소비가 주춤해지기는 하나 불황기 특유의 소비성향, 즉 욕구 위축, 손실 회피, 보상 심리 등에 따른 독특한 소비트렌드가 나타난다. 또한 불황에도 중요한 가치소비는 건재한다(이순종, 2010).

트렌드의 성장에는 트렌드 결정자나 매스컴 등의 역할도 중요하지만 대중의 구매력이야말로 트렌드 시장을 확대하는 데 더욱 중요한 역할을 담당한다는 점은 변함없다. 대중의 구매력은 현재 개인의 가치지향과 상황적 니즈에 따라서도 큰 영향을 받고 있다.

제12장 소비트렌드 분석방법

1 소비트렌드 추적

1) 문화는 소비트렌드를 바꿀 만큼 힘이 있다

문화는 가치관, 관습, 종교, 언어 등 한 민족과 다른 민족을 구분하는 여러 가지 요인들이 합쳐서 이루어진 무형의 것이다. 문화는 모든 사람들의 일상적인 생각, 신념, 의지 결정 등이 형성되는 데 중요한 역할을 한다. 그러므로 소비트렌드를 분석하기 위해서는 문화를 적용하고 검토할 줄 아는 능력이 필요하다(김승욱 역, 2000). 앞으로 10년 동안 벌어질 트렌드의 마지막 기초는 문화이다. 문화는 가치관, 관습, 종교, 언어 등 한 민족과 다른 민족을 구분하는 여러 가지 요인들이 합쳐진 무형의 것이다. 최근 문화는 뉴스에 많이 등장하고 있다.

사회문화적 변화에 민감해야 소비트렌드를 읽을 줄 아는 감각이 예민해진다. 다양한 사회문화적 현상이 소비자 욕구에 영향을 미치기 때문이다. 현재 뜨고 있는 문화현상이 무엇이며, 이러한 문화현상이 새로운 소비자니즈와 어떻게 연결되고 있는지를 분석할 수 있어야 한다.

2) 미래는 단순히 과거의 연장선에서 결정되는 것이 아니다

유동적인 본성과 복잡성이 특성인 현대 디지털 사회에서 소비트렌드를 예측하기 위해서는 미래가 단순히 과거의 연장선에서 결정된다는 가정을 버려야 한다. 과거를 통하여 미래를 잘못 예측한 사례는 수없이 많다(신근수 역, 2001).

3) 미래의 징후는 현재에 있다

변화는 겉으로 모습을 드러내기 훨씬 이전부터 우리가 친숙하게 느끼는 현실 속에서 움직이고 있다. 변화는 어느 순간에 갑자기 닥치는 것이 아니라 계속해서 일어나고 있다. 트렌드 예측 전문가는 보통 사람은 쉽게 눈치채지 못하는 변화의 징후를 발견하여 그것을 단서로 그 배후에 숨어 있는 부분과 보이지 않는 미래를 추측한다. 다시 말하면 현실에서 출발하여 과거와 현재, 미래를 이어보고 비교하는 변화의 방향성에 대한 감각이 뛰어나야 트렌드를 정확하게 빨리 읽을 수 있다.

4) 트렌드 징후인 의미 있는 기호를 읽는다

이미 알려져 있는 소비문화의 세계가 의미 없는 기호인 데 비하여, 현실 세계에서 일어나는 새로운 트렌드의 징후는 일반에게 알려져 있지 않다는 뜻으로 '의미 있는 기호'가 된다. 의미 있는 기호로 인지되는 징후가 미래에 널리 퍼질 때, 그것이 많은 이들에게 인지되어 이미 알려진 세계가 된다. 그 시점에서는 '의미 있는 기호'이던 트렌드가 '의미 없는 기호'가 된다.

트렌드 징후는 마치 '빙산의 일각'처럼 보인다. 현재 우리가 관찰할 수 있는 '의미 있는 기호'는 빙산의 일각에 불과하다. 따라서 빙산의 일각을 통하여 수면 밑에 숨겨진 전체를 파악해야 한다. 부분을 통하여 수면 밑에 숨겨진 보다 중요한 전체를 인지하는 것이 필요하다.

5) 모니터 요원을 정해 두고 지속적으로 인터뷰를 반복해 본다

모니터 요원의 삶의 관심사가 무엇인지, 요즘은 어떤 생활 변화를 보이는지, 가치관의 변화는 어떤 방식으로 나타나는지 등을 물어보면 간단히 직접 체험하지 않아도 사람들이 요즘 어떤 트렌드를 보이는지 파악할 수 있다.

6) 선도 사용자를 조사해 본다

소비트렌드를 파악하기 위해서는 소비트렌드의 진원지와 전파경로를 추적하는 것이 중요하다. 소비트렌드의 진원지와 전파경로는 소비트렌드에 따라 다르게 나타나기 때문이다. 소비트렌드는 특정 지역이나 특정 계층에 조금씩 발생하며 퍼져나간다. 그러므로 그 진원지에 주의를 기울이면 조기에 움직임을 파악할 수 있다.

7) 고객과 생활에 관한 다양한 정보를 적극 활용한다

소비트렌드를 추적할 때는 창의적인 발상이 무엇보다도 중요하다. 이를 위해서는 생활 속의 사소한 힌트도 다시 생각해 보는 노력이 필요하다. 그러나 무엇보다 우리 주변에 널려 있는 많은 체계적인 정보를 곱씹어보는 노력이 필요하다.

8) 상호 연관성을 분석한다

우리 사회에서 일어나는 모든 사회 현상은 하나하나가 서로 떨어져 고립적으로 존재하지 않는다. 어떤 현상은 다른 현상의 원인이자 또 다른 현상의 결과이다. 생활의 상호 연관성을 고려하면서 소비트렌드를 추적하려고 할 때 가장 손쉬운 방법은, 매스컴의 동향을 살피는 것이다.

9) 전염병처럼 번지는 정보의 확산을 주시한다

초연결 사회에서는 정보를 공유하는 벌떼와 마찬가지로 어떤 생각이나 메모들은 다른 유사한 생각이나 메모들을 밀어내면서 이 사람에게서 저 사람에게로 전염병처럼 번져 나간다. 이러한 움직임의 시작을 잘 포착하면 소비트렌드의 징후를 관찰하는 데 큰 도움이 될 수 있다.

10) 신조어를 분석한다

언어는 사회의 변화상을 직설적으로 반영한다. 변화가 빠를수록 언어의 변신도 눈부시다. 빠르게 변화하는 초연결시대에는 자고 나면 신조어가 생겨난다. 국립국어연구원은 일간지 등 언론에 노출된 신조어를 조사하여 매년 보고서를 발간하고 있다.

11) 미래정보가 아니라 미래지식을 추구하라

미래에 관련된 정보만을 추구해서는 미래예측의 정확도를 높일 수 없다. 미래를 보다 정확하게 예측하기 위해서는 집중적으로 관찰하고 관찰한 것을 바탕으로 하여 나만의 눈으로 세상 보는 방법을 익히고 나만의 방식으로 미래에 대한 지식을 쌓아가야 한다.

12) 히트상품을 분석한다

히트상품이란 고객에게 기대이상의 가치를 제공하여 폭발적 수요를 창출하고 높은 이윤을 보장하는 상품이다. 이러한 상품을 분석하여 트렌드를 인지할 수 있다.

2 소비트렌드 분석방법

1) 델파이 기법

(1) 개요 및 특징

델파이(Delphi) 기법은 전문가의 자문을 거쳐 소비트렌드를 선정하는 방법으로 많은 미래예측 연구기관이 흔히 사용하는 것이다. 다시 말하면, 미래를 예측하는 경우에 일반화 혹은 표준화된 자료 및 데이터가 없을 경우 전문가들의 직관을 통한 합의점을 도출하는 방법이다. 델파이 기법의 시작은 1960년대 초로 미국 RAND 연구소가 미래 첨단기술이 안고 있는 군사적 잠재력과 정치적 이슈 그리고 그 결과에 주안점을 두고 이에 대한 해결책을 다루기 위해 시작되었다. RAND 연구자들은 특정 영역의 문제를 다루는 데 있어서 전문가들의 예측이 비전문가에 비해 정확성이 높을 것이라는 추론하에 전문가들을 기용하기 시작했으며, 이들 연구자들에 의해 개발된 델파이 기법은 회의 장소에서의 대면과정을 없애고, 전문가들의 의견 일치를 도모하기 위해 설계되었다고 할 수 있다.

델파이 기법의 가장 중요한 두 가지 핵심요소는 익명성과 피드백이라 할 수 있다. 이는 진정한 논쟁과 개인의 독립성을 장려하기 위한 목적으로 특정인의 설득적 주장이나 교육의 영향력이 연구에 행사되는 것을 방지하고자 익명성을 강조하는 것이며, 참여자들의 최종 의견들은 모두 동일한 비중으로 연구조사원들에 의해 종합되고, 다음 단계 분석을 위해 다시 참여자 전체에게 피드백함으로써 의견 일치를 도모하는 것이다.

(2) 활용 및 사례

델파이 기법은 크게 4단계로 구성되어 있으며, 먼저 주제에 관한 전문 지식을 보유한 분야별 전문가를 찾아 조사에 참가토록 하는 것으로 시작된다.

첫 번째 단계에서 델파이 참여자들은 주제에 대한 견해를 제시하고 이를 토대로 의견의 범위가 분석되게 된다. 두 번째 단계에서는 첫 번째 단계에서의 분석결과가 참여집단에게 다시 전달되는데, 이때 다른 사람들과 다른 견해를 보인 참여자들이 이 결과를 보면서 자신의 의견을 재평가하고 자신의 입장에 대한 근거를 제공한다. 세 번째 단계에서는 주제에 대한 새로운 견해와 극단적 의견에 대한 설명을 다른 참여자들에게 소개함으로써 자신의 의견을 재조정할 수 있도록 하며, 마지막 네 번째 단계에서는 참여그룹의 의견일치와 재평가를 요청하게 되며 그간의 논쟁이 공개된다.

(3) 장 · 단점

델파이 기법은 판단이 요구되는 문제에 대해 객관적으로 접근할 수 있으며, 조사과정을 통해 미래 예측 결과가 시험과 확인과정을 거치게 됨으로써 비교적 신뢰할 수 있고, 정량화가 어려운 내용을 신뢰성 있는 통계로 보여줄 수 있다는 장점이 있다. 또한, 익명성이 있고 독립적이기 때문에 자유롭고 솔직한 전문가의 의견을 들을 수 있으며, 일부 의견에 휩쓸리지 않게 된다.

반면, 가장 큰 약점은 소요시간으로, 한 단계를 거치는데 최소 3주 정도가 소요됨으로써 3단계 과정을 거치는 델파이의 경우 준비단계에서 분석까지 적어도 3~4개월이 소요된다. 또한, 설문조사에 대한 회수율이 높지 않고 더군다나 조사가 반복됨에 따라 회수율은 더욱 떨어지는 단점을 지니고 있다.

다수의 전문가를 확보하여 조사를 수행하는 것이 전제되어야 하기 때문에 다수의 전문가 확보도 어려운 문제이며, 수행절차상 소수 의견이 원천적으로 배제되는 등 의견 단일화를 향한 압력으로 인해 창의적 발상이 저하될 수 있다.

2) 퓨처스휠(Futures Wheel)

(1) 개요 및 특징

퓨처스휠(Futures wheel)은 사회 트렌드들과 특정 사건들이 가져오는 2차, 3차 영향과 그 결과를 밝히도록 해주는 방법론이다. 1971년 Jerome C. Glenn이 만들었고, 그 후 Antioch Graduate School of Education의 대학원생이 연구하였고, 매사추세츠 대학이 주도한 미래학 커리큘럼 개발관련 워크숍을 통해 널리 알려졌다. 퓨처스휠의 다양한 변형들이 Implementation Wheel, Impact wheel, Mind mapping, Webbing 등의 이름으로 불리며 학문화되었다.

퓨처스휠은 미래관련 질문과 생각들을 조리있게 정리하는 하나의 방식으로, 아이디어를 짜내는 토론과정(brainstorming)을 구조화한 것이다. 사회 트렌드나 미래에 일어날 잠재성 있는 사건을 종이 가운데 써놓고 중앙에서부터 바퀴 모양으로 점차 생각을 확장해나가는 방식으로 진행된다. 이때, 일차적 영향이나 결과물들로 첫 번째 고리를 만들고, 2차 영향과 결과물들은 두 번째 고리를 만들어가며, 계속해서 영향들과 결과들이 고리의 형태로 겹겹이 생겨나다 보면 사회 트렌드나 사건에 대한 유용하고 구체적인 실행결과들이 나타나게 된다.

(2) 활용 및 사례

이러한 퓨처스휠은 현 사회 트렌드나 미래 잠재적 상황이 앞으로 미칠 영향들은 무엇일지 고려할 때, 미래사회 트렌드나 사건에 대한 생각을 정리할 때, 대안시나리오 안에서 예측해야 할 때, 영향들 간에 복잡하게 얽힌 연관관계를 알아보려 할 때, 다른 미래관련 연구를 분석해 볼 때, 미래를 염두에 둔 전망을 내놓을 때 등과 같은 상황에 사용할 수 있는 유용한 도구이다. 이렇듯 퓨처스휠은 종이와 연필만 있으면 그릴 수 있는 단순한 기술이고, 몇 명의 아이디어가 풍부한 사람들이 모이면 만들 수 있는 것이긴 하지만, 미래를 예측할 수 있는 막강한 힘을 가진 도구로서 현재 기업의 미래계획팀이나 세계 정책 입안자들이 앞으로 다가올 잠재 문제점들을 파악하고 새로운 가능성, 시장, 상품, 서비스들을 활용하기 위한 전략을 짜는 데 이용되고 있다.

(3) 장 · 단점

퓨처스휠은 미래 학자들이 자주 이용하는데, 그 이유는 미래에 대한 사람들의 생각을 가장 쉽게 이끌어낼 수 있는 방식이기 때문이다. 퓨처스휠은 사용하기 쉽고 다른 아무런 기구나 소프트웨어도 필요 없다는 장점이 있으며, 또한 긍정적 피드백 순환과 부정적 피드백 순환을 알아내는 데 도움을 줄 수도 있다.

또한, 어떤 결과들이 한순간에 모두 일어나는 것들이 아니라 많은 시간에 걸쳐서 여러 요인들과 상호작용하는 과정을 거쳐 이루어지는 것이라는 것을 보여주어 복잡하고 시스템적인 사고로 발전하도록 도움을 준다. 퓨처스휠은 지도 형태의 그림으로 나타나 결과물 간 상호작용을 한눈에 확인할 수 있게 되므로, 어떤 사물이나 사건, 사람에 대해 개인이 미래를 예측해 보는 능력을 향상시켜 준다.

반면, 점차 늘어나는 결과물들과 상호작용을 나타내는 고리들에게서 일정 패턴이 나타나지 않으면 그 양과 복잡성이 참가자들을 압도할 수 있다는 단점이 있다. 퓨처스휠은 사람들이나 그룹이 어떤 사물들 간의 인과관계를 이해하고 상호관계를 알아내는 것을 도와줄 수도 있지만, 하나의 영향이 다른 영향들이나 결과물과 관련하여 미치는 타이밍이 모호해지면서 너무 단순해지기도 한다. 퓨처스휠을 이용하는 데 충분히 익숙지 않은 사람은 엉망진창으로 생각들이 뒤섞여버려 결국 사회 트렌드나 사건을 명료하게 보는 것이 오히려 불가능해질 수도 있다.

3) 환경스캐닝(Environmental Scanning)

(1) 개요 및 특징

기술예측이 필요한 분야나 주제에 대한 정보를 알 수 있는 방법으로 스캐닝이나 프레이밍 기법을 많이 사용하는데, 그중에서 가장 많이 사용되는 방법들 중 하나가 환경스캐닝 기법이다. 환경스캐닝은 조직의 전략적인 의사결정을 돕기 위해 조직의 환경에 관한 정보를 수집하는 것을 말하는 것으로, 환경에 대한 조사 시스템은 중요한 변화를 예견하고 기존 계획의 취약성을 보완하는 데 도움을 주는데, 이러한 시스템의 목적은 모든 불확실성을 제거하는 것이 아니라 최대한 멀리 바라보고 미래의 중요하다고 생각되는 발전을 예상하고 예측하는 것이다.

환경스캐닝이란 조사된 자료에 대해 전체적인 분석을 시도하는 것으로, 수동적 스캐닝, 적극적 스캐닝, 초점화 스캐닝의 세 가지 유형으로 나누어볼 수 있다. 첫째, 수동적 스캐닝은 신문과 매거진 등을 읽는 것을 통해 이슈를 확인하는 것이다. 둘째, 적극적 스캐닝은 신문과 매거진뿐만 아니라 관련된 저널이나 분석지 등을 정기적으로 구독 및 습득하여 분석하는 것을 의미한다. 셋째, 초점화 스캐닝은 특정한 주제에 초점을 맞추어 집중적인 자료탐색과 분석을 통해 이슈를 확인하는 것이다.

(2) 활용 및 사례

환경스캐닝은 미래예측의 첫 출발점으로서 미래연구와 관련된 자료들을 체계적으로 검토하는 작업이다. 이러한 환경스캐닝은 미래의 중요한 변화를 보다 잘 예측하기 위해 더 체계적이고 규칙적으로 환경을 조사하려는 노력의 일환으로 이루어진다. 환경스캐닝의 자세한 방법은 다음과 같다. 첫째, 외부 고객 혹은 시민들의 불편사항이나 민원 등 외부 의견을 검토한다. 둘째, 외부 고객 혹은 시민들을 이해하기 위해 현장 실무자들과 이야기를 나눈다. 셋째, 조직이 특별한 이벤트를 실시한 후에는 외부 고객 혹은 시민들을 초청하여 반응을 청취한다. 넷째, 목표공중(target population)들 중 몇몇과 심층면접을 실행한다. 다섯째, 목표공중들과 계속적인 접촉을 한다. 여섯째, 조직의 중요한 쟁점이나 조직에 관한 신문기사를 읽거나 방송뉴스를 청취하고 모니터링한다. 일곱째, 여론조사를 실시한다. 여덟째, 학술잡지나 지역저널 등을 조사한다.

환경스캐닝은 임시적이거나 조직적으로 수행하면서 정기적 혹은 연속적으로 할 수 있는데, 가장 좋은 결과를 낳기 위해서는 무엇을 원하고, 왜 그것을 알려고 하는지를 분명히 해야 하고, 지속적으로 작동할 수 있는 조직적 환경스캐닝시스템을 구축하도록 해야 한다.

(3) 장 · 단점

이러한 접근방법은 특히 최근에 일어나고 있는 주제를 다루는 데 유용하다. 그 이유는 전통적인 분석방법으로는 새로운 분야에 대한 데이터가 충분하지 않을뿐더러 찾기가 어렵기 때문이다. 또한, 환경스캐닝은 환경변화의 동인에 대한 조사 및 분석에 유용하며, 미래연구의 사전단계에 적합한 유용한 정보수집을 가능하게 해준다. 최근에는 웹, 정보통신 등의 성장에 따라 정보수집 수행이 더욱 쉬워졌으며, 그 효용성도 커지고 있다.

반면, 지속적이고 광범위한 영역을 조사하여야만 유용한 정보의 생산이 가능하다는 단점이 있다. 앞서 서술하였듯이 환경스캐닝은 미래연구의 사전단계에 적합한 방법으로 세부적인 전망이나 전략도출을 위해서는 추가적인 절차가 필요하다.

4) 교차영향분석 기법(Cross Impact Analysis)

(1) 개요 및 특징

교차영향분석 기법은 1966년 Theodore Gordon과 Olaf Helmer가 개발한 방법론으로, '미래의 사건들이 서로에게 어떻게든 영향을 끼친다는 전제를 바탕으로 미래를 예측할 수 있지 않을까?'라는 단순한 질문에서 비롯되었다. 고든과 헬머는 '미래'라는 게임을 개발하여 교차영향(cross impact)의 원리를 적용하였는데, 게임의 시나리오는 이미 결정된 확률과 교차영향에 의한 우연의 결과로 게임 참여자로 하여금 선호하는 아이템에 대해 투자하는 능력을 배양하는 것이다. 다시 말하면, 게임 참여자에게 정책을 추진하는 메커니즘을 파악하게 하고, 가능한 교차영향에 대한 넓은 시야를 갖게 하여 연관된 아이템에 투자하는 실력을 기르게 하는 것이다.

교차영향분석은 예측항목 간에 존재하는 상호관계를 무시하는 직관적 기술예측수법의 하나인 델파이법의 문제점을 개선하기 위하여 고안된 것으로, 한 항목의 발생확률을 예측하거나 다른 예측항목과의 사이에 존재하는 상호작용에 대한 판단을 행하고 그 판단에 비추어서 지금 예측하고자 하는 항목의 발생확률에 대하여 수정을 가하는 방법이다.

(2) 활용 및 사례

교차영향분석은 예측된 미래아이템들의 가능성들에 대한 분석적 접근방식인데, '교차영향(cross impact)'이란 특정사건이 다른 사건과 주고받을 수 있는 상호 관계성이라 볼 수 있다. 즉 특정 사건의 발생에서 선례가 없는 사건들은 상상하기 어렵고, 발생 이후 타 영역에 영향을 끼치지 않는 사건을 상상하는 것 역시 불가능하기 때문에 그 유용성이 크다 하겠다.

교차영향분석의 첫 단계는 연구에 포함시킬 사건들을 정의하는 것인데, 사건들의 초기 목록은 문헌조사나 유명한 전문가들의 연구분야에 대한 인터뷰를 통해 작성된다. 두 번째 단계는 각 사건들의 초기 가능성, 즉 몇 년 후에 일어날 수 있는지에 대한 가능성을 산정하는 단계인데, 초기단계에서는 각 사건의 가능성들은 독립적으로 일어난다고 가정하며, 전문가 개개인이 초기가능성을 산정할 수도 있지만 일반적으로 설문지, 인터뷰, 그룹 회의 등을 통해 전문가집단의 의견을 구한다. 다음 단계는 조건적 가능성을 산정하는 단계로 특정 사건이 발생한다면, 다른 사건의 가능성은 어떻게 변하는가에 대해 살펴보는데, 이 단계에서 교차영향 매트릭스를 작성하여 민감도 분석이나 정책실험에 활용할 수도 있다.

이 방법론에서 요구되는 구성요소 분석은 일반적으로 매우 훌륭하기 때문에 교차영향 매트릭스를 다른 방법론에 적용할 경우, 방법론의 구조적 한계를 변화시키는 능력을 발휘해 시뮬레이션모형에 힘을 실어주기도 한다.

즉, 이러한 방법론 간의 융합은 미래사건의 가능성 변화나 계획 연구에 중요한 고려사항이 되는 정책변화에 대한 민감도 역시 실험도구가 될 수 있어 교차

영향분석은 'Future'게임이나 컴퓨터 몬테카를로 방법론 등 단독방법론으로 탄생한 반면, 그 주된 활용은 다른 방법론들과 결합해 이루어지고 있다. 이 같은 이유로 교차영향분석과 시뮬레이션 모형의 결합은 가장 유용할 것으로 예상되는 조합 중 하나이다.

(3) 장 · 단점

교차영향분석은 분석이 용이하고 각 분야의 특성파악 및 상관관계 파악이 용이하다는 장점을 갖고 있다. 또한, 앞서 기술한 바와 같이 다른 방법론 특히 시뮬레이션 모형과 결합될 경우 미래전망에 대한 유효성이 더욱 커진다.

반면, 교차영향분석은 구성요소가 많아질수록 조건부 확률에 대한 판단이 가중된다는 단점이 있다. 일례로, 10×10 행렬의 경우 90개의 조건부확률이 필요한 반면, 40×40 행렬은 1,560개의 조건부확률이 필요하다. 또한 교차영향기법은 두 개의 사건들 사이에서 상호 연관성에 초점을 맞추는 것으로서, 현실세계에서의 사건은 두 개일 뿐만 아니라 삼중 혹은 다중으로 복잡하게 영향을 끼치므로 현실을 완전히 반영하지는 못한다.

5) 시나리오 기법(Scenario)

(1) 개요 및 특징

미래 연구방법론 중 가장 널리 활용되고 있고 그 틀이 가장 진화되어 있는 방법론은 시나리오 기법인데, 이는 미래에 일어날 개연성이 높고 인간과 사회에 있어 그 영향력이 클 가능성들을 추려내어 이를 제시하는 방법이다.

'시나리오'라는 용어는 연극에서 유래된 개념으로 연극계에서 시나리오는 이야기의 줄거리를 의미하고, 영화계에서 시나리오는 연속되는 동작의 개요 및 주의사항들을 뜻하는 것이다. 허만칸(Herman Kahn)은 1950년대 랜드연구소(Rand Corporation)에서 수행했던 군사적, 전략적 연구와 관련된 계획에 처음으로 시나리오 기법이란 용어를 사용하였는데, 그는 시나리오를 인과관계의 과정과 결정 지점들에 초점을 맞추는 미래에 대한 서술적 묘사라고 정의하였다. 이후에 그는 이 개념을 1960년 미국의 대중정책, 국제개발과 방위분야의 비영리단체였던 허드슨연구소(Hudson Institute)의 이사로서 더욱 대중화시켰다.

시나리오들의 목적은 바람직하고 가능한 미래 상황들을 체계적으로 탐구하고, 만들고, 이를 실험하는 것이다. 시나리오는 결정과 결과를 설명하는 인과관계 고리의 연속으로 명확한 미래묘사와 현실을 이어주는 이야기라 볼 수 있기 때문에 시나리오는 하나의 예언이나 예상이 아닌 미래에 관한 많은 발언들을 체계화하는 수단이며, 입안자가 이러한 상황에 의한 문제와 도전 그리고 기회를 명확하게 조사하고 파악할 수 있어야 한다. 또한, 시나리오는 특정 예측의 예보가 아니라 무엇이 일어날지에 대한 가능성들을 설명하기 위해 사건들과 추세들을 전개과정에 따라 나열하여야 한다.

좋은 시나리오는 우선, 인과관계와 결정들을 확연하게 보여주는 이성적 수단이 있어야 하며 둘째, 내적으로 일관성을 유지하여야 하는데, 이는 대안으로 제시된 시나리오들도 비교 대상이 될 수 있는 비슷한 주제를 다루어야 하며 셋째, 결정 과정에 영향을 미칠 정도로 미래를 실재적으로 만드는 흥미와 재미를 유발해야 한다.

(2) 활용 및 사례

시나리오 기법은 비즈니스 방향을 결정함에 있어서 효과적이기 때문에 산업계에서 가장 널리 쓰이고 있으며 산업계 측면에서의 실행 단계는 다음과 같다. 먼저, 어떤 산업의 미래를 예상하기 위해서는 당연히 기업을 둘러싼 현재 상황을 살펴보아야 하는데, 장래에 일어날 만한(plausible) 것도 필요하지만, 정황상 관련이 있어 일어날 만한(relevant) 것도 생각해야 한다. 두 번째 단계로, 현상파악을 한 후에는 보다 논리적이고 과학적인 시나리오를 도출하기 위해 그 목적을 바로 세워야 하는데, 시나리오를 작성하는 이유와 적용방법에 대한 기술이 필요하다. 세 번째 단계로, 어떤 사건을 야기하는 동인들을 찾아 분석해야 하는데, 미래는 불확실할 뿐만 아니라 여러 동인들이 동시에 복잡한 과정을 통해 영향을 미치기 때문에 결코 간단한 과정이 아니며, 동인을 분석할 때에는 내·외부적인 요소를 고찰한 후에, 변하는 요소와 변하지 않을 요소 등에 대한 분석도 동시에 이루어져야 한다. 네 번째 단계는, 시나리오를 작성하는 것으로, 작성방법에는 크게 두 가지 방법이 있는데, 하나는 현상에 대한 분석이 먼저 이루어진 후에 이를 기반으로 시나리오를 작성하는 것(guided approach)이고, 다른 하나는 이러한 현상분석 틀에서 벗어나 자유롭게 미래에 일어날 일들에 대해 시나리오를 작성하는 것(open-ended approach)이다.

(3) 장·단점

시나리오들은 희망하고 가능성 있는 미래상황들에 가깝게 접근할 수 있는 장기간의 정책, 전략, 계획들을 세우는 데 도움을 주기 때문에, 대안적 미래 제시가 가능하고 실제 외부환경변화 발생 시 조직의 빠른 적응전략 수립을 가능케 하는 장점이 있다.

반면, 때때로 우리가 어느 특정한 미래를 추구하지 못하거나 그 미래가 불가능하다는 것을 보여줘 우리의 한계를 드러낼 수도 있다는 단점이 있다. 또한, 구체성 결여로 의사결정 및 실행에 어려움이 있을 수도 있으며, 정책 결정자가 원하는 미래사회 방향을 강조하다 보면 정작 실현 가능성이 높은 미래 사회 시나리오가 간과될 가능성도 존재하게 된다.

6) SWOT 분석

(1) 개요 및 특징

기획자들이 가장 많이 사용하는 분석 가운데 하나가 바로 SWOT 분석이다.

이는 주로 기업이 많이 사용하는 방법으로 기업의 내부 환경을 분석하여 강점과 약점을 발견하고, 외부환경을 분석하여 기회와 위협을 찾아내어 이를 토대로 강점은 살리고 약점은 죽이고 기회는 활용하고 위협은 억제하는 전략을 수립하는 것을 의미한다. 이때 사용하는 4가지 요소인 장점(Strength), 단점(Weakness), 기회(Opportunity), 위협(Threat)의 머리글자를 따서 SWOT이라 하며 이를 분석하여 사업의 방향성을 잡고 대처하기 위해 쓰이는 분석 방법이다.

(2) 활용 및 사례

일반적으로 많이 실시하고 있는 SWOT 분석은 〈표 1〉과 같은 형태를 갖고 있다. 이러한 틀에 따라서 ①에 해당되는 자사의 강점이면서 동시에 기회요인에 해당되는 전략이면 SO 전략이고 ②에 해당되는 자사의 약점을 극복하면서 기회요인을 활용하는 전략이면 WO 전략이라고 말하면서 SWOT 분석을 실시한다.

〈표 1〉 일반적인 SWOT 분석

구분	S(강점)	W(약점)
O(기회)	① 공격적 전략 : 강점을 가지고 기회를 살리는 전략	② 방향전환 전략 : 약점을 보완하여 기회를 살리는 전략
T(위협)	③ 다양화 전략 : 강점을 가지고 위협을 최소화하는 전략	④ 방어적 전략 : 약점을 보완하면서 위협을 최소화하는 전략

주 : ① SO 전략: 시장의 기회를 활용하기 위해 강점을 활용하는 전략을 선택
② ST 전략: 시장의 위험을 회피하기 위해 강점을 사용하는 전략을 선택
③ WO 전략: 약점을 극복함으로써 시장의 기회를 활용하는 전략을 선택
④ WT 전략: 시장의 위협을 회피하고 약점을 최소화하는 전략을 선택

(3) 장 · 단점

SWOT의 가장 큰 강점은 내부와 외부의 면들을 동시에 판단할 수 있다는

점이다. SWOT 분석 이외에 다른 분석들은 내부와 외부 환경 중 하나만을 집중하는 경향이 있지만 SWOT의 경우 내부와 외부의 모습을 동시에 파악할 수 있기에 장기적 안목에서도 유리하다. 또한 SWOT 분석은 분석 자체가 간단 · 명료하게 정리되기 때문에 문제점을 쉽게 파악할 수 있다.

그러나 현장에서 SWOT를 작업할 때나 이를 바탕으로 전략을 수립할 때, 몇 가지의 실천적인 방법상의 문제점을 느끼게 되는데, 그것은 다음과 같다. 첫째로는 환경에 대한 자의적인 선별과 해석으로 중요한 환경요소들이 간과될 수 있으며, 둘째로는 강점과 약점에 대한 명확한 인식이 쉽지 않다는 것이다. 더욱이 미래의 시점으로 전환하여 강점과 약점을 분석할 때 다분히 자의적인 해석에 좌우될 수 있으며, 시장지능이나 기술지능, 정보지능과 같은 지능발휘에 대한 관점도 결여될 수 있다. 마지막으로 SWOT 분석에서는 각 대안들이 서로 어떠한 상관이나 보완관계가 있는지, 환경의 돌파를 위한 대안인지, 사업환경의 정비나 상황조건에 대응하는 것인지에 대한 구분이 어렵기 때문에 SWOT 분석의 이후작업에 어려움을 느끼게 된다. 즉, 각 대안들을 종합하고 정리하는 과정에서 각 대안들이 어떠한 부류의 조치를 의미하는지 이해가 어려우며, 그것을 종합화하기가 또한 어렵다.

또한, SWOT 분석을 정확하게 이해하기 위해서는 제반 사항에 관한 지식이 필요한데, 그 이유는 SWOT 분석이 장황한 설명문 형식이 아니라 기초적인 지식이 없는 상태에서는 분석 자체를 이해하지 못할 수가 있으며 이해하더라도 부분적인 면에서 그릇된 해석을 할 수 있기 때문이다.

7) 추세연장기법(Trend Extrapolation)

(1) 개요 및 특징

추세연장적 접근은 기존의 자료나 추정을 바탕으로 미래에 발생할 상황을 예측해보고자 하는 것으로, 미래예측 방법의 기본형으로 가장 많이 활용되는 방법 중 하나이다. 실제로 전문가의 판단으로 나오는 많은 예측들은 추세연장기법에 의한 결과라 할 수 있다. 추세는 양적으로 표현될 수 있는 현상이며, 눈에 보이는 발전 패턴을 갖는다. 예를 들어, 인구나 기술적 업적 등을 추정하는 데 추세연장기법이 사용된다. 추세는 과거의 데이터를 뜻하며, 연장은 이런 데이터들이 미래에도 반영된다는 것을 의미하는 것으로 장기간 계속되어 온 추세로부터 나오는 변화의 규모를 나타낸다.

추세연장적 접근은 과거에 발생한 일들은 특별한 사건에 의해서 방해받지 않는 한 미래에 재연될 것이라는 전제하에 접근하는 방식으로 시계열자료에 의존한다. 즉, 추세연장기법은 과거에 관찰된 데이터의 패턴이 미래에도 일어날 것이라는 지속성, 규칙성, 그리고 자료의 신뢰성과 타당성의 세 가지 가설에 기초하고 있다. 첫 번째와 두 번째의 지속성과 규칙성의 가정은 사회적 현상에서도 물리학에서 이야기하는 관성이 존재한다는 것이다.

세 번째의 가성은 조사방법론에서 말하는 측정의 신뢰성 및 타당성의 조건이다. 이러한 세 가지 가정이 충족될 수 있어야 추세연장기법을 통하여 동태적인 사회변화를 이해하고 미래의 일정 시점에서 발생할 가능성이 높은 미래 상태를 예측할 수 있을 것이다.

(2) 활용 및 사례

추세 연장적 방법에서 나타나는 공통된 패턴의 여러 형태를 살펴보면 다음과 같다.

① 분산추세

분포가 산만하게 이루어져 일관된 계속성을 발견할 수 없는 경우로 미래를 예측하는 데 도움이 되지 못한다.

② 수평추세

수평추세란 추세를 발견하는 데 평균치를 적용하는 경우이다.

③ 비선형추세와 선형추세

선형추세는 회귀분석방법에 의한 예측방법이다. 이는 과거의 경향이나 추세를 발견하여 미래를 예측하는 시계열분석에 해당된다. 비선형추세는 ML(Maximum likelihood) 기법과 같은 비선형 분석방법을 사용하여 측정하게 된다.

④ 혼합추세

혼합추세는 선형회귀법과 비선형회귀법의 두 가지 방법을 혼합하는 방식에 의거하여 데이터를 산출하고 추세를 발견하는 방법이다. 흔히, 자기상관관계(auto-correlation) 문제를 해소하고자 하는 AR(Auto-regressive) 모형이 이에 해당된다.

(3) 장 · 단점

추세연장기법의 가장 큰 장점은 일련의 데이터를 바탕으로 미래의 발전추세 파악이 용이하고 그 상황에 대한 의미해석이 용이하다는 것이다.

반면, 현재 추세가 미래에도 계속된다는 가정에 기반하기 때문에 예측기간이 길어질수록 급격히 예측력이 떨어지는 단점이 있다. 예측기간이 길어질수록 새로운 영향 요소들이 추가되거나 다양한 요인들이 복합적으로 작용할 가능성이 높아지기 때문이다. 또한, 이 방법은 역사적 경로 분석을 통한 변화의 패턴을 찾고 그것을 바탕으로 미래를 예측하는 것으로, 패턴 밖의 의미 있는 데이터를 배재할 가능성이 매우 크며, 변화가 불연속적일 때는 예측이 빗나가기 쉽다.

8) 통찰력 예측(Genius Forecasting)

(1) 개요 및 특징

브레인스토밍이 집단의 지혜를 빌려 미래의 비전을 묘사하거나 설명하려는 것이라면, 통찰력 예측은 흔히 천재라 칭하여지는 개인의 지혜에 기초한 미래예측 방식이라 할 수 있다. 다시 말하면, 개인의 통찰을 통해 미래의 비전을 제시하거나 묘사하는 것을 뜻하는 것이다. 예를 들면, 앨빈 토플러의 「미래쇼크」「제3의 물결」「부의 미래」, 존 네이스비츠의 「메가트렌드」 등이 그 예가 될 것이다. 이들은 종교적 예언자들의 초자연적인 예언들과는 달리, 매우 비판적이고 심도있는 사고를 통해 정확한 논거를 제시하기 때문에 과학적 타당성이 매우 높다고 할 수 있다. 따라서 통찰력 예측 역시도 개인 차원에서의 브레인스토밍의 과정을 거치는 것이며, 방대하고 깊이 있는 자료에 기초하여 미래의 공통 트렌드나 핵심 패턴을 추출하는 과정을 거치게 된다.

(2) 활용 및 사례

1982년 미국의 미래학자 존 네이스비츠(John Naisbitts)는 그의 저서 「메가트렌드(Megatrends : The New Directions Transforming our Lives)」에서 미국사회의 10대 추세를 다음과 같이 예측하였다. ① 미국경제는 산업사회보다는 분권적 조직을 향해 이동하고 있다. … ⑥ 조직으로부터의 지원보다는 개개인의 자력에 의한 독립을 강조하고 있다. ⑦ 근로자와 소비자들은 정부, 기업, 시장에게 보다 큰 목소리로 요구하고 있다. ⑧ 컴퓨터가 기업의 조직도를 제압하고 있기 때문에 계층사회로부터 네트워크 사회로 이동하고 있다. 그 네트워크는 조직 내의 전통적인 계층구조를 단기간 내에 자르면서 변혁시키고 있다. ⑨ 근로자들은 전통성이 강한 북부와 북동부로부터 개방적이고 자유분방한 남부, 남서부로 이동하고 있다. ⑩ 소비자들은 만능적인 것 하나보다는 단일 기능을 여러 개 요구한다.

존 네이스비츠는 하루에 많은 시간을 신문 읽기 등에 투자하면서 현재의 세계적인 흐름을 꼼꼼히 체크하고 있다고 한다. 다시 말하면, 뛰어난 통찰적 예측을 위해서는 개인 차원에서의 끊임없는 브레인스토밍과 여기에 기초가 되는 통계자료나 근거들이 견고하게 뒷받침되어야 할 것이다.

(3) 장 · 단점

타 방법론에 비하여 통찰력 예측의 가장 큰 장점은 시간과 비용 면에서의 절감을 들 수 있다. 또한 어느 방법보다도 쉽게 결과를 도출할 수 있다.

반면, 가장 큰 문제점은 그러한 통찰력을 지닌 믿을 수 있는 천재를 어떻게 찾느냐 하는 것이다. 물론 자료에 기초하여 소비트렌드를 추출하는 과정을 거치나, 장단기 추세의 판별에는 어려움이 있다.

9) 전문가 패널(Expert Panel)

(1) 개요 및 특징

전문가 패널은 분석하고자 하는 분야의 전문가들을 섭외하여 그들이 토론 중에 얻은 생각이나 지식을 통하여 미래를 예측하는 방법이다. 이때 전문가는 보통 15~20인으로 구성되며 활동기간은 3~18개월간 유지된다.

전문가 패널에서의 전문가는 델파이에서 말하는 순수 전문가 집단보다는 전문가와 시민단체 등 다양한 이해당사자들이 참여하여 상당한 기간 동안 존속된다는 특징이 있다. 전문가 패널은 이러한 전문가들의 의견에 기초하여 미래의 가능성에 대한 창의적 탐구를 하는 기법으로서, 하나의 독립된 미래 예측기법이라기보다는 브레인스토밍, 정책델파이, 혹은 시나리오 기법과 병행하여 활용되는 미래예측기법이다.

(2) 활용 및 사례

전문가 패널은 한 사람의 지혜보다는 여러 사람의 지혜가 더 다양하며 정확하고 합리적일 것이라는 원칙에 입각하여 다수의 사람들이 대면적으로 상호 의견을 교환함으로써 다양하고 창의적인 의견들을 제시하는 방법을 의미한다. 전문가 패널을 구성할 때에는 다음과 같은 두 가지 원칙을 지키는 것이 좋다. 첫째, 전문성의 원칙이다. 패널이 수행할 임무의 전문성에 비추어 충분한 지식을 갖춘 패널들이 포함될 수 있도록 구성해야 한다. 둘째, 균형성의 원칙이다. 패널이 수행할 임무의 결과가 어느 한쪽 방향으로 왜곡되는 일이 없도록 가치관, 견해, 학문 분야 등이 골고루 균형있게 분포되어야 한다.

(3) 장 · 단점

이 방법은 여러 전문가들의 다양한 관점과 의견이 제시되므로 고려되는 변인 및 동원되는 정보의 양이 많고, 상호 의견교환을 통하여 편견이 배제될 가능성이 높다는 장점이 있다.

하지만 집단 내의 압력이나 토론의 분위기 또는 인간관계나 체면 등으로 인하여 자신의 의견 표명에 제약을 받을 수 있다. 또한, 달변가, 공격적인 사람, 연장자나 상급자 등의 영향력 있는 전문가에 의해 결론이 크게 좌우되기도 하고 다수의 판단이나 의견과는 다른 결론에 도달하는 등의 왜곡 현상이 일어날 가능성이 크다는 단점이 있다.

10) 우선순위 로드맵(Road Mapping)

(1) 개요 및 특징

우선순위 로드맵은 불확실성이 높은 미래수요를 충족시키기 위해 향후 개발되어야 할 미래기술 방향 및 대안을 탐색하기 위한 미래기획 방법이다.

우선순위 로드맵은 주로 민간부문에서 미래 불확실성에 대처하기 위해 미래

유망기술과 제품개발을 위한 중장기 전략의 수단으로 광범위하게 작성되어 왔으나, 최근에는 기술로드맵이 개별기업이나 산업을 넘어 국가수준에서 미래 유망기술을 도출하는 과학기술정책의 목적으로 활용범위가 확대되고 있다.

(2) 활용 및 사례

우선순위 로드맵기법은 성과목표에 도달할 수 있는 핵심기술 또는 기술 격차를 확인하고, 관련 연구활동을 조정함으로써 연구개발 투자관련 정책결정을 조율할 수 있는 미래지도를 제공한다. 이러한 이유로 우선순위 로드맵은 기술로드맵(TRM : Technology Road Map)이라고도 하며, 연구개발 혹은 신정책개발 부문의 운영을 위한 마스터플랜이라고도 할 수 있다. 우선순위 로드맵을 작성하는 과정은 ① 시장변화의 동인 파악 및 미래포지션 결정, ② 제품, 기술, 역량에 대한 요구조건 정의, ③ 역량 및 경쟁력 분석 및 전략 설정, ④ 다양한 대안평가 및 우선순위 결정, ⑤ 우선순위 로드맵 도출 등을 거쳐 완성된다.

(3) 장 · 단점

우선순위 로드맵은 현존하는 기술들의 기술적 발전 속도와 한계점에 대한 분석을 토대로 이러한 한계를 극복하고 새로운 기술혁신을 창출할 수 있는 새로운 기술적 대안들을 탐색하는 데 기여할 수 있다는 장점이 있다. 특히, 우선순위 로드맵은 국가차원의 과학기술 경쟁력 제고를 위한 정책우선 순위를 제시해 준다는 점에서 매우 중요한 의의가 있다.

전반적으로 기술적 불확실성이 높은 경우에는 우선순위 로드맵의 활용이 증가하고 있으나, 기술적 불확실성이 낮은 영역에 있어서는 효과적인 기술 로드맵의 활용이 불투명하다. 로드맵 작업은 그 개념에 비해 어렵고 힘든 작업이며, 효과적인 예측을 위해서는 시장 - 제품 - 기술을 통합적으로 전망할 수 있는 전문지식을 요하기 때문에 관련 전문가를 찾기가 쉽지 않다.

이상의 10가지 소비트렌드 분석 방법론의 장 · 단점을 정리하면 〈표 2〉와 같다.

〈표 2〉 주요 미래연구 방법론의 장 · 단점

방법론	장점	단점
델파이	• 판단이 요구되는 문제에 대한 객관적 접근 가능 • 정량화가 어려운 내용을 신뢰성 있는 통계로 보여줄 수 있음 • 익명성과 독립성으로 자유롭고 솔직한 전문가 의견 개진 가능	• 다단계 과정에 따른 과다 소요 시간 • 설문조사에 대한 회수율이 조사가 반복됨에 따라 떨어짐 • 다수의 전문가 확보가 어려움 • 소수 의견배제, 의견 단일화를 위한 압력으로 창의적 발상 저하
퓨처스 휠	• 사용하기 쉽고 어떠한 도구나 소프트웨어도 필요하지 않음 • 결과물 간의 인과관계 및 상호작용 파악이 용이	• 일정 패턴이 나타나지 않는 경우 복잡성으로 인해 결과 이해가 어려움 • 퓨처스휠 기법에 익숙지 않은 경우 트렌드 파악이 더 어려울 수 있음
환경 스캐닝	• 최근 부각되는 주제 연구에 유용 • 미래연구의 사전단계에 적합한 유용한 정보수집 가능 • 웹, 정보통신의 발달로 효용성 증가	• 지속적이고 광범위한 영역 조사 필요 • 세부적인 전망이나 전략도출을 위해서는 추가적인 절차 필요
교차영향 분석	• 분석이 용이하고 각 분야의 특성 파악 및 상관관계 파악이 용이 • 다른 방법론 특히, 시뮬레이션 모형과 결합될 경우 미래 전망에 대한 유효성 증가	• 구성요소가 많아질수록 조건부 확률에 대한 판단이 가중됨 • 두 사건 사이의 상호 연관성에 초점을 맞추기 때문에 삼중 혹은 다중으로 연결된 현실을 완전히 반영하지는 못함

방법론	장점	단점
시나리오 기법	• 대안적 미래 제시가 가능 • 외부환경변화 발생 시 조직의 빠른 적응전략 수립을 가능케 함	• 구체성 결여로 의사결정 및 실행에 어려움 • 바람직한 미래상을 강조하다 보면 정작 실현 가능성이 높은 미래사회 시나리오가 간과될 가능성 존재
SWOT 분석	• 내부와 외부의 면들을 동시에 판단 • 분석 자체가 간단, 명료하고 문제점 파악이 쉬움	• 자의적 해석의 가능성 존재와 이로 인해 주요 요소들이 간과될 수 있음 • 각 대안들의 상관성이나 보완관계 파악이 어려움 • SWOT 분석을 이해하기 위해서는 제반사항에 대한 지식 필요
추세연장 기법	• 일련의 데이터를 바탕으로 미래의 발전 추세 파악이 용이 • 상황에 대한 의미 해석이 용이	• 예측기간이 길어질수록 예측력이 떨어지며, 변화가 불연속적일 때는 예측이 빗나가기 쉬움 • 패턴 밖의 의미 있는 데이터를 배제할 가능성이 큼
통찰력 예측	• 시간과 비용 절감 • 결과 도출이 용이함	• 통찰력을 지닌 신뢰할 수 있는 천재를 찾기가 어려움 • 미래 추세의 판별에는 어려움이 있음
전문가 패널	• 고려되는 요인 및 동원되는 정보의 양이 많음 • 상호 의견교환을 통하여 편견이 배제될 가능성이 높음	• 토론 분위기 등으로 의견 표명에 제약이 있을 수 있음 • 영향력 있는 전문가에 의해 결론이 좌우될 가능성 존재
우선순위 로드맵	• 새로운 기술적 대안들을 탐색하는 데 기여 • 국가차원의 기술 경쟁력 제고를 위한 정책우선순위 제시 가능	• 시장-제품-기술을 통합적으로 전망할 수 있는 전문가를 찾기가 쉽지 않음 • 기술적 불확실성이 낮은 영역에서의 효과적 기술로드맵 활용이 불투명

출처 : 과학기술정책연구원, 2008

읽을거리 2021년 9대 글로벌 소비 트렌드

신종 코로나바이러스 감염증(코로나19) 대유행은 기존의 소비 개념을 완전히 바꿔놨다. 단순히 오프라인에서 온라인으로의 플랫폼 전환을 말하는 게 아니다. 소비자들의 기준이 까다로워졌다는 소리다.

소비자들은 상품을 구매할 때 더 이상 가격과 이미지만을 고려하지 않는다. 기업의 사회적 기여도에 주목하고, 환경오염 · 불평등 · 질병 등 모두가 직면한 문제를 해결하기 위해 기업이 나아가야 할 방향을 제시한다.

소비의 거점이 밖에서 안으로 이동하면서 첨단기술을 이용한 온 · 오프라인 접목을 기대하는 소비자도 느는 추세다. 쉽게 말해, 집에서도 쇼핑몰에서 보고 느끼는 것을 경험하고 싶어한다는 것이다. 이러한 경향은 인공지능(AI), 가상 · 증강현실(VR · AR) 기술에 익숙한 젊은 세대에서 더욱 두드러진다.

안전과 건강에 대한 소비자들의 관심도 그 어느 때보다 높다. 감염 우려 없는 공간과 결제 방식에 대한 수요가 늘고, 집에서 할 수 있는 운동과 취미 활동을 둘러싼 소비 활동이 이를 방증한다.

지난해 소비행태 전반을 추려, 글로벌 시장조사기관 유로모니터가 발표한 올해 주요 소비 트렌드를 정리했다.

① 브랜드 액티비즘(brand activism)

오늘날 소비자들은 기업들이 회사 정체성을 언어나 문장으로 정의하는 대신 '적극적인' 행동으로서 보여주는 걸 선호한다. 노동자의 인권을 보호하고 지역사회에 공헌하는 등 자신과 동일한 가치를 공유하는 기업에 그에 따른 보상을 주는 것이다. 최근 인터넷에서 유행하는 '돈으로 혼쭐을 내주겠다'는 표현이 이러한 움직임을 가장 잘 표현해준다.

전 세계 많은 기업들이 지난해 돌연 플라스틱 빨대 사용을 줄인 것도 같은 맥락이다. 기후변화에 민감해진 소비자들이 반(反)플라스틱 연대를 꾸리고, 일종의 화이트리스트를 만들어 소셜미디어에 공유하자 발 빠르게 대처한 것이다. 이와 관련, 유로모니터는 "소비자들은 방역을 위한 이동제한 조치 이후 공기의 질이 개선되는 등 지구가 스스로 회복하는 모습을 보고 고무됐다"며 "더욱 깨끗한 지구를 위한 소비는 계속해서 늘어날 것"이라고 내다봤다.

② 즉흥적 소확행(小確幸 · 작지만 확실한 행복)

코로나19 이전에는 계획에 없던 소소한 지출이 많았다. 야구 경기장에서 과자를 사먹거나, 눈에 보이는 식당 아무 곳에나 들어가 저녁을 먹는 식으로 말이다. 하지만 사회적 거리두기 등으로 제한적 이동이 생활화되면서 소비자들은 '그때 그 시절'을 회상할 수 있는 무언가를 찾기 시작했다. 지난해 소셜미디어에서 화제가 됐던 이탈리아 할아버지 영상이 대표적인 예다. 이 할아버지는 '매일 아침 카페에 간다'는 일상이 무너지자 가족들과 카페에서 음료를 주문하는 상황극을 펼치며 보는 이들의 웃음을 자아냈다.

이를 두고 유로모니터는 소비자들이 원하는 건 그냥 과자나 커피가 아닌 '즉흥성'이라고 짚었다. 과자와 커피는 집에서도 주문할 수 있지만, 경기를 보다 입이 심심해서 사먹는 것이나 약속 시간을 기다리다 카페에서 커피를 사먹는 건 전혀 다른 시나리오란 지적이다. 유로모니터는 "특히 60세 이상의 소비자들은 직원과 소통하는 과정 자체를 그리워한다"며 "기업들은 온라인에서도 비슷한 유의 즉흥성을 제공하는 방법을 찾아내야 한다"고 강조했다.

③ 개방된 공간

코로나19 바이러스가 종식된 이후에도 소비자들은 안보다 밖을 더 선호할 것이란 게 전문가들의 예측이다. 감염 우려를 떠나 바깥 공기를 쐬는 것 자체에 향수를 느끼는 이들이 많기 때문이다. 유로모니터는 "기업들은 '야외 오아시스' 하나씩은 꼭 만들어야 한다"며 "모든 날씨에도 개방할 수 있어야 한다는 조건을 충족하는 건 조금 까다로울 수 있지만, 소비자들이 안전하고 탁 트인 공간에서 시간을 보내고 싶어한다는 점을 고려하면 투자한 값어치를 톡톡히 해낼 것"이라고 했다.

④ 온 · 오프라인의 융합

기술의 발전 덕분에 신체적 거리는 멀어졌어도 마음의 거리는 전보다 가까운 요즘이다. 하지만 소비자들이 여기에 익숙해지면서 기업들의 고민은 더욱 깊어질 전망이다. 소비자들은 이제 매끄러운 온·오프라인의 융합을 요구하고 있기 때문이다. 이른바 '피지털(physical+digital)' 경험의 시대가 열린 것이다. 오프라인 매장에서 픽업 서비스를 제공하는 '커브사이드 픽업(curbside pickup)'이 잘 알려진 예다.

유로모니터는 "같은 곰인형을 봐도 성인들은 솜뭉치를 연상하는 반면 지금 크는 아이들은 어떤 인터랙티브 기술이 심어져 있을까를 생각한다"며 "소비자들은 코로나19 확산 이후 피지털에 빠르게 적응했다. 현 사태가 마무리 되더라도 이러한 추세는 오래도록 지속될 것"이라고 했다.

⑤ 유연한 영업시간

재택근무가 근무 형태의 표준으로 자리하게 되면서 기업들의 영업시간 확대도 불가피할 전망이다. 개인 사정에 맞게 하루 일과를 조율하는 소비자들이 느는 상황에서 기존의 영업시간을 유지하는 건 비효율적이기 때문이다. 유로모니터는 부모들은 일과 육아를 병행하다 장볼 시간을 놓치는 경우도 많다며 "소비자들은 자연히 24시간 영업하는 곳을 찾게 될 것"이라고 했다.

⑥ '지름신' 소비

지난해 일부 국가에서는 봉쇄령 해제 직후 고급 상품의 소비가 급증하는 현상이 벌어졌다. 많은 이들이 그동안 '갇혀' 지내면서 쌓인 스트레스를 소비로 해소한 것이다. 유로모니터는 "정부와 체제에 대한 반항심으로 온라인 도박을 하거나 불법 파티를 열기도 한다. 실제로 지난해 주류 소비도 많이 늘었다"며 "이는 순전히 스스로를 위로하기 위한 소비 형태로, 평소 같으면 다른 곳에 썼을 돈이 쌓이자 사치품에 한꺼번에 쓰는 것"이라고 설명했다.

⑦ 청결에 대한 강박

앞으로는 마스크와 손 소독제뿐 아니라 청결을 강조한 온갖 상품들이 소비자들의 눈길을 끌 것이란 분석이다. 직접 지폐에 손을 댈 필요가 없는 결제 방식에 대한 선호도도 높아질 것으로 보인다. 유로모니터는 "소비자들은 이제 뭘하더라도 건강을 제일 먼저 생각하게 될 것"이라며 "안전은 제2의 '웰빙' 열풍과 같다.

오래도록 시장을 주도하는 흐름이 될 것"이라고 했다.

⑧ 자기계발

코로나19는 소비자들에게 살아가는 방식을 되돌아보게 만들었다. 자연히 신체적 · 정신적 건강에 대한 관심이 높아졌고, 업무보다는 여가 활동에 더 많은 시간을 투자하는 이들이 늘어났다. 유로모니터는 "기업들은 이러한 추세를 겨냥해 일과 삶의 균형에 초점을 맞춘 상품과 서비스를 제공해야 한다"며 "악기나 스포츠 용품, 취미용품의 전 세계 판매는 꾸준히 늘 것"이라고 했다.

⑨ 재택근무의 심화

유로모니터는 재택근무가 소비자들이 의복을 선택하는 기준도 바꿀 것으로 내다봤다. 회사로 출근하는 일이 없어지면서 소비자들이 정장보다는 활동하기 편한 의상을 고를 것이란 설명이다. 유로모니터는 같은 이유로 화장품도 색조 제품보다는 기초 제품이 더 많이 팔릴 것이라고 했다.

다만 식비는 더욱 늘어날 것으로 봤다. 외식하는 분위기를 내기 위해 소비자들이 고급진 재료와 요리법을 찾을 것이란 관측이다. 유로모니터는 "코로나19 이후에도 기업들이 적어도 일정 기간은 재택근무를 유지할 것으로 보인다"며 "이러한 변화는 기술은 물론 식습관 등 일상 생활 전면에 영향을 미칠 것"이라고 했다.

출처 : 조선비즈, 2021.1.19

참고 문헌

KAIST미래전략대학원. KCERN(2017). 대한민국의 4차 산업혁명. 창조경제연구회

국회입법조사처(2016). 인터넷전문은행 도입 현황과 개선과제. 현안보고서. 제300호

권태구 · 성낙일(2014). 대형유통업체의 시장진입과 소매업종별 사업체 수의 변화 : 실증분석. 한국은행 경제연구원, 경제분석. 20(2) : 1

김광석 · 김수경 · 차윤지(2017). 유통 4.0시대, 리테일 패러다임의 전환. 삼정KPMG 경제연구원

김기옥 · 김난도 · 이승신 · 황혜선(2015). 초연결사회의 소비자 정보론. 시그마프레스

김기옥 · 황혜선 · 강지은 · 한운옥 · 조연행 · 장우 · 한명월(2008). 컨슈머리즘 실천 활동에 대한 소비자의 평가와 요구. 성균관대학교 생활과학연구소, 생활과학. 11 : 23 - 42

김연미(2012). 벤처창업과 크라우드 펀딩(Crowdfunding). 정보법학. 16 : 1 - 21

김영신 · 서정희 · 송인숙 · 이은희 · 제미경(2004). 소비자와 시장환경. 시그마프레스

김인숙 · 정연희(2011). CCM제도의 활성화 방안 연구. 한국소비자원

김진하(2016.8.31). 제4차 산업혁명 시대, 미래사회 변화에 대한 전략적 대응 방안 모색. KISTEP InI. 제15호

대홍기획(2020.04). 코로나 임팩트 : 변화의 방향

돈 슬레이터 · 정숙경 역(2000). 소비문화와 현대성. 문예출판사

로버트 보콕 · 양건열 역(2003). 나는 소비한다, 고로 나는 존재한다. 시공사

류한석(2014.5.15). 유통환경의 변화와 IoT쇼핑. 디지에코보고서

미래창조과학부 미래준비위원회 · KISTEP · KAIST(2017). 10년 후 대한민국: 4차 산업혁명 시대의 생산과 소비. 지식공감

미래창조과학부 · 한국정보화진흥원(2016). 2016 디지털정보격차 실태조사

박명희 · 송인숙 · 손상희 · 이성림 · 박미혜(2006). 생각하는 소비문화. 교문사

박종현(2008). 모바일뱅킹 이용의도에 영향을 미치는 요인에 관한 통합적 관점의 연구. 세종대학교 대학원

박한혁 · 이동일(2015). 대형 유통점 영업규제에 대한 소비자 평가와 쇼핑행동수정. 유통연구. 20(3) : 23 - 42

백영성(2016). 블랙컨슈머의 관리. 커뮤니케이션북스

서여주 · 임은정 · 정순희(2017). 컨슈머리즘의 이해. 백산출판사

서희석(2012). 소비자단체의 소비자기본법상 지위 - 소비자단체제도의 연혁적 고찰을 통한 現狀 진단과 과제 -. 소비자 문제연구. 43 : 71 - 96

세계자연기금 한국본부(WWF코리아)(2016). 지속가능한 미래를 위한 인증제도. 세계자연기금 한국본부

시장경영진흥원(2011). 대형마트 성장이 전통시장에 미치는 영향에 관한 연구보고서

이기춘 · 나종연(2006). '소비자주의'의 새로운 개념화에 대한 연구 : 소비자주의의 제한적 의미에 대한 비판적 고찰을 중심으로. 한국소비자학회 춘계학술대회 논문집. pp. 725 - 734

이세준 · 이윤준 · 홍정임(2008). 통합적 미래연구방법론의 탐색 및 적용. 과학기술정책연구원

이은희 · 유현정 · 이준영(2017). 소비트렌드의 이해와 분석. 교문사

장흥섭(2001). 소비자 문제 해결을 위한 대안적 · 통합적 모델 - 소비자 문제 경험과 소비자지식의 관계를 중심으로. 경영교육연구. 23 : 289 - 313

장흥섭(2015). 소비자보호 및 이해를 위한 현대소비자론. 경북대학교출판부

쟝 보드리야르 · 이상률 역(1991). 소비의 사회. 문예출판사

정동섭(2020). 편의점의 진화. 딜로이트 안진회계법인

정영훈(2019). 구독경제에서의 소비자 문제 개선방안 연구. 한국소비자원

주경철(2005). 문화로 읽는 세계사. 사계절

천창민(2016). 미국의 증권형 크라우드 펀딩 규제와 시사점. 자본시장연구원

최낙환 · 나광진(2000). 소비자의 지식수준이 제품의 전형성 평가와 선호도에 미치는 영향에 관한 연구. 마케팅연구. 15(4) : 23 - 44

최정환(2014). 크라우드 펀딩(crowd funding)의 규제방안에 대한 연구. 고려대학교

대학원

한국소비자단체협의회(2014). 시장환경 변화에 따른 소비자단체 제도 정비를 위한 소비자기본법 개정방안 연구. 공정거래위원회 연구보고서

한국소비자단체협의회(www.consumer.or.kr)

한국소비자원(1992). 소비자교육의 교육내용모형 개발 연구 : 사회교육을 중심으로. KCA보고서

한국소비자원(2011). 소비자의 개념 확대에 관한 연구. 연구보고서

한국소비자원(2012). 소비자 권리 과거 현재 그리고 미래. 소비자정책동향

한국소비자원(2013). 사이버 소비자 운동의 동향과 전략. 정책연구

한국소비자원(2016). 생애주기별 소비자이슈 대응을 위한 정보제공체계 개발. 정책연구

한국소비자원(www.kca.go.kr)

한국환경산업기술원(http://el.keiti.re.kr/)

함인희 · 이동원 · 박선웅(2001). 중산층 정체성과 소비문화. 집문당

허경옥(2010). 소비자학의 기초. 교문사

허정(2020). 미국 소매유통 시장의 디지털 신기술 활용동향. 소프트웨어정책연구원

환경부(2015.6). 환경마크제도와 환경마크제품

Aguirregabiria, V., Mira, P., & Roman, H.(2007). An estimable dynamic model of entry, exit, and growth in oligopoly retail markets. The American economic review. 97(2) : 449-454

Alba, J. W., & Hutchinson, J. W.(1987). Dimensions of consumer expertise. Journal of consumer research. 13(4) : 411-454

An emerging field. Aging and Society. 7(2) : 203-224

Bocock, Robert(1993). Consumption. London : Routledge

Boulding, K. E.(1966). The economics of the coming spaceship Earth. In: Environmental quality in a growing economy. Ed. by Jarrett, H., Johns Hopkins Press, for Resources for the Future

Bourdieu, P.(1984). Distinction : A social critique of the judgement of taste. Harvard University Press

Campbell, J. Y., & Mankiw, N. G.(1989). Consumption, income, and interest rates: Reinterpreting the time series evidence. NBER macroeconomics annual. 4 : 185-216

Chase, S., & Schlink, F. J.(1927). Your money's worth

Corrigan, E., & Goddard, P.(1984), Construction of instanton and monopole solutions and reciprocity. Annals of Physics. 154(1) : 253-279

Duhan, D. F., Johnson, S. D., Wilcox, J. B., & Harrell, G. D.(1997). Influences on consumer use of word-of-mouth recommendation sources. Journal of the Academy of Marketing Science. 25(4) : 283

Engel, J. F., Blackwell, R. D., & Miniard, P. W.(1995). Consumer behavior. 8th ed. New York : Dryder

Gordon, L. J., & Lee, S. M.(1977). Economics for consumers. Van Nostrand

Huffman, C., Ratneshwar, S., & Glen Mick, D.(2000). An integrative framework of consumer goals : Structure, goal determination processes and applications. The why of consumption. London : Routledge

Hutt, W. H.(1936). Economists and the Public : A Study of Competition and Opinion. London : Cape

Jean Baudrilard(1970). 소비의 사회-그 신화와 구조. 이상률 옮김. 문예출판사

Mayer, R. N.(1989). The Consumer Movement. Twayne Publisher

McCracken, G.(1988). The long interview. Vol. 13. Sage

McCracken, G.(1987). Culture and Consumption among the Elderly : Three Research Objectives in an Emerging Field

McCracken, Grant(1990). Culture and Consumption, Bloomington and Indianapolis. Indiana University Press

Packard, V., & McKibben, B.(1960). The waste makers

Park, C. W., & Lessig, V. P.(1981). Familiarity and its impact on consumer decision biases and heuristics. Journal of consumer research. 8(2) : 223

-230

Park, C. W., Mothersbaugh, D. L., & Feick, L.(1994). Consumer knowledge assessment. Journal of consumer research. 21(1) : 71-82

Scitovsky, T.(1976). The joyless economy : An inquiry into human satisfaction and consumer dissatisfaction

Slater, Don(1997). Consumer Culture and Modernity. Cambridge : Polity Press

Stampfl, R. W., Moschis, G., & Lawton, J. T.(1978). Consumer education and the preschool child. Journal of Consumer Affairs. 12(1) : 12-29

Stearns, P. N.(2001). Consumerism in World History : The Global Transformation of Desire. New York, NY : Routledge

Swagler, M. R.(1979). Consumers and the Market. 2nd ed. Toronto : D.C. Heath and Company

Yamamoto, Y.(2003). Global change in one second. Think the Earth Project

저자 약력

- 이화여자대학교 일반대학원 경영학 석사
- 이화여자대학교 일반대학원 소비자학 박사
- 전) IDS & Associates Consulting 컨설턴트
- 전) 경기연구원 연구원
- 전) 한국직업능력개발원 연구원
- 전) 과학기술정책연구원 부연구위원
- 현) 알토스랩 대표
- 현) 이화여자대학교, 을지대학교, 가천대학교 외래교수
- 현) 우송대학교 겸임교수

서여주 박사는 소비자에 집중된 수많은 이슈들에 관심을 가진 학자로서 최근에는 소비자가 인식하는 기업의 가치, 즉 진정성(authentic)에 관한 연구를 중점적으로 하고 있다. 2016년 소비자정책교육학회에서 우수논문상, 2018년 고객만족경영학회에서 단독으로 우수논문상을 수상하였으며, 소비자행동, 소비자심리 및 문화 그리고 소비자정책에 관하여 학계는 물론 실무적 영역에서 선도적인 문제를 제기하고 있다. 대학에서 기업과 소비자에 대한 명확한 이해를 바탕으로 여러 분야에서 강의를 진행하면서, 소비자 중심적인 시각에서 소비자 만족과 효용을 극대화하는 가교역할을 담당하고 있고, 기업이 소비자 니즈를 재빨리 확인할 수 있는 소비행동에 대한 다양하고 심층적인 정보를 수집 · 가공하여 소비자 후생 향상에 기여할 수 있는 정책 연구 또한 꾸준히 개발하고 있다.

대표 저서로는 「고객서비스 능력 향상을 위한 고객응대실무」, 「365 글로벌 매너 : 당신의 결정적 차이를 만들어 줄 법칙」, 「소비자 행동과 심리」, 「개인, 상황, 관계를 중심으로 한 인간심리」, 「컨슈머리즘의 이해」(공저), 「소비와 프로모션」 등이 있다.

소비와 시장

2020년 9월 10일 초 판 1쇄 발행
2021년 2월 25일 제2판 1쇄 발행

지은이 서여주
펴낸이 진욱상
펴낸곳 (주)백산출판사
교 정 성인숙
본문디자인 이문희
표지디자인 오정은

등 록 2017년 5월 29일 제406-2017-000058호
주 소 경기도 파주시 회동길 370(백산빌딩 3층)
전 화 02-914-1621(代)
팩 스 031-955-9911
이메일 edit@ibaeksan.kr
홈페이지 www.ibaeksan.kr

ISBN 979-11-6567-251-5 93320
값 25,000원